PROMOTION DES VENTES

PROMOTION DES VENTES

DU 13 À LA DOUZAINE À LA FIDÉLISATION

Pierre Desmet

2e édition

DUNOD

Cet ouvrage est publié sous la direction de Bernard Pras, professeur à l'université de Paris-Dauphine et à l'Essec.
Ce titre était auparavant édité par Nathan dans la collection « Connaître et pratiquer la gestion » créée par Bruno Solnik.

ISBN 2 10 006423 1

À Anne-Catherine, Hélène et Antoine
À mes parents

REMERCIEMENTS

« Je tiens d'abord à saluer ici les membres du petit groupe AFM-AACC qui décida, un jour, de promouvoir la promotion des ventes et d'en faire un champ à part entière du marketing : Jean-Pierre Bernadet, Philippe Legendre, Claude Oustlant et Florence Fargette du côté des agences et, du côté des enseignants, Françis Guilbert et Gilles Laurent et les anciens thésards qui nous ont rejoints par la suite, Madeleine Besson, Pierre Chandon, Laurence Froloff, Sandrine Macé, Thibaud Munier, Anne-Sophie Tourtoulou, Pierre Volle et qui sont maintenant de brillants collègues et les nouveaux leaders de ce développement. Ce fut une expérience enrichissante à de nombreux égards.

Pour cette deuxième édition, je tiens aussi à remercier tous ceux qui m'ont aidé par leurs suggestions et commentaires, mon directeur d'ouvrage Bernard Pras, Philippe Legendre, Pierre Volle, mon complice Jean-Paul Rigodiat et mon éditrice, Sylvie Burucoa. Ainsi que ceux qui m'ont fourni l'information permettant de rendre la lecture de ce livre plus agréable : N. Bil (Popaï), A. Davezac (Cadeaurelation.com), J. Delga (ESSEC), L. Dupont (AACC), J. Favre (Iri-Secodip), R. Gérin et S. Jullien (Médiaperformance), F. Rostand (Experian). »

LES SIGLES USUELS

AA : actes d'achat.
ACV : *all commodity volume* (ventes magasin).
BAL : boîte à lettres.
BR : bon de réduction.
BRI : bon de réduction immédiate.
BDD : base de données.
CA : chiffre d'affaires.
CGV : conditions générales de vente.
CGA : conditions générales d'achat.
CM : coefficient multiplicateur.
CNUF : code national unifié fabricant.
CPC : coût par contact.
CPR : coût par remontée.
CRM : *customer relationship management*.
CS : chef de secteur.
CSP : catégorie socio-professionnelle.
DN : distribution numérique.
DV : distribution valeur.

EAN : *european article number.*
ECR : *efficient customer response.*
EDLP : *every day low price.*
FDV : force de vente.
FSI : encart libre (*free standing insert*).
HM : hypermarché.
GSA : grandes surfaces alimentaires.
GSS : grandes surfaces spécialisées.
GMS : grandes et moyennes surfaces.
GRC : gestion de la relation client.
HiLo : *high low pricing.*
ILV : information sur le lieu de vente.
IM : îlot de masse.
ISA : imprimé sans adresse.
KID : kiosque d'information et de promotion.
MD : marketing direct.
MDD : marque de distributeur.
MEA : mise en avant en magasin.
MN : marque nationale.
NA : nombre d'acheteurs sur la période.
NAP : nombre d'acheteurs du produit.
NRE : nouvelles régulations économiques (loi).
ODR : offre de remboursement.
PA : preuve d'achat.
PDV : point de vente.
PGC : produit de grande consommation.
PLV : publicité sur le lieu de vente.
PMG : petits/moyens/gros acheteurs.
PP : produit premier prix.
PPP : présence promotionnelle pondérée.
PVC : prix de vente consommateur.
QA : quantité achetée.
QA/NA : quantité moyenne achetée par acheteur.

QAP : quantité achetée en promotion.
RIB : relevé d'identité bancaire.
RFA : remise différée.
SM : supermarché.
SMS : *small messaging service.*
SRP : seuil de revente à perte.
SVI : serveur vocal interactif.
TG : tête de gondole.
TN : taux de nourriture.
UC/UVC : unité (de vente au) consommateur.
UG : unité gratuite.
VAD : vente à distance.
VMH : ventes moyennes hebdomadaires.
VMM : ventes moyennes mensuelle.
VPC : vente par correspondance.
WP : *welcome pack* (offre de bienvenue).

TABLE DES MATIÈRES

Les sigles usuels VII

Préface 1

Introduction 3

PREMIÈRE PARTIE
LES MÉCANISMES PROMOTIONNELS

1 LA PROMOTION DES VENTES 9

Section 1 Une définition 9

1. Définition par les objectifs 10
2. Les politiques promotionnelles 12

Section 2 Les techniques promotionnelles 15

1. Les principaux mécanismes 15
2. L'importance et l'évolution des techniques 17
3. La classification de Bernadet 20
4. Une approche conceptuelle de la promotion 21
5. Les médias promotionnels 22

Section 3 La promotion dans le mix de communication 23
1. La place de la communication promotionnelle 23
2. La promotion et la communication 24
3. La promotion et le marketing direct 26

Section 4 La promotion dans le mix marketing 26
1. La promotion et le produit 27
2. La promotion et le prix 27
3. La promotion et la distribution 28

Section 5 Tendances et enjeux sociétaux 29
1. Les tendances 29
2. Les enjeux de société 30

2 LES TECHNIQUES PROMOTIONNELLES 39

Section 1 Le choix des techniques 40
1. Le diagnostic 40
2. Le choix du mécanisme 42

Section 2 Les techniques de prix 45
1. Le principe 46
2. Les mécanismes 48

Section 3 Les techniques de produit et prime 57
1. Principe 57
2. Les mécanismes 60

Section 4 Les techniques de réduction de risque 69
1. Principe 69
2. Les mécanismes 71

Section 5 Les techniques de jeux et concours 74
1. Principe 74
2. Les mécanismes de hasard 78
3. Les mécanismes de concours 84

3 LA COMMUNICATION PROMOTIONNELLE 90

Section 1 La communication 91
1. Les guides pour la communication 91
2. La création selon les catégories de techniques 92
3. L'évaluation de la communication 100

Section 2 Les choix médias et le médiaplanning 101
1. L'identification des besoins 101
2. Les étapes de l'échange 103
3. Les critères d'évaluation des médias et des supports 105
Section 3 Les médias commerciaux 110
1. Le produit 110
2. L'interaction (vendeur et bornes) 111
3. Les médias sur site (in-store) 113
4. Les médias hors site 115
5. Les autres médias de transaction 116
6. La distribution en réception 117
Section 4 Les mass-médias 117
1. La presse quotidienne régionale (PQR) 117
2. La presse magazine 118
3. La radio 119
4. La télévision 119
5. Les autres supports 120
Section 5 Le marketing direct 120
1. Les fichiers et bases de données 121
2. Les imprimés 123
3. Le centre d'appels, le téléphone 124
4. Internet et la télématique 125

DEUXIÈME PARTIE
LES EFFETS PROMOTIONNELS ET LEURS MESURES

4 LE COMPORTEMENT DU CONSOMMATEUR 133

Section 1 Le comportement du consommateur 134
1. Le processus de prise de décision 134
2. Les rôles dans le processus d'achat 136
3. Les facteurs modérateurs 140
4. Les choix dans le centre d'achat 143

Section 2 L'approche économique 145
1. La micro-économie néo-classique 145
2. Le groupage (bundling) 146
3. La gestion des stocks 148
4. Le consommateur producteur 150
5. La théorie de l'information 153
6. La garantie de remboursement de la différence 154
Section 3 Les théories psychologiques 157
1. La théorie du conditionnement 157
2. La théorie de l'attribution 162
Section 4 Les théories psychologiques du prix 165
1. La perception des prix 166
2. Le prix de référence 169
3. L'évaluation du prix 173
4. La théorie du cadrage (framing theory) 175
Section 5 La sensibilité à la promotion 181
1. La sensibilité promotionnelle 182
2. L'approche comportementale 182
3. L'approche attitudinale 185
4. L'identification des consommateurs sensibles à la promotion 187

5 LES EFFETS PROMOTIONNELS 194

Section 1 Les effets sur la demande 195
1. Analyse conceptuelle 195
2. Les résultats empiriques selon la technique promotionnelle 201
Section 2 Les sources des volumes 204
1. Approche conceptuelle 205
2. Résultats empiriques 206
Section 3 Les effets à moyen-long termes 210
1. Approche comportementale des effets directs à moyen terme 210
2. Les effets indirects à moyen terme 211
3. Les effets directs sur la clientèle captive 215
Section 4 Les variables modératrices 215
1. Les variables médias 216
2. L'influence du produit 216
3. Les variables de la politique de marque 218

4. Les caractéristiques de la cible 219
5. Les caractéristiques des magasins 219

6 LES MÉTHODES DE MESURE DES EFFETS PROMOTIONNELS 225

Section 1 Les pré-tests et post-tests 226
Section 2 Les mesures directes et les panels 226
1. La traçabilité et son importance 227
2. Les sorties usines et remontées directes 227
3. Les panels détaillants 227
4. Les panels de consommateurs et de clients 231
Section 3 Les expérimentations 235
1. Tests et pré-tests 235
2. Études expérimentales 236
Section 4 Les modèles sur données de ventes 239
1. Les modèles prédictifs 240
2. Les modèles explicatifs 246
Section 5 Les modèles sur données individuelles d'achat 247
1. La modélisation des choix individuels 248
2. Le modèle Dirichlet 249
3. Le modèle Logit 251
Section 6 Les questions en suspens 255

TROISIÈME PARTIE
LA POLITIQUE PROMOTIONNELLE

7 LA POLITIQUE DU DISTRIBUTEUR 265

Section 1 Les revenus d'un distributeur 266
1. La constitution des revenus du distributeur 266
2. L'équilibre marge avant-marge arrière 267
Section 2 Les objectifs 268
1. L'approche commerciale globale 268
2. Le marketing d'entrée 270
3. Le marketing de sortie 272
4. L'approche capital client 273

Section 3 La politique promotionnelle 275
1. Les axes de la politique promotionnelle 275
2. Les soldes et opérations promotionnelles de fin de saison 276
3. Le calendrier 278

Section 4 Promotion et politique de prix 278
1. La politique de prix 278
2. Le choix EDLP ou Hi-Lo 280
3. Le micro-marketing du point de vente 281
4. L'évolution du cadre réglementaire 281

Section 5 Promotion et politique d'assortiment 285
1. Les choix d'assortiment 285
2. La politique promotionnelle et les MDD 287
3. La politique promotionnelle et la gestion de la catégorie (category management) 288

Section 6 La fidélisation 290
1. Les objectifs 291
2. Les programmes de fidélisation 295
3. La rentabilité d'un programme de fidélisation 299
4. Le marketing relationnel. Gestion de la relation client 301

8 LA POLITIQUE DU FABRICANT 306

Section 1 La politique promotionnelle 307
1. La place de la promotion 307
2. Les objectifs promotionnels 309
3. La part de la promotion dans le budget communication 311
4. Les effets à long terme 315
5. Les changements stratégiques 316
6. L'aide à la décision 316

Section 2 Caractéristiques de l'achat et politique promotionnelle 317
1. Le diagnostic 317
2. Quelques pratiques sectorielles 319

Section 3 Importance des promotions distributeur (trade) 320
1. Les réductions et remises 320
2. La coopération commerciale 322
3. Participation à l'Efficient Consumer Response (ECR) 322

Section 4 La stimulation 323
1. La politique de stimulation 323
2. Les mécanismes 326
3. Les dotations 327
Section 5 La politique promotionnelle internationale 328
1. Le choix d'adaptation ou de standardisation 328
2. Le choix de centralisation ou décentralisation des décisions 329
3. Les facteurs à prendre en compte 332
4. Les restrictions sur les techniques selon les pays 334
5. L'évolution de la réglementation européenne 337

9 MISE EN ŒUVRE D'UNE PROMOTION 342

Section 1 La pratique promotionnelle 342
1. L'organisation d'une opération 342
2. Le budget 350
3. La profitabilité 351
4. Les remontées 352
5. Les partenariats 353
Section 2 La mise en œuvre 355
1. Les intervenants d'une opération 355
2. La mise en œuvre interne ou externe 356

Les principales techniques 361
Glossaire 365
Bibliographie 369
Index des notions 371
Index des auteurs 377

PRÉFACE

La pratique promotionnelle est née avec celle du commerce. Avec comme plus bel exemple, le 13 à la douzaine pratiquée par les marchands du monde entier. L'ancêtre de toutes les offres prix que nous trouvons dans nos magasins habituels.

Aujourd'hui, la promotion, même si elle reste l'apanage du commerce, est entrée depuis les années quatre-vingt, dans le monde de la communication. Et plus précisément dans la communication de comportement aux côtés de son jeune frère le marketing direct, devenu opérationnel et relationnel.

La promotion est donc devenue, au fil du temps et de l'évolution de notre économie, un métier à part entière :

- *complexe*, par l'éventail de techniques mis à la disposition des marketeurs et des distributeurs. Des offres les plus concrètes mais préférées des consommateurs comme les bons de réduction, aux plus virtuelles comme les lots virtuels ;
- *créatif*, par l'exploitation des techniques de communication sur les packs, dans les grands médias, en marketing direct et sur internet ;
- *mesurable*, grâce à l'apport d'outils de mesure d'efficacité des offres sur le comportement des consommateurs ;
- *difficile parfois à mettre en œuvre*, par la complexité de la législation en vigueur ;
- *d'actualité*, grâce à l'exploitation des phénomènes de société que sont les licences, les objets à la mode… ;

- *d'avenir*, avec la montée en puissance des nouvelles technologies pour plus d'interactivité entre les marques et les consommateurs, et des bases et internet pour plus de personnalisation et de proximité.

À ce titre, l'ouvrage de Pierre Desmet est exemplaire. Pour tous ceux qui veulent s'initier à notre métier pour rejoindre ensuite les services marketing des industriels, des sociétés de services et distributeurs ainsi que les Agences Conseil. Sans oublier ceux qui le pratiquent déjà pour une nécessaire et enrichissante mise à niveau.

Cet ouvrage s'avère un véritable outil de travail dans une utilisation quotidienne, pour les chefs produits des annonceurs et les responsables de projet en Agence. Ils trouveront dans cet ouvrage tout ce qui est nécessaire à la conception, mise en œuvre et mesure d'une offre promotionnelle.

La deuxième partie consacrée aux effets promotionnels et à leur mesure mérite d'être signalée, car cet aspect « mesure de l'efficacité » de la promotion est rarement abordé. Elle va permettre notamment aux responsables de mesurer les retours sur investissement des offres qu'ils proposent à leurs consommateurs.

Cette double vision de la promotion permet à ces techniques de sortir de leur strict cadre tactique pour entrer de plain-pied dans des réflexions et approches stratégiques de valorisation et de différenciation des marques.

Pierre Voisin

DG Expertease – Vice-Président de l'AACC Marketing-Communication

INTRODUCTION

La promotion des ventes est-elle encore d'actualité ? Longtemps mal aimée car manquant de la dimension stratégique que le marketing revendique, elle serait maintenant dépassée selon les tenants des nouveaux concepts à la mode.

La position défendue dans ce livre est que, au contraire, la promotion est incontournable car elle préfigure l'avenir du marketing : la capacité de proposer et de gérer des offres conditionnelles et personnalisées.

Les approches de masse sont basées sur la baisse du coût d'un produit (production, commercialisation) par l'optimisation de l'utilisation du capital productif (les économies d'échelle). La perspective retenue ici est qu'il faut élargir la perspective sur l'échange et considérer que celui-ci concerne différentes ressources qui peuvent être offertes ou demandées (produit, prix, service, risque, information, image, affection). L'accroissement de la valeur offerte au client concerne donc chaque ressource mais aussi leur intégration.

L'échange est donc *multidimensionnel* et dépasse la perspective produit contre prix : le client est prêt à payer pour qu'une réduction du risque lui soit proposée ou pour l'image sociale véhiculée par la marque. Il est aussi *bi-directionnel* et, pour chaque ressource, l'entreprise peut donner plus ou prendre moins que ce soit pour le prix (baisse de prix ou remboursement), pour le produit (livraison ou reprise) ou les autres ressources comme l'image (capital de la marque contre image personnelle lors du parrainage). Il est enfin *conditionnel* dans le temps, la force du besoin et la valeur du produit évoluant dans le temps et selon le client soit en fonction de ce qu'il est soit de ce qu'il fait. L'entreprise doit donc être capable d'adapter l'offre, sa communication et sa distribution (ciblage et personnalisation).

La perspective sur la valeur s'est progressivement élargie d'une vision purement produit (valeur d'innovation et de nouveauté), à une vision image (construire un capital marque et une image différenciée) puis à une perspective individualisée (construire une préférence spécifique). La valeur des investissements marketing ne se mesure donc plus au niveau de la marque, le capital marque, mais plus directement au potentiel économique des clients plus ou moins captifs, le capital client.

La création de valeur est effectuée au niveau du client et dans le processus marketing en lui-même :

- *la valeur pour le client* : dans une perspective différenciant l'achat et l'utilisation, le client est producteur de sa satisfaction et apporte des ressources dans l'échange (son temps, son expertise...) : la valeur est donc créée tant par le fait d'offrir plus que de demander moins de ces ressources. Selon les besoins et le potentiel du client, l'entreprise adaptera le niveau et la spécificité de son offre ;
- *la valeur dans le processus marketing* : le cycle « étudier pour comprendre, créer l'offre et la mettre à disposition » passe d'un niveau agrégé (une offre unique) à un niveau individuel et temporaire. L'entreprise doit donc être capable de gérer une interface client complexe lui permettant de personnaliser sa communication et son offre. Ce sont les enjeux associés à la mise en place d'une approche *trade marketing* vis-à-vis des distributeurs, premiers clients, et d'une gestion de la *relation client* (CRM) sur les clients finaux.

La promotion des ventes a été le premier champ permettant de mettre en place ces mécanismes parce qu'elle est, à la fois, communication et distribution d'une offre, que l'offre peut être personnalisée et qu'elle est souvent conditionnelle. Elle a mis en évidence le rapprochement des supports de communication et de distribution : les uns permettant un spectre de communication plus large, les autres devenant, par la puissance de leurs vecteurs de contact, des acteurs de plus en plus importants de la communication (sites Internet, *consumer magazines*).

De nombreuses questions majeures sont encore à traiter et justifient que soit encore développée la recherche marketing en promotion des ventes :

- *comment optimiser l'interface client* et rendre l'entreprise capable d'apprendre à traiter l'information qu'elle collecte ? Après un engouement généralisé pour la mise en place des outils (programme de fidélisation, CRM, *datamining*, *datawarehouse...*), les questions stratégiques se posent : quand est-il rentable d'utiliser ces approches ? vis-à-vis de quelles cibles ? avec quels partenariats ?
- *comment mesurer et gérer la valeur d'un client ?* Si l'outil économique existe, sa validité et sa mise en œuvre rencontrent des difficultés opérationnelles (valeur passée, future ?). De nombreuses entreprises se demandent encore comment équilibrer les choix recrutement-fidélisation dont on sait qu'ils sont fortement reliés ;

– *comment gérer les conséquences sociales des actions ?* Celles-ci dépassent le cadre de l'entreprise qui ne fait que respecter un cadre légal souvent en retard par rapport aux nouvelles possibilités offertes par la technologie. Le développement, et le respect, de chartes professionnelles est donc un garde-fou indispensable car des questions éthiques fondamentales sont concernées par les actions (discrimination, respect de la vie privée, abus de position dominante…).

Le livre est organisé en trois parties : la description, la mesure et l'action.

La première partie s'attache d'abord à la description de la politique promotionnelle et de sa place dans le marketing mix (chapitre 1). Puis les techniques, regroupées selon quatre grandes classes (prix, prime, jeux-concours et essai) sont passées en revue (chapitre 2), en proposant différents mécanismes selon le cadre légal en vigueur et détaillant les techniques, leurs avantages et leurs contraintes. Les vecteurs de communication sont ensuite présentés dans le détail en regroupant les médias commerciaux qui touchent l'acheteur, les médias de masse et les médias du marketing direct (chapitre 3). Un index détaillé en fin de livre permet d'accéder de manière rapide, selon une approche « dictionnaire » aux sujets abordés dans cette première partie.

La seconde partie a pour objectif de comprendre les effets promotionnels pour permettre une utilisation à bon escient. La première perspective est théorique (chapitre 4) et analyse les hypothèses et les recommandations des différentes théories (économiques et marketing) qui proposent des représentations des effets promotionnels. La seconde perspective se veut plus empirique et fait un état des lieux des effets en eux mêmes (chapitre 5). Pour éclairer les choix, le chapitre suivant passe en revue les différentes sources d'information et les approches, plus ou moins modélisées, dont l'objectif est de fournir une mesure des effets « réels » après élimination des effets de cannibalisme (chapitre 6).

La *troisième partie* est stratégique et managériale. Que l'on soit dans la position d'un prestataire de service ou d'un distributeur (chapitre 7) ou dans celle d'un fabricant ou d'un fournisseur (chapitre 8), l'importance à donner à la promotion va dépendre de la situation (le produit, le contexte concurrentiel…). Enfin, le dernier chapitre aborde les questions concernant la mise en œuvre effective d'une promotion et les relations avec les prestataires (chapitre 9).

Retrouvez les compléments en ligne associés à cet ouvrage sur le site
http://www.marketing-science-center.com

PREMIÈRE PARTIE

LES MÉCANISMES PROMOTIONNELS

1 LA PROMOTION DES VENTES

L'évolution du marketing a conduit au développement économique rapide du hors-média, domaine peu conceptualisé. Il faut donc passer d'une définition par un ensemble de techniques à une définition plus générale de la promotion. Plus récemment encore, l'émergence du *trade marketing*, du marketing direct et du marketing relationnel soulignent le besoin d'une réflexion d'ensemble, les définitions opérationnelles ayant en effet tendance à créer une certaine confusion.

Section 1 ■ Une définition
Section 2 ■ Les techniques promotionnelles
Section 3 ■ La promotion dans le mix de communication
Section 4 ■ La promotion dans le mix marketing
Section 5 ■ Tendances et enjeux sociétaux

Section 1 UNE DÉFINITION

Pour définir la promotion des ventes, différents points de vue peuvent être utilisés : une définition par l'objectif, par les cibles ou une définition par les techniques.

1 Définition par les objectifs

Blattberg et Neslin[1], dont l'ouvrage sur la promotion a structuré le champ, définissent la promotion des ventes comme « un événement marketing centré sur l'action, dont le but est d'avoir un impact direct sur les clients de l'entreprise ». Cette définition met en évidence : le caractère temporaire de l'action (un événement) et l'incitation à l'action, sous-jacente à la promotion.

Selon l'*Institute of Sales Promotion* (ISP), la promotion est « un ensemble de techniques de marketing tactique (actions commerciales) conçues dans le cadre d'une stratégie marketing pour ajouter de la valeur à un produit/service pour atteindre des objectifs marketing et commerciaux spécifiques ».

L'apport de cette définition est la création de valeur supplémentaire faite dans l'offre promotionnelle. Pour poursuivre dans cette direction, l'action promotionnelle peut être définie non pas seulement comme une modification de l'offre de l'entreprise, mais comme une offre (d'échange) en soi, qui ne serait pas automatiquement associée à l'échange d'un produit/service. La définition doit aussi être étendue dans une autre direction car la prise en compte d'opérations « temporaires » ne permet pas d'y intégrer les programmes de fidélisation qui, selon les professionnels, font partie intégrante de la promotion des ventes. Nous proposons donc de retenir la dimension de *conditionnalité* (dans le temps ou selon des critères sélectifs) d'une opération.

La définition que nous proposons est donc la suivante :

« *Une promotion est une offre conditionnelle visant à stimuler le comportement de cibles du processus d'achat contribuant, à court ou moyen terme, à accroître la demande* ».

Cette définition peut être explicitée en précisant les termes utilisés.

➤ *Une « offre »*

Elle est attractive en proposant une *valeur* plus importante à l'acheteur soit par la *réduction des coûts* qu'il doit supporter (prix, coût du transport, risque de l'essai…) soit par l'*accroissement de la valeur créée* pour l'acheteur ou pour un autre acteur (l'utilisateur, le prescripteur, le distributeur).

1. Blattberg R., Neslin S., *Sales Promotion : Concepts, Methods and Strategies*, Englewoods Cliffs, New Jersey, Prentice Hall, 1990.

Exemple

Une étude américaine[1] sur l'expérience vécue en magasin (Promo magazine, 1996) met en évidence que les promotions les plus attendues sont celles qui proposent quelque chose contre rien et qui réclament le moins d'effort de la part du consommateur. 87 % des répondants souhaitent bénéficier de bons de réduction portés par le produit et 79 % veulent des produits avec gratuité.

➤ *« Conditionnelle »*

L'offre promotionnelle est différente de l'offre régulière de l'entreprise car elle n'est accessible que de manière conditionnelle. La première condition est souvent *temporelle*, l'offre a une durée de validité limitée. La condition peut aussi être *spatiale*, ou ne concerner qu'une *cible spécifique*, éventuellement déterminée par la diffusion préalable des droits d'accès à la promotion (par exemple, un coupon).

➤ *« Stimulation d'un comportement »*

La promotion constitue un *vecteur de communication* et un *vecteur d'incitation à l'action*. C'est cette dernière caractéristique qui la différencie de l'approche publicitaire qui vise à informer, séduire ou convaincre. Les comportements recherchés sont plus ou moins proches de l'acte d'achat ou y contribuent : achat, déplacement en magasin, essai, dégustation du produit, prescription… À l'extrême, le comportement recherché peut être une inertie comme dans les programmes de fidélisation qui cherchent à rendre plus difficile le changement d'enseigne.

➤ *« Des cibles du processus d'achat »*

Le processus d'achat d'un produit/service est plus ou moins complexe et peut comporter plusieurs acteurs ayant des fonctions spécifiques. Ainsi la vente au client final passe-t-elle par le soutien de la force de vente, celui du distributeur, de sa force de vente, de l'acheteur, du prescripteur… Le choix des promotions fait donc suite à un diagnostic mettant en évidence *les freins à la vente*, les cibles et les comportements à modifier ou à créer.

➤ *« À court ou moyen terme »*

La promotion conduit à un comportement et a donc un effet mesurable à court terme. Cependant l'objectif ultime de développer ou de maintenir les ventes peut n'être accessible que de manière différée : lors de la distribution gratuite d'échantillons, le réachat ne se fait que de manière différée.

1. Ong B.S., « Determinants of Purchase Intentions and Stock-Piling Tendency of Bonus Packs », *American Business Review*, janvier 1999, pp. 57-64.

2 Les politiques promotionnelles

Si les mécanismes sont les mêmes, la promotion des ventes est différenciée en quatre politiques selon la cible : consommateur, distributeur-revendeur, ou force de vente et prescripteur et l'émetteur (fabricant ou distributeur).

2.1 Les politiques promotionnelles selon les cibles

Selon la cible (la force de vente, le distributeur ou le client final) et l'émetteur de la promotion (le producteur ou le distributeur), plusieurs politiques promotionnelles sont habituellement distinguées : promotion distributeur, promotion commerciale, promotion consommateur et stimulation.

➤ *La promotion consommateur*

Elle correspond à des offres du fabriquant vers le consommateur final pour développer les ventes de son produit.

➤ *La promotion distributeur*

Encore appelée promotion *trade*, elle est intégrée au *trade* marketing qui regroupe les actions du producteur vers le distributeur pour que celui-ci achète son produit, le mette en place et en assure la vente.

➤ *La promotion commerciale*

Elle est faite par le distributeur à destination du client final pour l'amener à fréquenter son point de vente ou de service et à y acheter plus.

➤ *La stimulation*

Elle est destinée à orienter et à stimuler l'effort de la force de vente et à déclencher une meilleure prescription.

Cette classification est rendue nécessaire par la diversité des techniques utilisées et, surtout, par la légalité de certaines techniques autorisées lors de transaction entre entreprises (*business-to-business*) mais interdites ou fortement réglementées lors d'échanges commerciaux entre une entreprise et un particulier.

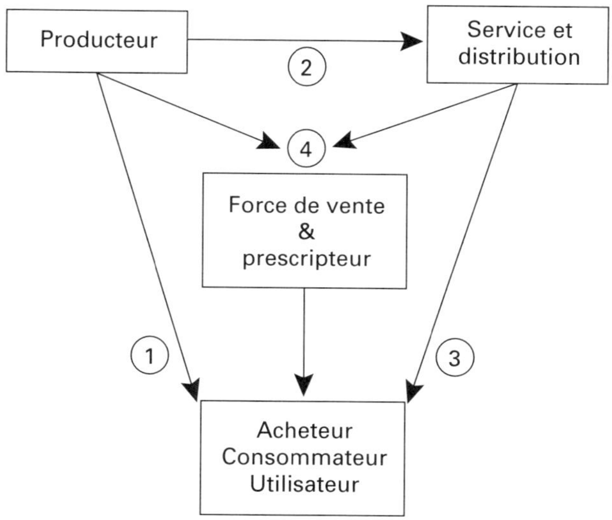

Figure 1.1 – *Politiques promotionnelles selon les émetteurs et les cibles*

2.2 Les principes d'action des politiques promotionnelles

Deux grandes catégories d'action sont à distinguer selon le ciblage.

➤ *Les actions non ciblées*

L'opération est déclenchée avec un objectif de volume, soit par rapport à un événement produit (déstocker avant un lancement ou en fin de saison), un objectif commercial (atteindre les objectifs de CA du plan annuel) ou un objectif concurrentiel (répondre à une action concurrente ou assécher un marché par anticipation du lancement d'un produit concurrent).

➤ *Les actions ciblées sur l'acheteur*

Les objectifs seront différenciés selon le degré de proximité de la cible avec la marque : la stimulation et la rétention des acheteurs fidèles, le développement du taux de nourriture chez les acheteurs réguliers, la stimulation de la fréquence d'achat chez les acheteurs épisodiques du fait de leur faible niveau de consommation ou de leur recherche de variété. Pour les non-acheteurs et les nouveaux acheteurs, c'est moins la stimulation économique que l'apprentissage qui constitue l'objectif principal avec la réduction du risque par l'information et par les garanties. Chez les utilisateurs, l'objectif est de satisfaire et d'amener une consommation ou un remplacement accéléré du produit. Pour les distributeurs et les prescripteurs, les avantages économiques (rémunération, stimulation) sont aussi importants que les aides à la vente (formation, information). Enfin, dans les opérations ayant pour

13

contribution à l'image, la cible est large et la création doit
rque dans l'univers produit et d'améliorer son image.

…ES : Correspondance entre cibles, objectifs et principes d'action

Ciblage	Objectifs	Principes d'action
Non ciblée		
- *produit*	- déstocker	- réduire le prix
- *commercial*	- développer les volumes	- réduire le prix
- *concurrence*	- réaction, ou anticipation, à une action de la concurrence	- réduire le prix
Acheteur de la catégorie		
- *non-fidèle*	- accroître le taux de nourriture - faire circuler dans la gamme - favoriser le réachat	- attirer l'attention, animer - accroître la visibilité - faire prendre en main - augmenter la valeur - réduire le prix
- *fidèle*	- accroître les quantités achetées - accroître les actes d'achat - retenir - obtenir un parrainage	- baisser le prix unitaire - donner un capital - faire constituer un capital
- épisodique	- déclencher un acte d'achat	- baisser la dépense - réduire le coût
Acheteur potentiel		
- non acheteur	- faire connaître - faire essayer - mettre à disposition	- réduire le risque perçu du produit - réduire le risque financier - réduire le prix
- nouvel acheteur	- éduquer, informer - favoriser l'apprentissage - obtenir un premier achat	- *idem*
Utilisateur		
	- faire ouvrir le *packaging* - satisfaire	- donner plus - informer, apprendre l'usage

☞

☞

Prescripteur		
- distributeur	- éviter les ruptures	- animer la marque
	- accroître le stock	- réduire le prix
	- déclencher la commande	- rémunérer le service
	- accroître l'exposition en rayon	- monter une opération conjointe
	- accroître l'exposition hors rayon	
	- stimuler la recommandation	
- vendeur et prescripteur	- stimuler la recommandation	- former
		- informer
		- stimuler (concours)
		- récompenser (cadeau)
Cible élargie (opération d'image)		
- image	- ancrer l'univers	- utiliser les symboles de l'univers dans la dotation
	- améliorer l'image	- donner bonne conscience
- partenariat	- vampiriser l'image	- répartition des coûts de communication et de dotation
		- réduire les coûts

Section 2

LES TECHNIQUES PROMOTIONNELLES

Les techniques promotionnelles sont nombreuses dans leur mécanisme et diversifiées selon les médias utilisés. Au-delà d'une simple classification à partir du cadre juridique, la classification par rapport à l'avantage proposé au client offre une meilleure perspective marketing.

1 Les principaux mécanismes

Une classification traditionnelle, induite en particulier par des réglementations spécifiques, conduit à retenir les quatre grandes familles présentées dans le tableau 1 : les techniques de prix, les primes, les jeux concours et les techniques d'essai. Celle-ci a l'avantage de correspondre aux sources statistiques de piges.

Tableau 1.1 – *Principaux mécanismes promotionnels*

Techniques de prix	*Principe* : réduire le coût d'un achat *Mécanismes* : produit en plus, format spécial, lot, offre spéciale, réduction de prix, coupon, ristourne de caisse, remboursement de la différence, offre de remboursement, reprise produit, crédit gratuit, remboursement parking
Primes	*Principe* : offrir un produit ou service en plus de manière certaine *Mécanismes* : prime directe, prime différée, prime contenant, prime collection offre auto-payante, boutique, club, cadeau, cadeau de parrainage
Jeux et concours	*Principe* : offrir un produit ou service en plus de manière incertaine selon un critère de hasard (jeux et loteries) ou un autre critère (concours) *Mécanismes* : loterie, *sweepstake*, jeux, *winner per store*, *instant win*, visiteur mystère, concours
Techniques d'essai	*Principe* : réduire le risque et mettre gratuitement au contact du produit-service *Mécanismes* : échantillon, démonstration, dégustation, offre d'essai, garantie satisfait ou remboursé

➤ *Les techniques de prix*

Les techniques de prix modifient la valeur économique d'une transaction, soit par une baisse directe du prix de vente, soit par l'accroissement du volume offert au même prix. L'objectif poursuivi est l'accroissement immédiat des ventes par la stimulation de la *motivation économique*.

➤ *Les primes*

Les techniques de prime consistent à offrir un objet directement lors d'un achat, ou de manière différée éventuellement contre une ou plusieurs preuves d'achat. L'objectif poursuivi est ici aussi un accroissement des ventes par la stimulation de *nouvelles motivations d'achat*, un objectif de communication par l'objet peut aussi être visé.

➤ *Les jeux-concours*

Les techniques des jeux et concours proposent une dotation attrayante pour une *cible plus large* que la clientèle habituelle à des gagnants sélectionnés soit par le hasard (loteries et jeux), soit sur base d'un critère autre que le hasard (concours de beauté, de sagacité, etc.). À l'objectif principal d'une promotion indirecte des ventes, notamment par la *stimulation* d'une clientèle non ou faiblement acheteuse ou par l'offre d'un *critère de choix* distinctif, peut aussi être associé un objectif de *communication d'image* (par le pouvoir évocateur de la dotation, par exemple).

➤ *Les techniques d'essai*

Les techniques d'essai consistent à offrir, sans contrepartie, l'occasion de consommer ou d'utiliser le produit soit sur le lieu de vente (dégustation, animation) soit sur le lieu normal de l'utilisation ou de la consommation (échantillon). L'objectif principal est celui de la *pénétration*, en *levant des barrières à l'essai* d'un nouveau produit, en particulier en réduisant le risque.

2 L'importance et l'évolution des techniques

La diversité des supports, la réalisation des promotions en interne et leur forte fréquence, permettent difficilement d'obtenir des indications statistiques exhaustives et non biaisées. La source professionnelle la plus ancienne est le BIPP, une société qui pratique une pige régulière et large des opérations promotionnelles pour le compte de ses clients et qui élabore ensuite des statistiques selon les techniques utilisées et selon les secteurs utilisateurs. Ces statistiques ont l'avantage, non de l'exhaustivité de la couverture, mais de la stabilité de la mesure.

➤ *La forte progression des promotions*

La croissance du nombre d'opérations recensées est très forte : 2 307 en 1980, 9 345 en 1990 et 70 680 en 2000 soit une multiplication par un facteur de plus de 7 sur 10 ans. Néanmoins, la couverture de la statistique (principalement à base d'éléments imprimés) tend à devenir moins pertinente avec le développement des médias interactifs (jeux par téléphone, sur Internet).

➤ *Une prééminence de la distribution*

Le secteur de la distribution, déjà prépondérant à la fin des années quatre-vingt, a encore accru sa part dans le total des actions relevées par le BIPP et représente maintenant les deux tiers des actions promotionnelles. Si la part du secteur des produits alimentaires est à peu près stable, la part des produits non alimentaires (20 % en 1994 et 10 % en 2000) et, surtout, la part des services (12 % en 1988 et seulement 3 % en 2000) ont fortement régressé sur la période.

➤ *La prééminence des promotions prix*

La figure 1.2 montre la prééminence des techniques de prix, dont la part double (de 35 % à 68 %) sur la période 1971-1993 avec un pic en cette période de crise. Depuis la part des techniques de prix régresse en tendance et passe de 68 % à 56 % en 2000.

L'évolution des techniques de primes est plus contrastée : au troisième rang en 1980 avec 20 % des opérations recensées, sa part diminue jusqu'à un minimum de

8 % en 1992 pour ensuite remonter de manière constante depuis 1993 avec même une certaine accélération en fin de période (28 % en 2000).

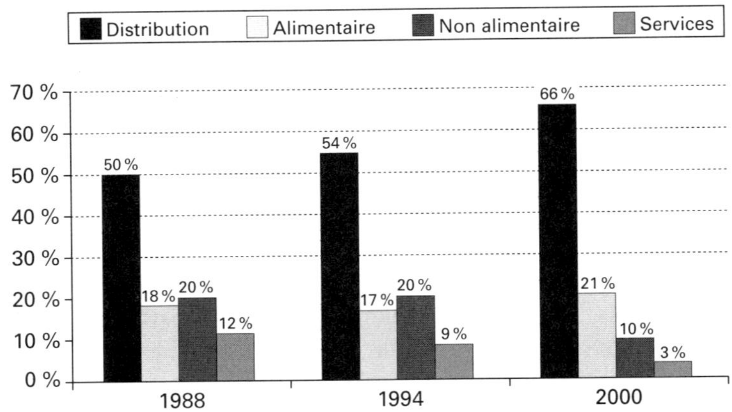

Source : Statistiques du BIPP en EURO PV.

Figure 1.2 – *Poids des secteurs dans le nombre d'opérations promotionnelles*

La technique des jeux-concours, assez fréquemment utilisée en première période avec environ un tiers des opérations jusqu'en 1993, est en perpétuelle décroissance depuis : partant de 29 % en 1980, pour passer à 28,2 % en 1990 et à seulement 12 % en 2000. Bien qu'il faille nuancer les commentaires selon les techniques (le concours étant moins utilisé alors que les jeux se développent fortement), les différentes raisons expliquant cette évolution seront évoquées plus loin. Enfin, les techniques d'essai sont en régression constante depuis le début de la période, partant de 19 % en 1980 pour tomber à 6,6 % en 1990 et moins de 4 % en 2000.

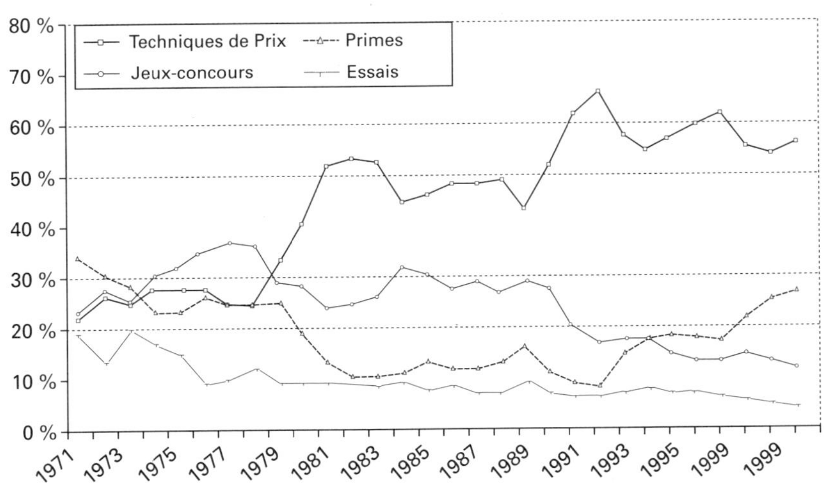

Source : Statistiques du BIPP en EURO PV.

Figure 1.3 – *Évolution de la part des techniques*

Très contrainte sur le plan réglementaire et directement reliée à l'évolution des marchés et de la conjoncture, l'évolution de la promotion peut être éclairée par la lecture de son environnement, comme cela a été proposé par un groupe d'experts.

REPÈRES : Une approche historique de la promotion[a]

• Les années 1970 : l'amélioration du quotidien, les promotions *on pack*, les jeux-concours, les dotations en produit d'équipement :

– avant 1974 : développement de la promotion avec les besoins du libre-service pour les produits de grande consommation et de la concurrence pour la distribution de carburant. Utilisation de la technique des primes didactiques ;

– premier choc pétrolier et montée en puissance du consumérisme et des distributeurs : forte utilisation des jeux et primes avec l'avènement de la société de consommation, mais les offres économiques se développent. L'absence de publicité télévisé rend prédominante l'utilisation de la radio ;

– second choc pétrolier et prolifération de marques concurrentes peu différenciées. La promotion devient stratégique tant pour le fabriquant que pour le distributeur et se situe au cœur des négociations commerciales.

• Les années 1980-1990 : « Faites vos jeux – Atout prix », la différenciation par la promotion :

– 1982 : la télévision devient utilisable pour la promotion. Développement de la politique promotionnelle des distributeurs, toujours interdits de publicité télévisée, financée sur les budgets communication des fabricants ;

– 1985 : développement des jeux simples (à gratter) et, surtout, des offres de prix qui deviennent majoritaires selon le BIPP ;

– 1986 : l'ordonnance Balladur libère les prix et assouplit la réglementation de certains mécanismes promotionnels (primes). En 1987, la promotion spectacle se développe à la télévision avec le début de la privatisation des chaînes.

• Depuis 1990 : la promotion s'affine, se raffine et se multiplie :

– les offres de prix se multiplient dans une conjoncture économique difficile où payer moins cher est un objectif permanent. Des opérations de prime de reprise dans l'automobile (Balladurette, Jupette[b]) montrent la force des mécanismes de prix ;

– de nouvelles tendances se dessinent : une synergie du marketing direct et de la promotion ; des partenariats pour répartir des coûts de plus en plus importants ;

– des opérations multi-marques pour les fabricants ayant un portefeuille (Danone, Nestlé), des « méga promotions » combinant des techniques promotionnelles différentes sur des cibles différentes et des opérations multi-acteurs associant de plus en plus le fabriquant à la politique promotionnelle autonome du distributeur.

---

a. D'après Bernadet J.-P., Chandon P., Desmet P., Fargette F., Guilbert F., Laurent G., Oustlant C., Toporkoff M., Volle P., « Promotion des ventes : évolution et révolutions », *Décisions Marketing*, 12, 3, 1997, pp. 9-22.

b. Adda J., Cooper R., « Balladurette and Jupette : a Discrete Analysis of Scrapping Subsidies », *Journal of Political Economy*, 108, 4, 2000, pp. 778-806.

La classification par grandes techniques n'est pas complètement satisfaisante car elle découle d'une approche légale et ne met pas bien en évidence ce qui peut rassembler les techniques du point de vue de l'objectif marketing. Nous proposons d'explorer la classification proposée par Bernardet avant de présenter une définition conceptuelle d'une offre promotionnelle.

3 La classification de Bernadet

Cette classification[1] met en évidence quatre dimensions séparant les techniques selon ce que l'offre apporte à la cible : la nature de l'avantage, sa certitude, son immédiateté et son destinataire :

– *la nature de l'avantage* peut être un bénéfice en plus (prime) ou la réduction d'une perte (prix payé). Le destinataire apprécie plus le bénéfice supplémentaire ;
– *la certitude de l'avantage* : l'avantage est certain (produit en plus) ou incertain (gros lot d'un tirage au sort). À budget égal, plus l'avantage est incertain, plus l'annonceur peut en accroître la valeur unitaire et rendre ainsi l'opération plus attractive ;
– *l'immédiateté de l'avantage* : il est associé au comportement à stimuler directement (prime *on-pack*) ou de manière différée (prime avec accumulation de preuve d'achat). S'il s'agit de récompenser un comportement, la promotion est plus efficace si elle y est directement associée ;
– *le destinataire de l'avantage* : Il s'agit soit de l'acheteur lui-même (dégustation en magasin), soit d'une autre personne (*charity promotion*).

Selon cette classification, les techniques les plus appréciées sont celles qui offrent un bénéfice supplémentaire, immédiat et certain à l'auteur du comportement désiré. Une classification proche[2] a été dérivée par une carte perceptuelle des jugements de similarité des techniques : le premier critère est l'opposition avantage monétaire (perte) *versus* non monétaire (gain), mais les promotions « produit en plus » sont différenciées des primes. Le second critère concerne la nature de la promotion « physique » ou « financière ».

---

1. Bernadet J.-P., *Comment développer la promotion des ventes ?*, Paris, Nathan, 1993.
2. Diamond W., Johnson R., « The Framing of Sales Promotions : An Approach to Classification », *Advances for Consumer Research*, 17, Goldberg M., Gorn G., Pollay R. (ed.), Provo UT, 1990, pp. 494-500.

4 Une approche conceptuelle de la promotion

Une approche générale et souple de la promotion passe par la reconnaissance des caractéristiques suivantes :

- *la promotion est un échange en elle-même*. Dans son principe, la promotion est un contrat spécifique même si pour certains mécanismes elle n'est qu'un élément annexe à un échange commercial habituel ;
- *la promotion correspond à un transfert de différentes ressources*. Comme dans un échange standard, le contrat prévoit un échange de produit, d'argent, de service, de risque et d'image. La valeur créée par l'avantage promotionnel concerne l'une de ces ressources ;
- *le transfert est potentiellement bidirectionnel*. Pour toutes les ressources, le contrat peut prévoir *plus* ou *moins* : le vendeur peut donner du produit et prendre de l'argent, il peut aussi reprendre le produit contre une réduction de prix. Il peut offrir du service ou rémunérer le service effectué par le client (parrainage). Une réflexion de ce type, même si elle peut sembler théorique au premier abord, ouvre de nouvelles perspectives ;
- *la promotion est un contrat conditionnel*. Il comporte différentes phases : l'annonce de l'offre, la vérification des conditions et l'exécution de l'engagement. À l'extrême, ces trois phases sont soit complètement intégrées (réduction de prix immédiate) ou soit nécessitent chacune des supports de communication spécifiques. L'opération peut être annoncée dans les mass médias (radio), les preuves d'achat véhiculées par les produits, le collecteur distribué par en magasin, la vérification des collecteurs est effectuée manuellement et les chèques envoyés par publipostage.

Tableau 1.2 – *Correspondance entre les principes d'action et les techniques*

Principes d'action	Techniques
Réduire le risque	*Immédiat :* dose d'essai, échantillon, dégustation, prime échantillon *Différé* : garantie satisfait ou remboursé, garantie de remboursement de la différence
Réduire le prix unitaire	*Immédiat en prix* : réduction de prix immédiate, prix spécial, prix barré, prix d'essai *Immédiat en produit* : lot homogène, lot avec gratuit, format spécial, produit en plus *Différé* : ODR
Réduire la dépense	*Immédiat :* format d'essai, lot avec gratuit *Différé* : ODR
Réduire le coût	*Immédiat :* crédit gratuit, remboursement du parking, gratuité du port, reprise produit

☞

☞

Accroître la valeur fonctionnelle	*Immédiat* : lot hétérogène, prime, série spéciale *Différé* : offre auto-payante
Accroître la valeur ludique	*Immédiat* : prime, lot prime, concours, jeux, animation *Différé* : *sweepstake*
Donner un capital	*Immédiat* : coupon, bon d'achat, cadeau *Différé* : coupon à valoir
Faire constituer un capital	*Différé* : ODR par accumulation, prime différée par accumulation, programme de fidélisation
Former, informer	*Immédiat* : démonstration

5 Les médias promotionnels

La promotion nécessite deux types de médias : des médias d'amplification et des médias de transport de l'avantage.

➤ *Les médias d'amplification*

Comme toute offre commerciale, la promotion est annoncée par une communication car elle est très souvent basée sur une participation volontaire. Les médias sont alors des médias de masse avec un coût de contact faible.

➤ *Les médias de transport de l'avantage*

Les médias utilisés pour le transport de l'avantage (une prime par exemple) sont les médias traditionnels, souvent commerciaux, de la promotion. Pour des raisons de ciblage et d'efficacité, ce sont principalement des médias *ad hoc*, par exemple pour transporter du produit (produit girafe, échantillon…), mais les médias de masse sont aussi utilisés à cet effet (échantillonnage presse…) et ce sont les médias du marketing direct qui ont la croissance la plus forte.

Tableau 1.3 – *Quelques médias promotionnels*

Transport	Amplification	Médias mixtes
Dans le produit (*in-pack*) Sur le produit (*on-pack*) Bornes électroniques Téléphone	Radio, affichage, télévision Prospectus Internet	Presse Publipostage, asile colis Personnel de vente et animatrice Mise en avant (MEA)

Section 3 LA PROMOTION DANS LE MIX DE COMMUNICATION

Traditionnellement, le mix-marketing, qui regroupe les principales décisions en marketing, est décomposé en 4 « P » : « *product, price, place and promotion* ». Dans la terminologie anglo-saxonne, « promotion » regroupe l'ensemble des activités de communication et de vente (publicité, promotion des ventes et relations publiques, force de vente)[1], il est donc nécessaire de préciser les recouvrements de ces termes.

1 La place de la communication promotionnelle

La diversité des techniques promotionnelles et des médias utilisés rend difficile un suivi de l'information par l'aval (les médias) et la source la plus fiable est celle d'une mesure par l'amont. Des entreprises ont ainsi accepté de participer à une enquête déclarative de la répartition de leur budget marketing entre les différents postes (France Pub).

Les grandes catégories de dépenses relevées sont : la *publicité* (presse quotidienne, presse régionale, presse magazine, presse gratuite, PHR, presse professionnelle), le *marketing direct* (mailings, éditions publicitaires, prospectus, marketing téléphonique et autre), la *promotion* ainsi que le mécénat et la participation aux foires et salons.

Sur la dernière décennie, la progression du marketing direct et de la promotion des ventes a été très importante : alors que les dépenses de communication se sont accrues de 43,5 % entre 1992 et 2000, la progression des dépenses médias est de + 38 % contre + 72 % pour la promotion des ventes et + 59 % pour le marketing direct. Cependant la part des grands médias dans les dépenses de communication reste majoritaire en 2000 avec 37,6 % du budget en 1999 contre 30,9 % pour le marketing direct et 15,6 % pour la promotion. Depuis 1999, les dépenses grands médias ont repris une part relative plus importante, du fait, notamment, des dépenses de communication liée à la création de sites Internet.

1. Sur ce point voir aussi Guilbert F., « Analyse structurelle des concepts de marketing mix, communication et promotion », *Revue Française de Marketing*, 91/4, 1981, pp. 134.

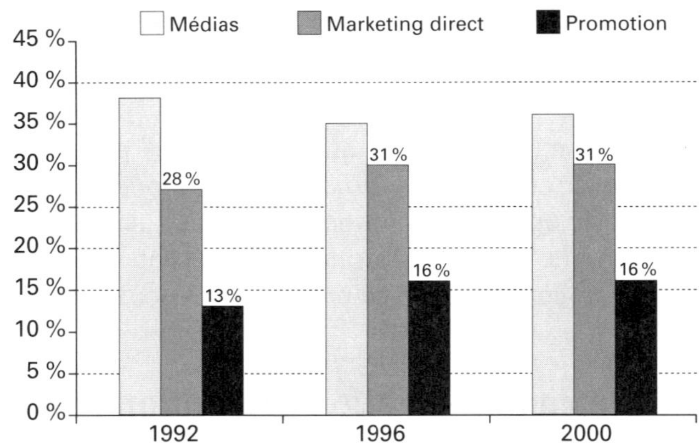

Source : France Pub Havas.

Figure 1.4 – *Part des dépenses promotionnelles dans le budget de communication*

2 La promotion et la communication

La promotion participe à la communication de la firme, de manière directe quand elle touche à l'échange, de manière indirecte quand elle associe l'échange à un autre échange, comme c'est le cas pour les jeux et concours. Elle fait partie des messages que le client est amené à traiter pour constituer une synthèse, l'image de marque, du produit et de la marque ou de l'enseigne.

➤ *La communication publicitaire*

Parce qu'elles correspondaient à des prestataires différents, la promotion et la publicité ont souvent été considérées comme des approches concurrentes alors qu'elles concourent à un même objectif de communication.

➤ *Des objectifs différents et complémentaires*

La publicité a des objectifs qui sont en amont dans le processus décisionnel de la cible par rapport à ceux de la promotion. La publicité a pour objectif d'asseoir la notoriété, de faire connaître le produit, de faire entrer celui-ci dans l'ensemble des marques prises en considération lors d'un achat. Elle met aussi en valeur certains attributs ou démontre l'utilisation. Les processus mis en œuvre sont principalement cognitifs et affectifs. Ils concernent la mise en place d'attitudes longues et difficiles à construire. Le contrôle de l'efficacité doit donc se faire sur ces attitudes et l'analyse de la rentabilité, difficile à mettre en œuvre, ne peut être faite qu'à moyen terme.

La promotion vient compléter cette action publicitaire par une influence directe sur les comportements (au niveau conatif, c'est-à-dire au niveau de l'action). L'association du message et d'un comportement peut conduire à l'instauration d'une attitude plus durable que celle issue du traitement cognitif ou affectif des messages publicitaires. Cette différence conduit à des objectifs précis, en terme de comportements à modifier. L'efficacité et la rentabilité peuvent, et doivent, être mesurées à court terme.

➤ *L'interaction entre publicité et promotion*

Sur le plan budgétaire, la publicité et la promotion sont deux grands postes de dépenses du budget marketing. À l'heure des analyses approfondies des budgets du fait de la pression concurrentielle, le transfert vers la promotion, pour des effets immédiats et mesurables, est une tendance lourde. Sur le plan des médias, la promotion, en tant qu'offre d'échange conditionnelle, voit son efficacité multipliée par une communication centralisée et l'utilisation des mass médias.

➤ *La communication des secteurs interdits de publicité*

La promotion est le substitut à l'interdiction de publicité sur les grands médias, comme c'est le cas pour la distribution à la télévision. Elle peut être le seul domaine de communication lorsque le souci de la santé publique conduit à interdire la communication publicitaire (tabac) ou à la contraindre fortement (alcool).

➤ *Les relations publiques*

L'information et la persuasion de la cible peuvent passer par d'autres canaux, plus personnalisés et moins contrôlés. Cette approche consiste à utiliser les relations publiques (RP) pour faire parler du produit et de la firme par des leaders d'opinion ou des journalistes, principalement par la création d'événements. Cet aspect événementiel est le principal point de contact entre la promotion et les relations publiques. Soit les relations publiques ont pour but d'amplifier la communication d'une campagne promotionnelle, soit elles doivent créer l'événement au niveau produit, c'est-à-dire devenir commanditaires d'une opération promotionnelle. Les actions se distinguent par la cible : clients pour la promotion, leaders d'opinion pour les relations publiques.

➤ *Le parrainage, sponsoring et mécénat*

Toujours relié à l'exploitation d'un événement, le *sponsoring*, ou parrainage d'événement, a pour objet de développer l'image plutôt que les ventes. Il peut être envisagé sous deux angles : en tant qu'image ou en tant que support.

En tant qu'image, il s'agit d'exploiter à son profit la notoriété et l'image de l'événement : la communication est faite *sur l'événement.* Il s'agit par exemple de donner une image dynamique à la marque en l'associant à un événement à caractère sportif (jeux olympiques). En tant que *support*, il s'agit en fait d'un moyen de faire de la notoriété et de l'image. C'est notamment un vecteur indispensable pour les secteurs interdits de publicité ou pour les annonceurs locaux.

3 La promotion et le marketing direct

La promotion utilise les médias du marketing direct et le marketing direct, dans ses messages, contient toujours une promotion.

Les échanges avec la cible peuvent être gérés directement et de manière personnalisée par l'émetteur. C'est le cas du marketing direct, avec qui la promotion partage la recherche d'une action immédiate. La spécificité du marketing direct par rapport à la promotion était la personnalisation de la communication émise et l'analyse des réponses individuelles.

Traditionnellement, la promotion des ventes fait de la *communication directe*, tant en émission (par la diffusion d'échantillons) qu'en réception (par l'organisation de concours) car elle utilise les canaux de distribution pour la diffusion de ses produits. Les techniques promotionnelles sur le lieu de vente (produit en plus, coupon...) ne permettaient pas de ciblage précis, ni de personnalisation de la communication. Or ceci est important lorsque les cibles sont difficiles à identifier et à qualifier.

Le rapprochement de la promotion et du marketing direct est maintenant évident : toute opération de marketing direct comporte une offre promotionnelle, et la promotion est de plus en plus amenée à gérer des relations directes avec les clients, par exemple avec l'organisation de clubs. Le marketing direct permet de pousser jusqu'au bout la logique d'investissement commercial par une mesure fine des effets des actions sur les cibles grâce à l'utilisation de banques de données. Le rapprochement des deux disciplines est tel que les professionnels suggèrent de les associer dans le cadre d'un « marketing de comportement ».

Section 4 LA PROMOTION DANS LE MIX MARKETING

Mais la promotion, action commerciale, touche aussi, directement ou non, les autres composantes du mix.

1 La promotion et le produit

La promotion interagit avec les décisions « produit » au niveau conceptuel (l'objet de l'échange), au niveau marketing et au niveau technique.

➤ *Au niveau conceptuel*

La promotion modifie l'échange, et peut devenir une composante permanente de l'offre de l'entreprise. Par exemple, la chaîne de restaurants McDonald a tiré les conclusions du fait que, pour une des cibles visées (la famille), les enfants ont un rôle important de prescripteur. Dans la gamme offerte, apparaît donc un *Happy Meal* spécialement destiné aux enfants et contenant systématiquement un petit jouet promotionnel. De même, la lessive Bonux propose systématiquement un cadeau.

➤ *Au niveau marketing*

La question de l'effet de la promotion sur l'image de marque a été longtemps débattue, mais de manière trop restrictive. En fait, il s'agit de l'effet négatif d'une promotion *par réduction de prix* sur la perception de la qualité induite par la baisse du niveau du prix de référence. D'autres techniques promotionnelles, comme les primes ou les jeux, peuvent au contraire contribuer de manière très positive à l'image.

➤ *Au niveau technique*

L'emballage du produit doit, dès sa conception, intégrer le fait qu'il peut devenir un véhicule promotionnel. L'étiquette doit permettre l'introduction d'éléments supplémentaires nécessaires à la communication et à l'information des promotions *on-pack*. Le choix des couleurs utilisées, la gamme des couleurs supplémentaires doit tenir compte des promotions. L'emballage lui même doit être conçu en fonction de promotions « produit en plus », faute de rendre celles-ci impossibles compte tenu des modifications à apporter au niveau des chaînes de production et de la logistique (ratio unité de consommation, carton, palette...). De même, doivent être prévues les possibilités d'introduire un objet dans l'emballage, de l'y attacher, d'ajouter une collerette, d'écrire sur certaines surfaces, etc.

2 La promotion et le prix

La promotion est une composante clé de la politique de prix à qui elle offre beaucoup de souplesse.

➤ *Un outil de discrimination*

La promotion est une composante essentielle d'une politique de prix différenciés, tant au niveau des intermédiaires qu'au niveau du client final. Elle permet de faire une discrimination de second degré (passive) : seuls les clients acceptant de faire l'effort de valider les conditions pourront bénéficier de l'avantage proposé. Or l'échange sera plus ou moins intéressant pour un client en fonction du coût de ses ressources : l'espace disponible pour le stockage, la valeur accordée au temps, les ressources financières.

➤ *Une souplesse de la politique des prix*

La promotion est parfois le seul moyen de jouer sur le prix lorsque les documents sur lesquels figurent les prix ont une longue durée de validité (cas des catalogues papier en VPC). Dans un cadre concurrentiel, la promotion donne plus de souplesse et de facilité d'utilisation à la politique de prix en permettant une baisse du prix, temporaire et localisée, sans limiter le retour à un prix plus élevé par la suite. Elle est préférable à une baisse du prix normal dont la hausse ultérieure est beaucoup plus difficile à justifier. La promotion donne aussi une raison externe à la baisse des prix, et l'abandon de cette justification externe permet de revenir au prix normal.

Dans certains secteurs comme la distribution de l'ameublement, les excès promotionnels se font sentir de manière évidente dans les grandes agglomérations : il n'existe plus de prix de référence. Les promotions sont permanentes et atteignent des niveaux (– 50 %) qui font perdre toute crédibilité au prix affiché.

➤ *Une réduction des coûts*

La promotion peut aussi être la contrepartie d'un comportement qui permet à l'émetteur de réduire ses coûts. C'est l'idée des réductions de prix quantitatives, pratiques courantes dans les relations avec les intermédiaires, et correspondant pour le client final à la vente par lots. C'est aussi le cas des programmes de fidélisation qui orientent les comportements pour en réduire le coût.

3 La promotion et la distribution

Par définition, la promotion est un échange, la question de sa distribution se pose donc de manière très claire : soit la promotion utilise des canaux existants (commerciaux et médias) soit elle est diffusée directement par l'émetteur.

Sur les canaux existants, la promotion peut avoir comme objectif, principal ou secondaire, d'améliorer la puissance et la productivité du canal, soit en gagnant de la distribution (référencement), soit en améliorant la position au sein des points de vente actuels (exposition en linéaire, en tête de gondole). Ce dernier objectif est couvert par la composante *merchandising*, qui a pour objet de donner au produit une position avantageuse face aux concurrents sur le lieu de vente. La promotion est beaucoup plus efficace si le produit est mis en avant, elle tire donc parti d'un bon *merchandising*. Mais elle peut aussi le soutenir en servant de justification à la mise en avant et en facilitant la négociation avec le distributeur.

Elle peut aussi constituer un élément perturbateur et doit être prise en compte, et valorisée, tout au long de la chaîne de distribution : ceci ne peut être obtenu que si chaque intermédiaire est incité à faire l'effort nécessaire. Une action promotionnelle destinée au client final deviendra donc une opération comportant des avantages spécifiques pour chacun : concours au niveau de la force de vente, remises aux distributeurs, par exemple.

Section 5 TENDANCES ET ENJEUX SOCIÉTAUX

1 Les tendances

L'évolution de la promotion est dictée par les opportunités offertes par les nouvelles technologies et par les changements dans les stratégies marketing des entreprises.

➤ *Du marketing communication au marketing services*

L'unification de la politique de communication des entreprises se traduit par la concentration des agences et l'élargissement de leurs champs de compétences. La distinction technique entre le marketing direct, la promotion des ventes et la stimulation a d'abord été effacée avec le choix de l'appellation *marketing communication* par la délégation de l'AACC. Cette compétence s'élargit à celle de *marketing services*, qui inclut en outre l'activité Internet, avec la nécessité d'une approche plus large de la relation client prenant en compte toutes les interactions et non plus seulement la communication opérationnelle. Au niveau international, cette typologie est souvent reprise et distingue trois domaines : la publicité, la communication *corporate* et le marketing-services.

➤ *La personnalisation*

Pour les services, mais aussi pour la distribution de produit, la personnalisation des offres se généralise. Il s'agit de s'appuyer sur les informations personnelles et de comportement pour faire des offres différenciées dans les différentes dimensions du mix : le prix (prix spécial pour un lot), le produit-service (adapté selon les préférences), la distribution, la communication (SMS d'alerte)...

➤ ***La technologie en magasin***

Lieu traditionnel de la promotion des ventes, le magasin s'équipe de technologies qui permettent une véritable interaction avec le client. La communication et l'émission des offres est individualisée, de manière économique, sur une clientèle identifiée ou non, soit par l'interaction en caisse (coupons selon les achats), soit par l'utilisation de bornes par le client.

➤ ***La relation client et Internet***

Au-delà des espoirs qu'il avait suscité sur la commercialisation, c'est dans la relation client qu'Internet offre les potentialités les plus importantes. Si l'entreprise souhaite une interaction poussée avec sa clientèle, les canaux traditionnels ne sont pas toujours très bien adaptés (lenteur, absence d'identification...) et ne sont pas intégrés pour permettre une gestion de la relation. C'est l'ambition de la gestion de la relation client (CRM) que d'offrir une réelle personnification de l'entreprise (impression d'un interlocuteur unique par l'intégration de l'information) de la communication avec ses clients.

➤ ***Internet et les jeux***

Les sites Internet ont, tout comme les points de vente, la nécessité de créer de la fréquentation sur le site. Or, si les courses hebdomadaires constituent des sorties obligatoires, la visite de sites ne l'est pas. L'usage d'Internet est lié, bien sûr, à des attentes rationnelles mais aussi, et surtout, à des attentes expérientielles. Le jeu et le vice en sont donc des supports majeurs d'autant plus que la consultation s'effectue à l'abri du regard social. Cette tendance annonce donc un développement important des jeux.

2 Les enjeux de société

La promotion des ventes fait face à des critiques sociétales importantes qui incitent les partenaires à mettre en place les auto-régulations nécessaires.

➤ ***La justification économique de la promotion***

Le coût de la promotion est élevé. Il s'agit non seulement du coût direct mais aussi de coûts indirects liés à la perturbation des canaux de distribution par des offres irrégulières, temporaires et spécifiques. La question posée est donc celle de la pertinence de cette stimulation au regard d'une réduction du prix d'un montant égal au coût des promotions.

L'évolution des sociétés occidentales vers plus de consommation rend la promotion indispensable pour stimuler un comportement d'achat qui, lorsqu'il est face à un marché atone, peu différencié, peu innovant, a tendance à privilégier le prix. La dépendance des distributeurs vis-à-vis de la promotion, les difficultés économiques liées à la baisse de la rentabilité des émetteurs ainsi que les emplois et l'activité économique liés à la promotion (conseil, prestataires) conduisent à pronostiquer que la promotion a encore de beaux jours devant elle.

Exemple

Selon une étude de Panel International (5 000 personnes) :

- 58 % des consommateurs se déclarent déçus par les promotions, dont 23 % par mise en doute de la qualité, 13 % à cause du conditionnement trop gros et 11 % à cause du manque d'information ;
- 68 % des consommateurs font spécifiquement attention aux prix des promotions ;
- 76 % indiquent que des écarts de prix de plus de 20 % entre le prix normal et le prix promotionnel montrent que les prix pourraient être plus bas ;
- 80 % considèrent que ces décalages de prix sont normaux compte tenu de la concentration des enseignes, des achats à l'étranger et des volumes de consommation.

Source : www.lsa.fr/usn-ftp/etudes/promotions/etudes.htm.

➤ *Le risque d'une incompréhension par le consommateur « moyen »*

Le caractère spécifique des offres promotionnelles, la nécessité d'une amplification par les médias, simplificatrice et attractive, accroît la difficulté de la compréhension de l'offre et la probabilité d'une erreur d'interprétation de la part du consommateur. C'est par exemple le cas de la technique contestée[1] des loteries avec pré-tirage (*sweepstake*) dans lesquelles il est possible de dire à chaque destinataire qu'il a gagné, puisqu'il a effectivement gagné l'un des lots, mais que la mise en valeur publicitaire des lots consiste à lui laisser penser qu'il a gagné le gros lot alors qu'objectivement ses chances de gagner sont minimes.

Le droit est déjà très contraignant dans la promotion et constitue, avec l'intérêt bien compris des professionnels pour les règles d'auto-limitation, la digue nécessaire aux dérives malhonnêtes qui doivent être sanctionnées.

1. Voir en annexe à ce chapitre, la rubrique « Pour en savoir plus : l'avis du juriste ».

➤ *Le risque d'une dérive malhonnête*

La dérive de vente (*bait and switch*) est une manipulation commerciale qui consiste à :

- faire une publicité large mettant en valeur l'importance de l'offre sur un produit ou le cadeau qui sera reçu ;
- obtenir la visite du client ou un appel téléphonique ;
- orienter le visiteur par un vendeur vers un autre produit, plus rentable que celui promu.

L'offre promotionnelle est d'une valeur si attrayante pour le client que l'offreur peut inciter, contraindre ou récompenser les vendeurs qui réussissent à détourner les clients attirés par l'offre. Les techniques de dérive s'appuient sur différentes pratiques du vendeur : le refus de montrer ou de vendre le produit promu, la dévalorisation par des actes ou des mots du produit, la rupture de stock planifiée par des commandes insuffisantes, l'argumentation mettant en évidence, avant ou après la vente, les défauts du produit et son inadaptation à l'usage prévu, l'acceptation d'un acompte initial avant de détourner le client du produit promu, ou la livraison d'un produit défectueux, inutilisable ou inadapté à l'usage utilisé dans la publicité. Considérée comme une pratique malhonnête et trompeuse, cette technique est illégale sous différents aspects (publicité mensongère, refus de vente) dans de nombreux pays.

De manière étonnante et contestée, une approche théorique[1] a pourtant conduit des chercheurs américains à proposer de la rendre légale. En considérant que, lors de l'intervention du vendeur, le client a la possibilité de découvrir des arguments qu'il n'avait pas pris en compte, il semblerait que le bien-être collectif ne soit pas amélioré par l'interdiction de la dérive de vente, que le marché soit un marché de concurrence ou un marché de monopole. L'argument est dérivé d'une modélisation économique des comportements et ne prend pas en compte les dommages causés par l'acceptation de la tromperie dans les affaires.

1. Hess J., Gerstner E., « Yes, Bait and Switch Really Benefits Consumers », *Marketing Science*, 17, 3, 1998, pp. 283-289. Conclusions contestées par Wilkie W., Mela C., Gundlach G., « Does "Bait and Switch" Really Benefit Consumers ? », *Marketing Science*, 17, 3, 1998, pp. 273-282.

REPÈRES : Code International CCI/ESOMAR de pratiques loyales en matière de promotion des ventes (extraits)

« Toute action promotionnelle doit être honnête, véridique et conforme au droit et aux bonnes mœurs ainsi qu'aux principes de concurrence loyale généralement admis dans les relations commerciales :

a) toute promotion doit réserver aux consommateurs et autres destinataires un traitement loyal et honorable ;

b) toute promotion sera conçue, formulée et réalisée de manière à éviter des déceptions justifiées ou tout autre motif de mécontentement légitime ;

c) la gestion des promotions et l'accomplissement de toute obligation en résultant doivent être prompts et efficaces ;

d) les conditions et la conduite de toute promotion seront équitables envers tous les participants ;

e) ni la conception, ni la mise en œuvre d'une promotion ne doit provoquer ou paraître absoudre un comportement violent ou anti-social à tout autre point de vue, ou encore encourager des pratiques contraires à l'intérêt public ;

f) la présentation d'une promotion ne doit pas risquer d'induire en erreur ceux à qui elle s'adresse ;

g) tout facteur pouvant peser sur la décision de participer ou non à une promotion sera présenté de façon que le destinataire puisse y réfléchir avant de s'obliger à un quelconque achat nécessaire pour y participer »

Source : Chambre de commerce internationale (1996), www.iccwbo.org.

L'essentiel

La promotion des ventes fait partie des instruments de communication de l'entreprise, mais c'est aussi un instrument commercial dont l'objectif est d'influencer un comportement de nature à développer les ventes à court et moyen termes.

Elle se traduit par la proposition de l'échange conditionnel d'un avantage contre un comportement, qui peut aller de la simple fourniture d'information à un engagement durable d'achat, en passant par des actes comme le déplacement sur un point de vente, le parrainage ou l'essai d'un produit, entre autres.

L'avantage est un bénéfice en plus (produit en plus, petit objet, échantillon), une perte en moins (réduction du prix ou des dépenses annexes comme le port ou le parking), ou la prise en charge d'un risque (garantie de satisfaction ou de remboursement de la différence de prix). Il peut être immédiat ou différé par rapport au comportement.

L'offre promotionnelle est conditionnelle dans le temps (durée limitée de l'opération), mais aussi sur d'autres critères (comme la disposition d'un coupon ou la collecte de preuves d'achat). Ces conditions permettent de réaliser un ciblage et même une personnalisation des offres.

Une offre promotionnelle correspond à différents échanges entre l'annonceur et le participant qui utilisent des médias spécifiques (PLV, *in-pack*, prospectus, marketing direct) ou traditionnels (magazine, radio, télévision). Si les critères de coût au contact sont toujours utilisés pour les médias d'amplification de l'opération, les médias en promotion des ventes sont analysés en fonction des taux de remontées qu'ils génèrent et de la qualité des comportements postérieurs.

La force de la promotion réside dans la capacité à suivre ses effets, souvent nets et importants, sur les ventes. La tendance actuelle à s'approcher du client final et à gérer en direct les relations avec celui-ci conduit à un effacement progressif des frontières entre les différents outils traditionnels de communication. Ainsi, malgré un objectif d'image, une campagne publicitaire contient des éléments qui permettent au récepteur d'agir immédiatement. Cette efficacité à court terme peut cependant être dangereuse si elle induit des modifications durables des comportements, comme l'accroissement de l'importance du prix dans le choix. Les décideurs obnubilés par la vision à court terme doivent donc mettre en balance la tendance à accroître la fréquence d'utilisation et les risques potentiels sur la valeur de la marque.

Une promotion est un contrat spécifique qui, par sa souplesse, peut conduire à des dérapages que les professionnels s'attachent à éviter par l'autodiscipline. La perte de la crédibilité des offres, par la perte de confiance due à des utilisations abusives, des manipulations, des publicités mensongères ou de nature à induire en erreur, serait en effet une conséquence dramatique pour l'ensemble du secteur.

Pour en savoir plus

Le point de vue du juriste :
« L'engagement unilatéral engage-t-il l'émetteur ? »

Le sujet concernant la promesse est d'une grande actualité en ce qui concerne la promesse publicitaire de lot. Certaines sociétés de vente par correspondance utilisent aujourd'hui, parfois avec excès, les techniques du marketing direct afin de stimuler les achats. Elles organisent des loteries avec pré-tirage (ou *sweepstake*) et tendent à faire croire au destinataire qu'il est le gagnant d'un grand prix alors que seul le nom du destinataire a été tiré au sort et qu'il n'a donc à ce stade, rien gagné. « Félicitations monsieur Durand, vous êtes le gagnant de notre grand concours ».

Ce destinataire (qui ne doit pas, à notre sens, être nécessairement apparenté à un consommateur ou un client) adresse alors son bon numéroté « d'heureux élu » pour recevoir le lot. Il remplit aussi simultanément, pour ne pas paraître mesquin, le bon de commande qui est systématiquement joint et qui conditionne souvent, selon le règlement de la société, la rapidité de l'expédition du lot.

La passation d'une commande est en réalité le but principal poursuivi par la société qui détourne ainsi la loi sur les loteries prohibant l'obligation de commande. L'expéditeur n'obtiendra le plus souvent (en sus de sa commande) qu'un cadeau de consolation, ou de pacotille, dont la valeur est sans rapport avec le prix promis auquel il pensait pouvoir prétendre.

Des actions judiciaires, fondées sur la publicité mensongère, ont été engagées. Les demandeurs se heurtent toutefois au fait que la notion de publicité mensongère est floue et aléatoire. On tolère, en matière de publicité, certaines affabulations. Le slogan « La pile Wonder ne s'use que si l'on s'en sert » en est l'illustration. Cette affirmation est en effet fausse.

Des actions reposent aussi sur l'inexécution de l'engagement unilatéral de la société de vente par correspondance considérant ainsi qu'il peut s'agir plus d'une offre que de la participation publicitaire à un jeu. Des tribunaux ont, en ce sens, donné gain de cause à des victimes de pratiques équivoques en matière de loterie avec pré-tirage (Cass. 1er civ., 28 mars 1995, n° 93-12.678, Bull. civ. I, n° 150, D. 1995, som., p. 227 et CA Douai, 10 fév. 1993, réformant le jugement du TGI de Lille en date du 4 oct. 1991 ; voir aussi Cass. 1er civ., 26 nov. 1991, n° 90-15.936, Bull. civ. I, n° 216 et TGI Lille, 21 oct. 1992, INC n° 2962). L'intégralité du lot a parfois été obtenu. L'existence d'un contrat entre la société organisatrice de la loterie et le participant a plus récemment été reconnue (CA Toulouse, 14 févr. 1996 ; Cass. 2e civ., 11 fév. 1998, n°96-12.075, Bull. civ. II, n° 155), au motif qu'il s'agissait bien là d'une offre ferme (voir n° 3-28) qui avait été acceptée.

La sanction de l'inexécution repose, lorsqu'elle est prononcée, sur un fondement qui est tantôt celui de la responsabilité délictuelle, tantôt celui de la responsabilité contractuelle.

☞

☞

La responsabilité délictuelle du promettant peut être engagée lorsqu'on estime que chacune des parties (société et destinataire) a pu avoir une lecture distincte de la proposition formulée. Il n'y a donc pas eu rencontre des volontés, il n'y a donc pas de formation de contrat. La faute « délictuelle » résulte de « l'équivoque » de l'offre. La responsabilité délictuelle de l'offrant (la société) est engagée dans la mesure où l'offre paraissait ferme et précise pour le destinataire (appréciation *in concreto* du caractère de l'offre au regard du destinataire). L 'évaluation du dommage causé est délicate. Il s'agit le plus souvent de la réparation d'un préjudice lié à la déception. Dans cette hypothèse, le montant indemnitaire ne peut être égal au montant promis. Toutefois, dans certains cas, les tribunaux, dans un but dissuasif, ont condamné la société de vente par correspondance à régler une somme équivalente à la valeur du lot promis.

La responsabilité contractuelle du promettant peut également être admise. La jurisprudence (Cass. 1er civ, 11 février 1998, n° 96-12.075) considère qu'un contrat peut légalement être formé entre la société et le destinataire qui accepte l'offre, lorsque cette offre paraît ferme, définitive et sans équivoque. Le caractère non équivoque de l'offre doit, à notre sens, s'apprécier au regard du destinataire et non, comme tel est parfois le cas, au regard du promettant. Le contrat s'analyse alors comme un contrat unilatéral. Le dommage à réparer est celui qui résulte de l'inexécution de l'obligation de ce contrat unilatéral. L'intégralité du lot promis peut alors logiquement être demandée (sur la nature des sanctions, voir *Contrat, concurrence, consommation*, octobre 1999, chronique p. 4., « Quel fondement sur la responsabilité des sociétés de vente par correspondance en matière de loteries avec pré-tirage », Autam D., maître de conférences à l'université de Lille).

En définitive, selon les circonstances de l'espèce, les tribunaux vont vérifier la volonté certaine ou équivoque de la société de vente par correspondance d'attribuer à ses correspondants un lot. Si les documents publicitaires envoyés sont équivoques et si la société n'avait manifestement pas voulu s'engager à livrer ce lot aux demandeurs, seul le fondement juridique de la responsabilité délictuelle semble pouvoir être retenu, avec la conséquence que l'indemnisation ne couvre que le dommage prouvé par le client, c'est-à-dire pour l'essentiel un dommage moral résultant d'une déception (Cass. 1er civ., 19 octobre 1999, n° 97-10.570, Bull. civ. I n° 289 ; JCP 1999, éd. G. 2000, II, 10 347, note Fl. Mehrez). La théorie de l'apparence serait toutefois susceptible de justifier une condamnation d'un montant calqué sur celui de l'engagement apparent, ce qui permettrait aux victimes d'obtenir le lot lui-même ou sa contre-valeur. C'est en effet parce qu'il a pu légitimement croire, étant donné les termes de la lettre qui lui a été adressée, qu'il avait gagné le lot indiqué, que le client est admis à réclamer ce lot. Sa bonne foi est fondée sur une erreur légitime (*Cf.* obs. de Viney G. in JCP éd. G., 1998, I, 185, n° 3).

Source : J. Delgay « Droit des contrats », *in Droit de l'entreprise*, éditions Lamy, 2002/2003, 6e éd.

Pour en savoir plus

1. Où trouver les coordonnées des professionnels ?

Syndicats et associations

AACC : Association des agences conseils en communication : www.aacc.fr

AFM : Association française du marketing : www.AFM-marketing.org

FEDMA : Fédération européenne des associations de marketing direct : www.fedma.org

FEV@D : Fédération des entreprises de vente à distance : www.fevad.com

IFM : Institut français du merchandising : www.ifm.asso.fr

ISP : *Institute for sales promotion* : www.isp.org.uk

POPAI : *Point of purchase advertising*

IFCPLV : Institut Français de la Communication et de la Publicité sur le lieu de vente : www.popai.com ; France : www.popai.fr

SNAPO : Syndicat national de la publicité par l'objet, 15, rue Châteaudun 75009 Paris, tél. : 01 48 78 75 98 Fax. : 01 45 26 25 39.

SNPLV : Syndicat national de la publicité sur le lieu de vente. 16, avenue de Messine 75008 Paris Tél. : 01 53 75 16 89 Fax : 01 49 53 92 02.

SORAP : Syndicat national des organisateurs et réalisateurs d'actions promotionnelles et commerciales. Pdt Beghyn, B & W site : www.bw-marketing.fr/index/index.asp

SYPROCAF : Syndicat des producteurs de cadeaux d'affaires et d'objets publicitaires : www.syprocaf.fr

UDA : Union des annonceurs : www.uda.fr

2. Sites Internet des revues et magazines

Décisions marketing : www. revue-DM.org ; www.dmsp.dauphine.fr/AFM/AFMFr/DMFr.html

Recherche et applications en marketing : www. revue-RAM.org ; www.dmsp.dauphine.fr/afm/AFMFr/defaultFr.html

Euro PV : magazine français de la publicité sur le lieu de vente, de la communication par l'objet et de la promotion des ventes : www.europv.com/index2.htm

Promo magazine : www.promomagazine.com

Sales & marketing magazine : www.salesandmarketingmag.com

Linéaires : www.lineaires.com

LSA : Libre service actualités : www.lsa.fr

Marketing magazine : www.e-marketing.fr

Points de vente : www.pointsdevente.com

Journal du net : www.journaldunet.com

Le Monde interactif : http://interactif.lemonde.fr

☞

☞

3. Autres intervenants

Clés de la promotion : site d'un consultant (P. Ingold) www.cles-promo.com

BIPP : bureau d'information *progress promotion* www.chez.com/bipp

CEPROM : Centre d'Étude de la Promotion Commerciale, ceprom.multimania.com

IFEC Promotion : Institut français de l'emballage et du conditionnement www.ifecpromotion.tm.fr

4. Lectures complémentaires

Westphalen M.-H., *Communicator : le guide de la communication d'entreprise*, Paris, Dunod, 1998.

2 LES TECHNIQUES PROMOTIONNELLES

Les techniques promotionnelles sont très nombreuses et résultent de la combinaison du type d'avantage offert (prix, produit, réduction de risque...), du mode de désignation du bénéficiaire, des conditions d'attribution et de l'expression de l'offre. Une première section présente de manière synthétique les choix qui seront justifiés dans les chapitres ultérieurs. Les sections suivantes présentent successivement les différentes techniques seront, de manière classique, regroupées en quatre grandes familles, celles qui proposent une réduction de la perte (prix), celles qui accroissent le gain (produit), celles qui réduisent le risque produit ou prix (essai) et celles qui s'appuient sur des mécanismes particuliers de désignation du bénéficiaire (jeux et concours).

Section 1 ■ Le choix des techniques promotionnelles

Section 2 ■ Les techniques de prix

Section 3 ■ Les techniques de produit et prime

Section 4 ■ Les techniques de réduction de risque

Section 5 ■ Les techniques de jeux et concours

Section 1

LE CHOIX DES TECHNIQUES

Les choix promotionnels correspondent à plusieurs niveaux de décision : à partir des cibles et des objectifs, il faut choisir la classe de mécanisme puis affiner le choix en privilégiant une technique particulière et en sélectionnant les médias adaptés à la cible.

1 Le diagnostic

Il s'agit d'identifier clairement la cible et le comportement à modifier.

1.1 La cible

Un diagnostic marketing doit permettre de faire un bilan de la situation et d'identifier les cibles clés dont il faut modifier le comportement. Par exemple, en situation de pointe saisonnière, l'objectif sera de gagner de l'exposition et de minimiser le risque de rupture de stock en s'assurant de la détention du stock chez le distributeur.

REPÈRES : Cibles et objectifs de comportements

La promotion peut cibler principalement ou accessoirement les différents acteurs de la distribution d'un produit-service : le distributeur (entrepôt, grossiste, détaillant, revendeur), le prescripteur (force de vente du fabricant et du distributeur, prescripteur indépendant), l'acheteur et l'utilisateur-consommateur.

Objectif	Distributeur	Prescripteur	Acheteur	Utilisateur
Faire acheter immédiatement	X		X	
Faire acheter plus tard et réacheter			X	
Faire stocker (acheter plus, plus vite)	X		X	
Faire essayer	X			X
Faire venir sur le point de vente			X	
Faire circuler dans la gamme	X		X	
Obtenir un premier achat, référencement	X		X	
Former et informer	X	X	X	X
Développer les utilisations				X

☞

☞

Créer une attitude favorable (*goodwill*)	X	X	X	X
Développer leurs ventes	X	X		
Obtenir plus de visibilité ou d'espace	X	X		X
Attirer l'attention	X	X	X	
Obtenir de la prescription et du parrainage	X	X	X	X
Rassurer, réduire le risque	X		X	X

1.2 Le comportement d'achat

Lorsque la cible principale est l'acheteur, il est nécessaire d'aller plus loin et de bien préciser le mécanisme qui devra assurer un développement des ventes en distinguant l'objectif de pénétration (nouveaux clients) qui nécessitera la réduction du risque perçu ou des conséquences économiques de la nouvelle consommation. Ceci est obtenu :

- *par réduction directe du risque perçu* par la mauvaise qualité de l'information sur les attributs (essai, dégustation…), par la difficulté de la prescription, par exemple l'adaptation à la nature de la chevelure (diagnostic, aide au choix) ;
- *par la prise en charge des conséquences* de la découverte d'un choix non satisfaisant (garantie).

Le choix des cibles restreint, voire même induit, les choix des médias promotionnels. Ainsi, une communication par des médias non commerciaux de masse (magazine…) ou par des médias commerciaux indirects (coupon ou échantillon croisé porté par un autre produit, animatrice…) devra souvent être mise en place pour toucher les nouveaux acheteurs et les acheteurs épisodiques. Par contre, les acheteurs réguliers (moyens ou gros) pourront eux être touchés sur le lieu de vente (produit porteur d'un supplément ou d'une gratuité ou d'une prime), ces derniers pouvant même, de manière rentable, être joints par une communication spécifique par marketing direct dans le cadre d'un programme de fidélisation.

REPÈRES : Cibles d'acheteurs et comportements à modifier

Les acheteurs peuvent être catégorisés selon la nouveauté, la fréquence et l'importance du comportement d'achat : on distingue ainsi quatre groupes, les nouveaux acheteurs, les acheteurs épisodiques, les acheteurs réguliers et les gros acheteurs.

Pour les nouveaux acheteurs ou pour les acheteurs à très faible fréquence d'achat, l'objectif principal est de gagner en pénétration. Pour les acheteurs irréguliers, l'objectif est d'accroître la fréquence d'achat. Pour les acheteurs réguliers, l'objectif principal est d'accroître l'importance des achats et de développer le taux de nourriture (part des achats réalisés sur la marque ou dans le magasin).

☞

☞	**Nouvel acheteur**	**Acheteur épisodique**	**Acheteur régulier**	**Gros acheteur**
Nombre d'acheteurs (NA)	Pénétration		X	X
Nombre d'actes d'achat (NAA)	X	Fréquence d'achat		X
Quantités achetées par acte d'achat	X	Panier moyen		
Part des achats réalisés sur la marque ou le point de vente	X	X	Taux de nourriture	

2 Le choix du mécanisme

Le choix du mécanisme est orienté par la valorisation des attributs effectuée par l'acheteur ciblé.

➤ *La dimension économique domine*

Lorsque l'acheteur est centré sur l'obtention des meilleures conditions d'achat (baisse du prix moyen), les techniques de baisse directe du prix ou d'offre de produit comparable sont bien adaptées.

Si la valeur du produit-service se réduit avec le temps (produit saisonnier ou périssable) ou si l'annonceur a un besoin indispensable de CA, une réduction de prix sans contrepartie peut être proposée (offre spéciale, prix barré, prix réduit). Pour tirer partie d'une valeur perçue plus élevée et pour éviter que le prix de référence du produit ne baisse, on utilisera de préférence une expression en produit : « 6 canettes dont 1 gratuite » plutôt qu'une expression de baisse de prix en pourcentage (– 15 %) ou en valeur absolue.

Sinon, il est préférable de conditionner la délivrance de l'avantage à un effort du destinataire comme acheter plus (prix réduit sur un lot) ou gérer un stock de coupons (BRI) ou se faire rembourser dans une offre de remboursement (ODR).

➤ *Le prix du produit n'est que l'une des dimensions du coût global*

Pour préserver un prix de référence stable pour le produit, il est plus intéressant de prendre en charge certains de ces coûts : coût d'accès au point de vente (prise en charge du parking…), de livraison (gratuité des frais de port), d'installation, de débarras ou de revente du produit possédé (reprise produit).

➤ *L'acheteur est peu sensible aux différences entre les produits où le prescripteur a une influence forte sur l'acheteur*

Face à une offre perçue comme banalisée ou à un achat peu impliquant, l'acheteur prendra en compte des critères autres que les caractéristiques du produit. La présence d'un prescripteur (enfant) peut orienter le choix sur des caractéristiques de l'offre n'ayant rien à voir avec les caractéristiques de base du produit.

Il peut s'agir de :

- *la simple visibilité* ou la plus grande *accessibilité*, *disponibilité* du produit au moment de l'achat. Si l'achat a lieu dans un point de vente, l'effet de la communication promotionnelle en magasin (MEA, prospectus, stop-rayon, affichariot…) ou de la stimulation par le personnel de vente (animatrice, personnel de vente et de prise de commande) sera particulièrement important. Si l'achat à lieu à domicile, par exemple par téléphone, la mise à disposition d'une communication par l'objet (magnet ou post-it par exemple) servira de mémoire externe ;
- *l'originalité* par l'existence d'un objet supplémentaire de manière certaine (prime) ou incertaine (dotation d'un jeu) qui va *animer* le produit porteur. Outre la nécessité d'une communication claire de cette offre, le critère de participation sera la difficulté perçue de remplir les conditions demandées. Cette dimension est importante tant au niveau de la vente, puisqu'elle donne l'occasion à la force de vente de parler du produit à son distributeur, qu'au niveau de la revente par celui-ci.

REPÈRES : Classification générale des mécanismes

La classification croise les ressources qui sont échangées (prix, produit, risque, relationnel) avec les modalités de l'offre dans le temps (immédiat ou différé) et le sens de l'échange des ressources (en plus ou en moins).

Avantage	**En plus**		**En moins**	
	Immédiat	*Différé*	*Immédiat*	*Différé*
Prix			Offre spéciale, réduction de prix, coupon, produit dont gratuit	Coupon à valoir, offre de remboursement (ODR)
Produit service identique	Produit en plus, lot		Reprise produit	Engagement de reprise
Produit service différent	Lot hétérogène ; prime directe ; service gratuit (crédit, port…)	Primé différée, offre auto-payante, service exclusif (club)	Parrainage	
Risque, incertitude	Jeu	Loterie, concours	Échantillon, essai, démonstration, diagnostic gratuit	Garantie satisfait ou remboursé
Relationnel	Cadeau, manifestation, événement, convention			

➤ *L'acheteur perçoit un risque important*

La perception d'un risque important de non satisfaction peut entraîner le report ou l'abandon d'un achat. L'acheteur n'a pas confiance dans sa capacité de prescription : il connaît mal son besoin, l'offre disponible ou la correspondance entre les caractéristiques du besoin et celles du produit :

- *doute sur la qualité du produit*, du fait par exemple, de caractéristiques internes qui ne peuvent s'apprécier que lors de la consommation-utilisation du produit. La relation prix-qualité a de fortes chances de jouer et on évitera d'utiliser des techniques de réduction de prix ;
- *nécessité d'un contact direct à cause de préférences personnelles* : c'est le cas du goût pour les produits alimentaires ou des réactions corporelles pour les produits d'hygiène-beauté. Dans ce cas, l'utilisateur sera prescripteur et le contact direct entre celui-ci et le produit est apporté par la dégustation (sur le point de vente) ou l'essai d'un échantillon (à domicile) ;
- *l'acheteur n'est pas certain des critères de choix*, en particulier lorsque l'utilisateur est une personne différente : la promotion peut alors lui garantir la satisfaction (garantie satisfait ou remboursé) ;
- *l'acheteur ou le prescripteur est nouveau ou le produit lui-même est nouveau,* il faut donc former et informer ces cibles sur les critères de choix, les valeurs des attributs, les conditions d'une bonne utilisation par des démonstrations.

REPÈRES : Objectifs de comportements et mécanismes

Les techniques et les mécanismes promotionnels sont plus ou moins adaptés aux objectifs opérationnels, en fonction de leurs caractéristiques (ressource et décalage) et de la ressource concernée.

Objectif	Mécanismes
Faire acheter immédiatement	*Avantage économique* : réduction de prix, produit en plus, série spéciale, coupon, reprise produit, lot hétérogène (coffrets) ; *autre produit certain* : primes (plate, objet, contenant réutilisable, etc.), offre auto-payante
Faire acheter plus tard, réacheter	Coupon à valoir, coupon in-pack, prime et ODR par accumulation, boutique, programme de fidélisation, jeu des mariages
Faire stocker (acheter plus, plus vite)	Réduction de prix, lot homogène, produit gratuit-girafe, lot vituel
Faire essayer	Essai gratuit, échantillon, prime-échantillon, dégustation, dose d'essai
Faire venir sur le point de vente	Essai gratuit, bon d'achat, coupon, réduction de prix, invitation pour une animation

☞

☞

Faire circuler dans la gamme	Coupon croisé, ODR panachée, lot mixte
Obtenir un premier achat, un référencement	Réduction de prix, offre d'essai, offre de remboursement, coupon croisé
Former et informer	Essai, démonstration, diagnostic gratuit
Développer les utilisations	Démonstration, prime-recettes, partenariat mixte-produit
Créer une attitude favorable (*goodwill*)	Événement-convention, concours, cadeaux, jeux (*instant win*, téléphone), loteries, concours
Développer leurs ventes	Opération en partenariat (*trade*), coupon associé, stimulation de leur force de vente…
Obtenir plus de visibilité ou d'espace	*Au point de vente* : MEA, prospectus, bornes, coupon en caisse, affichariot, stop-rayon, etc. ; *à domicile* : communication par l'objet, prime
Obtenir de la prescription et du parrainage	Stimulation, concours, parrainage, remise sur l'objectif
Attirer l'attention	Autre produit incertain : dotation des opérations de *sweepstake*, concours, produit gagnant
Rassurer, réduire le risque	Garantie satisfait-remboursé, offre de remboursement de la différence en cas de baisse de prix, engagement de reprise produit

➤ *L'acheteur décide du fournisseur*

Outre la dimension économique déjà évoquée, l'acheteur peut valoriser d'autres critères liés au contexte et aux services entourant l'achat. L'attitude générale favorable est développée par la pratique relationnelle de dons à valeur personnelle, transfert d'un avantage sans contrepartie immédiate (cadeaux…) ou à valeur sociale (participation à un événement).

À l'issue de cette présentation synthétique des techniques en fonction des objectifs, les sections suivantes ont pour objectif de présenter en détail les différents mécanismes selon les quatre grandes classes de techniques.

Section 2

LES TECHNIQUES DE PRIX

Les techniques de prix ont pour objectif d'accroître, immédiatement, clairement et simplement, la valeur de l'échange pour l'acheteur.

1 Le principe

L'offre porte sur une baisse directe du prix ou sur une réduction du coût d'achat.

1.1 Le contenu de l'offre

L'avantage offert (monétaire) est non spécifique et fongible, il convient à tous les acheteurs. La mise en œuvre est facilitée par le fait que le prix est une caractéristique incontournable de l'offre, consultée par tous les acheteurs, dont l'annonce est indispensable à la conclusion de la transaction.

Les techniques de prix sont utilisées tant par les fabricants que par les distributeurs. Les cibles visées par les fabricants et par les intermédiaires, sont les distributeurs et intermédiaires (force de vente) et les consommateurs. L'attitude des destinataires est favorable car ces techniques engendrent peu de coûts et accroissent directement la profitabilité.

Tableau 2.1 – *Principaux mécanismes de prix*

Mécanismes	Techniques
Les réductions de prix directes	*Principe* : réduction immédiate et inconditionnelle du prix *Techniques* : offre spéciale, prix d'essai, offre de gratuit, prix barré, escompte de caisse
Les bons de réduction	*Principe* : réduction de prix conditionnelle à la détention d'une « clé » *Techniques* : BRI, coupon à valoir, coupon croisé, bons d'achat, coupon personnalisé, coupon électronique, coupon Internet, cartes rechargeables, reprise produit
Les remboursements	*Principe* : remboursement différé *Techniques* : ODR, ODR intégral, ODR associée, engagement de reprise produit
La prise en charge de frais	*Principe* : remboursement ou prise en charge de frais *Techniques* : crédit gratuit, crédit promotionnel, parking gratuit, port gratuit

1.2 L'importance et l'expression de l'avantage

L'avantage offert est immédiat (réduction immédiate) ou différé (bon à valoir). Des conditions peuvent être exigées pour restreindre l'accès ou le montant de l'avantage :

- la disponibilité d'un coupon, éventuellement distribué de manière sélective ou dépendant d'un autre comportement (achat d'un autre produit) ;

– l'achat d'un montant minimal (10 € pour 60 € d'achat) ;
– le produit sur lequel s'applique la réduction (le premier article de la commande, le moins cher, le plus cher, un sur deux...).

L'avantage monétaire est exprimé par l'annonce d'un prix réduit (net) ou par l'expression du montant de la réduction de prix, en unités (euros) ou en pourcentage. Lors de l'annonce du prix réduit, la suggestion d'un prix de référence met en évidence l'importance de l'avantage.

La faiblesse du prix de base pour les produits de grande consommation et la nécessaire limitation de la réduction de prix compte tenu des contraintes de marge, conduisent à des réductions de prix d'une faible valeur, peu motivantes pour le consommateur. Il est alors préférable de rechercher une expression de la réduction en prix ronds (1 €) ou des prix net rompus symboliques (4,99 € ; 99 €) pour communiquer clairement l'existence d'un avantage promotionnel.

1.3 Les contraintes légales

Une offre de prix doit respecter les conditions suivantes :

– *sur son principe* : peu de contraintes si ce n'est que la proposition ne peut être discriminatoire. Seule la proposition d'un crédit gratuit est interdite sauf pour une courte durée ;
– *sur son importance* : le montant d'une offre de prix n'est pas contraint pour un fabriquant, qui peut donc rembourser la totalité du prix payé par le client. En revanche, pour un distributeur, la contrainte est celle de l'interdiction de la revente à perte. Un fabricant ne peut contrôler le prix de vente d'un distributeur indépendant (interdiction des prix imposés). À noter que la valeur hors taxes des coupons remboursés peut être déduite de l'assiette d'imposition à la TVA ;
– *sur son champ* : si la règle générale est celle d'une liberté dans la fixation des prix, certains secteurs ont des législations particulières qui restreignent cette liberté. Par exemple, dans le secteur du livre, la loi Lang limite l'importance du rabais pour les nouveaux livres ;
– *dans son expression* : l'annonce d'une réduction de prix ou d'un prix barré doit correspondre à une réalité (interdiction de la publicité mensongère). L'annonceur doit pouvoir prouver le prix de référence utilisé (le plus bas pratiqué au cours des 30 jours précédents ou lors de la dernière offre en vente à distance). La durée de validité de l'offre doit être clairement annoncée ;
– *dans sa communication* : les prix doivent être affichés en euros, éventuellement à l'unité ou au kilogramme. La proposition d'un crédit gratuit est interdite en dehors du point de vente.

1.4 Les contraintes organisationnelles

Les techniques de prix ont assez peu de contraintes organisationnelles :

- *contraintes industrielles* : il n'y en a pas s'il s'agit d'une réduction immédiate. Lorsqu'un coupon est utilisé, il faut prévoir les médias de diffusion et de réception. Les contraintes industrielles sont peu nombreuses car l'offre est « plate », c'est-à-dire imprimée, tant dans sa communication que dans le transport de l'avantage ;
- *sécurité – risque de détournement :* elles sont plus importantes car la liquidité de l'offre peut entraîner des détournements et des abus ;
- *autorisation et information des partenaires* : l'information des distributeurs est nécessaire puisqu'ils vont devoir accepter les coupons.

2 Les mécanismes

Une promotion prix peut se faire :

- sur le prix affiché, sur le prix payé, en remboursement du prix, en remboursement d'une dépense, en prise en charge d'une dépense supplémentaire ;
- en réduction directe du coût du comportement ou sur un autre comportement.

La combinaison de ces critères conduit à distinguer des grandes classes de techniques : la réduction de prix, le coupon, le remboursement, la prise en charge d'une dépense.

2.1 La réduction de prix directe

La réduction concerne le produit dont on veut promouvoir les ventes. Elle est annoncée par l'affichage d'un prix pratiqué et non conditionnelle sur le client.

➤ *L'offre spéciale*

L'offre spéciale est l'offre promotionnelle la plus banale. Aucune promesse spécifique n'est faite, excepté que l'offre « n'est pas ordinaire ». Son avantage est la souplesse puisqu'elle peut être utilisée en annonce sur le produit lorsque le fabriquant ne peut obtenir la garantie d'un prix pratiqué.

➤ *Le prix d'essai*

Le prix d'essai est aussi peu informatif que l'offre spéciale en ce qui concerne le montant de l'avantage économique transféré au client. Il permet cependant d'orienter le processus d'attribution, justifiant la promotion par un effort financier destiné à contrebalancer le risque lié à l'essai et à développer ce dernier.

➤ *Le prix de lancement*

Prix pratiqué jusqu'à une date annoncée, lors du lancement d'un nouveau produit avec indication du prix au-delà de cette date. Cette technique est utilisée notamment dans l'édition. Il faut pouvoir établir l'existence de l'avantage annoncé par rapport au prix normal futur.

➤ *L'offre de gratuit*

Cette offre ne doit pas être confondue avec l'offre de produit supplémentaire gratuit (produit girafe). Il s'agit ici de proposer une réduction de prix dont la valeur symbolique soit mieux perçue du fait de son expression en unité gratuite de consommation (6 produits *dont* 1 gratuit).

➤ *Le prix barré*

Le prix barré consiste à afficher le prix de vente à côté d'un prix de référence barré qui communique l'importance de la réduction de prix consentie. C'est une technique appliquée par le distributeur qui, seul, maîtrise le prix de vente. Un fabriquant s'exposerait au risque de publicité mensongère dès lors qu'un magasin n'aurait pas pratiqué le prix barré annoncé. Le prix barré doit donc être établi sur une base sérieuse, liée à la vente effective à ce prix pendant le mois précédant l'opération.

➤ *L'escompte de caisse*

Un distributeur offre des réductions de prix qui ne dépendent que de la structure du panier (commande ou ticket de caisse). Les réductions peuvent donc s'appuyer sur cette information pour offrir la réduction (par exemple − 15 %), sur un article choisi (article préféré, premier article) éventuellement sous d'autres conditions concernant la catégorie de produit (achat minimum de 50 euros). Une difficulté consiste à gérer une réduction d'ampleur différente selon la marge de chaque article, par exemple en regroupant les articles selon un code couleur facile à communiquer.

2.2 Les coupons, bons de réduction et bons d'achat

Le bon de réduction, ou coupon, permet d'obtenir, pendant sa durée de validité, une réduction de prix lors de l'achat d'un produit spécifique. Cette technique est segmentante puisque le coupon est diffusé de manière sélective ou à la demande.

Le pouvoir de communication est important puisque le coupon peut être considéré comme une vraie monnaie. Néanmoins sa faible valeur faciale en limite souvent l'intérêt sauf pour les utilisateurs actuels du produit. L'émetteur a intérêt à utiliser des supports qui lui permettent de garder le contrôle de l'émission (éviter le prospectus).

La « liquidité » monétaire des coupons, qui pour un détaillant sont équivalents à de l'argent liquide, impose une gestion particulièrement rigoureuse. La lourdeur de cette gestion et le montant des immobilisations financières limitent le nombre des opérateurs. Les émetteurs de coupons consignent une avance auprès de l'opérateur qui se charge de remonter les coupons des distributeurs, qui sont immédiatement remboursés de la valeur. Les coupons sont triés par opération puis imputés. La gestion manuelle reste coûteuse même avec l'utilisation des codes barres qui permettent de l'automatiser.

Exemple : Stabilisation de l'importance des coupons en France : moins de 300 par foyer par an

Très peu utilisée en France avant les années 1990, la technique du coupon a connu un développement important à partir de cette date, puis très rapide de 1995 à 1997. Un plateau semble être atteint actuellement. L'utilisation intensive aux USA a été freinée par la parution des études montrant sa faible efficacité relative à l'importance de son coût.

Nombre de coupons mis par foyer par an
Source Sogec

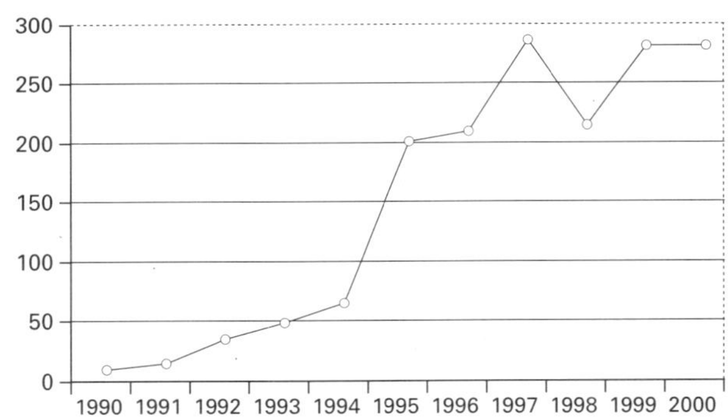

Source : SOGEC *in* LSA 30/8/2001.

L'efficacité d'un coupon se mesure au taux de remontée bien que le coupon puisse induire un achat sans être présenté à la caisse (*slippage*). Les risques liés au coupon sont issus de la validation de la contrepartie (l'achat d'un produit désigné) au moment de l'échange du coupon (la rédemption) lorsque celui-ci n'est pas scanné. La *mis-rédemption* est l'acceptation indue d'un coupon par le vendeur soit pour un produit autre que celui indiqué sur le coupon, soit pour une date périmée ; elle est à l'initiative du client alors que la *mal-rédemption* est une fraude qui implique le distributeur.

➤ *Le bon de réduction immédiate (BRI)* XX

Le bon imprimé est diffusé avant l'achat hors magasin, en magasin (animatrice, distributeur de coupon à l'entrée du magasin ou en rayon) ou directement apposé sur le produit, sous forme d'un coupon à détacher lors du passage en caisse.

➤ *Le coupon « à valoir » (lors d'un prochain achat)* à voir pr Danio

Le coupon à valoir lors d'un prochain achat est porté par le produit lui-même. Les études montrent que son pouvoir de communication est important et qu'il est souvent assimilé, à tort, par le client au BRI. Il joue donc un effet au moment de l'achat puis au moment de son utilisation.

➤ *Le coupon croisé*

Il est porté par un produit (*on-pack*) mais concerne un autre produit. L'intérêt est de bénéficier d'un ciblage particulièrement pointu : les acheteurs, voire les nouveaux acheteurs, du produit porteur. Il sera donc particulièrement efficace pour des produits/services complémentaires.

➤ *Les bons d'achat*

Ils sont proposés par un distributeur qui offre une réduction du prix, affectée ou non à des produits spécifiques, éventuellement valable dans un point de vente donné. Les bons d'achat connaissent un développement important en réponse à la loi Galland et du fait des avantages en termes d'émission (ticket de caisse), de réception (moindres frais liés aux remontées, absence de frais de remboursement). Pour le client, la gestion est facilitée par la mise à disposition d'une carte rechargeable qui, cependant, réduit l'impact de la perception visuelle.

➤ *Le coupon personnalisé* XX DM

Les bases de données marketing des fabricants et des distributeurs, ainsi que les mégabases de données consommateurs permettent d'imprimer sur le coupon des informations concernant l'utilisateur potentiel. Avec le coupon, remonte alors l'information de l'achat par la personne et du lieu d'achat. Les coupons de ce type sont distribués par marketing direct : envoi personnalisé à domicile d'un carnet de coupons sélectionnés ou non en fonction des informations détenues sur le profil de la personne. Ils sont donc très ciblés.

➤ *Le coupon électronique* XX tickets GB

Le coupon électronique est un coupon imprimé sur un support papier lors du passage en caisse et remis en main propre par la caissière (système Ecobon de Catalina). Émis par le fabricant ou par le distributeur, c'est un coupon à valoir conditionnel (1) sur le produit (2) sur la période déterminée (durée ou date) et (3) dans le magasin qui l'a émis. Son émission est sélective (type de produit, nombre d'achats, coupon) et son montant variable selon les codes barres des articles contenus dans le panier, ce qui a donné lieu à un contentieux lié à la propriété du code barre[1]. Il contient un espace suffisant pour une communication succincte de la part du distributeur.

Exemple : Bilan d'une opération Ecobon®

Trois opérations, la première de recrutement sur des non acheteurs, la seconde sur des consommateurs actifs et la troisième en continuité sur des personnes ayant utilisé un écobon. Le tableau montre bien la réactivité croissante quand on s'approche du cœur de cible.

Objectifs	Offre	Produits ciblés	Quantité promue	Valeur faciale	% de contacts utiles	% remontées
Recruter de nouveaux consommateurs	Panier	Produits frais, diététiques et bio	1	0,76 €	51,4	6,1
			1	0,61 €	25,6	5,2
Augmenter QA/acte	Consommateur actif	Produit de la gamme par 1	2	0,61 €	14,6	9,1
		Produit de la gamme par 2	4	0,91 €	4,0	14,1
Fidéliser les clients recrutés	Continuité	Scanning Ecobon	2	0,61 €	4,4	51,9

➤ *Le coupon Internet*

La diffusion d'un coupon papier étant coûteuse, Internet représente un mode de diffusion économique tant pour les sites eux-mêmes que pour les magasins. Dans le système le plus simple, cela revient à transférer au client la charge d'imprimer l'image d'un coupon papier dans un système plus sophistiqué, le « droit » à réduction acquis par la consultation du site est transféré au magasin sur le compte du client participant au programme de fidélisation. Les risques en terme de sécurité de l'opération peuvent être importants, la reproduction du coupon étant facile.

1. Collard C., Putsay M., Roquilly C., Zardkoohi A., « Competitive Cross-Couponing : a Comparison of French and U.S. Perspectives », *Journal of Public Policy & Marketing*, 20, 1, 2001, pp. 64-72.

2.3 Les remboursements

Alors que le bénéfice de la promotion est obtenu au moment de l'achat pour le coupon ou le prix réduit, il est décalé dans le temps pour l'offre de remboursement.

Pour l'émetteur, l'avantage réside dans la forte valeur perçue de communication alors que le taux de remontées des offres de remboursement est faible. Ce taux peut être réduit par l'imposition de contraintes sur les délais entre l'achat et la demande et les pièces à faire parvenir (RIB, ticket de caisse original...). Sur le plan des coûts, il est évident que les coûts unitaires de remboursement (saisie demande, vérification des pièces, lettre, chèque) sont plus élevés que ceux du traitement d'un coupon mais l'utilisation de médias de retour moins onéreux comme le téléphone, (serveur vocal interactif SVI) ouvre les perspectives d'un remboursement moins onéreux et plus rapide.

➤ *L'offre de remboursement (ODR)*

L'offre de remboursement consiste à rembourser une partie ou la totalité du prix payé par le client. En remboursement partiel, c'est un substitut au coupon. Intervenant après l'achat, l'émetteur de la promotion peut imposer des contraintes sur le nombre de preuves d'achat à fournir et ainsi accroître la valeur faciale de l'offre tout en restant à un niveau acceptable de perte de marge. L'offre de remboursement intégral est une variante particulièrement adaptée lors du lancement d'un produit. Elle est alors substituable à la distribution d'échantillon avec l'avantage de ne pas entraîner de coûts industriels d'adaptation et de diffusion des échantillons, mais avec un coût unitaire très élevé puisque c'est le prix de vente consommateur qui est remboursé (soit potentiellement le chiffre d'affaires unitaire du fabriquant plus la marge du distributeur et les taxes).

➤ *L'offre de remboursement associée*

Pour accroître la valeur de l'avantage et y associer le distributeur dans une optique de partenariat (*trade* marketing), l'opération de remboursement peut être appuyée sur l'achat du produit et sur un montant minimal du ticket de caisse.

➤ *La reprise produit*

La reprise d'un produit usagé contre une remise forfaitaire sur l'achat d'un produit est considérée comme une réduction de prix. Elle est bien perçue par le client qui se voit épargner l'effort de revente de son bien et qui se trouve rapidement solvabilisé. Pour l'émetteur, cela permet de raccourcir la durée de vie des produits en retirant ces produits du marché de l'occasion. Le coût de la gestion des produits repris est élevé mais est relatif lorsque le secteur a une obligation de retraitement de ses déchets (automobile par exemple). Sur le plan de la communication, la reprise produit permet d'offrir un avantage économique substantiel sans modifier le prix annoncé.

Elle est utilisée vers les consommateurs mais aussi vis-à-vis des distributeurs. Il est alors indispensable de s'assurer de la non-permanence de ces offres qui, si elles concernent des marchés saisonniers (jouets), peuvent avoir des effets anti-concurrentiels en éliminant les petits producteurs incapables de supporter le coût de ces retours.

➤ ***L'engagement de reprise produit***

Cette variante de la reprise produit consiste à s'engager, lors de la vente du produit, à reprendre celui-ci dans des conditions spécifiques (pièces nécessaires, durée de validité de l'offre) après une période déterminée. Elle conduit à rassurer l'acheteur et à valoriser un avantage dont objectivement il a peu de chances de bénéficier du fait de l'oubli.

2.4 La prise en charge de frais

Le bénéfice ne concerne plus directement le prix payé pour un produit mais correspond à la réduction de dépenses annexes à l'achat. Ces techniques sont plutôt utilisées par un distributeur pour orienter l'achat vers son point de vente ou éventuellement par un fabriquant pour solvabiliser une partie du marché incapable d'effectuer un paiement comptant.

➤ ***Le crédit promotionnel***

Le vendeur prend en charge une partie du taux d'intérêt du prêt demandé. La réglementation est celle du crédit à la consommation si la durée est supérieure à 3 mois et les contraintes sont les mêmes que celle du crédit gratuit.

➤ ***Le crédit gratuit***

Par rapport au crédit promotionnel, l'avantage de cette technique réside dans sa forte capacité de communication avec l'utilisation du mot « gratuit ». Des variantes sont utilisables (« crédit 0 %, achetez maintenant payez plus tard »…). Son utilisation est très contrainte sur le plan de l'égalité de traitement, entre un acheteur à crédit et un acheteur au comptant qui doit bénéficier d'une réduction, et sur le plan de la communication : la publicité hors du lieu de vente est interdite si la possibilité d'une réduction au comptant n'est pas clairement communiquée. Compte tenu de la difficulté d'une communication claire, cette condition est contraignante.

➤ ***Le parking gratuit***

Le parking gratuit ou remboursé permet à un vendeur de réduire le coût d'accès à son magasin.

REPÈRES : Réglementation du crédit gratuit

Elle s'applique aux crédits à la consommation (durée supérieure à 3 mois).

Art. L.311-5 du *Code de la consommation* : Est interdite, hors des lieux de vente, toute publicité :

1° Comportant la mention crédit gratuit ou proposant un avantage équivalent ou concernant la prise en charge totale ou partielle des frais de crédit par le vendeur ;

2° Portant sur une opération de financement proposée pour l'acquisition ou la location avec option d'achat d'un bien de consommation d'une ou plusieurs marques, mais non d'une autre, et d'un taux inférieur au coût de refinancement pour les mêmes durées, tel que défini par le comité de la réglementation bancaire ;

3° Promotionnelle relative aux opérations visées à l'article L.311-2 proposant une période de franchise de paiement de loyers ou de remboursement des échéances du crédit supérieure à trois mois.

Autres contraintes :

– si il y a publicité sur le lieu de vente : obligation d'indiquer le montant de l'escompte consenti en cas de paiement comptant (Art. L.311-6) ;

– le prix ne peut être augmenté au préalable : il ne peut être supérieur au prix le plus bas effectivement pratiqué pour l'achat au comptant d'un article ou d'une prestation similaire, dans le même établissement de vente au détail, au cours des trente derniers jours précédant le début de la publicité ou de l'offre. (Art. L.311-7).

Remarque : ces informations ne donnent que les cadres légaux généraux et ne sauraient engager l'auteur. Toute opération doit être validée au préalable par des juristes pour tenir compte des cas spécifiques et de l'évolution du droit.

➤ *Le port gratuit*

C'est une offre utilisée en vente à distance qui consiste à exonérer de la participation aux frais de port le destinataire de l'offre, éventuellement avec une condition sur le montant de la commande. Elle est à la fois coûteuse et efficace et conduit à accroître le nombre de commandes mais à en diminuer le montant moyen.

2.5 Le versement à un tiers

Le bénéfice proposé n'est plus versé à l'acheteur ou à l'auteur du comportement, mais à un tiers pour son compte.

➤ *Les promotions caritatives (charity promotion)*

Dans une offre de promotion caritative, l'annonceur s'engage à verser une somme d'argent proportionnelle aux achats réalisés à une association caritative. Elles ont lieu soit au moment de grandes campagnes nationales (Téléthon), soit pour des causes spécifiques lorsque le rapprochement avec les valeurs associées peut bénéficier à l'image de la marque.

2.6 Les ventes en liquidation

La réglementation des ventes en liquidation concerne les liquidations, les soldes et les ventes au déballage. Elles ne sont pas à proprement parler des promotions pour plusieurs raisons :

- l'annonceur ne s'engage pas à servir toutes les demandes pendant toute la durée de la liquidation (au maximum 2 mois) mais seulement dans la limite des stocks disponibles, présents sur les sites (réserves) et figurant sur un inventaire ;
- elles sont exceptionnelles et soumises à une autorisation administrative ;
- les marchandises peuvent être revendues à perte.

Cependant leur proximité avec les promotions rend intéressante leur présentation rapide.

➤ *Les soldes*

Pour un magasin traditionnel, il s'agit de pratiquer des réductions de prix sur des articles neufs, mis en vente depuis plus d'un mois, pour liquider les stocks excédentaires. Un arrêté préfectoral fixe, deux fois par an, la date des soldes pour une durée de six semaines.

Compte tenu des dérives possibles d'une part en terme de guerre des prix pour des commerçants n'ayant pas la capacité d'y résister et, d'autre part, en terme de tromperie de la clientèle, elles sont très fortement encadrées sur le plan réglementaire. Pour anticiper les dates officielles des soldes, les entreprises peuvent pratiquer des promotions agressives.

Exemple : Les contrôles 2000 de la DGCCRF pour les soldes

> La quinzaine avant les soldes, les 1 767 contrôles effectués ont abouti à 213 procédures contentieuses et 437 rappels de réglementation. Le taux infractionnel de 12 % est assez élevé. Pendant la période légale des soldes (15/1–25/2), 2 034 contrôles et un taux d'infraction de 6 %. Les principaux types d'infractions relevés sont les suivants. *Avant la période des soldes* : soldes anticipés (40 %), ventes privées requalifiées en soldes (7 %) ; *pendant la période des soldes* : annonces de rabais mensongers (17 %), autres publicités irrégulières (15 %), divers (liquidations irrégulières, revente à perte…) (6 %). http://www.pme-commerce-artisanat.gouv.fr/actualites/dossierpress/soldes/soldes02.htm

L'étiquette de l'article soldé doit mentionner l'ancien prix de vente barré (prix de référence) et le nouveau prix après réduction sauf si la réduction est uniforme (articles point rouge bénéficiant de 20 % de réduction). Les promotions comportant la mention « dans la limite des stocks disponibles » sont des soldes irréguliers.

Si les soldes ne concernent que des articles neufs, les deux autres ventes (en liquidations et au déballage) concernent tous les produits, neufs ou non.

➤ ***Les liquidations***

Elles sont exceptionnelles et motivées par une décision de cessation, de suspension saisonnière, de changement d'activité ou de modification substantielle des conditions d'exploitation (travaux). Le dossier de demande de l'autorisation préfectorale doit être présenté au moins trois mois avant la date prévue (motif justifié, inventaire, copie du devis pour travaux...).

Dans trois cas (liquidation, soldes et ventes au déballage), le distributeur n'est pas tenu de fournir les produits pendant toute la durée de la promotion, comme pour toute autre opération promotionnelle.

➤ ***Les ventes au déballage***

Ce sont des ventes de marchandises effectuées dans des locaux ou sur des emplacements non destinés à la vente au public de ces marchandises, ainsi qu'à partir de véhicules spécialement aménagés à cet effet. Soumises à autorisation administrative préalable (maire ou préfet selon la taille), elles ne peuvent excéder deux mois par an et par site.

Section 3

LES TECHNIQUES DE PRODUIT ET PRIME

Le bénéfice est exprimé sous une forme physique de produit/service en plus ou d'un objet proposé de manière conditionnelle à un achat ou non.

1 Principe

L'offre en nature est très contrainte et peut générer des coûts médias et des difficultés organisationnelles importantes.

1.1 Le contenu de l'offre

Les techniques produit offrent un avantage sous forme d'un bénéfice supplémentaire par rapport à l'offre ordinaire. Il peut s'agir, lors d'un achat, d'un produit/service identique à celui vendu (produit en plus, lot) ou de l'offre gratuite d'un autre produit/service (primes) éventuellement offert en récompense d'un service (parrainage) ou même sans contrepartie directe (cadeau).

Les contraintes sur la faible valeur de la prime ont conduit au développement des offres *non-gratuites* avec les offres auto-payantes qui sont des transactions spécifiques : l'objet est vendu, éventuellement avec une réduction de prix conditionnelle à la collecte de preuves d'achat.

Ces techniques sont utilisées à la fois par les fabricants et les distributeurs. Les cibles visées sont les distributeurs et les consommateurs. L'attitude du récepteur est favorable si l'objet est apprécié qu'il s'agisse de l'acheteur ou du prescripteur. L'attitude de l'intermédiaire est plus réservée car l'offre d'un produit peut perturber ses opérations habituelles, notamment sur le plan logistique (lots), et éventuellement commerciales (offre d'un produit qui pourrait être vendu). L'avantage de ces techniques est d'éviter de communiquer directement sur le prix.

Tableau 2.2 – *Principaux mécanismes de promotion produit*

Mécanisme	Techniques
Le produit en plus	*Principe* : offre de vente d'un produit identique au produit principal *Techniques :* produit girafe, unité de consommation en plus, couplage de conditionnements, série spéciale
Les primes	*Principe* : offre de vente d'un produit/service différent du produit principal acheté *Techniques :* prime plate, prime directe, prime à collectionner, prime contenant, prime différée
Les lots	*Principe* : offre de vente d'un multiple du produit principal ou de plusieurs produits principaux différents *Techniques :* lot homogène, lot mixte, coffrets, lot électronique, lot prime
Les offres auto-payantes	*Principe* : offre de vente d'un produit dont le prix peut être réduit par la possession d'une « clé » (preuves d'achat) *Techniques :* offre auto-payante, boutique, club
Les cadeaux	*Principe* : offre d'un produit/service sans achat *Techniques :* cadeau, offre de parrainage

1.2 L'importance et l'expression de l'avantage

Pour les techniques offrant le même produit/service, il est possible d'offrir une valeur de réduction perçue par le récepteur, comme la réduction de prix alors que le coût est plus faible : celui-ci raisonne en coût unitaire d'achat alors que le coût direct du produit n'est que l'une des composantes du coût total.

La valeur offerte peut ainsi être élevée et atteindre le quart de la valeur (25 % de produit en plus). L'expression visuelle de l'avantage (partie « offerte » du *packaging*) garantit une bonne perception de celui-ci.

Pour augmenter la valeur réelle du bénéfice offert, il faut pouvoir accroître la valeur de la transaction de base :

- par l'utilisation de *lots* ;
- par l'implication d'un autre *partenaire* (opération associée fabricant-distributeur). La valeur peut alors être appuyée sur la valeur totale du ticket de caisse sur lequel apparaît le produit ;
- par la sortie de la réglementation des primes « gratuites » en demandant une *participation financière* (offres auto-payantes).

Pour des produits à faible valeur, l'utilisation des offres auto-payantes permet le développement d'objets à l'effigie de la marque dans le cadre de boutiques, d'accès gratuit, ou de club qui nécessitent une démarche active de la part du client.

1.3 Les contraintes légales

Autorisées pour la vente aux entreprises, les contraintes légales sur la technique de ces offres de vente aux consommateurs sont assez nombreuses :

- *sur son principe* : le législateur souhaite empêcher les ventes groupées qui permettent à un vendeur, bénéficiant d'un rapport de force favorable, d'imposer l'achat d'un autre produit pour bénéficier d'un produit recherché. Le groupage n'est donc autorisé que pour les objets de faibles valeurs (primes) ou ceux qui sont indispensables au fonctionnement normal du produit (consommables). Pour l'offre de lots les produits doivent être disponibles séparément sur le même point de vente ;
- *sur son importance* : la prime doit être d'une faible valeur dans l'absolu (moins de 60 euros) et relativement à la valeur du produit porteur. La valeur ne peut excéder 7 % d'une valeur du produit porteur inférieure à 80 euros et (5 euros + 1 % du prix net) au-delà ;
- *sur son champ* : les lots constitués par le producteur sont envisagés sous un angle plus favorable, puisque le choix existe au niveau du distributeur ;
- *dans son expression* : les primes doivent être marquées de façon indélébile sur la face normale d'utilisation.

1.4 Les contraintes organisationnelles

Les techniques produit ont des contraintes organisationnelles qui les rendent assez coûteuses :

- *contraintes industrielles* : l'offre de produit en plus par allongement (produit girafe) ou modification du *packaging* (prime contenant réutilisable), ou par le regroupement d'unité de consommation génère des coûts de production ou de suremballage importants ;

– *sécurité – risque de détournement :* l'utilisation d'une prime doit respecter la réglementation sur la sécurité. Des questions comme la possibilité d'ingestion par des enfants, l'utilisation d'emballages plastiques, les risques liés à la rupture du lot sont à étudier très sérieusement ;

– *autorisation et information des partenaires* : la modification significative du *packaging* entraîne l'utilisation d'un nouveau code barre et, donc, une modification des fichiers des produits, ce qui peut entraîner l'exigence d'un coût de référencement. Des primes attractives *on-pack* génèrent aussi du vandalisme en magasin et l'accroissement de la démarque chez le distributeur. Celui-ci peut aussi considérer qu'il y a un manque à gagner sur le produit offert (offre d'un gel douche pour l'achat d'un parfum).

REPÈRES : Le code-barre (EAN) d'un article promotionné

Le code EAN-13 doit être changé lorsque l'offre faite au consommateur l'amène à penser que la qualité du produit est différente : montant de la réduction inscrit sur l'article, offre spéciale, importance de l'offre différente, adjonction d'un échantillon gratuit ou d'un cadeau.

Pour les promotions n'ayant pas d'incidence sur le PVC ou les caractéristiques physiques, le code EAN-13 de l'article est identique mais la variante promotionnelle (VA) est modifiée si la promotion est attribuée de manière sélective. Sinon, le fabricant peut indiquer les modifications dans la partie identifiant de données (AI) de l'EAN 128. Un code spécifique doit être attribué à chaque opération et on évitera de réutiliser le même code (un délai minimum de quatre ans est requis).

Source : http://www.eannet-France.org/fille/b/b24.htm

2 Les mécanismes

Les mécanismes sont regroupés selon qu'ils concernent un achat avec une offre de produit identique (produit en plus, lots homogènes) ou une offre de produit différent (prime). Les offres spécifiques sont présentées avec l'offre autopayante, la rémunération du service de parrainage et les cadeaux.

2.1 Le produit en plus

Pour un acte d'achat au format habituel, l'avantage offert est un volume supplémentaire du produit/service de base. Cette technique a l'avantage de ne pas modifier le prix tout en offrant un avantage dont la valeur perçue est supérieure à la valeur réelle, le prix du produit étant ramené par le client en unités. Ces techniques promotionnelles sont appréciées par la distribution car elles permettent de communiquer sur d'autres dimensions que le prix mais peuvent poser des problèmes de logistique.

➤ *Produit en plus (girafe)*

Le conditionnement est agrandi, d'où le nom de produit « girafe », pour bien mettre en évidence, de manière visuelle, le produit supplémentaire. Les coûts industriels sont importants et le changement de taille des conditionnements et de leurs regroupements (caisse) entraîne une plus grande complexité dans la gestion : par exemple, pour être mis en place, un produit girafe ne doit pas excéder la hauteur disponible entre deux étagères d'une gondole.

➤ *Unité de consommation en plus (13 à la douzaine)*

Lorsque l'unité d'achat est déjà un multiple d'unité de consommation (pack de 6 bouteilles de lait), l'offre de volumes supplémentaire se fait par l'adjonction de plusieurs unités : $\times 6\ +2$. Cette technique diffère de celle du produit gratuit ($\times 6$ dont 1 gratuite) parce qu'il s'agit ici d'un conditionnement spécifique.

Sur les marchés fortement promotionnés, comme le shampooing, ces conditionnements promotionnels ont tendance à perdurer et à devenir un élément de la gamme.

➤ *Couplage de conditionnements à usages différents*

Lors de l'achat, un conditionnement correspondant à un usage différent est remis. S'agissant du même produit, celui-ci n'est pas considéré comme un échantillon. Il s'agit par exemple d'un atomiseur pour sac à main lors de l'achat d'un flacon de parfum.

➤ *La série spéciale ou édition limitée*

La série spéciale que l'on rencontre dans l'automobile ou par la création de produit pour des occasions particulières (bouteilles Evian du millénaire) a une période de commercialisation plus courte que l'offre normale. Elle est tirée en un nombre limité d'exemplaires ce qui lui donne une valeur supplémentaire de rareté.

2.2 Les lots

L'avantage est offert à l'occasion d'un achat de plus d'une unité habituelle de vente, soit par l'achat simultané de plusieurs produits identiques (lot homogène) ou non (lot mixte).

➤ *Lot homogène*

Le lot homogène propose plusieurs unités de vente, habituellement vendues à l'unité, à un prix unitaire inférieur au prix normal. L'offre est communiquée soit sous la forme d'une offre de prix (– 15 % ou « gagnez 20 euros sur ce lot ») ou sous la forme de gratuit (le 3e gratuit pour l'achat de 2). Le lot gonfle les stocks du client et retarde son retour au marché. Il permet au distributeur et au fabriquant de réduire le nombre d'actes d'achat et de s'assurer d'une part de marché/volume importante.

REPÈRES : Réglementation des lots

Code de la consommation (refus de vente et subordination de vente)

Art. L.122-1 - Il est interdit de refuser à un consommateur la vente d'un produit ou la prestation d'un service, sauf motif légitime, et de subordonner la vente d'un produit à l'achat d'une quantité imposée ou à l'achat concomitant d'un autre produit ou d'un autre service ainsi que de subordonner la prestation d'un service à celle d'un autre service ou à l'achat d'un produit.

Il y a subordination de vente si le consommateur est obligé d'acheter un lot ou de réaliser un achat concomitant de plusieurs produits ou services, alors que chacun des produits peut normalement être acheté séparément.

Ne sont pas concernés par tolérance administrative les produits identiques réunis sous un même emballage pour les besoins du consommateur par le fabricant, si les quantités n'excèdent pas les besoins normaux.

L'offre de vente par lots doit être conforme à la réglementation sur :

– la publicité des prix et comporter deux prix : le prix du lot et le prix de chacun des articles ;

– les annonces de rabais si le prix du lot est inférieur à celui des articles à l'unité, avec le double marquage : prix de référence et prix réduit.

Remarque : ces informations ne donnent que les cadres légaux généraux et ne sauraient engager l'auteur. Toute opération doit être validée au préalable par des juristes pour tenir compte des cas spécifiques et de l'évolution du droit.

➤ *Lot mixte, lot hétérogène*

C'est une offre groupée qui réunit au moins deux produits différents sous un même emballage. En principe interdite pour des produits habituellement vendus, sauf si ceux-ci sont aussi disponibles séparément sur le lieu de vente ou dans certains cas spécifiques tels que la complémentarité des produits. Ils sont plutôt constitués par les producteurs que par les distributeurs. Le prix du lot n'est pas obligatoirement inférieur à la somme des prix des éléments qui le composent car l'assemblage peut demander un savoir-faire qui sera rémunéré.

➤ *Coffrets*

Variante de lot mixte présentant un ensemble de produits complémentaires correspondants à des usages différents (parfum, gel douche parfumé) ou à des produits associés sous forme de collection (série des films de James Bond) mis en valeur dans un emballage spécifique, éventuellement complété d'une prime-cadeau. Le coffret permet de jouer sur une autre motivation d'achat, non pas pour soi mais pour offrir comme cadeau.

Exemple

> Les coffrets sont un conditionnement incontournable dans le marché des eaux de toilettes, très saisonnier puisqu'il double durant les fêtes de fin d'année. D'après Iri, ils représentent en novembre-décembre 2000, 40 % du marché volume et 62 % du marché valeur, 70 % des coffrets étant vendus pendant cette période. Pour les femmes, ils contiennent souvent des cadeaux (sac assorti, coffret de trois miniatures, *tatoo*, édition limitée, vernis à ongles pailleté) et pour les hommes des produits complémentaires (déodorant, gel-douche, après-rasage).
>
> *Source : Points de vente*, 868, 17/10/2001, 28-29.

➤ *Lot virtuel*

Ce lot diffère des précédents tant dans sa constitution que dans sa communication. C'est une offre de contrat communiquée sur le point de vente et validée lors du passage en caisse par lecture optique : « achetez 2 produits et recevez le 3e gratuit ». Le lot électronique permet d'éviter le coût industriel du lot (coût des formats spéciaux, suremballage…) et lui donne beaucoup de souplesse. La communication en rayon doit être claire et convaincante car, par rapport au lot physique, il perd en visibilité pour le client et donc en efficacité. Plus simple à gérer pour le distributeur, il garantit aussi une transparence (réduction sur les quantités vendues et non achetées) et fait disparaître le délottage[1].

➤ *Lot prime*

C'est un lot porteur d'une prime (article non habituellement vendu). Le prix du lot, plus élevé, permet d'offrir des primes de plus forte valeur.

2.3 Les primes

L'offre *gratuite* d'une prime portée par le produit, remise lors d'un achat ou envoyée contre plusieurs preuves d'achat est très réglementée. Le législateur ne souhaitant pas la mise en place d'une vente forcée, les offres groupées sont normale-

1. Le délottage consiste à séparer les éléments d'un lot et à les vendre à l'unité quand ils possèdent un code-barre sur chaque unité.

ment interdites. La prime a un pouvoir de communication du fait de sa durée de vie. L'efficacité de l'offre d'une prime ne doit pas être limitée à l'étude de l'évolution immédiate des ventes car il s'agit d'une technique de communication par l'objet : il faut donc valoriser le nombre d'occasion de voir (ODV) créées par la prime auprès d'une cible attentive.

Le législateur les considère comme anti-concurrentielles car elles peuvent aboutir à une surenchère préjudiciable au choix du consommateur dans la mesure où celui-ci ne décide plus en fonction de la qualité des produits ou des services eux mêmes mais pour obtenir la prime.

➤ *Prime plate (imprimée)*

La prime plate est souvent une vignette imprimée apposée sur le conditionnement. De faible valeur et de faible coût, elle peut être appréciée par les enfants dans l'optique d'une collection ou lors d'événements sportifs importants (coupe du monde, jeux olympiques).

➤ *Prime directe*

La prime directe est un objet offert lors de l'achat ou associé à celui-ci, soit sur le produit (*on-pack*) soit à l'intérieur de l'emballage (*in-pack*). Conformément à la réglementation, la prime doit être de faible valeur (règle des 7 %), ce qui limite souvent son intérêt. L'apposition d'une prime engendre des coûts industriels. La réaction du distributeur peut être négative si la prime détachable engendre du vandalisme en magasin et accroît la démarque sur le produit. La prime peut constituer une motivation d'achat, par le biais d'un autre prescripteur souvent l'enfant, pour des produits banalisés.

➤ *Prime à collectionner*

La prime à collectionner développe le réachat en incitant à compléter la collection. La difficulté est la lassitude ou la déception créée lors de l'attribution d'une prime déjà possédée. Il faut donc s'attacher soit à diversifier soit à renouveler la prime offerte. Le pouvoir de la prescription enfantine est alors plus développé et conduit à une plus forte fidélité.

➤ *Prime avec contenant réutilisable*

L'offre d'un contenant de meilleure qualité esthétique ou technique est considérée comme une offre de prime. La valeur retenue pour la vérification de la légalité de l'offre est la valeur nette du conditionnement (coût du contenant normal déduit). L'avantage de cette offre, concernant principalement des produits alimentaires, est la pertinence de la communication par l'objet : elle permet ainsi d'exposer de manière durable la marque sur le lieu d'utilisation (la cuisine) même si le contenant est ensuite réutilisé avec des produits d'une autre marque (par exemple la boîte de café Nescafé, beurrier Président...).

REPÈRES : Réglementation des ventes ou prestations de service avec prime

Code de la consommation

Art. L.121-35 - Est interdite toute vente ou offre de vente de produits ou de biens ou toute prestation ou offre de prestation de services faites aux consommateurs et donnant droit, à titre gratuit, immédiatement ou à terme, à une prime consistant en produits, biens ou services sauf s'ils sont identiques à ceux qui font l'objet de la vente ou de la prestation.

Cette disposition ne s'applique pas aux menus objets ou services de faible valeur ni aux échantillons dont la valeur marchande maximale est donnée par la règle suivante :

– si le prix de l'objet principal acheté est inférieur ou égal à 80 euros, la prime ne peut excéder 7 % de celui-ci, soit 5,6 euros ;

– si le prix est supérieur à 80 euros, la valeur maximale de la prime est de 5 euros plus 1 % du prix net du produit vendu sans pouvoir dépasser en aucun cas 60 euros ;

– les remises en espèces ou réductions de prix à valoir sur un autre achat (primes payantes) ;

– la remise de chèques-cadeaux ou la réduction à valoir sur l'achat d'un autre produit ou service de nature différente ;

– l'offre des produits identiques à ceux achetés (produit gratuit) ;

– la fourniture d'un produit indispensable à l'utilisation normale du produit vendu (cartouche pour un stylo) ;

– la pratique des cartes de fidélité donnant droit à des réductions ou à la gratuité d'un produit ou d'un service après un certain nombre d'achats.

Quel que soit le montant, ces menus objets doivent être marqués « d'une manière apparente et indélébile, du nom, de la dénomination, de la marque, du sigle ou du logo de la personne intéressée à l'opération de publicité » (art. 25, alinéa 1er du décret n° 86-1 309 du 29/12/86).

Remarque : ces informations ne donnent que les cadres légaux généraux et ne sauraient engager l'auteur. Toute opération doit être validée au préalable par des juristes pour tenir compte des cas spécifiques et de l'évolution du droit.

➤ *Prime échantillon*

La prime est un échantillon d'un produit porté par un autre produit. Les avantages sont liés à la diffusion de l'échantillon tant au niveau du coût (pas de coût de transport) qu'à celui du ciblage, le choix d'un produit porteur complémentaire à forte pénétration garantissant une bonne affinité et une bonne puissance pour le produit promu.

Le placement de l'échantillon *in-pack* ne modifie en rien le *packaging* mais bénéficie d'une visibilité plus faible, au contraire de l'échantillon *on-pack* dont la forte visibilité se paye par des coûts industriels importants de sur-emballage et un référencement auprès de la distribution plus difficile, les manipulations de l'ensemble pouvant être délicates.

C'est la nécessité de l'achat du produit porteur qui fait passer cette technique des techniques d'essai (gratuites) aux techniques produit et qui la soumet à la réglementation sur les primes. Cette réglementation fixant une relation entre la valeur de la prime-échantillon et celle du produit porteur conduit à réserver cette technique aux produits porteurs d'une valeur déjà importante.

➤ *Prime différée*

Tant les problèmes logistiques, que la volonté d'offrir une prime de plus forte valeur ou la recherche d'une auto-sélection des clients souhaitant la prime, conduisent à offrir l'envoi à domicile de la prime contre une ou plusieurs preuves d'achat. Le coût de cet envoi personnalisé est contrebalancé par le nombre limité de ces envois par rapport à l'apposition systématique de la prime pendant une période donnée. Une prime d'une valeur plus élevée est offerte contre plusieurs preuves d'achat ce qui constitue une motivation de fidélité.

2.4 Les offres autopayantes

Les offres auto-payantes permettent de sortir du cadre réglementaire des primes « gratuites ». L'offre consiste à acheter un produit-prime soit à un prix normal, soit à des conditions préférentielles sous conditions de l'achat du produit promu. Par exemple, l'achat d'un drap de bain aux couleurs de la marque X au prix de 40 euros ou 20 euros et 100 preuves d'achat. L'offre ne doit pas aboutir à une revente à perte (prix de vente global inférieur au cumul des prix d'achat effectifs), ne doit pas surestimer l'avantage (augmentation du prix du produit promu) et ne doit pas imposer l'achat (interdiction des offres liées).

L'offre auto-payante de base ne concerne qu'un produit. La sélection d'un produit attractif pour l'ensemble de la clientèle est difficile. Cette offre conduit l'émetteur de la promotion à se transformer en distributeur : il doit acheter, en nombre suffisant, prévoir la demande, gérer les stocks, suivre les envois, gérer les relations avec les clients (courriers…) poste qui est d'autant plus important que la rupture de stock, importante ou rapide, génère un grand nombre de contacts au service client.

➤ *Boutique*

La mise en place d'une boutique d'articles aux couleurs de la marque permet de satisfaire la diversité des attentes des clients et, surtout, la capacité à accumuler plus ou moins rapidement les preuves d'achat demandées. La mise en place d'un catalogue permet ainsi de satisfaire tous les clients quels que soient leurs volumes moyens d'achat.

L'utilisation du marquage publicitaire de produits (appelé parfois *merchandising*) ne doit pas être sous-estimée car c'est un vecteur utile à l'appropriation de marques fortes bénéficiant d'un attachement spécifique de la part de certains clients.

➤ *Club*

L'entrée dans un club nécessite l'adhésion volontaire de la part de la personne qui peut être l'acheteur ou l'utilisateur. En contrepartie de cette adhésion, éventuellement associée au paiement d'une cotisation, l'adhérent se voit proposer diverses prestations.

La relation, durable, sort d'une relation strictement promotionnelle et la satisfaction des exigences de l'adhérent, à qui l'on a demandé une démarche active, est plus difficile à obtenir. La survie d'un club est liée à la réalité du service offert et au renouvellement de celui-ci.

2.5 Les cadeaux

Les cadeaux sont offerts sans achat et parfois sans contrepartie directe de la part du bénéficiaire mais dans l'intérêt de l'entreprise.

Les cadeaux sont utilisés pour montrer la satisfaction du donateur dans le cadre du déroulement des relations commerciales.

➤ *Le cadeau promotionnel (cadeau gratuit)*

Il est proposé pour déclencher une commande en vente à distance. Des frais de port peuvent être demandés pour limiter le nombre de demandes. La technique permet d'alléger le coût perçu de la commande, les frais de port étant psychologiquement attribués au cadeau. Contrairement à la prime, le cadeau reste acquis même en cas d'annulation de la commande (retour).

➤ *Les cadeaux de fin d'année*

Ils sont d'un usage courant entre professionnels, bien que certaines entreprises les considèrent comme une forme de corruption puisqu'ils peuvent amener un acheteur à favoriser un fournisseur selon l'importance de ses cadeaux. Ils sont moins fréquents à destination des consommateurs sauf dans le cadre des foires et salons. À noter que la communication d'une prime peut utiliser, de manière abusive puisqu'il y a achat, le mot « cadeau ».

Ils doivent rester d'une valeur faible au risque de passer dans la classe des avantages en nature à déclarer par le bénéficiaire.

REPÈRES : Déductibilité des voyages et cadeaux

Les frais de voyage, de réception et de cadeaux sont fiscalement déductibles du résultat si :

– elles ont été engagées dans l'intérêt de l'entreprise ;

– elles se traduisent par une diminution de l'actif net de l'entreprise ;

– elles sont justifiées par des pièces comptables.

Dans ce cadre, sous réserve qu'ils aient une cause licite et ne soient pas exagérés, les cadeaux sont déductibles. Si le montant global annuel excède 3 050 €, les cadeaux doivent être mentionnés expressément, sauf les objets conçus spécialement pour la publicité et dont la valeur n'excède pas 30 € par bénéficiaire.

La déductibilité de la TVA ne peut être opérée que pour les cadeaux dont le prix de revient (prix d'achat, frais de distribution, d'emballage et de port) de l'ensemble (en cas de plusieurs articles) est inférieur à 30 € TTC. La TVA sur les échantillons gratuits est déductible. De même que celle des présentoirs servant exclusivement à la présentation des produits, sans limitation de valeur lorsqu'ils sont mis en dépôt chez les détaillants. Si ceux-ci sont donnés ou vendus à prix réduit, la déduction est possible si le prix d'acquisition TTC ne dépasse pas 107 €. Les voyages de stimulation offerts aux vendeurs et aux intermédiaires (concessionnaires) sont aussi déductibles

Remarque : ces informations ne donnent que les cadres légaux généraux et ne sauraient engager l'auteur. Toute opération doit être validée au préalable par des juristes pour tenir compte des cas spécifiques et de l'évolution du droit.

➤ *L'offre de parrainage*

Le recrutement direct étant coûteux, l'entreprise peut demander à ses clients actuels de favoriser le recrutement de nouveaux clients. Le « parrain » doit alors soit fournir les coordonnées de prospects, soit s'associer à la première commande faite par le filleul.

L'offre correspond à la proposition d'une offre de bienvenue (*welcome pack*) pour le filleul et d'un cadeau, souvent en nature, en contrepartie du parrainage. Pour les individus, la réglementation des cadeaux s'applique alors que les relations entre professionnels sont libres (rémunération d'une prestation de service).

Dans le cadre de la réglementation sur le traitement de données nominatives[1], une réflexion doit être menée sur la forme de la communication vis-à-vis du filleul et, en particulier, l'indication du nom du parrain.

➤ *Le marketing viral*

Internet offre de nouvelles possibilités de communications relayées et propagées par les internautes, c'est le *marketing viral*. La raison du développement de l'approche virale est que les destinataires d'une communication sont de plus en plus difficiles à convaincre quand ils identifient une communication publicitaire commerciale (avec pour objectif de les convaincre). Le principe des « idées virus[2] » est de convaincre une personne puis de l'aider à propager l'information, en annulant son coût direct (gratuite) et en réduisant le coût de sa diffusion (propagation par « couper-coller »). La diffusion de l'idée suit alors un développement proche de celui utilisé pour représenter un cycle de vie (courbe en « S »). Le marketing viral est un cas particulier d'une idée virus pour laquelle le véhicule du virus est le produit lui-même. Une application actuelle est la propagation des idées d'un livre qui en développe la demande en librairie.

➤ *Le parrainage audio-visuel*

L'annonceur bénéficie d'une autorisation exclusive de montrer son produit à l'intérieur d'une émission de jeu en offrant celui-ci comme dotation à un ou plusieurs candidats sur le plateau.

Section 4 LES TECHNIQUES DE RÉDUCTION DE RISQUE

L'avantage n'est directement lié à l'échange (produit, prix) mais correspond à une réduction de risque.

1 Principe

La réduction du risque vient soit en amont de l'achat (information, contact avec le produit) soit en aval (garantie).

1. Voir par exemple le code de déontologie proposé par la FEV@D http://www.fevad.com/-generale/re/docs/code_md.htm.
2. Voir par exemple Godin S., Gladwell M. (éd.), *Unleashing the Ideavirus*, Hyperion, 2001. À télécharger sur http://www.ideavirus.com.

1.1 Le contenu de l'offre

Pour l'annonceur, l'offre consiste à prendre en charge effectivement ou en principe (garantie), certaines conséquences négatives d'un achat. Ces offres peuvent intervenir soit avant un achat pour permettre au client d'accéder aux caractéristiques internes du produit (dégustation, échantillon), soit après l'achat pour réduire la dissonance cognitive en garantissant la satisfaction ou le prix le plus bas.

Les annonceurs sont à la fois les fabricants et les distributeurs. Les offres ciblent les intermédiaires mais surtout les consommateurs :

- *les distributeurs et intermédiaires* : les offres qui perturbent peu le fonctionnement des intermédiaires sont bien accueillies ;
- *les consommateurs* : ils réagissent favorablement à ces offres.

Tableau 2.3 – *Mécanismes de réduction de risque*

Mécanisme	Techniques
Baisse du coût de l'essai	*Principe* : offre d'une information, prestation de service ou de produit gratuit sans achat *Techniques* : essai gratuit, échantillon, dose d'essai, dégustation, démonstration
Les garanties	*Principe* : offre d'une reprise ou d'une compensation conditionnelle après un achat *Techniques* : garantie satisfait ou remboursé, garantie de remboursement de la différence, garantie de remboursement en cas de baisse du prix

1.2 L'importance et l'expression de l'avantage

Pour l'essai, l'avantage est simple, immédiat et facile à percevoir. Pour les garanties, il n'est obtenu que lorsque le client peut faire la preuve de la condition. Certaines clauses restrictives peuvent être posées (même type de service, même zone de chalandise). Pour valoriser l'avantage, et éventuellement dissuader le client d'investir dans l'étude de la garantie, celle-ci peut être renforcée (champagne, doublement voire 10 fois le remboursement de la différence).

1.3 Les contraintes légales

Même s'il n'est plus strictement limité à la dose nécessaire à une utilisation normale, l'échantillon doit rester marginal et comporter la mention « échantillon gratuit – ne peut être vendu – » sur sa face normale d'utilisation. S'il est porté par un autre produit, il est assimilé à une prime (règle des 7 %).

1.4 Les contraintes organisationnelles

La distribution d'échantillon est souvent une opération complexe car sauf dans certains cas spécifiques (bande odorante en magazine), la distribution doit être effectuée par des médias directs (animatrice, porte-à-porte, asile-colis) ou sur le produit (échantillon *in* ou *on-pack*).

2 Les mécanismes

Pour réduire les coûts d'une erreur de choix, l'émetteur met en place un mécanisme qui réduit les coûts en amont (baisse du coût de l'essai) ou en aval (garantie) de l'acte d'achat.

2.1 La baisse du coût de l'essai

Lorsque le produit est d'une utilisation unique et que ses caractéristiques sont internes, le client prend un risque important d'insatisfaction. L'insatisfaction peut aussi être générée par une mauvaise ou par une sous-utilisation du produit. Ces offres promotionnelles consistent à offrir gratuitement une partie du produit/service.

➤ *L'essai gratuit*

L'essai gratuit d'un service pendant une durée limitée permet au client potentiel d'en apprécier les caractéristiques et l'utilité. Cette technique permet aussi, pour les services dit « continus » (avec abonnement), de jouer sur l'inertie du client face aux démarches nécessaires pour se désabonner du service.

Cette technique est utilisée pour les produits durables pour lesquels une expérience d'une durée minimale est nécessaire, c'est le cas, par exemple, des voitures.

Exemple

> La TVA sur les échantillons gratuits (livres spécimens, disques, cassettes…) est déductible dans la limite annuelle de 30 € par bénéficiaire et par an et d'un exemplaire, sauf cas particulier (5 disques pour une station de radio ou de TV).

➤ *L'échantillon*

L'échantillon est un conditionnement identique à celui du produit promu mais de taille réduite permettant une utilisation dans des conditions normales. Il est considéré comme une prime s'il est porté par un produit vendu. L'échantillon n'est pas commercialisé mais reprend les caractéristiques d'un conditionnement normal puisqu'il doit inciter au réachat de celui-ci. Les coûts de fabrication et de distribution sont importants, l'entreprise se privant aussi de la demande satisfaite par l'utilisation de l'échantillon.

La distribution d'échantillon aux revendeurs est une pratique courante dans de nombreux secteurs (chaussures, vêtements...). La distribution massive d'échantillons pour des produits de grande consommation est moins fréquente et limitée à quelques entreprises de grande taille (produits agroalimentaire, produits d'hygiène-beauté).

➤ *La dose d'essai*

Si la communication doit rappeler la marque et son packaging, le conditionnement de la dose d'essai est différent de celui de l'échantillon, souvent de plus petite taille. Il s'agit par exemple de dose de crème de soin. L'avantage par rapport à l'échantillon réside dans la « portabilité » de la dose d'essai, souvent plate, qui peut ainsi être distribuée par la presse, essentiellement magazine. À l'extrême, le conditionnement est absent (bandes « stripables » de parfum)

➤ *La dégustation*

La dégustation consiste à offrir un contact avec le produit par une animatrice sur un lieu de vente. Elle est fréquente dans l'agroalimentaire où la consommation est rapide mais la préparation peut demander un effort ou un environnement spécifique. C'est le cas d'une dégustation de foie gras et d'un sauternes. En magasin, l'organisation d'une dégustation peut être complexe si elle requiert des éléments spécifiques (meuble de froid, alimentation électrique...).

➤ *La démonstration*

Lorsque la valeur ajoutée dépend du produit mais aussi du savoir-faire mis en œuvre lors de l'utilisation, l'entreprise a intérêt à former par le biais d'un expert (animatrice) les futurs utilisateurs pour développer les achats ou réduire les retours. Cette démonstration valorise bien les conséquences de l'utilisation peu visibles au travers des spécifications ou des caractéristiques du produit. Cette démonstration est aussi effectuée par le biais de l'implantation d'un poste de télévision équipé d'un magnétoscope (magasin de bricolage).

Exemple

Opération *trade* « Chocolat en fête » Carrefour-Nestlé avec trois dimensions :

- catalogue monté par Nestlé (recettes...) ;
- génération de trafic avec 1 double page de produits Nestlé, une page de pâtisseries carrefour et un mailing aux porteurs actifs de la carte Pass (4 BR à valoir sur les produits Nestlé) ;

– développement du volume et du CA : 4 jours d'animation-dégustation avec remise d'un livret pédagogique et d'un carnet de BR, 1 journée d'animation pédagogique sur le chocolat, 1 journée d'animation au rayon pâtisserie et mise à disposition d'une armoire réfrigérante habillée. Théâtralisation en magasin : des stands de dégustation, des *kakémonos* (drapeaux verticaux), des jupes palettes et de la PLV pour le rayon pâtisserie.

Résultats : accroissement de 50 % du CA (1,7 millions €), + 1.8 % de PdM valeur total chocolat sur la période et des ventes magasins multipliées par 2,5 à 4.

Sources : Trade Marketing Carrefour, Journée AFM, février 2000.

2.2 Le transfert du risque par une garantie

Lorsque les conséquences négatives d'une erreur de choix ne sont pas perceptibles immédiatement, l'engagement d'une reprise du produit permet de les sous-pondérer et de déclencher l'achat.

Cette garantie concerne les situations où l'utilisateur n'est pas l'acheteur (cas d'un cadeau par exemple) ou celles où un contact direct avec le produit/service n'est pas possible avant l'achat (cas de la vente à distance). Dans ce dernier cas, il s'agit d'une obligation légale qui peut être étendue et utilisée comme argument de vente.

➤ *La garantie satisfait ou remboursé*

Elle consiste à annuler la transaction par une reprise du produit et un remboursement intégral. Le client supporte les coûts engendrés par le retour mais l'entreprise supporte des coûts bien plus importants de reprise et de re-conditionnement. Pour un service, la garantie consiste à offrir le renouvellement du service.

Cette garantie peut faire l'objet d'abus de la part du client lorsque le produit peut être entièrement consommé en une fois (cas d'un disque ou d'une vidéo, d'un vêtement adapté à des circonstances particulières...). Pour limiter ces abus et restreindre les retours, des conditions particulières sont souvent imposées : délai, exigence du retour dans l'emballage d'origine, absence de trace d'usage... Le remboursement peut aussi être transformé en un avoir utilisable dans le même point de vente, ou même, la valeur de reprise peut être réduite d'un pourcentage.

➤ *La garantie de remboursement de la différence*

Offrir l'engagement contractuel de remboursement de la différence reporte sur le client la charge de la preuve tout en le sécurisant sur les conséquences négatives d'une éventuelle dissonance en cas de découverte d'un prix plus bas.

Elle offre au client la possibilité de se voir rembourser, pendant une durée limitée, la différence entre le prix d'achat et le prix pratiqué par un autre point de vente. Cette garantie est souvent assortie de contraintes (magasins situés dans le même bassin de chalandise pour un service comparable...). La force de l'engagement peut éventuellement être amplifiée (différence remboursée 10 fois, offre d'une bouteille de champagne…) afin de dissuader le client de faire une recherche active[1].

➤ ***La garantie de remboursement en cas de réduction de prix***

C'est un engagement à rembourser le client de la différence entre le prix payé et le prix pratiqué dans le mois suivant l'achat au cas où celui-ci aurait été réduit. La valeur de l'engagement dépend de l'évolution des prix, et en particulier de la probabilité d'une baisse des prix qui pourrait inciter le client à reporter son achat. Cette garantie a été proposée, de manière automatique, par une enseigne de vente de biens d'équipement ménager (Boulanger).

Section 5

LES TECHNIQUES DE JEUX ET CONCOURS

L'attribution du bénéfice est reliée à une condition autre qu'une condition d'achat, soit le hasard (jeux, loteries), soit une création, ou le succès à une épreuve particulière (concours).

1 Principe

L'offre permet d'offrir une dotation plus attractive à un nombre plus faible de destinataire. Elle est très encadrée sur le plan juridique.

1.1 Le contenu de l'offre

Comment différencier un produit/service ou le rendre attractif à une cible plus large que celle des clients habituels ? Le principe est d'offrir un autre produit/service attractif. Si un grand nombre de clients en bénéficie (prime), à budget constant, la valeur unitaire ne peut être que faible. *A contrario*, si le nombre de bénéficiaires (les gagnants) est faible, la valeur de la dotation est forte. Les deux grandes classes de détermination des gagnants sont le hasard (jeux et loteries) et un autre critère que le hasard (concours). L'intervention du hasard à un niveau quelconque du fonctionnement, entraîne le respect d'une réglementation stricte.

Les techniques de concours limitent la taille de la base des participants à ceux qui estiment avoir une chance de gagner et qui vont donc faire l'effort nécessaire pour valider les critères/questions posées. *A contrario*, les jeux de hasard n'induisent

1. Sivakumar K., Weigand R., « Price Match Guarantees : Rationale, Implementation, and Consumer Response », *Pricing Strategy & Practice*, 4, 4, 1996, pp. 4-13.

aucun filtre, aucun effort et conduisent à des bases de participants plus importantes et moins ciblées. Les objectifs des jeux et des concours sont directs et indirects.

Les retombées directes concernent l'image de marque et les ventes :

– *une retombée d'image* : il s'agit d'offrir de la valeur par la stimulation de la tendance au jeu, assez répandue dans la population. Une retombée positive est attendue sur l'image de marque ;

– *des retombées commerciales* : bien que l'association du bulletin de participation et de commande soit interdite, la participation à une opération engendre une augmentation des commandes pour les sociétés de vente à distance. Sur Internet, la participation à un jeu-concours est un motif important de fréquentation d'un site.

Les retombées indirectes concernent le fichier d'adresses et les effets différés de la communication :

– *un fichier d'adresses* : la base des participants constitue une source d'adresses, à collecter dans le respect de la réglementation « Informatique et Libertés », tant postales qu'électroniques ;

– *un effet de communication par la dotation* : celle-ci permet à l'entreprise d'associer les attributs de la dotation à son image et de renforcer son territoire de marque.

Tableau 2.4 – *Principaux mécanismes de jeux et concours*

Mécanisme	Techniques
Le tirage différé	*Principe* : constitution d'une base de tirage puis tirage au hasard décalé dans le temps du gagnant *Techniques* : loteries, *winner per store*, jeu gratuit
Le pré-tirage	*Principe* : tirage des gagnants selon le nombre de lots, puis second tirage pour assignation des lots *Techniques* : *sweepstake*
La révélation par accumulation	*Principe* : désignation du gagnant par accumulation d'une combinaison gagnante *Techniques* : jeu des mariages
La révélation immédiate	*Principe* : révélation immédiate du gagnant *Techniques* : *instant win*, produit gagnant, loterie par téléphone, loterie sur Internet
Le concours	*Principe* : désignation de la « meilleure » prestation *Techniques* : concours sur questions objectives, concours de création avec jury

➤ *Importance et évolution*

La technique des jeux-concours représente moins de 15 % des opérations promotionnelles. Malgré sa progression constante, son poids dans l'ensemble des opérations décline du fait de la progression des offres de prix. Hors celles-ci, après avoir représenté la technique la plus fréquente avec 60 % des opérations au milieu des années quatre-vingt, son poids baisse de nouveau au profit des primes.

Exemple : Le développement des loteries

L'évolution positive du nombre des opérations est due en totalité à la progression des jeux et loteries car le nombre des concours recensés reste faible et assez stable selon les statistiques du BIPP. Selon la centrale des jeux et concours, leur nombre est passé de 765 en 1995 à 1 063 en 1997 et 1537 en 1999, l'année 2000 montrant l'explosion des jeux-concours (3 600 dont 1 650 sur Internet) du fait du développement des sites Internet pour lesquels c'est une offre de création de trafic.

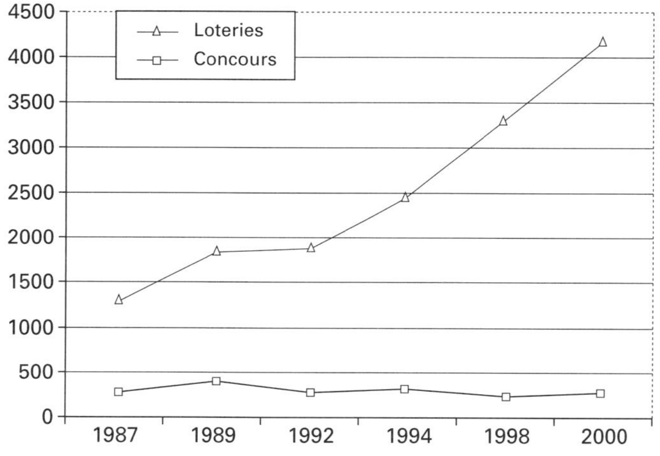

Source : Statistiques BIPP in EURO PV.

1.2 L'importance et l'expression de l'avantage

La dotation offerte doit être attractive pour la cible. Plusieurs questions se posent.

➤ *La dotation d'image*

La communication sur la dotation va permettre d'associer le nom de l'annonceur avec celle-ci. Des transferts sont donc possibles directement ou par évocation. Un producteur de beurre allégé, ne pouvant juridiquement utiliser dans sa communication des codes réservés au beurre (par exemple une vache), avait choisit comme dotation une fermette normande éventuellement accompagnée de meuglements dans la partie sonore.

➤ ***La nature de la dotation (en argent ou en nature)***

Le choix correspond à la capacité de la dotation à attirer un large public. Une dotation en argent est moins spécifique, plus largement acceptée, même si la valeur de rêverie est plus faible.

➤ ***La pyramide de la dotation***

Elle représente l'équilibre entre des gros lots incitatifs et exceptionnels développant la participation et des lots de consolation permettant à de nombreux participants de ne pas être déçus par l'absence de gain.

➤ ***L'expression de la dotation***

Surtout lorsqu'elle est en argent, un choix judicieux dans l'expression de la dotation permet de lui donner un pouvoir évocateur plus important soit en travaillant sur la durée : « vos impôts payés à vie », « gagnez 1 000 euros par mois pendant 10 ans », sur le franchissement de barrières symboliques « 1 million d'euros » ou sur d'autres repères symboliques de valeur (diamant...). Quelques variantes sont possibles en exprimant par exemple l'équivalent du montant total de la dotation et non pas simplement celui du gros lot. Il faut dans tous les cas préciser exactement les lots et leurs valeurs.

1.3 Les contraintes légales

Elles sont très importantes pour les mécanismes de hasard, en principe interdits sauf s'ils sont gratuits, et particulièrement encadrées pour ceux qui font l'objet d'une communication à distance.

La dotation pour la loterie ne doit pas non plus entraîner un achat. Par exemple ont été sanctionnés l'offre de bons d'achat à valoir sur des achats ultérieurs ou le fait de pouvoir gagner le contenu de ses propres achats au passage en caisse.

Pour les concours (*aucune* intervention du hasard), une dépense peut être associée à la participation. Le cadre juridique est détaillé pour chaque technique. Des reclassements peuvent être effectués par la justice : un concours trop difficile est reclassé en escroquerie, un concours comportant l'influence du hasard (par exemple dans la question subsidiaire) est reclassé en loterie.

1.4 Les contraintes organisationnelles

Ces catégories correspondent à des techniques longues et une durée de vie de plusieurs semaines, voire de plusieurs mois, permettant une bonne communication sur la cible :

- *contraintes industrielles* : elles sont limitées sur le plan produit sauf à ce que celui-ci supporte le mécanisme de révélation (gagné/perdu *in-pack*). Par contre, l'opération en elle-même génère un important besoin de communication tant au niveau de l'information que de la participation. Le choix de médias économiques est important (jeu par téléphone en Audiotel) ;
- *sécurité et risque de détournement :* les concours sont détournés par des associations de concouristes qui emportent une part importante de la dotation. Si les mécanismes de jeux sont mieux protégés d'éventuelles manipulations par les joueurs, des risques subsistent dans les opérations basées sur un mécanisme probabiliste (probabilité d'apparition des combinaisons gagnantes dans les jeux de mariage) ou lors des étapes d'impression (inversion des impressions gagné/perdu). La valeur attractive de la dotation peut conduire à des détournements en magasin, le tirage étant effectué au niveau local sans contrôle ;
- *autorisation et information des partenaires* : notamment du fait de la dotation, ces opérations sont propices au partenariat. Elles peuvent être gérées complètement en direct ou associer le distributeur (loterie par magasin).

2 Les mécanismes de hasard

La désignation des gagnants fait intervenir le hasard. Dans ce cas, il ne peut y avoir de débours d'argent par le joueur. L'intervention du hasard permet d'ouvrir largement la cible de l'opération puisqu'aucune compétence n'est réclamée. Les techniques sont différenciées selon le mode de constitution de l'ensemble des participants et le mode de révélation des gagnants.

Les loteries sont *par principe* interdites, sauf conditions spécifiques précisées par décret du Conseil d'État. Pour que le délit de loterie soit constitué, quatre éléments doivent être réunis : l'offre au public d'une loterie, l'espérance d'un gain, le hasard et la participation financière du consommateur.

Ces conditions ne concernent que les loteries qui tendent à faire naître l'espérance d'un gain « à chacun des participants ». Les loteries comportant un seul perdant ne seraient donc pas concernées, ce qui donne lieu à de multiples interprétations jurisprudentielles.

➤ *Spécifications concernant la forme de la communication*

Le code de la consommation (L.121-36) précise certains détails sur la forme pour une loterie publicitaire (opération qui consiste à annoncer ou à laisser croire aux destinataires qu'ils sont attributaires d'un lot généralement de grande valeur) réalisée par voie d'écrit :

- le bon de participation doit être distinct du bon de commande ;

- les documents présentant la loterie ne doivent pas être de nature à susciter la confusion avec des documents administratifs ou bancaires libellés au nom du destinataire ;
- les lots mis en jeu doivent être clairement identifiés quant à leur nature, leur quantité et leur prix ;
- le règlement de la loterie, déposé chez un officier ministériel doit être adressé gratuitement à toute personne qui en fait la demande.

➤ *Canal payant et canal gratuit*

Une autre évolution jurisprudentielle concerne l'absence du débours. La jurisprudence actuelle semble accepter l'existence d'un canal « payant » lorsqu'il existe un canal gratuit offrant les mêmes chances de gagner la dotation. Ceci rend acceptables les loteries utilisant un support produit, nécessairement acheté.

REPÈRES : Interdiction des loteries (principe général)

Loi du 21 mai 1836 portant prohibition des loteries modifiée par la loi n° 86-1 019 du 9 septembre 1986, la loi n° 88-13 du 5 janvier 1988 (art. 56) et la loi n° 92-1 336 du 16 décembre 1992.

Art. 1er - Les loteries de toute espèce sont prohibées.

Art. 2. - Sont réputées loteries et interdites comme telles : les *ventes*... effectuées par la voie du sort, ou auxquelles auraient été réunis des primes... dues, même partiellement, au hasard et généralement *toutes opérations offertes au public*, sous quelque dénomination que ce soit, pour faire naître *l'espérance d'un gain* qui serait acquis par la voie du *sort*.

Sont autorisées, dans des formes déterminées par décret en Conseil d'État, les loteries d'objets mobiliers exclusivement destinées à des actes de bienfaisance, à l'encouragement des arts ou au financement d'activités sportives à but non lucratif (art. 5), les lotos traditionnels organisés dans un cercle restreint dans un but social, culturel, scientifique, éducatif, sportif ou d'animation locale et caractérisés par des mises de faible valeur et des lots de valeur limitée qui ne peuvent en aucun cas consister en sommes d'argent ni être remboursés (art. 6), les appareils distributeurs de confiseries ainsi que les loteries proposées au public à l'occasion, pendant la durée et dans l'enceinte des fêtes foraines (art. 7).

Remarque : ces informations ne donnent que les cadres légaux généraux et ne sauraient engager l'auteur. Toute opération doit être validée au préalable par des juristes pour tenir compte des cas spécifiques et de l'évolution du droit.

2.1 Le tirage différé

Un tirage unique est effectué sur la base des participants constituée par une démarche active de ceux-ci.

➤ *La loterie*

La loterie révèle le gagnant de manière centralisée (tirage unique) et décalée dans le temps puisque l'allongement de la durée de la participation accroît le nombre de participants. La base des participants est déterminée par la réception des bulletins de participation ou leur insertion dans une urne. Elle concerne principalement les distributeurs dans le cadre des opérations anniversaires.

➤ *Le winner per store (WPS)*

C'est une loterie, proposée et gérée par un fabricant, effectuée localement dans un magasin où se situe l'urne de collecte des bulletins de participation. Le tirage au sort est réalisé par l'encadrement local sans garantie d'équité. Elle permet de satisfaire le distributeur qui voit son image améliorée par l'association du gain à son point de vente mais peut conduire à certains dérapages (confiscation de dotations par le personnel du distributeur).

➤ *Le jeu de trafic*

C'est un jeu dont la révélation se fait soit sur une borne spéciale en magasin, soit dans des expériences récentes, au passage en caisse, sur le ticket de caisse. Les tickets de participation sont distribués au préalable ou utilisent la carte de fidélité. Une attention particulière doit être portée au respect de l'absence de débours pour la participation.

➤ *Le jeu gratuit et le jeu-concours*

Le jeu gratuit est une loterie organisée par un fabricant avec un tirage centralisé, éventuellement répété sur plusieurs périodes. Pour améliorer l'effet de communication, la variante du jeu-concours consiste à rendre nécessaire la réponse à des questions simples dont l'objectif n'est pas de mettre un filtre à la participation mais d'amener le participant à s'informer, à prendre en main le produit, à lire les informations figurant sur le *packaging*. La mémorisation des arguments publicitaires en est augmentée.

Exemple : 77 % des Français déclarent ne pas jouer !

> « Avez-vous déjà participé à un concours ou à un jeu figurant dans un magazine ou sur un produit que vous veniez d'acheter ? » (sondage ESOP, 1 100 personnes). Mais 50 % des interviewés ont le sentiment de pouvoir gagner. Trois interprétations sont avancées :
> – les Français ne sont pas joueurs ;
> – ils n'osent pas avouer qu'ils le sont ;
> – les mécanismes et les dotations ne sont pas suffisamment attractifs pour inciter à participer à un jeu (oubli, effort nécessaire...).
>
> *Source* : *Marketing Mix*, n° 39.

2.2 Le pré-tirage

Le pré-tirage nécessite la disponibilité d'une base de tirage. Deux tirages distincts sont effectués, celui des gagnants et celui du gain pour chaque gagnant.

➤ *Le sweepstake (loterie avec pré-tirage)*

Très utilisé en vente à distance, le *sweepstake* correspond à l'envoi d'un message promotionnel à des personnes tirées au sort en fonction du nombre de lots disponibles. À l'issue d'une réponse à ce message, un second tirage est effectué sur la base des réponses pour désigner le gagnant de chaque lot. Une variante consiste à effectuer ce second tirage au sort sur la base de départ et non sur la base des participants : la probabilité que les lots soient effectivement réclamés dépend alors du taux de réponse.

Cette technique a donné lieu à de nombreux abus dans la communication induisant la compréhension qu'il s'agissait non d'un message de participation à une loterie, mais d'un message d'information sur un gain effectif. Compte tenu des réactions de plus en plus nombreuses des consommateurs s'estimant trompés, les tribunaux condamnent de plus en plus souvent et lourdement les entreprises ayant recours à des loteries prohibées ou usant de pratiques équivoques.

REPÈRES : Réglementation spécifique des loteries avec pré-tirage

– Respect de la loi de 1836 relative aux loteries prohibées.

– Respect des articles 121-36 à 38 du Code de la consommation.

Art. L.121-36 - Les opérations publicitaires réalisées par voie d'écrit qui tendent à faire naître l'espérance d'un gain attribué à chacun des participants, quelles que soient les modalités de tirage au sort, ne peuvent être pratiquées que si elles n'imposent aux participants aucune contrepartie financière ni dépense sous quelque forme que ce soit.

☞

☞

Le bulletin de participation à ces opérations doit être distinct de tout bon de commande de bien ou de service.

Art. L.121-37 - Les documents présentant l'opération publicitaire ne doivent pas être de nature à susciter la confusion avec un document administratif ou bancaire libellé au nom du destinataire ou avec une publication de la presse d'information.

Ils comportent un inventaire lisible des lots mis en jeu précisant, pour chacun d'eux, leur nature, leur nombre exact et leur valeur commerciale.

Ils doivent également reproduire la mention suivante : *Le règlement des opérations est adressé, à titre gratuit, à toute personne qui en fait la demande.* Ils précisent, en outre, l'adresse à laquelle peut être envoyée cette demande ainsi que le nom de l'officier ministériel auprès de qui ledit règlement a été déposé en application de l'article L.121-38.

Art. L.121-38 - Le règlement des opérations ainsi qu'un exemplaire des documents adressés au public doivent être déposés auprès d'un officier ministériel qui s'assure de leur régularité. Le règlement mentionné ci-dessus est adressé, à titre gratuit, à toute personne qui en fait la demande.

– Respect de l'article L.121-1 du Code de la consommation relatif aux publicités trompeuses.

Art. L.121-1 - Est interdite toute publicité comportant, sous quelque forme que ce soit, des allégations, indications ou présentations fausses ou de nature à induire en erreur, lorsque celles-ci portent sur un ou plusieurs des éléments ci-après ; existence, nature, composition, qualités substantielles, teneur en principes utiles, espèce, origine, quantité, mode et date de fabrication, propriétés, prix et conditions de vente de biens ou services qui font l'objet de la publicité, conditions de leur utilisation, résultats qui peuvent être attendus de leur utilisation, motifs ou procédés de la vente ou de la prestation de services, portée des engagements pris par l'annonceur, identité, qualités ou aptitudes du fabricant, des revendeurs, des promoteurs ou des prestataires.

Remarque : ces informations ne donnent que les cadres légaux généraux et ne sauraient engager l'auteur. Toute opération doit être validée au préalable par des juristes pour tenir compte des cas spécifiques et de l'évolution du droit.

2.3 La révélation immédiate

Les loteries classiques présentent l'inconvénient d'un temps assez long entre la participation (bulletin dans l'urne) et le tirage (désignation des gagnants), ce qui ne constitue pas un mécanisme apte à renforcer la probabilité de réachat.

D'où le développement de mécanismes permettant au joueur de connaître immédiatement le résultat : s'il a gagné et le lot ou le montant gagné. Le nombre de tickets gagnants et leur rythme de diffusion est déterminé avant le lancement de l'opération.

➤ *Le tirage instantané (instant win)*

Le ticket diffusé comporte deux parties occultées, l'une est découverte pour le tirage (zone de grattage), la seconde est utilisée pour la sécurité. La forte fréquence de déception conduit à multiplier les lots de consolation (très faible valeur) et à associer cette technique à une opération classique de désignation du gagnant par tirage au sort.

➤ *Le produit gagnant*

La révélation du gain est obtenue par l'ouverture du conditionnement du produit (sous un bouchon ou une capsule, au fond d'une cannette de boisson...).

La possibilité d'insérer le mécanisme de révélation sur le produit lui-même n'est tolérée que depuis peu, ce mécanisme étant au préalable interdit puisqu'il réduit l'ensemble des participants à l'ensemble des acheteurs. La jurisprudence tolère cependant les jeux pour lesquels un canal gratuit co-existe avec cette révélation produit, avec les mêmes chances de gain. Ce canal gratuit correspond à la possibilité de participer à distance sans achat du produit (par courrier par exemple).

➤ *Le jeu par téléphone*

Après l'écoute d'un message publicitaire enregistré, le joueur utilise le clavier du téléphone pour entrer un numéro de code et participer au tirage. Une autre variante consiste à désigner comme gagnant le premier appel arrivant après une heure spécifique.

L'avantage du téléphone est la rapidité, la souplesse, l'interaction du joueur et la capacité à diffuser un message. Comme les autres loteries, il est indispensable de proposer la gratuité par un remboursement, souvent forfaitaire, des frais de communication associés.

➤ *Le visiteur mystère*

La désignation du gagnant se fait périodiquement au contact du représentant de l'émetteur lorsque le participant peut fournir la clé annoncée dans la communication d'amplification. Si historiquement, des preuves d'achat pouvaient servir de base à la clé, l'assimilation de cette technique à un jeu de hasard conduit, pour les opérations à destination des consommateurs à demander la restitution de slogans diffusés préalablement. Cette technique est aussi utilisée vis-à-vis des intermédiaires pour suivre la qualité de service.

2.4 La révélation par accumulation

Il n'y a pas d'ensemble de participation et la possibilité de gagner dépend de l'accumulation de cartes. Cette technique est beaucoup moins contrôlée par l'émetteur qui doit évaluer en probabilité le nombre de gagnants.

➤ ***Jeu des mariages***

Le gagnant est celui qui possède une des combinaisons gagnantes, annoncées à l'avance, de cartes. La fréquence des gagnants de chaque combinaison est déterminée par la fréquence d'émission des cartes correspondantes. Cette technique permet de faire durer un jeu sans entraîner la lassitude, le joueur ayant toujours une probabilité de gagner et étant à la recherche des éléments manquants.

3 Les mécanismes de concours

Pour le concours, la désignation des gagnants se fait sur d'autres critères que le hasard : il peut s'agir d'une compétence personnelle (beauté), artistique (photo, poème, dessin, recette de cuisine...), d'une compétence intellectuelle générale (connaissances historiques, géographiques, littéraires...) ou spécifique (mots croisés...). L'avantage du concours sur la loterie est d'une part, qu'il peut être associé à un débours financier et, d'autre part, qu'il correspond à une participation active et une forte implication de la part des participants.

➤ ***Le concours***

L'opération consiste à informer la cible des modalités du concours (date de fin), des questions ou critères de détermination des gagnants ainsi que des dotations offertes. Le concours présente aussi l'avantage de la durée : les questions peuvent être étalées dans le temps pour inciter les participants à acheter régulièrement, un support de presse par exemple.

L'objet du concours permet beaucoup de créativité : recettes de cuisine, dessin, photo, mots croisés, connaissances (littéraires, historiques, géographiques), sagacité (découvertes d'indices...), « le plus gros... » (potiron), « les plus belles... » (lettres)...

➤ ***Les critères de choix et la gestion des ex aequo***

Les résultats d'un concours étant de nature certaine, il est fréquent qu'il y ait plusieurs gagnants. Le contrôle du budget impose donc de prévoir cette éventualité dés le règlement. Plusieurs solutions existent pour départager les *ex aequo* : partage de la dotation entre les gagnants ou introduction de questions complémentaires permettant à un jury de choisir le vainqueur (par exemple un slogan commercial).

La difficulté du concours est que l'évitement des risques de contestation conduit à privilégier des questions dont la réponse est objective. Le détournement par les concouristes multiplie le nombre de gagnants et pose la question du mécanisme de la décision finale d'attribution du gros lot :

- *la question subsidiaire* : si elle est de nature objective, elle ne fait que repousser le problème ; si elle est de nature subjective ou que les résultats ne sont pas connus au moment du lancement de l'opération (combien de réponses justes à la question ?), la question subsidiaire peut conduire au reclassement en loterie (par l'intervention du hasard) et donc à une condamnation en cas de débours (dépense) par le participant ;
- *le jury*, composé de personnalités dont la compétence est incontestable dans le domaine considéré permet de traiter des éléments plus subjectifs et de garantir un classement final. Par exemple, des *grands chefs* pour l'évaluation d'une recette de cuisine ;
- *l'acceptation des ex aequo* : le règlement comporte alors explicitement la mention que la dotation sera partagée entre les gagnants. Solution facile à mettre en œuvre si une équivalence monétaire a été donnée aux cadeaux.

L'essentiel

Quatre grandes familles de mécanismes existent selon ce qui est demandé et offert au participant et le cadre légal :

– *les techniques de prix*, s'adressent aux acheteurs et proposent une réduction de prix directe ou différée. Les offres peuvent être inconditionnelles ou conditionnelles, soit à la gestion d'un coupon soit à un achat multiple. Faciles à mettre en place, coûteuses en marge, elles offrent une nouvelle dimension, la souplesse, dans la politique de prix ;

– *les techniques de produit* forment une classe hétéroclite qui cible les acheteurs. Elle recouvre une autre classe de mécanisme économique (expression de la réduction de prix en gratuité produit) mais aussi l'offre de produit/services différents lors d'un achat (prime) ou sans contrepartie directe (cadeau). Sur le plan juridique, les techniques de lots et de primes sont très encadrées, notamment sur la valeur relative du produit offert (règle des 7 %), le législateur ne souhaitant pas l'abus de dominance par des offres liées. Les offres produit sont plus complexes à mettre en œuvre, notamment lorsqu'elles ont des conséquences sur la production ;

– *les techniques de jeux-concours* sont séparées du comportement d'achat et touchent donc un public beaucoup plus large que l'acheteur. Ces techniques permettent de communiquer pour animer le produit. Le choix de la dotation permet d'avoir une réelle contribution à l'image de la marque. L'attribution de l'avantage est conditionnelle par le recours soit au hasard (loterie et jeux), soit à d'autres critères (concours de sagacité, de photo…). Seule la dernière situation permet, normalement, de faire réaliser un achat pour permettre la participation ;

– *les techniques de réduction de risque :* les techniques d'essai ont un objectif de recrutement de clients ignorant l'existence du produit ou craignant une erreur de choix et ses conséquences négatives. Ces techniques visent donc à réduire le risque perçu par la possibilité d'une expérience directe de consommation (essai, dégustation…) ou à transférer le risque d'une erreur de choix sur le vendeur (garanties satisfait/remboursé, de remboursement de la différence de prix).

Au sein de ces grandes classes de techniques, les mécanismes spécifiques sont nombreux avec des variantes sur le caractère immédiat ou différé, général ou conditionnel, sur les contreparties demandées. Enfin, les résultats des opérations sont toujours conditionnels aux médias utilisés du fait du ciblage effectué par ceux-ci.

Pour en savoir plus

1. Comment approfondir ses connaissances ?

Chatelier (du) D., Nogret-Carrega A., *Le Guide juridique du marketing direct*, Paris, Éditions d'Organisation, 1999.

Desmet P., Zollinger M., *Le Prix*, Paris, Économica, 1997.

Desmet P., *Le Marketing direct*, Paris, Dunod, 2000.

Ingold P., *Guide des techniques promotionnelles*, Paris, Vuibert, 2001.

2. Sites Internet

Réglementation générale

Site gouvernemental : www.legifrance.gouv.fr

Site consumériste : sos-net.eu.org/index.htm

Réglementation fiscale

Cadeaux : www.avocats-fiscalistes.com/fr/etudes/textes/cadeaux-fin-annee.htm

Présentation et comparaison des techniques

Site de complément du livre : www.marketing-science-center.com

Site de P. Ingold : www.cles-promo.com

Site d'ABC-Netmarketing : www.abc-netmarketing.com

Coupons

NPD : www.npd.com (suivi des informations marché)

Pour en savoir plus

Les supports de marketing viral

Le marketing viral repose sur une démarche de bouche-à-oreille facilitée par l'utilisation d'internet. On distingue deux catégories de supports de marketing viral : un marketing viral actif dans lequel l'internaute transmet consciemment une information qu'il juge intéressante et un marketing viral passif dans lequel il propage la notoriété de l'entreprise par l'utilisation d'un service. D'autres auteurs préfèrent distinguer les supports à diffusion lente (linéaire) ou à diffusion exponentielle.

(1) *Un marketing viral linéaire* : chaque internaute fait passer une information à quelques autres. Par l'effet de démultiplication, l'information se répand lentement dans différentes communautés :

- *le bouche-à-oreille* : l'internaute recommande l'adresse d'un site, original, intéressant. Cette technique permet de diffuser une information à moindre coût, par exemple pour le lancement d'un film (*Blair witch project*) ;
- *le parrainage* : l'internaute est rémunéré à condition de laisser s'afficher un bandeau publicitaire sur son écran ;
- *les communautés* : elles regroupent des internautes intéressés par un thème soit sous une forme active par la participation aux groupes de discussion, soit sous forme passive par la réception de lettre d'information (*newsletter*) spécialisées. La constitution d'une telle communauté permet d'identifier des clients potentiels ;
- *le service de pages personnelles* : fournir un service gratuit, comme l'hébergement de pages, pour que l'internaute diffuse cette information comme bonne affaire ;
- *les* goodies *transmises par* e-mail : le contenu est intéressant pour l'internaute en tant que divertissement (cartes postales animées) ou par son contenu (*e-book*). La diffusion peut être limitée par le risque de transmission de virus informatiques.

(2) *Un marketing viral exponentiel* : la diffusion est rapide et large car l'internaute a un intérêt direct dans la diffusion ou dans l'utilisation de ce qui est communiqué :

- *les cartes postales virtuelles* : création d'un système de poste restante centralisée. L'internaute est informé de la réception d'une carte, il se connecte sur le site et souvent répond à l'émetteur ;
- *le mail gratuit :* la messagerie gratuite, consultable à distance, est sponsorisée par un bandeau en bas de chaque message. L'offre peut même être indirecte pour une société (xxx) qui propose un service permettant d'offrir un service de mail gratuit sur n'importe quel site (yyy) par la combinaison des suffixes (prénom.nom@xxx.yyy.com) ;
- *la messagerie instantanée* : par le système ICQ, l'internaute peut savoir si le destinataire est connecté. Ce logiciel a été chargé à plus de 100 millions d'exemplaires en juin 2000 ;
- *le service* peer-to-peer : le service proposé permet de réaliser directement des échanges entre internautes sans passer par un site particulier, la valeur du système est accrue par sa généralisation (Napster).

Source : Richard R., *Le papillon digital*, tome I, *Les Règles de l'Internet économie*, tome II, *Définir une stratégie de commerce électronique*, édition ENI, 2001 (disponible sur www.Amazon.fr et www.marketing-viral.com) et Wilson R., *Planning your Internet Strategy*, 2001, www.wilsonweb.com

Pour en savoir plus

Statistiques sur les techniques :
Nombre d'opérations recensées par le BIPP

	1988	1993	1998	2000
Total	7 185	18 784	46 560	70 680
Offres spéciales	2 599	7 840	12 853	17 415
Offres de remboursement	367	771	884	1 126
Bons de réduction	138	470	2 304	3 500
Ventes groupées	154	879	5 285	9 044
Ventes jumelées	12	283	955	1 759
3 pour 2	122	426	2 478	3 614
Reprise produit	211	328	404	351
Satisfait ou remboursé	53	172	320	418
Bon de réduction à valoir	0	157	1 229	2 691
Primes directes	315	1 053	2 892	3 657
Primes différées	364	568	2 158	7 964
Offre autopayante	120	318	408	467
Primes produit en plus	66	470	3 559	5 292
Primes fiches recettes	77	130	377	428
Prime parrainage	36	98	236	264
Prime échantillon	26	111	537	730
Prime emballage	19	44	160	276
Contenant réutilisable	10	37	354	447
Loteries	1 443	2 315	3 256	4 161
Concours	224	269	227	250
Winner per store	20	60	1 668	1 891
Animations	251	602	1 304	1 986
Sponsoring	37	65	258	217
Essais gratuits	137	215	615	708
Cadeaux gratuits	194	599	533	595
Échantillons gratuits	67	130	342	428
Démonstration	57	232	473	502
Dégustation gratuite	17	74	395	417
Charity promotion	41	68	96	82

3 LA COMMUNICATION PROMOTIONNELLE

La gestion des communications et des échanges avec les cibles d'une opération promotionnelle est l'une des composantes fondamentales de l'efficacité (crédibilité, impact, sélectivité), et du coût de cette opération. Les médias jouent un rôle à la fois dans le transport de l'avantage et dans la perception (notoriété et image) de la promotion par association d'image ou par la crédibilité qu'ils apportent. La palette des médias accessibles pour une promotion va des médias de communication publicitaire aux médias directement gérés par l'annonceur en passant par les médias de distribution, vecteur privilégié. Ce chapitre présente les médias, les supports et leurs caractéristiques et détaille les éléments qui doivent guider les choix.

Section 1 ■ La communication

Section 2 ■ Les choix médias et le médiaplanning

Section 3 ■ Les médias commerciaux

Section 4 ■ Les mass-médias

Section 5 ■ Le marketing direct

Section 1

LA COMMUNICATION

La promotion est une communication et, au-delà du choix du mécanisme, l'annonceur doit s'interroger sur le contenu de la communication dans sa capacité à déclencher l'action (conviction), l'objectif premier de la promotion, mais aussi dans sa capacité à créer ou modifier durablement la perception de la marque (image).

1 Les guides pour la communication

1.1 Un cadre général

Chaque élément de la communication doit être passé au crible d'une grille de lecture traditionnelle AIDA : attirer l'*attention*, générer l'*intérêt*, construire le *désir* et faciliter l'*action* :

- *attention* : elle est la clé de la volonté du récepteur d'*entrer en communication* avec l'émetteur et de faire l'effort intellectuel de traiter le contenu de la communication. L'accroche doit faire que la personne *perçoive* la communication (physiquement), se sente *concernée* (acceptation) et que la promesse soit *attractive* pour compenser l'effort ;
- *intérêt* : il faut faire découvrir (curiosité) au destinataire les bénéfices qu'il peut obtenir pour lui même et qui doivent ne pas sembler trop difficiles à atteindre (faisabilité) ;
- *désir* : la motivation déclenche l'action volontaire : l'avantage doit être attractif, déclencher l'envie, être valorisé individuellement ou socialement ;
- *action* : le mécanisme de l'opération doit être *simple*, les actions à entreprendre *faciles à comprendre*. Les freins, liés au risque, à la peur de conséquences inattendues, à la nécessité de disposer d'éléments physiques (ciseaux, timbres, RIB), doivent être éliminés.

Tableau 3.1 – *Évaluation d'une création selon la grille AIDA*

Étape	Élément promotionnel	Critères d'évaluation
Attention (attirer)	Accroche	Force, originalité, stimulation sensorielle…
Intérêt (générer)	Mécanisme	Affinité, faisabilité, difficulté, durée…
Désir (construire)	Dotation	Rêve, envie, valeur individuelle, sociale…
Action (faciliter)	Conditions	Action, déplacement, stockage, instrumentalisation…

1.2 L'importance du cadrage

Les études montrent que chaque élément de la communication est utilisé par l'individu pour poser le problème. Par exemple pour une offre « – 0,50 € de réduction immédiate », il se pose la question de l'achat d'une unité alors que pour « 1 € pour l'achat de 2 produits », le choix concerne l'achat du lot et conduira donc à un effet volume plus important.

Les éléments indiqués dans la communication sont directement utilisables par l'individu et, en cohérence avec d'autres indices ou croyances, seront utilisés de manière prioritaire. En leur absence, il doit fournir un effort intellectuel pour constituer ce cadre.

1.3 La contribution à l'image

Toute communication perçue a une conséquence sur l'image. Celle-ci dépend de :

- *l'attribution à l'annonceur* : ceci peut poser problème lorsque la marque n'est pas suffisamment mise en évidence dans la communication et lorsque l'image d'un annonceur domine celle de l'autre (partenariat) ;
- *l'ancrage dans l'univers produit*, qui rend la communication cohérente par rapport aux perceptions actuelles de la marque et du produit par la cible ;
- *la contribution à l'image* qui peut toucher la notoriété ou l'évaluation de la marque sur les dimensions de perception (sympathie, nouveauté...) ;
- *l'originalité* de la communication qui amènera la cible à traiter l'information nouvelle et à mettre à jour ses croyances ;
- *la capacité de déclinaison* sur les différents médias et *de renouvellement* dans le temps.

2 La création selon les catégories de techniques

La création touche le thème général de la promotion (habillage), le mécanisme et, éventuellement, les communications d'appoint. L'importance et le nombre des créations nécessaires varient selon le type de technique : simpliste pour indiquer une réduction de prix immédiate, la création peut être sophistiquée pour un concours.

L'utilisation de termes simples, dont l'acception est large, peut conduire à des *abus de langage* : ainsi les primes seront souvent communiquées comme « cadeau » malgré l'obligation d'achat.

2.1 La promotion comme événement

La promotion doit se faire regretter. Elle doit avoir un caractère inhabituel, exceptionnel, éphémère qui pousse la cible à une action immédiate. La première condition est donc qu'elle soit perçue comme telle et qu'elle puisse sortir du contexte. La *stimulation sensorielle* est donc importante :

– *stimulation visuelle* : par des présences inhabituelles d'objets (PLV) ou de personnes (animatrice), par la taille inhabituelle des objets (enveloppe), par la rupture de lignes de perspective (« stop rayon » dépassant des gondoles), par l'utilisation de couleurs à forte perception (contraste rouge-jaune), par le mouvement (émission automatique d'un coupon lors de la détection d'un passage) ;

– *stimulation auditive* : radio en magasin, cartes sonores…

2.2 La création des techniques économiques

Il s'agit des techniques s'adressant aux acheteurs habituels d'un produit ou d'un service (techniques de prix et de gratuité produit).

➤ *Les techniques de prix*

La créativité dans la communication sur le prix est assez limitée. L'accroche est une promesse de prix bas, de bonne affaire, d'une offre spéciale… Dans l'exécution, cela se traduit à deux niveaux :

– *la perception* : taille des chiffres, couleur, terminaison (9) ;

– *l'expression :* il s'agit de faire comprendre, de valoriser l'importance de l'avantage offert (dans le respect de l'interdiction des publicités mensongères). Par l'utilisation d'un prix rompu (99,99 €), l'indication d'un prix de référence (un prix barré), l'expression de l'écart par rapport à celui-ci en valeur absolue (gagnez 10 €) ou en pourcentage (réduction jusqu'à 50 % !). Pour une offre autopayante, rechercher une valeur symboliquement faible (la climatisation pour 1 € en plus).

Exemple

Une étude[1] montre que, plus le prix du produit est élevé, plus l'expression de la réduction de prix en unité (€) est efficace par rapport à une expression en pourcentage. De plus, l'étude montre que la même réduction résulte en une meilleure perception et une efficacité plus importante lorsqu'elle est exprimée séparément, sous la forme d'un coupon, plutôt que sous la forme d'une réduction.

---

1. Chen S., Monroe K., Lou Y., « The Effects of Framing Price Promotion Messages on Consumers, Perceptions and Purchase Intentions », *Journal of Retailing*, 74, 3, 1998, pp. 353-372.

➤ *Les coupons*

La forme est libre mais un format trop petit ou de forme spéciale (collerette de bouteille) peut engendrer des coûts de traitements plus importants (traitement manuel). Sa dimension habituelle est celle d'un billet de banque (4 × 3 cm). Les coupons nécessitent :

– *des mentions obligatoires* : il comporte un titre (bon de réduction, coupon de réduction, X euros de réduction, X euros de remise immédiate en caisse), les conditions (à valoir sur l'achat de, à valoir sur le prochain achat de) et des mentions impératives comme le nom du produit (format, variété), la valeur faciale, la date limite de validité, le nom de l'annonceur et son code de registre du commerce (RCS) ainsi que le nom de l'annonceur ou de l'agence ;

– *des informations accessoires* : pour faciliter l'attribution par l'utilisateur et le traitement, notamment la reconnaissance en caisse, d'autres éléments peuvent y figurer (photo du produit, logo de la marque) ;

– *des mentions de réserves sur la rédemption* avec des formulations précisant l'objet « Contre remise de ce bon en caisse, votre magasin vous fera bénéficier d'une remise de X euro. » ; les réserves : « Il ne sera accepté qu'un seul bon par achat » et les avertissements contre la fraude : « Toute reproduction ou toute utilisation de ce bon pour l'achat d'un produit autre que… donnera lieu à des poursuites ».

REPÈRES : Des règles pour l'expression des prix[a]

– Créer de la valeur en proposant un point de comparaison.

– Présenter les composantes de l'offre (prix de base, prix de vente) mais aussi mettre en évidence l'écart en valeur absolue et/ou en pourcentage.

– Éviter les formulations vagues qui réduisent la valeur perçue (« gagnez jusqu'à 50 % »).

– La baisse de prix directe demande moins d'effort et crée donc plus de valeur. Garder les coupons pour des cibles particulières.

– Toujours minimiser l'effort et le temps nécessaire pour comprendre et tirer parti d'une offre promotionnelle.

– Éviter d'utiliser des mentions comme « prix conseillé par le fabricant » qui laissent les consommateurs sceptiques.

– Concentrer l'attention sur l'économie globale réalisée avec l'offre, mais si c'est possible mentionner aussi les réductions sur chaque composante.

– Mettre bien en valeur ce que le consommateur obtient gratuitement lorsqu'un cadeau est offert avec une offre groupée.

---

a. Adapté de Compeau L., Grewal D., « Adding Value by Communicating Price Deals Effectively », *Pricing Strategy & Practice*, 2, 2, 1994, pp. 28-36.

➤ *Les techniques de gratuité produit*

Encore limitée, la technique « produit en plus » offre plus ou moins de souplesse selon les domaines :

- *la perception* : concrétiser d'une manière visuelle (différence de couleur) l'élément supplémentaire ou la partie ajoutée sur les formats spéciaux (produit girafe) ;
- *l'expression :* à partir de la valeur de l'avantage, il faut trouver l'expression qui est la plus attractive.

Exemple

Un club de livre recrute avec une offre dont le coût était de 400 F, différents tests ont conduit à la sélection de l'offre « 4 livres pour 10 F ». Quelle sera la meilleure contrepartie en euros : 3 livres pour 1 €, 4 livres pour 1,50 €, 5 livres pour 2 €, 4 livres pour 0,50 € chacun, 4 livres pour 1 € + Participation aux frais de port, un chèque cadeau de 50 €, de 60 € ?

Tableau 3.2 – *La création pour les techniques économiques*

Ressource	Accroche	Exemples
Prix	Prix bas Bonne affaire Offre spéciale Crédit gratuit Payez plus tard	*Perception* : taille des chiffres, couleur, terminaison *Expression* : indication d'un prix de référence, calcul de l'écart de prix (valeur absolue, pourcentage), prix ronds, prix seuils
Produit	Produit en plus Gratuit	*Perception* : taille du conditionnement, différence marquée sur le pack *Expression* : 3 mois de lecture gratuite, le premier mois offert, offrez un numéro à vos amis

2.3 La création des primes et cadeaux

Lorsque le bénéfice est offert à une large audience, voire à chaque acte d'achat, sa valeur est obligatoirement assez faible, tant pour des raisons juridiques (règle des 7 %) que pour des raisons économiques. C'est un objet à valeur élevée dont l'achat massif permet de réduire le coût. Les cadeaux ont eux-mêmes un cycle de vie qui amène leur renouvellement régulier et l'utilisation de pré-tests. L'apport de la création pour accroître la valeur perçue est donc important. La congruence de la prime avec le produit est nécessaire car une étude expérimentale[1] montre qu'une prime peu valorisée a un effet *négatif* sur la probabilité de choix du produit.

1. Simonson I., Carmon Z., O'Curry S., « Experimental Evidence on the Negative Effect of Product Features and Sales Promotions on Brand Choice », *Marketing Science*, 13, 1, pp. 23-40.

La difficulté consiste à trouver un objet qui corresponde à une valeur perçue forte pour l'ensemble de la cible. Le *thème* général de la communication est alors souligné par la cohérence des objets proposés (par exemple, les objets de la vitalité, pour Vittel) :

- *une valeur produit* avec une présentation produit permettant un usage différent (mini-vaporisateur) ou accroissant l'efficacité, simplifiant l'usage (option) ;
- *une valeur utilitaire* associée à l'espace de l'acheteur (auto-cuiseur, ménagère de couteaux, trousse d'outils...) ;
- *une valeur hédonique ou esthétique* correspondant à la valorisation de l'acheteur ou à son auto-satisfaction : un vêtement (féminin), du vin (masculin) ;
- *une valeur d'originalité* : l'unicité, l'originalité sont créateurs de valeur. La reprise de cadeaux qui ont bien marché rencontre vite un phénomène d'usure (baisse d'efficacité). Les dotations ont ainsi un cycle assez court et nécessitent un renouvellement régulier ;
- *une valeur de collection* avec la constitution de séries dispersées à reconstituer, c'est un mécanisme qui valorise fortement l'objet (miniatures de parfum) ;
- *les promotions caritatives* (*charity promotion*), elles permettent d'associer des symboles et des valeurs à la marque, même si l'efficacité sur l'achat est moindre : univers de l'environnement (planter un arbre, préserver la nature, eau) pour les eaux minérales, l'aide à l'enfance... L'impact sur l'image serait plus important pour les produits hédoniques que pour les produits strictement utilitaires[1].

L'offre d'un choix au sein d'une liste permet d'être segmentant : les choix effectués sont une information très révélatrice des préférences qu'il faut essayer d'exploiter dans le cadre d'une base de données : par exemple dans le cadre d'une offre de bienvenue dans un club.

2.4 La dotation

Les choix de dotation concernent les jeux et concours. Deux aspects sont à étudier : la hiérarchie (la pyramide) des lots ainsi que leur nature.

Important : le code de la consommation impose de diffuser avec la loterie un inventaire lisible des lots mis en dotation avec, pour chacun, sa nature, le nombre de lots et la valeur commerciale.

➤ *La pyramide des dotations*

À budget constant, la dotation doit satisfaire deux objectifs : faire *rêver* le plus grand nombre pour augmenter le taux de participation et *décevoir* le plus petit

1. Strahilevitz M., Myers J., « Donations to Charity as Purchase Incentives : How Well they Work May Depend on What You Are Trying to Sell », *Journal of Consumer Research*, 24, 2, 1998, pp. 434-446.

nombre de participants, d'autant plus que l'effort du participant est significatif (plus fort pour un concours qu'une loterie). La pyramide doit donc être haute (forte valeur du gros lot) et large à la base (nombreux lots de consolation).

➤ *La nature de la dotation*

En plus de leur valeur utilitaire, les bénéfices ont des valeurs d'image, sociale et personnelle :

- la *dotation à valeur d'image* : l'objet/service proposé à une valeur d'image forte et indépendante de l'opération. Il s'agit de partenariat (avec un parc d'attraction Astérix, Disney, Schtroumpfs...) et de licences (Disney...)[1] ;
- la *dotation de mode* : des supports particuliers ont une valeur temporaire forte dans l'ensemble de la population (porte-clefs, pin's) ou sur des cibles enfantines (Pog's). Lancés par un événement ou une société, de manière délibérée, ces modes s'ouvrent à différentes créations ;
- la *dotation à thème d'occasion* : elle consiste à s'associer à un événement social récurrent, support de dons. Ces événements sociaux correspondent à l'échange de cadeaux, et constituent souvent une point saisonnière de ventes : Noël, fêtes de pères, des mères mais aussi Halloween. La création d'un événement social est un objectif ambitieux mais dont les retombées, en cas de succès, sont importantes : Café Grand-mère avec la fête des grands-mères, fête de la musique. Cette occasion couvre aussi l'activité de dons financiers (Téléthon) ;
- la *dotation d'actualité* : des événements très médiatisés offrent un support, à valeur éphémère, sauf dans les collections. Il s'agit notamment des événements sportifs (coupe du monde de football, Jeux Olympiques...) ;
- la *dotation matérielle* : elle correspond à des postes de dépenses valorisés mais lourds, voire considérés comme inaccessibles ou non raisonnables (désir socialement contraint) : la propriété immobilière (appartement, maison), la voiture, le bateau, la moto. Ici aussi, la dotation doit tenir compte d'attentes spécifiques de la cible : cyclomoteur pour les adolescents. Une équivalence monétaire (valeur de marché) sert de point de référence ;
- la *dotation monétaire* : pour éviter la fragmentation de la dotation due à l'adaptation aux attentes de différentes cibles, l'argent constitue le dénominateur le plus commun. Il a cependant l'inconvénient de n'être qu'instrumental (il génère peu de satisfaction directe par lui-même), d'où des créations possibles autour de son appropriation (que ferez-vous avec 1 million d'euros ?). Il est aussi valorisé sur la dimension d'économie : le bénéfice offert est la réduction d'un poste important du budget, créant une forte désutilité (vos impôts). Enfin, certains produits ont une valeur symbolique forte (diamant, lingot d'or, pièces d'or). Pour éviter le carac-

1. Pour suivre les tendances du marché des produits dérivés, consultez, par exemple, sur le site du Cetelem, la page dédiée : www.dyn-com.com/dyncom80/marches/marches.htm.

tère trop segmentant de la dotation, l'équivalent monétaire est souvent proposé au choix ce qui permet, en plus, de régler plus facilement les problèmes de partage de la dotation en cas d'*ex æquo* ;

- *dotation hédonique* (valeur de rêve) : par la proposition d'un avantage qui fait rêver, ou qui peut susciter l'envie : les vacances exotiques, une vie de star (luxe)... ;
- *dotation à thème de valeur de vie* : pour être plus original et plus segmentant, le thème peut utiliser une valeur sociale partagée stable (la nouveauté) ou plus sensible au temps (exotisme, nostalgie, convivialité) ;
- *sur-valorisation de la dotation* : pour accentuer l'importance de la dotation, il est intéressant de rechercher des valeurs symboliques fortes, perçues comme « beaucoup » soit dans le montant (1 000, 1 million, 100 millions...) soit dans la durée : 10 ans d'impôts...

Exemples

- *Dotation à valeur d'image* : Candy'Up utilise les Digimon dans un jeu (manchot sur Internet) pour les moins de 15 ans, avec une dotation de vidéos et trottinettes.
- *Dotation de mode* : produits à licences (Pokémon, Disney...).
- *Dotation à thème d'occasion* : costume de sorcière (Halloween).
- *Dotation d'actualité* : Le succès du film *Le fabuleux destin d'Amélie Poulain* a été utilisé par la Photomaton qui a proposé un concours de « photos du bonheur » avec une dotation de caméras et d'appareils photos numériques.
- *Dotation matérielle* : 307 rouge, coupé, toit ouvrant (Créateurs de beauté).
- *Dotation monétaire* : 1 million d'euros.
- *Dotation hédonique* : Système U propose en dotation des voyages exotiques (Cuba, Baléares, Turquie) car 60 % de ses clients n'ont jamais voyagé par la voie des airs.
- *Dotation à thème de valeur de vie* : la société Casino a mis en place une opération prospectus sur les Marques de toujours (nostalgie).

2.5 La création par le mécanisme

Elle concerne un peu les jeux et surtout les concours.

➤ *La création des mécanismes de jeux*

La déception est d'autant plus ressentie que la dotation a été préalablement appropriée par le participant. Cette déception peut rejaillir sur l'image de l'entreprise, notamment si le participant estime avoir été trompé.

La création du mécanisme de jeu consiste donc à engendrer une participation réelle du joueur pour générer :

- une *expérience* en elle-même hédonique (suspens de la révélation immédiate) ;

– une plus forte *implication* dans l'action (grattage, comparaison des numéros attribués et des numéros gagnants) ;

– une *attribution* mixte du résultat : ayant contribué lui-même à la révélation, le joueur ne peut reporter toute sa déception sur l'entreprise et s'en attribue une partie (je n'ai pas de chance).

Il faut donc rechercher les mécanismes qui laissent un choix au joueur (gratter 3 cases parmi 5) ou ceux qui l'incitent à une activité (recherche de cartes spécifiques dans les jeux de mariages).

➤ *La création des mécanismes de concours*

En plus des éléments déjà cités sur la dotation, les concours offrent une dimension supplémentaire à la création : le thème et les questions du concours et une possibilité de personnalisation de la dotation :

– *le mode d'expression* : il est directement lié à la pratique associée à l'objet ou au service : la création de recette pour la cuisine (riz Uncle Ben), un concours de gestion de portefeuille boursier pour une banque, un concours photo pour un producteur d'appareils ou de pellicule. Il est aussi relié aux capacités de la cible (dessins pour les enfants…) ;

– *les questions* : elles permettent d'accroître les connaissances de la cible directement sur le produit, avec des prises en main, ou sur son environnement ;

– *la personnalisation de la dotation* (dotation création) : elle consiste à récompenser le gagnant par une mise en œuvre effective de sa contribution, par exemple, sur 100 pin's ou T-shirts.

Exemple : Dimensions créatives pour les concours

> – *Le mode d'expression* : Les brasseries Fischer proposent de réinventer la forme du *packaging* avec une technique quelconque (moulage, poterie, couture).
>
> – *Les questions* : teneur en calcium d'une eau minérale.
>
> – *La personnalisation de la dotation* : reproduction sur un T-Shirt ou des pins de l'œuvre crée lors d'un concours.

➤ *Choix d'une cible particulière ou d'une cible d'acheteurs*

Pour les techniques de jeux et de concours, le mécanisme peut induire un déplacement de la cible habituelle (les acheteurs-utilisateurs) vers la cible des amateurs du mécanisme.

Ce déplacement peut être délibérément *recherché* dans l'opération : un jeu-concours dans un quotidien pendant les vacances d'été génère une fidélisation et un élargissement de la cible à ceux qui cherchent des moyens d'occuper le temps (mots croisés…). Il est aussi *subi* dans les mécanismes de concours de sagacité et de connaissances par l'organisation des concouristes qui diffusent l'offre et les solutions permettant ainsi la recherche de la maximisation des dotations sans aucun effet d'image.

➤ *Le règlement*

Les opérations complexes et celles utilisant le tirage au sort nécessitent un règlement clair définissant les conditions de participation, de gain ainsi que les obligations respectives du participant et de l'organisateur :

- *les conditions de participation* : date de fin de l'opération, zones géographiques concernées (pays, France métropolitaine), personnes majeures, preuves nécessaires (accumulation de preuve d'achat, coupon, ticket de caisse, RIB), nombre de participations par personne ou par foyer, interdiction de participation (salariés de l'entreprise…) ;
- *les conditions particulières* : acceptation de l'utilisation d'images pour un testimonial (présentation des gagnants dans la communication), de la saisie des adresses… ;
- *les conditions de gain* : mode d'attribution, mode de sélection ou de tirage au sort, date et lieu, mode d'annonce de la liste de gagnants ;
- *la délivrance du gain* : mode, date et lieu de livraison, équivalence monétaire…

Une version simplifiée doit être communiquée de manière générale, une version complète doit être déposée chez un huissier et accessible.

3 L'évaluation de la communication

La communication promotionnelle conduit souvent à associer l'image de l'annonceur à une autre image (associée) et l'on sait que cela conduit à un déplacement de celles-ci dans le sens d'un rapprochement.

Les critères qui guident le choix d'un partenaire sont les suivants :

- *la force de l'image de marque associée* : la notoriété doit être suffisante pour que l'image de l'annonceur puisse en bénéficier ;
- *les forces relatives* : l'image du fabricant peut ne pas bénéficier d'une opération conjointe avec une enseigne de distribution si l'opération est plus légitime pour celui-ci ou si sa notoriété est beaucoup plus forte ;
- *la capacité à fédérer* des territoires différents, voire des catégories différentes, notamment dans le cas des méga-promotions ou des opérations multi-enseignes ;

– *l'adéquation à l'univers du produit/service* : contexte d'utilisation, implication, type d'acheteur-utilisateur ;
– *l'adéquation avec l'image actuelle de la marque* : niveau de gamme, positionnement ;
– *l'adéquation aux valeurs et aux attentes de la cible* : attentes des enfants, des seniors…

Des outils sont développés pour évaluer une création sur ces différentes dimensions (voir *infra*, les pré et post-tests).

Section 2 LES CHOIX MÉDIAS ET LE MÉDIAPLANNING

Une promotion comporte différentes étapes d'échange qui nécessitent chacune un support. Il est important de minimiser le nombre des supports différents tout en recherchant la meilleure adéquation des supports aux besoins en fonction de l'objectif de l'opération.

1 L'identification des besoins

Les besoins de communication dépendent de la nature de l'opération, de l'avantage à délivrer et de la cible. L'émetteur doit assurer une communication bi-directionnelle orientée à la fois par la nécessité de faire connaître l'opération à une cible large (amplification) et de gérer l'opération en elle-même.

➤ *Les supports dépendent d'abord de la nature de l'avantage/bénéfice*

Pour un avantage de type *information* (fiche de cuisine, prime plate…), les supports sont souples et relativement économiques pour un support électronique, plus coûteux pour un support papier.

Pour un avantage *physique* (produit en plus, échantillon, dotation), la logistique est coûteuse, plus complexe et nécessite soit une opération *ad hoc* (envoi cadeau au gagnant) soit un contact avec le gestionnaire du support (usine pour produit girafe, distributeur pour asile-colis…).

Pour un avantage *conseil-prescription* (risque), l'échange direct et personnalisé avec la cible requiert une présence humaine (animatrice, vendeur), un système audio-visuel (borne) ou un système d'information interactif (Internet, Audiotel).

Pour un avantage *financier*, ce sont les conditions de sécurité (falsification, détournement) et de coûts qui priment dans le choix du support.

➤ *Les besoins d'échange sont analysés pour chaque cible*

Pour une opération simple, c'est la *cible finale* (prescripteur, client, distributeur, utilisateur) mais pour une opération complexe, l'atteinte de l'objectif final peut passer par la mise en place d'opérations complémentaires de stimulation de *cibles intermédiaires* (force de vente, distributeur, acheteur).

La nature du comportement exige plus ou moins d'effort : créer un comportement est plus difficile que de stimuler un comportement déjà pratiqué, un achat est plus difficile qu'un déplacement, qu'une réponse par courrier et qu'une réponse au téléphone.

Les caractéristiques de *la campagne* vont influencer les choix. L'objet de l'échange (produit, argent, information) et ses caractéristiques (poids, fragilité), vont pondérer les caractéristiques des médias (rapidité, sécurité, puissance). Ainsi, la prime différée offre plus de liberté dans le choix de l'objet, que la prime directe contrainte par les caractéristiques physiques du support. La justification de la promotion est un facteur important : s'agit-il d'un événement « marque » (lancement, repositionnement), ou de l'accompagnement d'un événement social (Jeux Olympiques, fêtes des mères) ? La durée de l'opération, liée à sa nature (attaque ou entretien), va influencer le choix entre les médias à vocation générale et le support produit. Enfin, *le budget* constituera une limite importante à l'accès aux médias coûteux.

➤ *Deux besoins : l'information/amplification et le transport de l'avantage*

L'émetteur a besoin de deux types de communication : *l'information* permet de faire connaître l'existence de l'opération soit pour que la cible fasse une démarche active d'adhésion, soit pour qu'elle prenne conscience de l'avantage offert. Il faut donc des supports de communication assurant une bonne couverture de la cible ; *le transport* de l'avantage dépend des caractéristiques de celui-ci.

L'amplification d'une opération est un facteur important de son succès, la rentabilité restant alors à évaluer. Il est intéressant de noter que la seule utilisation de médias promotionnels (mise en avant en magasin) suffit à déclencher des achats même en l'absence d'un avantage conséquent (réduction de prix).

La rentabilité à court terme des promotions doit être étudiée.

Exemple

Le tableau présente le revenu incrémental moyen des ventes sous promotion par magasin-semaine, selon que la promotion est en fond de rayon ou bénéficie d'un soutien *trade* et que le mécanisme est à base de lots ou de produit gratuit.

		Promotion produit			Produit standard
		Lot & gratuit	Gratuit	Lot	
Trade	MEA & prospectus	170	140	108	136
	MEA	120	93	67	70
	Prospectus	68	80	42	60
Rayon		33	23	22	

Source : D'après *La performance des outils promotionnels (produits de grande consommation)*, étude de ACNielsen pour l'IFM (1999).

➤ *Émettre et recevoir des messages*

La standardisation permet de réduire le coût de l'échange. Par exemple, les médias de masse ou l'utilisation de la logistique de la distribution (offre *on-pack*) permettent d'obtenir un faible *coût par contact* (CPC = coût d'envoi/nombre de contacts). Les coûts sont beaucoup plus élevés lorsqu'il s'agit de faire des offres spécifiques ou lors de l'utilisation de moyens humains, en particulier lors de l'interaction ou de la réception d'un message. Si ceux-ci sont justifiés lorsqu'ils apportent une qualité de communication (animatrice, force de vente), ils le sont moins quand ils résultent d'un traitement artisanal (traitement manuel des coupons en remontée). L'une des forces d'Internet est de proposer un échange homme-machine performant (texte, image, audio) à faible coût. Le critère ultime d'évaluation de l'efficacité d'un média ou d'un support est le *coût par remontée* (CPR = coût d'envoi/nombre de remontées), qui prend en compte la réception des réactions.

2 Les étapes de l'échange

La promotion peut être analysée comme un contrat conditionnel, l'échange comporte donc plusieurs phases : la proposition, l'acceptation, le contrôle de la condition, la délivrance de l'avantage et la mémorisation.

➤ *La proposition*

Cette première étape informe la cible visée. Au-delà elle doit attirer, motiver, stimuler, séduire, convaincre. Elle comporte deux niveaux : *une information générale*, simplifiée et attractive (l'annonce de la loterie et sa dotation) ; *une information détaillée* (règlement de l'opération simplifié ou complet auprès d'un huissier) ; *une information personnalisée* qui correspond à un service consommateur (à la demande de celui-ci).

ion de la clé de participation

er l'opération, une clé de participation est diffusée. Le ciblage est obtenu soit lors de la diffusion de la clé (diffusion géographique restreinte) soit par l'effort demandé à la cible pour gérer cette clé (coupon). Une émission complémentaire peut être nécessaire lors d'une promotion complexe : collecteur des preuves d'achat pour les méga-promotions offrant des conditions complexes de type trois preuves d'achat (PA) de 1 L ou 2 PA de 1,5 L.

➤ ***La collecte de la participation***

Il s'agit d'organiser les médias en réception pour identifier les personnes participant à l'opération. Lors de cette collecte, une étape supplémentaire d'*identification* est possible permettant de mettre en place un contrat individualisé et non standardisé, par exemple si l'annonceur gère les droits du participant (présentation d'une carte pour un programme de fidélisation).

➤ ***Le contrôle de la condition***

Le contrôle de la condition détermine si le participant a droit à l'avantage promis. Automatiquement validée dans certains cas (achat d'un lot), la condition peut nécessiter une activité spécifique : le contrôle des preuves d'achat (PA) pour une remise différée par accumulation, ou le tirage au sort pour un jeu (gagné/perdu, *winner per store*). Si la condition fait jouer le hasard, l'étape de contrôle doit avoir une certaine crédibilité : tirage à la télévision, témoignage de précédents gagnants (testimonial).

➤ ***Le transfert/transport de l'avantage***

Les médias sont soit des médias organisés (point de vente pour un échantillon de shampooing, bande parfumée dans un magazine…) soit des médias *ad hoc* gérés par l'annonceur ou des sociétés spécialisées (primes, boutiques…).

➤ ***La mémorisation et la mesure***

L'information collectée sur l'opération peut être complétée par une information sur le comportement ultérieur des participants, notamment pour mettre en évidence les effets dynamiques.

La réflexion média correspond à l'anticipation des besoins de communication et au choix des supports et des médias les plus efficients pour chacune des étapes et globalement. L'analyse des coûts médias conduit à l'utilisation de nouvelles techniques soit moins coûteuses (jeux par téléphone) soit nécessitant moins d'échanges (*instant win*).

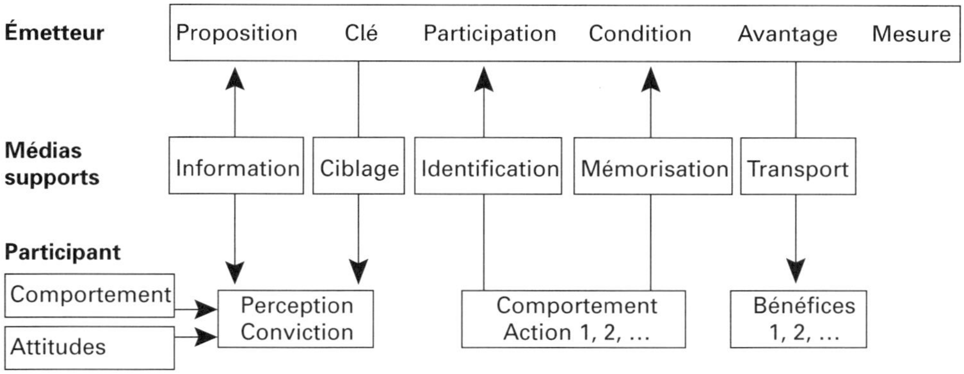

Figure 3.1 – *Échanges liés à une opération promotionnelle*

3 Les critères d'évaluation des médias et des supports

Les choix des médias et des supports sont parfois simples (produit girafe) parfois très ouverts (distribution d'un coupon). Les critères de choix dépendent des objectifs comportementaux (maximiser le nombre de visites), économiques directs (minimisation du coût du contact, du coût de la remontée) ou indirects (effets dynamiques).

Exemple : Approche géographique d'une distribution ciblée de coupons pour une crème de soin pour le visage

L'opération consiste à distribuer sélectivement sur des secteurs de Delta diffusion (9 329) un minimum de 3 000 bons dans chaque zone de chalandise des magasins de l'enseigne sous contrainte d'une taille maximale de l'opération.

La cible est définie (âge du chef de famille de 55 à 64 ans...) par l'émetteur et correspond à une pénétration de 13,3 %. La base Consodata© permet, de déterminer un nombre de ménages cibles dans chaque îlot type. Une table de conversion permet de passer des îlots aux secteurs de Delta Diffusion par agrégation. Les zones de clientèle des magasins sont constituées par modélisation Experian© et dédoublonnées (deux magasins pouvant partager un même secteur). Au final, 1 261 secteurs Delta© sont sélectionnés pour une distribution « toutes boîtes » soit 187 599 ménages appartenant à la cible (taux de pénétration 20.3 %) avec un indice d'optimisation de 153 (20,3 %/13,3 %) soit 53 % de ménages supplémentaires qui recevront le message par rapport à une opération non ciblée.

Îlot type		Indice	Îlot type		Indice
IA1	Dirigeants et cadres	102	**ID5**	Quartiers historiques	40
IA2	Réussite et prospérité	151	**IE1**	Quartiers populaires	87
IA3	Vieilles pierres centre ville	58	**IE2**	Petits logements anciens	70
IA4	Famille et carrière	157	**IE3**	Familles nombreuses du Nord	97
IB1	Petites villes résidentielles	128	**IF1**	Familles NB H. Col-banlieue Paris	81
IB2	Familles et revenus moyens	108	**IF2**	Famille NN hab. ancien	97
IB3	Jeunes banlieusards	91	**IF3**	Zones défavorisées	65
IB4	Province à confort raisonnable	92	**IH1**	Cheveux blancs vieilles pierres	109
IC1	Pôles locaux	108	**IH2**	Retraite confortable	96
IC2	Les urbains	123	**IH4**	Petit appartement au soleil	80
ID1	Cœur de la veille	59	**II1**	Animé en saison	102
ID2	Centres secondaires	79	**II2**	Industrie à la campagne	110
ID3	Les jeunes	51	**IJ1**	Agriculture dynamique	104
ID4	Vie de quartier à Paris	51	**IJ2**	Rural en déclin	91

Source : Experian.

➤ *Les critères de choix classiques*

La démarche d'élaboration du plan média est proche de celle d'une campagne publicitaire avec l'utilisation de différentes échelles, sauf que l'accent est mis sur le comportement consécutif de la cible (C) et non seulement sur le coût au contact :

- *la nature de l'audience* (mode de constitution), les caractéristiques et les motivations des personnes touchées ;
- *la puissance* : il s'agit de l'audience (A) touchée par une utilisation. Pour les mass-médias, elle est relativement bien connue et bien décrite ;
- *la couverture* est la part de la cible touchée [C & A)/C] ;
- *l'affinité* est représentée par la part de l'audience appartenant à la cible [C & A)/A] ;
- *l'économie* est le coût au contact [P/A] ou au contact ciblé [P/(A & C) ;

Pour les mass-médias, le coût est généralement fixe (coût pour une parution, un écran TV ou un spot radio) ; pour les autres médias, le coût est souvent unitaire et spécifique (poids de l'échantillon pour un asile-colis).

➤ *Les critères de qualité de contact*

La proximité de la communication avec le comportement à créer ou à influencer est un critère majeur d'efficacité, à la source de l'intérêt pour la promotion. Si la publicité est reçue à l'occasion d'un divertissement ou d'une autre activité (conduite pour l'affichage ou la radio), la promotion peut s'approcher du contexte d'utilisation ou de préparation (contenant réutilisable), de consommation ou d'achat. Elle touche le *magasin*, la *résidence* (la salle de bain, la cuisine, la chambre autant que le salon) et plus généralement tous les lieux publics qui correspondent à des comportements particuliers (pied des pistes de ski, écoles et universités, gares...).

Plus la communication est éloignée du comportement, plus nombreux seront les obstacles et les difficultés qui réduiront la participation. À ceux-ci s'ajoutent les conditions imposées (RIB, ticket de caisse) qui vont délibérément chercher à réduire la possibilité d'accéder au bénéfice.

Exemple : Média-produit SYSMIC

Pour les protections féminines, la télévision est le support de référence suivi par la presse (voir tableau des indices d'affinité par famille de presse). Les industriels développent les actions de marketing direct et d'échantillonnage ciblé (jeunes filles) dans les établissements scolaires, les salles de sport et les boutiques de prêt-à-porter. D'autres cibles à fort potentiel (incontinences légères) sont traitées par marketing direct.

	Affinité		Affinité
Hebdo d'actualité	113	Santé	98
Cuisine	112	Presse TV	98
Féminin populaire	106	News	84
Décoration	102	Féminin haut de gamme	97

Source : D'après *Marketing Magazine*, 64, 78.

➤ *Les critères dynamiques*

La durée de vie du support joue sur le nombre de contact, par la répétition, et sur le contrôle de la communication, par l'adéquation entre la durée de l'opération et la durée de vie du support. Cette analyse est indissociable de la fréquentation du support.

• *La fréquentation*

Elle correspond à la visite d'un point de vente, à l'achat d'un produit, à la reprise en main d'un magazine, à la circulation de celui-ci aux mains de différentes personnes ou à la vue d'une prime.

• *La répétition*

Elle correspond au nombre de contacts pour une personne de la cible. En promotion des ventes, on ne recherche pas toujours la maximisation (information sur un jeu-concours) de la répétition comme en publicité mais aussi sa minimisation (échantillon). La prise en compte du nombre d'ODV créées par les primes améliore le résultat de l'opération.

• *L'adéquation des durées de vie (opération, support)*

La rotation faible d'un produit peut amener la diffusion *on-pack* d'une opération périmée. *A contrario*, une opération d'une durée trop courte ne permet pas de toucher les acheteurs occasionnels.

• *Le choix d'une durée de vie*

Il repose sur un arbitrage couverture-répétition. Plus la durée de vie est longue plus la couverture s'accroît. La fréquence de fréquentation n'étant pas homogène, certaines cibles (les acheteurs fréquents) ont beaucoup plus d'opportunités de profiter de la promotion[1].

➤ *Les critères de gestion*

Les conditions d'utilisation des médias et des supports sont plus ou moins *souples* en ce qui concerne les dates de diffusion (*bus-mailing* à départ trimestriel), les délais d'anticipation ou de réservation (émission TV), le choix d'un contexte particulier (presse), la sélection d'une cible sur des critères déterminés (fichier des acheteurs de moins de 3 mois habitant la France métropolitaine).

➤ *Les critères de ciblage*

Le coût et l'efficacité d'une opération dépendent beaucoup de l'adéquation entre la cible visée et l'audience du support utilisé. Ainsi, le taux de remontée est le produit de l'affinité par le taux de participation de la cible. Un taux faible peut provenir soit d'un mauvais ciblage, soit d'une participation réduite de la cible (attraction faible de l'opération). Plusieurs ciblages sont possibles.

• *Ciblage sur les comportements*

Il s'agit, par exemple, de la fréquentation d'un point de vente, achat d'un produit, abonnement à un magazine. Ce critère peut être utilisé pour adapter l'opération (choix des PDV), pour sélectionner l'audience (sélection des adresses sur fichier), pour laisser l'audience s'auto-sélectionner (échantillon croisé *on-pack*) ou de

1. Bernadet J.-P., Desmet P., « Pour un médiaplanning promotionnel », *Décisions Marketing*, 3, 3, 1994, pp. 7-14.

manière sélective par les instructions données à l'animatrice (achat d'un produit) ou aux conditions d'émission d'un coupon électronique en caisse (achat d'un produit dans une catégorie).

- *Ciblage sur des critères géographiques*

Le géomarketing consiste à prendre en compte les informations géographiques d'habitation ou de fréquentation. Ainsi la distribution de prospectus est ciblée sur certaines parties de la zone de chalandise d'un point de vente. Sur fichier, le bureau postal distributeur, la commune ou ses caractéristiques (tranche urbaine TU, taille…), la rue ou l'îlot sont utilisés. Des typologies existent aussi soit à partir d'une analyse des consommations (rue, îlot, commune) soit à partir d'un couplage de ces informations avec un support (tournée du facteur, zone de distribution de prospectus).

- *Ciblage sur des caractéristiques particulières*

Il s'agit de critères socio-démographiques comme une classe d'âge (carte 15-25 ans) ou plus spécifiques comme des centres d'intérêt (activité sportive, collection…).

- *Ciblage sur des sensibilités promotionnelles*

On peut utiliser les attitudes et sensibilités vis-à-vis de la promotion en général et par rapport à chaque technique, voire par rapport à l'avantage ou aux conditions en particulier. Ce sont des filtres qui vont réduire la participation de certaines cibles. Par exemple, la gratuité des frais de port, offre coûteuse, attire les petits acheteurs pour lesquels le ratio entre le prix de la commande et le prix du produit est trop important. L'offre d'un jeu attire les enfants et la proposition d'un numéro vert facilite leur participation le mercredi.

- *Ciblage sur la dotation*

L'envie (rêve) de la dotation est un moteur de participation ou de rejet de l'opération. Pour limiter ce rejet, la première solution consiste à diversifier les dotations en cherchant à attirer toutes les sensibilités du marché (l'opération y perd beaucoup en cohérence), la seconde à exprimer la dotation en monnaie, tout en évitant la banalité par une personnalisation de la catégorie de produit et du message.

La classification retenue pour les médias s'écarte des classifications traditionnelles. Trois groupes sont constitués : les médias commerciaux, les médias de masse et le marketing direct. Les médias commerciaux sont proposés sur une base régulière par des intermédiaires qui en gèrent la logistique. Ils sont constitués exclusivement d'informations à caractère publicitaire ou promotionnel. Les médias de masse correspondent aux véhicules utilisés par la publicité (quotidiens, radio, télévision, cinéma…) et à d'autres supports particuliers (billets de banque, tickets, etc.). Le marketing direct correspond à la mise en place d'un support exclusif et ciblé. Il s'agit par exemple d'un publipostage, du téléphone et d'Internet.

Tableau 3.3 – *Les principaux médias promotionnels*

Type	Médias
Les médias commerciaux	*Produit* : *on-pack*, format spécial, animations *In-store* : mise en avant en rayon (PLV), hors rayon (MEA, TG, IM), affichage (chariot), radio magasin, bornes *Out-store* : affichage, ISA, catalogues et prospectus *Autres médias* : foires et salons, autres lieux, géodistribution, asile-colis
Les mass-médias	Presse quotidienne, radio, télévision Bus-mailing
Le marketing direct	*Imprimé* : mailing, consumer magazines *Téléphone* : centre d'appels, audiotel et SMS *Internet* : web, *e-mail* Minitel

Section 3 LES MÉDIAS COMMERCIAUX

Les médias commerciaux sont ceux qui sont utilisés pour la réalisation d'une transaction : le produit lui-même, le magasin qui offre des médias sur site, avec la PLV, et hors site, les autres lieux d'échange (foire et salons) et les transactions d'autres distributeurs (asile-colis). Leur contenu est donc exclusivement commercial et promotionnel et la cible est constituée d'*acheteurs* dans un *contexte d'achat* ce qui induit une forte efficacité des opérations qui ciblent les acheteurs.

1 Le produit

L'émetteur gère lui-même l'échange avec la cible en utilisant son produit (en format standard ou spécial).

La logistique de distribution d'un produit vers son marché existe déjà. Il est donc intéressant de l'utiliser en se servant du produit comme support d'information ou de transport pour un coupon ou une prime. Si l'offre ne change pas (format standard, prime *in-pack*, prime plate, jeu porté par l'emballage...), la négociation avec la distribution n'est pas nécessaire sauf si l'aspect extérieur est modifié (prime *on-pack*), entraînant des contraintes logistiques.

Exemple

> « Recevez 20 € sur votre compte épargne Covefi » : opération de prime financière par accumulation (15 preuves d'achat) croisée avec les bouteilles d'eau minérale Saint Amand comme support de l'opération et un collecteur à demander à cette société.

➤ *Les formats spéciaux (special packs)*

Pour rendre la promotion plus attrayante (promotion spectacle), l'industriel peut proposer un format spécial (lot, gratuité) dont la valeur unitaire plus élevée lui permet d'offrir une prime plus importante (règle des 7 %) ou une réduction de prix plus forte sans toucher directement au prix de référence du produit standard. L'utilisation de ces supports nécessite un accord avec la distribution et peut perturber de manière significative les ventes lors de la fin de la mise en avant quand le produit retourne en fond de rayon. Le coût de manipulation est important pour le distributeur qui, souvent, retire puis remet en vente le stock au format standard.

2 L'interaction (vendeur et bornes)

Une interaction est organisée entre la cible et une force de vente ou une borne.

➤ *Les animations*

En rayon, il s'agit de toucher des acheteurs actuels de la catégorie de produit par une opération d'animation (jeu, coupon), de dégustation (essai d'un produit) ou de démonstration (présentation d'un savoir-faire en bricolage). Elle comporte la présence d'un conseiller (personnel entreprise, vendeur, animatrice) et d'une PLV en magasin ou sur le parking, ce qui la rend coûteuse et nécessite une organisation rigoureuse.

Le marché français est évalué à 115 millions € en 1999. La force de l'animation est le contact personnel vendeur-client. La qualité de l'interaction dépend de la formation (générale et spécifique à l'opération) du personnel et donc, du coût. La compression des coûts externalisés ne favorise pas le développement de forces de vente supplétives (occasionnelles) de qualité.

➤ *La caissière*

L'interaction humaine ayant lieu au moment du passage en caisse est utilisée pour accroître l'implication du client soit pour un jeu (jeu de trafic) soit pour la remise d'un coupon. Ce média évolue avec « l'intelligence » des postes de caisse capables d'émettre une communication ciblée, voire personnalisée, sur le ticket de caisse.

➤ *Les bornes*

Des bornes informatiques à utilisation libre sont placées dans la galerie marchande ou à l'entrée du magasin :

– *les kiosques d'information et de promotion* (KIP), assimilables à de la PLV électronique, ne vendent rien mais stimulent l'achat, par le conseil et l'information. Par exemple, des bornes d'information Renault permettent au consommateur d'obtenir tous les renseignements désirés sur un véhicule. Les bornes à commande vocale (BCV) reconnaissent des mots clés ;

– *les bornes interactives* permettent au distributeur de disposer d'un moyen de communication spécifique et personnalisé, notamment pour l'animation des porteurs de la carte de fidélité. Les capacités de calcul de la borne lui permettent d'émettre des bons de réduction immédiats ou à valoir associés à une communication spécifique et de stocker les choix des utilisateurs pour enrichir la base de données. Le ciblage induit par l'utilisation se traduit par un taux de remontée très élevé (de 30 à 75 %) et un accroissement des ventes significatif (40 à 65 %) ;

– *les animations virtuelles* sont de véritables dialogues entre le client et une force de vente délocalisée. Elle nécessite une zone équipée de moyens d'interaction visuels (*webcam*, écran) et auditif. En magasin, l'utilisation d'une PLV donne une animation ludique, la marque étant représentée par son personnage symbolique de marque.

Exemple : Bornes en magasin et service client

> ILV : L'objectif est l'information sur le lieu de vente (ILV) dans les rayons conseils (bricolage, jardinage, jouet, vin, pharmacie, disque, billetterie) avec technologie VHS, CD-Rom, écran tactile. Les nouvelles bornes s'attachent aux autres sens (parfum). Une interaction est souvent nécessaire au niveau local, par exemple pour la prise en compte des stocks disponibles en magasin mais aussi une connexion avec le site Internet.
>
> Bornes de coupons : pour la fidélisation des clients équipés de la carte de fidélité. Elles permettent la distribution de coupons, les jeux, l'information générale et personnalisée. La principale motivation de fréquentation est le jeu (85 % contre 15 % l'information).
>
> Des résultats (Interblue) : au moins un coupon imprimé à chaque passage (59 %), en moyenne 2,7 coupons qui, dans un cas sur trois, sont remis en caisse (35 %).
>
> *Sources* : Points de vente 802, 29/3/2000 et LSA 31 mai 2001.

3 Les médias sur site (in-store)

Sur l'espace de vente (magasin, catalogue, site Internet), le distributeur valorise des espaces promotionnels spécifiques hors emplacement habituel de vente du produit/service, associés à une forte visibilité et fréquentation, et des mécanismes mettant en valeur le produit/service dans son environnement traditionnel (fond de rayon). À cela, il faut ajouter deux autres supports promotionnels d'ambiance, l'un utilisant les chariots dans les libres-services et l'autre utilisant l'espace sonore, la radio, du point de vente.

Tableau 3.4 – *Les supports de la publicité sur le lieu de vente (PLV)*

Type	Support
Permanents	Aménagement des magasins, présentoirs, nuanciers, porte-affiche, porte-brochure, testeurs
Promotionnels, décoratifs et événementiels	Guirlande, affichette, adhésif au sol, stop-rayon, entourage de palette, vitrine, silhouette géante, gonflable
Informatifs	Aménagements de linéaires pour faciliter l'orientation et le choix, bornes interactives, information sur écran, porte-prospectus de linéaire, habillage du linéaire
Présentoirs de vente pré-pack	Présentoirs de comptoirs, présentoirs au sol, box, palettes pour tête de gondole
Animations, stands modulaires	Stand, comptoir d'hôtesse, habillage de chariot, jeux, loteries, matériel de dégustation et de démonstration
PLV utilitaire	Porte-paille, porte-menu, ramasse monnaie, doseurs, panneaux muraux

Source : IFCPLV/POPAï *in Points de Vente*, 31/1/2001, 836, 54.

➤ *Les mises en avant en rayon*

En rayon, il s'agit de toucher des acheteurs actuels de la catégorie de produit par une stimulation visuelle statique (affichette stop-rayon dépassant du présentoir, équipée d'un porte coupons de réduction ou d'information (acti-rayon), dynamique (émission automatique d'un coupon par coupure d'un rayon infra-rouge lors du passage) ou par une stimulation auditive (*shelf talker*). Des distributeurs événementiels de coupons, habillés aux couleurs de la marque, peuvent être utilisés en substitution aux animatrices (auto-coupon).

Exemple : Effet des leviers promotionnels par le modèle SensiPromo® Iri (5/2001)

	Total ventes yaourts maigres		**Total ventes marque X**	
	% d'augmentation des ventes	**Taux de transformation en %**	**% d'augmentation des ventes**	**% du volume promotionnel**
Mise en avant + prospectus	13,70	47	91,80	38
Mise en avant seule	7,40	38	71,50	35
Prospectus seul	2,50	19	26,10	15
Communication magasin	2,50	20	19,20	2
Spécial pack FDR	2,40	19		
Actirayon	1,30	11	12	

➤ *Les mises en avant hors rayon*

Pour élargir l'audience, un produit est placé en dehors de son emplacement habituel, dans des espaces correspondant à une forte audience du fait de la visibilité et du passage. Ces espaces sont situés à l'entrée, dans les allées principales et près des caisses. La mise en avant (MEA) est effectuée à l'extrémité des allées (têtes de gondole ou TG), dans l'allée (îlot de masse ou IM), sur un pan complet d'une allée (mur promotionnel) souvent près de l'entrée, ou sur un présentoir bénéficiant de l'attention non focalisée lors de l'attente en caisse. Ces espaces touchent une cible large et permettent d'étendre la clientèle habituelle.

➤ *L'affichage chariot (affichariot)*

Le chariot dispose d'espaces au contact visuel des clients : les faces avant et arrière pour les clients, l'espace de préhension (mains) pour le client poussant le chariot. Les espaces latéraux sont équipés d'affichettes, et l'espace de préhension est muni d'accessoires (liste de courses, convertisseur euro…). Les performances en mémorisation sont comparables à celles de l'affichage.

➤ *La radio en magasin*

La radio en magasin est utilisée pour mettre en avant certains produits en particuliers lors des promotions et des soldes. L'utilisation de ce support doit cependant être en cohérence avec la politique d'ambiance recherchée dans le point de vente, les analyses ayant montré que l'ambiance sonore en magasin avait un impact sur le comportement d'achat.

Exemple : Scores Ipsos d'impact de l'affichage chariot sur le souvenir

	Affichariot	**Affichage 4 × 3**
Scores Ipsos	**Standard**	**Standard tous secteurs (budget moyen 305 K€)**
Reconnaissance	40	42
Attribution	16	21
R/A	40	50
Agrément +	63	53
Agrément −	28	39

Source : Ipsos.

4 Les médias hors site

Les supports promotionnels hors site de distribution vont des médias de masse classiques (radio), particulièrement ceux permettant un géociblage (affichage et presse), aux médias personnalisés (publipostage) en passant par ceux gérés par le distributeur lui-même (prospectus et catalogues).

➤ *L'affichage et l'affichage parking*

Média utilisé fréquemment par les distributeurs pour mettre en valeur l'importance de l'offre promotionnelle sur un produit/service, l'affichage permet de cibler la zone d'habitation, la zone de passage et même la zone de stationnement des clients de la zone de chalandise.

➤ *Les ISA (tracts, prospectus, catalogues et plis non adressés)*

Un imprimé sans adresse est un imprimé autonome allant de la simple feuille (tract) au véritable catalogue en passant par le prospectus (qui regroupe l'offre promotionnelle des magasins) et par le courrier (pli) non adressé (PNA). Le catalogue est un véritable support de vente, coûteux, utilisé en vente à distance et par *show room* (Ikéa). Les grandes surfaces diffusent à une forte fréquence (plus d'un par semaine) des prospectus pour présenter les promotions en cours, éventuellement rythmés en fonction d'une programmation annuelle par thème (rentrée des classes, foire aux vins, *Halloween*, Noël...). L'élaboration et la diffusion d'un catalogue représentent un budget important pour les GMS (de l'ordre de 1 % de leur CA) et ont une influence sur l'image de l'enseigne, sur la fréquentation du PDV et sur les ventes des produits présentés.

Exemple : Exposition à un prospectus et comportement d'achat

Une étude américaine[1] montre une corrélation entre l'exposition à un prospectus (« Avez-vous regardé le prospectus hebdomadaire avant de faire vos courses aujourd'hui ? », 32 % des répondants) et :

- *le comportement d'achat* : les clients exposés achètent un nombre plus important de produits présentés sur le prospectus, dépensent un montant plus important sur ces produits, échangent un nombre plus important de coupons ;
- *la sensibilité à la promotion* : ils démontrent surtout une plus forte sensibilité au prix, mais aussi à la promotion et au coupon ;
- *les caractéristiques personnelles* : l'âge est positivement corrélé à l'exposition alors que la relation est inverse avec le niveau d'éducation. Les résultats concernant l'influence du sexe et du niveau de revenu sont ambivalents.

5 Les autres médias de transaction

D'autres supports offrent beaucoup de souplesse en s'affranchissant du point de vente.

➤ *Les foires et salons*

Les foires et salons constituent des points de vente temporaires particulièrement importants dans le domaine de la vente aux professionnels mais aussi pour la vente aux particuliers. Ces événements rassemblent un grand nombre de vendeurs et d'acheteurs qui peuvent ainsi échanger de l'information, faire essayer les produits et conclure des ventes.

➤ *Les autres lieux (street marketing)*

L'utilisation d'opération *ad hoc* lors de rassemblements thématiques (théâtre, musique, événement sportif), sur des lieux non commerciaux (pistes de ski, école, gare...) ou de manière saisonnière sur les lieux de villégiature (tournée des plages) permet de toucher une clientèle importante et pourtant ciblée. La logistique impor-

1. Burton S., Lichtenstein D., Netemeyer R., « Exposure to Sales Flyers and Increases Purchases in Retail Supermarkets », *Journal of Advertising Research*, 3, 1999, pp. 7-14.

tante de ces opérations conduit à organiser des caravanes itinérantes pour en amortir les coûts (*road show*).

➤ *L'asile (colis ou lettre)*

Lorsqu'un envoi est déjà nécessaire pour des raisons de facturation (relevé de compte) ou de livraison (colis), le distributeur peut rentabiliser cet envoi en utilisant le poids libre du fait des tranches de tarification postale pour transporter un publipostage ou un échantillon. Malgré le coût au contact faible et la grande souplesse de ce média, son utilisation reste assez rare car seuls les « gros facturiers » (VPC) offrent des volumes suffisants et une capacité de ciblage intéressante (départements, produits achetés...).

6 La distribution en réception

Le distributeur est un média en réception, par exemple pour la collecte de coupons. Il est souvent réticent pour ce type de service, bien sûr payant, car cette collecte a une incidence sur sa qualité de service (rapidité de passage aux caisses), et sur sa relation commerciale avec sa clientèle (refus de rembourser un coupon en cas de mis-rédemption). La gestion des remontées de coupon papier est lourde et coûteuse. Remis par le client à la caissière lors de son passage en caisse, les coupons sont regroupés par magasin, collectés par une société de compensation (*clearing*) qui dédommage le magasin pour la manipulation (de l'ordre de 5,6 cents €) et effectue le tri et le comptage des coupons, activité facilitée par l'utilisation de codes barres.

Section 4 LES MASS-MÉDIAS

Les mass-médias présentent de nombreux avantages pour la promotion : un coût au contact faible du fait de leur puissance, une audience dépassant les clients habituels (possibilité de recrutement) et une crédibilité forte (communication publique). Les inconvénients sont la lourdeur de l'organisation et la déperdition par rapport à la cible.

1 La presse quotidienne régionale (PQR)

Longtemps interdits de publicité à la télévision, les distributeurs ont fait appel à la presse quotidienne régionale pour présenter leurs offres promotionnelles. Ce support, dont la durée de vie est très courte, offre une forte réactivité (parution quotidienne), un ciblage géographique assez fin (différentes éditions locales) et un coût d'accès acceptable.

2 La presse magazine

Pour la presse hebdomadaire télévision, la principale force est la puissance avec plusieurs millions de contacts hebdomadaires. L'intérêt de la presse magazine réside aussi dans le ciblage thématique qu'elle permet sur le genre (magazines féminins), ou sur les centres d'intérêt à un coût cependant assez élevé.

Le contexte du magazine est valorisant pour la promotion, même si les bons à découper sont parfois mal acceptés. Si l'annonce presse est le format le plus usuel, l'encart broché ou jeté (encart libre ou FSI) est aussi possible et le magazine offre de nouvelles opportunités de transport : échantillon plat collé, bande odorante pour le parfum, CD, jaquette d'ouverture…

Exemple : Diffusion et audience des principaux magazines de télévision

La principale force des magazines est leur puissance de diffusion, avec sept magazines dépassant le million d'exemplaires OJD et leur rayonnement en audience, jusqu'à cinq personnes par exemplaire (*Télépoche*).

(en milliers)	Diffusion OJD 2000	Audience AEPM Sem 1 – 2001
TV Magazine	4 489	13423
Télé 7 Jours	2 371	9 196
Télé Z	2 291	8 785
Télé Loisirs	1 956	7 574
TV Hebdo	1 826	5 851
Télé Star	1 682	6 983
Télé Poche	1 072	5 294
Télérama	664	2 661
Télécâble Satellite	654	2 942
TéléMagazine	540	1 250
Télé K7	244	1 363

Source : *Marketing magazine*, 2001, 64, 87.

3 La radio

La radio a une fonction d'alerte et, tout comme la PQR, elle est fréquemment utilisée par la distribution. Outre l'avantage de la souplesse et de la réactivité, elle est bien adaptée aux opérations événementielles (ouverture de la pêche) et permet de toucher la cible à des moments spécifiques (salle de bain, voiture) à un coût raisonnable. Les stations de radio utilisent aussi la promotion de façon intensive pour animer les auditeurs et développer l'interactivité.

4 La télévision

La puissance de la télévision en fait un média particulièrement adapté aux opérations de masse même si le paysage audio-visuel a tendance à s'émietter et donc à permettre un ciblage dans de meilleures conditions de coût. Plusieurs formes de communication promotionnelle sont accessibles : les espaces dédiés lors des *interruptions publicitaires* (des spots plus factuels et d'une durée plus courte) et le *parrainage* d'émission. La dotation en lots pour les émissions-jeu permet à un annonceur de bénéficier d'un temps d'antenne pour l'exposition de son produit-service. Le droit d'asile est fonction du prix de vente, de la durée de l'argumentaire, et des autres formes de présence dans le jeu. L'utilisation créative est possible comme pour la révélation des gagnants d'un tirage au sort. L'apparition de la télévision interactive offre de nouvelles potentialités d'interaction.

Tableau 3.5 – *Investissements publicitaires en marketing direct*

Millions €	1995	1996	1997	1998	1999
Télévision	328	357	464	445	670
Presse	346	257	343	631	684
Radio	175	195	193	230	631

Source : « Mass médias avec médias réponse (bon à découper, adresse Internet, numéro téléphone) » *in Marketing Direct*, 54, avril 2000.

Exemple

Coupon interactif en télévision sur TPS : avec la commande, les abonnés TPS complètent un coupon en ligne qui leur permet de commander une pochette de développement photo à distance *Extra Film*. Source : Lettre d'information FEV@D, 301.

5 Les autres supports

➤ *Le bus-mailing presse (mailing groupé)*

Les médias possèdent des fichiers d'adresses qui sont souvent commercialisés par le biais de *bus-mailings* permettant de communiquer sur la base d'une carte postale. Ces mailings groupés sont organisés par le support et partent avec une périodicité régulière (souvent trimestrielle) chez les abonnés. L'avantage du partage de coût et de la qualité du ciblage est à mettre en regard de la qualité médiocre de l'environnement et de la réception (faible importance perçue, multitude des cartes).

➤ *Le bus-mailing spécialisé*

Des offres à destination de cibles sensibles aux promotions sont organisées selon le principe de l'envoi groupé, en particulier pour les coupons.

Exemple : Distribution des coupons

La BAL est toujours le média dominant suivi par la presse magazine et le produit (*pack*). Les deux premiers médias régressent cependant au profit d'une diffusion plus ciblée. (Autres : maternité, sacs coupons, asile colis, *winner per store*, réclamations consommateurs, bon d'achat distributeur).

(en %)	1996	1998
Boîtes aux lettres	54	46
Presse Magazine	14	11
Marketing direct	9	13
On-In pack	13	18
Animations magasins	5	7
Distributeurs linéaires	2	3
Autres	3	2

Source : Sogec/LSA.

Section 5 LE MARKETING DIRECT

La communication par marketing direct est gérée par l'émetteur grâce à l'identification (adresse) et la reconnaissance (numéro client, *cookie*) du participant. Les médias directs ont évolué vers une communication de plus en plus riche, d'abord textuelle (*mailing*), puis vocale (téléphone), textuelle interactive (Minitel) et enfin multimédia (CD-Rom et Internet)[1]. Les statistiques de l'Union Française pour le Marketing Direct (UFMD) montrent que, en 2000, les deux tiers des investissements ont pour support l'imprimé publicitaire, sans adresse ou posté mais que cette part est tombée de 72,3 % à 66,1 % entre 1998 et 2000 au profit des grands médias (16,2 % à 22,55 %).

Tableau 3.6 – *Répartition des investissements en marketing direct*

	1998		**2000**	
	Millions d'€	**%**	**Millions d'€**	**%**
Mailings adressés	3 128,3	39,9	3 454,6	37,0
Catalogues	286,6	3,7	283,3	3,0
Imprimés sans adresse	2 544,7	32,4	2 709,8	29,1
Asile-colis	51,2	0,7	48,2	0,5
MD Télévision	672,6	8,6	1 239,1	13,3
MD Presse	369,2	4,7	355,2	3,8
MD Radio	230,2	2,9	505,5	5,4
MD téléphonique	544,0	7,1	585,1	6,3
Publicité en ligne	12,2	0,2	144,1	1,5
Total	7 849		9 325	

Source : Estimation UFMD, 2/2002.

1 Les fichiers et bases de données

La distribution est non adressée ou adressée, les adresses nécessaires à l'envoi étant issues d'une base de données propriétaires (clients, anciens clients et prospects) louées sur des fichiers extérieurs ou utilisées par des opérations groupées.

1. Pour les statistiques sur Internet et ses utilisateurs, consulter : www.journaldunet.com/chiffres-cles.shtml.

➤ *La base de données clients*

Elle rassemble les coordonnées et les informations sur les comportements des clients ou des adhérents d'un programme de fidélisation. Il est important de respecter la législation stricte sur la constitution de fichiers nominatifs qui doivent impérativement être déclarés à la CNIL[1].

➤ *Les fichiers d'adresses extérieurs*

Les adresses sont louées soit directement ou par l'intermédiaire d'un courtier, soit aux détenteurs de *fichiers de compilation* (membres d'une association) et de *fichiers de comportement* (presse, achat...). Certains fichiers sont, par leur taille, très représentatifs (carte Imagine R).

➤ *Les mégabases*

Les mégabases sont constituées à partir d'une approche systématique, et non plus comportementale. Elles ont l'ambition de couvrir les ménages (Claritas, Consodata) ou certaines tranches d'âge (I-base) et d'offrir des critères de segmentation tant géographique (lien avec les bassins de chalandise) que déclaratifs (questionnaire de recrutement). Si ces mégabases fournissent des résultats détaillés pour le ciblage, les limites sont liées au caractère déclaratif des informations, au biais de non-réponse et à la difficulté de mise à jour des informations.

La base de données Claritas comporte environ 4 millions de foyers français et 35 millions de foyers européens. Les données proviennent d'un questionnaire déclaratif (la Grande Enquête Spécial Consommation GESC) diffusé annuellement à 20 millions d'exemplaires (100 millions en Europe) qui comporte 195 questions sur les caractéristiques socio-démographiques des foyers (situation de famille, profession, revenus...), leur style de vie et leurs comportements de consommation (types de produits, marques, quantités, lieux d'achat, intentions d'achat...) dans différents secteurs (alimentation, logement, équipements, hygiène-beauté, automobile, loisirs, produits financiers, etc.).

➤ *Les communications groupées*

Des communications groupées sont disponibles soit sous la forme de simples chéquiers de coupon soit sous une forme plus attrayante de magazines (format A4) ou de journaux qui permettent de mieux communiquer sur la marque. Les fréquences de diffusion sont variables (de 1 à 5 par an) ainsi que les coûts (6 à 10 €) et les tirages (1 à 6 millions). Les principaux intervenants sont Sogec (Train de coupons, Essai qualité) et Syracuse (Le guide *Bien choisir*, *Vos écos madame*).

---

1. Pour plus d'information consulter Desmet P., *Le Marketing direct*, Paris, Dunod, 2001.

2 Les imprimés

Le texte imprimé est à la base de la communication. Il offre beaucoup de souplesse tant dans le contenu que dans la gestion.

➤ *Distribution adressée ou non adressée*

La distribution des imprimés est assurée sur adresse par la Poste ou de manière non adressée par des prestataires spécialisés offrant un niveau de segmentation géographique pour une distribution un peu plus ciblée sur des critères socio-démographiques (âge, niveau de vie...) ou factuels (jardin) par La Poste (les postotypes).

➤ *Le publipostage ou mailing*

Le *mailing* est souple dans sa communication (nombreux éléments de la lettre principale au coupon réponse) et permet beaucoup de créativité (forme de l'enveloppe). Il est aussi souple dans son utilisation, les envois pouvant être programmés, par exemple, en fonction de l'occupation de la force de vente. Son coût unitaire assez élevé est contrebalancé par la possibilité du ciblage et le taux de remontée assez important.

Exemple

Le contenu des *mailings* (1/1 au 1/9 1999) : une prédominance de la vente ou des étapes préparatoires à la vente (documentation) ou associées (financement). Pour l'animation du *mailing*, les primes sont dominantes, devant les loteries/concours dont l'utilisation en accélérateur est non négligeable.

Vente directe	76,3 %		Offre de prime financière	60,2 %
Vente indirecte	10,7 %		Offre de prime qualitative	55,8 %
Cross selling	2,3 %		Offre de financement	28,3 %
Qualification	3,3 %		Offre d'échantillon	7,1 %
Création de trafic	1,0 %		Offre d'essai	2,2 %
Institutionnel	12,2 %		Loterie/concours	18,3 %
Offre de documentation	32,9 %		Accélérateur prime qualitative	17,6 %
Proposition de devis	2,1 %		Accélérateur loterie	10,0 %
Parrainage	7,9 %		Accélérateur prime financière	3,2 %

Source : étude O'Mail – Ipsos Access http://www.ipsosaccess.com, *in Marketing Direct*.

➤ ***Les magazines de consommateurs (consumer magazine)***

Tant les enseignes que les industriels (Danoë) souhaitent développer une communication de qualité sur leur base de données qui passe par la publication d'un véritable magazine de consommateurs (*consumer* magazine) événementiel et même régulier. Les éléments promotionnels (coupons) sont intégrés dans une communication beaucoup plus respectueuse de l'image de l'émetteur, le rédactionnel étant fréquemment pris en charge par les équipes de journalistes des magazines.

➤ ***Le courrier (entrant)***

L'utilisation du courrier permet de traiter l'ensemble des demandes mais allonge d'une manière importante la durée de l'attente entre l'émission d'un message par la cible (participation à un concours) et la réception du cadeau gagné.

Ce médium a l'avantage de pouvoir être facilement sous-traité et de pouvoir contenir divers éléments ou documents nécessaires pour la suite de l'opération (relevé d'identité bancaire par exemple). Il permet la constitution de fichiers sur les remontées et ainsi de contrôler le nombre de remontées par foyer par exemple.

3 Le centre d'appels, le téléphone

Le téléphone offre la facilité, la réactivité et l'interactivité. Il est de plus en plus utilisé pour les opérations de type jeux et pour les relations clientèles.

➤ ***Le téléphone sortant***

Il est utilisé, parfois de manière abusive, en prospection pour proposer des offres ou développer le trafic vers les points de vente. Lorsqu'il entraîne un contrat, il est impératif de respecter la législation de la vente à distance (droit de rétractation, de retour…). La gestion d'un centre d'appels et des téléopérateurs nécessite une organisation de plus en plus lourde, qui a tendance à être sous-traitée, et conduit à une intégration des différents canaux (téléphone, Internet) dans un *web call center*.

➤ ***Le téléphone entrant***

Associé à une campagne radio ou à une campagne télévisée, il permet à la cible d'agir immédiatement. C'est aussi un média de réception intéressant pour traiter directement et économiquement les offres de remboursement (Kiosque Eco).

La difficulté provient du surdimensionnement de l'organisation nécessaire pour minimiser le nombre d'appels non aboutis, alors que ces appels sont concentrés sur de très courtes périodes. Ceci conduit au recours à des prestataires spécialisés équipés en conséquence. Le coût est assez élevé uniquement pour la réception principalement humaine, sachant que l'annonceur peut aussi prendre en charge tout (numéro vert) ou partie (numéro indigo, azur) du coût de l'appel pour l'émetteur. Le téléphone permet de traiter aussi les communications reliées à l'entreprise (demande de renseignements concernant un produit ou une commande) mais non à la promotion.

➤ *L'Audiotel*

Il remplace un opérateur en appel entrant ce qui réduit fortement les coûts. L'appelant est guidé vocalement et chemine dans une arborescence à partir de la manipulation des touches du clavier de son téléphone. L'utilisation de ce support pour les techniques de hasard (jeu) doit impérativement respecter la règle de l'offre de gratuité (remboursement de la communication à un coût forfaitaire).

➤ *Les messages téléphoniques (SMS, MMS)*

Le téléphone mobile est muni d'un écran qui permet une communication par de petits messages textuels (SMS) et multimédia (MMS) avec localisation géographique, ce qui offre la possibilité d'opérations locales (restaurant à proximité).

Exemple

> La société de service liée au téléphone mobile Freever propose le « Bip Bip loto » : les joueurs s'inscrivent en ligne (fixe ou portable) et reçoivent les résultats par un SMS accompagné d'un message promotionnel d'un annonceur.

4 Internet et la télématique

Internet est un réseau mondial de communication (*Web*) entre un ordinateur et des périphériques (ordinateur, téléphone) selon différents protocoles dont le plus connu est l'hypertexte qui permet une communication multimédia (http). Les avantages sont un affranchissement du temps (disponible en permanence) et de la distance avec un inconvénient sur la couverture (équipement nécessaire) et un coût d'exploitation réduit du fait du transfert d'une partie des coûts sur l'utilisateur. L'importance des coûts fixes nécessite cependant une véritable promotion des sites pour en assurer la fréquentation.

➤ *Le courrier électronique (email ou courriel)*

À base de texte, le courrier électronique doit être envisagé comme le *mailing* (en *push*) et comme le courrier entrant. En émission, son coût de production est faible et permet une personnalisation beaucoup plus développée qu'avec un support papier. L'individu peut notamment souscrire à des services d'alerte en fonction de ses besoins propres. Il est important d'éviter l'envoi massif d'une information non ciblée (*spamming*) du fait du transfert de coût de ce support, principalement supporté par le récepteur et non plus l'émetteur, ce qui rend le récepteur plus intransigeant sur la pertinence de la communication. En réception, il pose actuellement des difficultés et des coûts liés à la nécessité d'une exploitation humaine avec une attente d'interactivité forte (temps de réponse court et réponse adaptée).

➤ *Les sites web dédiés*

Les sites *web* spécialisés dans les techniques promotionnelles sont nombreux et couvrent deux techniques : les jeux et les réductions de prix (coupons) valables pour des sites de commerce électronique ou pour des magasins (coupon virtuel ou à imprimer).

Exemple

> Les sites de jeux et les sites dits « pour adultes » occupent aujourd'hui les premières places de la distribution en ligne. En France, les jeux en ligne subissent la législation qui distingue deux types de jeux : les *payants* qui ne peuvent rémunérer les joueurs à l'exception de la Française des Jeux (www.fdjeux.com) et les *gratuits* qui distribuent des prix (en espèce ou en nature) avec un modèle économique classique de l'Internet : le site se rémunère sur la publicité, la revente de trafic et de fichiers marketing, ou encore en fournissant des jeux clés en main (www.bananalotto.fr avec 1 million d'inscrits ou Koodpo avec 350 000 inscrits). L'aspect ludique des jeux en ligne est prometteur et le marché mondial du jeu en ligne devrait atteindra 5 milliards d'euros en 2004, soit un chiffre d'affaires global supérieur à celui de l'industrie cinématographique.
>
> *Source* : www.dyn-com.com/dyncom80/commerce/commerce.htm.

➤ *Le site web spécifique*

Les distributeurs et les industriels sont nombreux à avoir mis en place un site Internet soit pour une communication institutionnelle statique (site vitrine), soit pour une commercialisation de leurs produits/services (site marchand), de manière indépendante ou au sein d'une galerie marchande, soit encore pour développer un marketing relationnel avec leurs clients (information, relation client). Des réseaux dédiés (intranets) et utilisant Internet mais protégés (extranets) permettent la communication avec la force de vente ou les distributeurs.

Un site web doit s'envisager comme un magasin dont il faut développer la fréquentation et organiser le *merchandising*. Dans ce sens, les techniques promotionnelles traditionnelles sont à adapter : TG virtuelle, prospectus virtuel…

➤ *Les bandeaux Internet ou bannières*

La fréquentation est obtenue par le placement de bandeaux sur des sites à forte fréquentation qui permettent une connexion directe au site. L'opportunité de bénéficier d'une promotion est une motivation à l'acte de cliquer sur la bannière. Le site hôte est rémunéré de manière fixe et variable (au clic).

➤ *Le Minitel*

Ancêtre de la communication textuelle interactive, le Minitel est très développé en France où il occupe une place importante dans le commerce électronique grâce à un parc important mais vieillissant. Le Minitel est basé sur une tarification à l'acte et facturé par l'opérateur de télécommunication qui peut ainsi encaisser directement et faire un reversement aux fournisseurs de services. Il constitue une ressource complémentaire non négligeable en particuliers pour les mass-média qui ont la possibilité de développer la notoriété des adresses.

L'essentiel

La communication promotionnelle a deux missions : l'*amplification* de l'opération, notamment lorsqu'il faut induire une participation volontaire et le *transport* des éléments de l'opération et de l'avantage promotionnel (le coupon, le collecteur, la prime...). En complément des objectifs d'une communication d'image, qui doit séduire ou convaincre, une communication doit en plus informer, donner envie de participer et lever les nombreux freins au comportement.

Assez limitée dans les mécanismes à base de prix, la création s'exprime dans le montage du mécanisme de l'opération (les questions d'un concours) et, surtout, dans le choix de la dotation et de son organisation (pyramide) dont l'impact sur l'image de marque sera fort du fait de la communication d'amplification.

Dans une opération de promotion des ventes, le choix des médias est une dimension clé de l'opération et induit de très fortes différences entre les taux de remontées observés (distribution d'un coupon par une animatrice ou en BAL). Aux critères classiques (audience, puissance, couverture, affinité, économie), s'ajoutent des critères concernant la qualité du contact, notamment la proximité avec le comportement à modifier, la dynamique (répétition, durée de vie) et la gestion.

La panoplie des médias utilisables est très large :

- *les médias commerciaux* sont proches du produit (*on-pack*), du rayon (PLV) et des canaux habituels de distribution (prospectus). La cible est donc en situation d'achat, ce qui induit une forte efficacité de l'opération. Il s'agit des supports traditionnels de la promotion des ventes. Les supports de communication gérés par le distributeur (prospectus, mise en avant) offrent une efficacité accrue et constituent une exposition supplémentaire indispensable en période de pointe saisonnière des ventes ;
- *les mass-médias* ont l'avantage de l'existence et de la puissance. Ils correspondent bien aux opérations ciblant une audience élargie et cherchant des retombées, davantage en termes de communication que de ventes ;
- *les médias du marketing direct* (imprimés, téléphone, Internet, asile-colis, SMS) ciblent précisément à domicile. Les bases de données sont spécifiques à une entreprise (fichier client) ou mises en place en tant que nouveaux vecteurs de communication (méga-bases). Les médias du MD sont gérés spécifiquement par l'annonceur et lui offrent donc la souplesse et la personnalisation au prix d'un coût et d'une complexité plus importante. Ils sont cependant la clé de voûte d'une base de données clients et de la mise en place d'une véritable gestion de la relation avec le client.

Pour en savoir plus

1. Comment approfondir ses connaissances ?

Breeds C., *Marketing direct sur Internet*, Paris, Vuibert, 2001, 2e édition.

Desmet P., *Le Marketing direct*, Paris, Dunod, 2001.

Vanheems R., *Guide du marketing direct non adressé : imprimés publicitaires, publicités en boîte à lettres, géomarketing, consumer magazine*, Paris, Éditions d'Organisation, 2001.

Carmody B., *On-line Promotions : Winning Strategies and Tactics*, Wiley, 2001.

2. Où trouver les coordonnées des professionnels ?

Émission et compensation des coupons

Sogec Gestion : www.sogec-marketing.com

Scancoupon : www.scancoupon.fr

NCH : www.nchmarketing.fr

Syracuse : www.pixibox.com/fr/Syracuse/produits/1,3796,,00.html

Mégabases de données

Claritas : w3.claritas.fr

Consodata : www.consodata.com/ConsodataCorp/Consodata.htm

Bornes

IMT : w3.claritas.fr

Médiaperformances : www.mediaperformances.fr

Interblue (hypercoupon) : www.interblue.fr/presentation.htm

Médias

e-mailing : www.journaldumail.com

audiotel : http://www.leskiosques.com/V2/m_doc/audiotel/convention.pdf

Information :

Cetelem : www.dyn-com.com/dyncom80/index.htm

3. Conseils pour une communication efficace

E-mailing : www.journaldunet.com/dossiers/mailing/questions.shtml

Pour en savoir plus

Comment éviter les coupons difficiles à gérer ?

Problème	Conséquences et solutions
Troncature des codes barres Mauvaise qualité de l'impression, code barre en couleur	Consommateur : attente aux caisses, insatisfaction Distributeur : *scanning* multiple, baisse de productivité Gestion : traitement manuel Annonceur : coût supplémentaire, précision réduite Solution : impression noire sur fond blanc
Coupons adhésifs-collants	Consommateur : difficile à décoller, collent ensemble, baisse du taux de rédemption Distributeur : risque de perte, non-remboursement Gestion : intervention manuelle pour les décoller, les évaluer au poids Annonceur : coût de traitement supplémentaire, réclamation des clients Solution : coins coupés, adhésif non collant après décollage
Erreurs de codage EAN	Consommateur : attente, problème relationnel à gérer, perte de confiance Distributeur : intervention de la caissière, erreur de traitement (addition du montant à la facture)… Gestion : traitement manuel des anomalies Annonceur : coût supplémentaire, amende demandée par le distributeur ou le gestionnaire Solution : formation, contrôle qualité
Taille des coupons	Consommateur : perte des petits coupons Distributeur : perte Gestion : perte, traitement manuel des petits coupons Annonceur : imprécision, surcoût, tension relationnelle Solution : rester dans des tailles et des formes standards (billet)
Communication compliquée, offre difficile à comprendre	Consommateur : incompréhension, déception, méfiance Distributeur : temps nécessaire à la vérification de la condition du coupon Gestion : erreur d'interprétation Annonceur : facturation incorrecte, erreur d'affectation Solution : éviter les coupons complexes, étudier leur compréhension

Source : d'après JPS, Santella & Associates, www.santella.com/hardto1.htm.

DEUXIÈME PARTIE

LES EFFETS PROMOTIONNELS ET LEURS MESURES

4 LE COMPORTEMENT DU CONSOMMATEUR

À côté d'une recherche des opérations promotionnelles efficaces par tâtonnement, il existe une autre approche, plus formelle, consistant à s'interroger sur les conséquences de l'offre sur le choix des cibles (consommateurs, distributeurs, force de vente). Cette approche a l'avantage de donner une perspective pour l'explication des effets à moyen terme de la promotion (usure, interaction avec le prix de référence et l'élasticité au prix).

Différents cadres peuvent être utilisés pour expliquer la participation à une opération promotionnelle selon le degré de rationalité du décideur (approches à dominante économique) et selon les hypothèses sur la manière dont sont perçues et évaluées les offres (approches à dominante psychologique et sociale utilisées en marketing).

Ce chapitre présente les différentes étapes du comportement du consommateur et l'influence qu'une offre promotionnelle peut avoir sur chacune d'entre elles.

Section 1 ■ Le comportement du consommateur

Section 2 ■ L'approche économique

Section 3 ■ Les théories psychologiques

Section 4 ■ Les théories psychologiques du prix

Section 5 ■ La sensibilité à la promotion

Section 1

LE COMPORTEMENT DU CONSOMMATEUR

Pour atteindre l'objectif final (développer les ventes et la rentabilité), il faut identifier les points de blocage de la demande, pour choisir les cibles à viser et les comportements à modifier.

1 Le processus de prise de décision

Une prise de décision peut, schématiquement, être décomposée[1] en cinq phases successives.

➤ *Reconnaissance d'un problème ou d'une opportunité*

La reconnaissance d'un problème par l'*initiateur* est la prise de conscience de la nécessité de mettre fin à une situation de déséquilibre psychologique (désir insatisfait) ou d'un besoin réel à satisfaire (problème à résoudre).

Le processus de maturation entre la connaissance de l'existence du problème et la volonté de passer à l'action peut être influencé par la promotion qui, par son caractère exceptionnel et transitoire, va amener le client à se poser la question d'une décision immédiate.

➤ *Recherche d'information*

Pour poser le problème, l'individu doit comparer différentes alternatives. Les attributs de ces alternatives sont plus ou moins connus et le décideur doit amasser (démarche passive) ou rechercher (démarche active) l'information puis la trier selon sa pertinence pour le choix.

Deux situations extrêmes, également inefficientes, sont d'une part la *sous-information* qui conduit l'individu à pratiquer au moment du choix une recherche active, coûteuse, et, d'autre part, la *sur-information* qui conduit à prendre en compte un trop grand nombre d'informations que l'individu ne pourra traiter.

Cette recherche d'information nécessite des *ressources* (effort, temps et argent), comme pour la visite de différents points de vente en vue de comparer les assortiments et les prix, et comporte des *risques* (essai d'un nouveau produit).

La promotion joue un rôle à cette étape en fournissant de l'information, immédiatement et à peu de frais, sur le produit/service. En particulier, un effet promotionnel,

1. Engel J.F., Blackwell R.D., Miniard P.W., *Consumer Behaviour*, Dryden Press, 1990.

souvent sous-estimé, est celui lié à l'exposition d'une marque près du contexte d'utilisation (cuisine, salle de bains), peu accessible avec les médias normaux. Ceci conduit à réévaluer les effets des primes, et surtout des primes contenant, qui, par le nombre et la pertinence des expositions (boite de café, support de brosse à dents...), peuvent significativement renforcer la notoriété d'une marque.

➤ *Évaluation de l'information*

Cette étape formalise le contexte du choix par l'intervention d'un prescripteur qui sélectionne des *alternatives acceptables* et met en évidence des *critères déterminants* (importants et sur lesquels les alternatives sont différentes). La constitution de l'ensemble des alternatives acceptables résulte d'une première évaluation des alternatives appartenant à l'ensemble de considération.

La promotion intervient directement à l'étape de sélection des alternatives (choisir entre les marques en promotion) ou comme attribut des alternatives (choisir la marque en promotion, comparer les prix nets...) ou indirectement, par le rôle du vendeur.

➤ *Décision d'achat*

La décision finale de l'acheteur consiste à sélectionner le fournisseur et l'alternative en tenant compte des caractéristiques mais aussi du risque ou de l'incertitude associée à l'information détenue. Lorsque le choix final a lieu en magasin, le processus peut être plus complexe avec la prise en compte de nouvelles informations (recommandations du vendeur, rupture de stocks...).

La promotion agit directement sur cette étape soit en simplifiant l'ensemble du processus (acheter la marque en promotion), soit en proposant d'autres sources d'informations (argumentaire d'une animatrice-démonstratrice).

Elle agit aussi en modifiant le processus de choix en y intégrant d'autres critères que ceux traditionnellement utilisés par le décideur (volonté de participation à un jeu), voire en modifiant les rôles au sein de la cellule d'achat (développement du rôle prescripteur de l'enfant avec l'adjonction d'une prime).

➤ *Évaluation après-achat*

À l'issue d'un achat, et particulièrement si le processus a été long, difficile ou coûteux, un individu s'interroge sur le fait qu'il ait pris une bonne décision (ou la meilleure décision). La découverte d'une information mettant en valeur des caractéristiques d'alternatives rejetées peut créer un malaise psychologique appelé *dissonance cognitive*. La forte sensibilité à ce malaise peut conduire l'individu à renoncer au choix.

La promotion est utilisée à cette étape soit postérieurement au choix pour limiter les conséquences négatives d'un mauvais choix (reprise du produit, ODR) soit antérieurement au choix, par la garantie offerte sur certains attributs. C'est le cas de la garantie de remboursement de la différence de prix constatée avec un autre point de vente : pour déclencher l'achat, la société Carrefour offre par exemple de rembourser dix fois la différence.

➤ ***L'utilisation ou consommation***

L'utilisation ou la consommation du produit/services génère une satisfaction qui peut entraîner une volonté de continuité et donc un réachat. *A contrario*, la consommation d'un produit peut aussi réduire la volonté de reproduire la *même* expérience (recherche de variété).

Tableau 4.1 – *Le choix de la décision à influencer*

Étape	Exemples d'objectifs	Exemples de techniques
Initiation	Stimuler le besoin	Dégustation
Prescription, conseil, parrainage	Former, inciter, stimuler la force de vente et le vendeur	Concours, opérations *trade*
Choix	Accroître la notoriété Accroître la valeur perçue Réduire les conséquences négatives	Prime contenant produit en plus, primes garanties de remboursement
Achat	Accroître la valeur économique Réduire les coûts de l'achat	Garantie du prix le plus bas Réduction de prix
Utilisation	Faire ouvrir l'emballage Faire consommer plus, plus vite	Prime *in-pack*

2 Les rôles dans le processus d'achat

Ces différentes étapes du processus de décision concernent différentes *décisions* qui ont chacune leur logique et, éventuellement, des *personnes* différentes soit au sein de la famille soit au sein d'une entreprise. Lorsque les étapes d'initiation de l'achat et de la consommation sont différentes, des stocks intermédiaires sont constitués conduisant à une forte différenciation entre le comportement de l'acheteur et celui du consommateur.

➤ *L'initiation*

La décision peut être bloquée par une décision préalable, coûteuse (se débarrasser du produit précédent) ou par l'absence de ressources nécessaires (crédit de financement). Elle est aussi déclenchée par des motivations qui n'ont parfois rien à voir avec le produit lui même (prescription de l'achat pour l'obtention de la prime).

➤ *La prescription. Le conseil. Le diagnostic*

Le prescripteur a besoin d'une capacité de *diagnostic* et d'une bonne *connaissance des produits* et de *leurs caractéristiques*. Par exemple, la nature des cheveux pour des produits capillaires. Le coût de formation du client ou de la force de vente du vendeur est élevé.

Pour le vendeur, l'efficacité d'une vente correspondra à l'effort de vente nécessaire (temps et compétence). La promotion peut *orienter* l'effort de vente en déclenchant des bénéfices indirects (rémunération supplémentaire, concours), *renforcer* la formation ou *simplifier* la vente (critère de choix : en promotion). Ces différentes dimensions correspondent au rôle de la promotion dans le *merchandising*.

Toute promotion qui conduit à une vente plus longue ou plus complexe est mal acceptée par le vendeur.

Exemple : Comportement de fréquentation du point de vente en Europe (POPAÏ, 97/98)

> Des différences européennes importantes existent pour l'appareil commercial et la manière dont il est utilisé. Ainsi, la proximité du magasin (Belgique, Hollande *versus* France et Royaume-Uni) entraîne une réduction du temps passé en magasin, des paniers moyens moins importants (nombre de produits et valeur) et une plus faible fidélité au point de vente.
>
> L'acheteur est en majorité une femme (83 %/*77 % en France*), faisant ses courses principales seule (66 %/*62 %*), environ une fois par semaine (1,1/*1,1*) avec un portefeuille de 3,2 magasins pendant une durée de 40 minutes (*53'*) pour un panier moyen de 65 € (*95 €*). En majorité, le client européen est fidèle, 69 % déclarant fréquenter, pour leurs courses principales, la plupart du temps ou chaque fois un magasin particulier (*73 %*), et participant à un programme de fidélisation (59 %).
>
> La liste de courses est utilisée (70,4 %/*76 %*) avec *51 %* le jour de l'enquête mais les dépenses supplémentaires sont significatives (+8,3 % /+*12 %*). Dans la grande majorité des cas le choix produit/marque n'est pas effectué et 74 % des achats sont décidés en magasin (*76 %*). Le prospectus est souvent regardé (*70 %*) et influence le lieu d'achat (*65 %* et *11 %* toujours) mais surtout l'achat prévu des produits (*86 %* et *12 %* toujours).
>
> Le croisement de la pénétration, de la part des achats réalisés décidés avant l'entrée en magasin et de celle des achats réalisés hors liste de courses permet de faire une classification sur les catégories de produits.

		Décision en magasin (% achats non planifiés)	
Pénétration	**Décision pré-déterminée**	< 50 %	> 50 %
Forte	> 20 %	Eau, lait, yaourts, lessive	Hygiène féminine, hygiène beauté, boissons gazeuses, plats surgelés, pâtisserie
	< 20 %	Viande, légumes, fruits, fromage	Fromage frais, conserves légumes, biscuits, condiments
Moyenne	> 20 %	Beurre, salade, vin	Produits animaux, farine, céréales, pâtes, pain
	< 20 %		Poisson, desserts, plats pré-parés
Faible	> 20 %		Produits d'entretien, bières, apéritifs, œufs, sham-pooings, huile/vinaigre, livres/magazines, fleurs
	< 20 %	Riz, conserves poisson, vêtements et chaussures	Margarine

Source : d'après Measuring the In-Store Decision Making of Supermarket Shoppers, POPAÏ, www.popaieurope.com.

L'activité de parrainage est soutenue par un programme promotionnel car elle est à la source du recrutement de nouveaux clients à bon marché. Cette décision a cependant fait l'objet d'assez peu de recherches[1].

➤ *L'achat-marque et le lieu/fournisseurs*

L'achat est en lui-même *une expérience* pour le consommateur. Il y consacre des ressources et en retire des bénéfices *indépendants de l'objet de la transaction* lui-même. Les bénéfices et les coûts sont *directs* (énergie nécessaire pour transporter les produits, stimulation de la participation à un jeu) ou *indirects* par les retours de l'utilisateur tant sur le produit (choix inadapté) que sur le rôle de l'acheteur au sein de la cellule familiale (*smart shopper*). Dans une approche reposant sur la possibilité pour l'acheteur de justifier son choix (*reason based choice*[2]), la promotion a un rôle significatif.

1. Buttle F., « Word of Mouth : Understanding and Managing Referral Marketing », *Journal of Strategic Marketing*, 6, 3, 1998, pp. 241-254.
2. Kivetz R., « Advances in Research on Mental Accounting and Reason-Based Choice », *Marketing Letters*, 10, 3, 1999, pp. 249-266.

➤ *La chronologie des choix de l'acheteur*

L'ordre du choix (fournisseur, marque) est déterminant pour le choix de la communication et de la promotion. Si le fournisseur (distributeur) détient une forte compétence de conseil et de prescription, le choix du point de vente est préalable au choix de la marque et la communication doit soit conduire à éduquer le client, soit renforcer l'efficacité du conseil *in-store*. Au contraire, si le vendeur n'est qu'un distributeur de produit pré-vendus, les actions commerciales doivent cibler les étapes en amont de la visite du lieu de vente.

➤ *La consommation*

Cette décision est indirectement fondamentale pour l'étude des effets promotionnels. En effet, si le comportement d'achat se modifie (sur-stockage, anticipation) mais que le comportement de consommation reste le même, l'effet net de la promotion sera nul, les volumes de ventes étant simplement déplacés dans le temps.

Quelques pistes peuvent être évoquées :

- *la consommation et le stock disponible* : la relation positive entre le niveau de consommation et le stock conduit à un effet net incrémental de la promotion. Elle s'appuie sur une théorie de l'autocontrôle du consommateur : le coût perçu d'une consommation est d'autant plus faible que le stock disponible visible est important. Ceci dépend bien entendu de l'élasticité de la consommation, de son caractère impulsif et concerne les produits à consommation variable, périodique ou pour lesquels la recherche de variété conduit à constituer un stock diversifié. Le stock disponible permet d'éviter les ruptures de stock « domestiques » ;
- *la décision d'ouverture :* pour les produits stockables mais à durée d'ouverture limitée (produits alimentaires), la promotion peut avoir plusieurs effets : d'une part transférer le produit du stock réserve (caché) au stock exposé (réfrigérateur) permettant à l'effet précédent de se manifester et, d'autre part, un effet d'ouverture, le produit entrant dans sa phase de consommation par l'ouverture rendue nécessaire, par exemple, par la mise à disposition de la prime à un enfant ;
- *la volonté de finir* : au-delà de la consommation impulsive, stimulée par le stock visible, la volonté de ne pas jeter un produit conduit à une consommation imposée (achat de 24 desserts lactés au chocolat). Cette dernière peut se traduire par un effet de saturation qui engendre une sous-consommation lors des périodes suivantes.

➤ *La possession*

Les recherches en marketing se sont concentrées sur l'activité d'achat des produits de grande consommation et les autres contextes de choix ne sont que progressivement explorés (services, don, possession). Ce dernier comportement d'accumulation est à la base d'un comportement de collection qui a de nombreuses implications pour la promotion. Les motivations, attitudes et comportement du collectionneur restent encore largement à étudier même si certains résultats semblent éprouvés (tendance à collectionner plutôt chez les enfants et les hommes)[1].

La constitution de séries permettant la constitution d'un ensemble est un facteur de création de valeur pour l'individu. Cette valeur concerne le produit lui-même (série de vidéo-cassettes des films de James Bond), les primes (primes à collectionner) ou les échantillons (parfums) mais aussi le choix de s'associer à des collections d'actualité passagère (porte-clefs, cartes téléphoniques, pin's...).

Sur le moyen terme, la firme est aussi concernée lorsqu'elle a une image de marque forte qui incite les collectionneurs à s'attacher à ses symboles (Coca-Cola). L'expertise et l'attachement des collectionneurs sont des éléments à prendre en compte pour en faire un vecteur de communication et de parrainage.

3 Les facteurs modérateurs

La complexité du processus de prise de décision dépend de l'importance perçue de l'enjeu et de la complexité de la décision. Le processus extensif, décrit ci-dessus, peut souvent être réduit à une décision routinière (répétition de la décision antérieure).

3.1 Le risque perçu

Le risque perçu empêche l'individu d'évaluer précisément l'intérêt des alternatives du choix uniquement sur les attributs dont il a connaissance.

Le niveau de risque perçu[2] (risque global) est la combinaison de la probabilité subjective de se tromper et des conséquences négatives de cette erreur de choix. Il dépend, dans chaque cas, de deux composantes : l'importance de l'*incertitude* sur les conséquences du comportement et l'*ampleur* des conséquences perçues négativement qui dépend elle-même du point de référence utilisé.

Les facteurs générateurs de risque perçu (antécédents) proviennent de plusieurs sources :

– *la ressource considérée* : le risque sur un bénéfice est moins facilement toléré que celui sur une perte ; le risque sur un échange futur est moins pris en compte (voir théorie du cadrage). Le coût de la ressource (temps, argent...) est aussi probablement utilisé ;

---

1. Belk R., *Collecting in a Consumer Society*, NY, Routledge, 2001, 2e édition.
2. Une synthèse *in* Volle P., « Le concept de risque perçu en psychologie du consommateur : antécédents et statut théorique », *Recherche et Applications en Marketing*, 10, 1, 1995, pp. 39-58.

– *l'individu* de manière permanente (tolérance à l'ambiguïté, anxiété) ou temporaire (confiance en soi spécifique) ;
– *le produit* : la nature (risque perçu plus important pour les services), la catégorie ou la marque en fonction de l'ambiguïté des signaux de communication (marque de distributeur, image du pays d'origine) ;
– *la situation* : par le contexte de la décision comme le temps (le manque de temps conduit à être plus prudent), les médias utilisés (le contact à distance engendre plus de risque perçu), le contexte d'achat (cadeau à offrir).

Le risque perçu d'une situation dépend de la capacité à atteindre des niveaux minima de satisfaction sur les critères : l'incertitude est d'autant plus sanctionnée que l'attribut est important et qu'un niveau minimal ne sera pas atteint avec certitude.

Le risque perçu peut bloquer la situation et entraîner un report d'achat. Il peut aussi déclencher des stratégies de réduction du risque[1] par l'information complémentaire ou par le changement du processus normal du choix. Comme le montre le tableau suivant adapté de l'étude de Roselius[2], la promotion est un outil important pour la réduction de risque à côté de techniques comme la fidélité à la marque, l'achat d'une grande marque et la comparaison active (magasinage). Elle permet de jouer sur les composantes, par réduction de l'incertitude (essai du produit par exemple) ou sur le niveau, par la prise en charge du risque (offre de garantie).

Tableau 4.2 – *Techniques promotionnelles de réduction du risque perçu*

	Type de risque perçu			
Type de promotions	Perte financière	Perte de temps	Dommage physique	Dommage psychologique
Échantillon	(+)	(+)	(+)	(+)
Essai	(–)	(–)		(–)
Garantie de remboursement	(=)	(–)	(–)	(=)
Parrainage (recommandation)	(=)	(==)	(+)	(==)

1. Derbaix C., « Perceived Risk and Risk Relievers : An Empirical Investigation », *Journal of Economic Psychology*, 3, 1983, pp. 19-38.
2. Roselius T., « Consumer Rankings of Risk Reduction Methods », *Journal of Marketing*, 35, 1, 1971, pp. 56-61.

3.2 L'implication

L'implication[1] correspond à un état inobservable d'importance, d'intérêt, d'excitation ou d'attachement émotionnel suscité par un produit donné. Une typologie identifie cinq antécédents principaux[2] : l'intérêt, la valeur hédonique ou émotionnelle, la valeur symbolique et les deux composantes du risque perçu.

Elle peut être durable ou propre à la situation et se manifeste au travers des comportements préalables au choix (recherche d'information, traitement) et de prise de décision. L'implication est directement reliée à la volonté de l'individu de traiter l'information, au moment de l'exposition comme au moment du choix et donc à l'efficacité publicitaire. Elle influence aussi l'ordre et le lieu du choix magasin/marque. Selon le niveau d'implication et la capacité du décideur à percevoir l'adéquation du produit au besoin, une classification peut être proposée avec une séquence de comportement particulière sur l'apprentissage (cognitif), l'évaluation-l'émotion (affectif) et le comportement (conatif).

Tableau 4.3 – *Correspondance entre la promotion et le type de choix*

	Capacité à percevoir l'adéquation du produit aux besoins	
Implication	Forte	Faible
Faible	Implication faible choix routinier : *cognitif > conatif > affectif* La promotion comme critère unique de choix : – la fidélité par conditionnement/habitude ; – l'achat pour une raison indépendante du produit (jeu, prime) ; – la recherche de variété.	Hiérarchie des effets inversés : *cognitif > conatif* La promotion comme aide au diagnostic
Forte	Modèle d'apprentissage choix approfondi : *cognitif > affectif > conatif* La promotion comme élément d'information (essai, démonstration) et comme réducteur d'incertitude (garantie).	Dissonance – attribution choix risqué *conatif > affectif > cognitif* La promotion comme réassurance (garantie de remboursement)

1. Pour une synthèse récente, voir Ben Miled Cherif H., « L'implication du consommateur et ses perspectives stratégiques », *Recherche et Applications en Marketing*, 16, 1, 2001, pp. 65-86.
2. Kapferer J.N., Laurent G., « Further Evidence on Consumer Involvement Profile : Five Antecedents on Involvement », *Psychology and Marketing*, 10, 4, 1993, pp. 347-355.

➤ ***Les choix heuristiques***

Si la situation ne justifie pas un investissement de ressources important, l'acheteur peut utiliser des raisonnements simplificateurs :

- reproduction de la décision antérieure ;
- utilisation d'un critère unique ;
- traitement de l'information nouvelle au lieu d'un traitement extensif de l'information.

La promotion peut agir sur chaque comportement en déclenchant l'achat d'un produit qui sera acheté ensuite à l'identique par routine ; en donnant aux non-impliqués, une *justification objective* ou un autre critère saillant de choix ; en offrant un signal d'une *meilleure valeur économique* à l'acheteur rationnel ou *l'accès à une information* moins coûteuse ou gratuite au client impliqué ; en *prenant en charge le risque* pour un client impliqué mais peu confiant dans ses capacités de choix.

Exemple

Une étude expérimentale[1] pour un produit à forte implication montre que la création de la communication d'un coupon a un effet différencié selon la fidélité des clients : l'attitude des consommateurs fidèles est plus améliorée par une création contenant peu d'information produit alors que c'est l'inverse pour les consommateurs non fidèles. Ce résultat est basé sur l'utilisation préférentielle des indices du fait de la faible motivation à traiter l'information sur la marque (persuasion par une voie périphérique plutôt que centrale pour les fidèles).

4 Les choix dans le centre d'achat

Notamment quand la décision d'achat est prise sur le lieu de vente, la présence de plusieurs membres de la famille induit des comportements différents (exploration, choix).

4.1 La cellule familiale

➤ ***Les décisions au sein du couple***

Traditionnellement les conjoints ont des catégories de produits pour lesquelles ils effectuent les choix seuls, en responsabilité seule ou alternativement, et d'autres où les achats sont réalisés en couple. Pour les PGC, la maîtresse de maison réalise la plus grande partie des achats.

1. Leclerc F., Little J.D.C., « Can Advertising Copy Make FSI Coupons More Effective ? », *Journal of Marketing Research*, 34, 4, 1997, pp. 473-484.

Tableau 4.4 – *Répartition des achats au sein du couple*

	Homme	
Femme	*Influence faible*	*Influence forte*
Influence faible	Domaine mixte (l'un ou l'autre) : voiture, jardinage, épargne ; boissons alcoolisées, vêtements homme ; entretien maison, accessoires maison, cosmétiques	Dominante homme : assurance
Influence forte	Dominante femme : nourriture ; vêtements femme, enfants ; ustensiles de cuisine, produits de nettoyage	Domaine de choix conjoint : TV, vacances, loisirs ; école, meubles ; jouets

Source : d'après Davis H.L. et Rigaux B. (1974) « Perceptions of Marital Roles *in* Decision Processes », *Journal of Consumer Research*, 1, 1, 51-62.

➤ *Le rôle de l'enfant*

Le rôle de l'enfant devient plus important dans le processus d'achat des produits qui le concernent, mais aussi des autres produits consommés dans la famille, jusqu'à la prise de décision autonome sur une dépense d'argent de poche[1]. L'importance du rôle de l'enfant dépend de son *âge* et de la *catégorie de produit* concernée.

La promotion sur les produits de grande consommation achetés sous la responsabilité des parents pose moins de problème que celle réalisée au sein même des établissements scolaires pour laquelle une approche éthique des pratiques s'avère indispensable pour limiter les dérives[2].

Exemple

Le pouvoir prescripteur des enfants : 40 % demandent à leurs parents d'acheter le produit en promotion. Pour l'opération « POG » en 1995 : 51 % ont demandé aux parents d'acheter le

1. Pour des synthèse théoriques voir Brée J., « Les enfants et la consommation : un tour d'horizon des recherches », *Recherche et Applications en Marketing*, 5, 1, 1990, pp. 43-72, et Roedder John D., « 25 ans de recherche sur la socialisation de l'enfant consommateur », *Recherche et Applications en Marketing*, 16, 1, 2001, pp. 87-130.
Plus spécifiques à la promotion voir Muratore I., « La sensibilité de l'enfant aux marques et aux promotions », *Décisions Marketing*, 18, 3, 1999, pp. 51-59 et Gollety M., « Lorsque parents et enfants s'apprennent mutuellement à consommer… », *Décisions Marketing*, 18, 3, 1999, pp. 69-80.
2. Delabrière T., « L'école : un nouveau terrain pour la promotion des ventes », *Décisions Marketing*, 12, 3, 1997, pp. 49-57.

produit contenant des POG, 60 % ont prescrit le choix du magasin, 83 % des parents ont suivi l'avis de leur enfant.

Source : « L'enfant, la mère et la promotion », *Marketing magazine*, 9, 28, 1996.

4.2 La décision d'achat en organisation

Lorsque la cible finale est une entreprise ou un organisme, la prise de décision est habituellement plus rationnelle, chaque acteur ayant l'obligation d'avoir une justification à ses recommandations. Différents objectifs peuvent être visés :

- faire partie de la liste des fournisseurs accrédités (*short list*) ;
- *toucher les budgets autonomes* qui sont sous la responsabilité d'un seul décideur, notamment en ne dépassant pas le seuil qui conduit à une procédure d'achat plus complexe ;
- *identifier les décideurs clés* par une collecte d'adresses lors d'opérations jeu-concours ou d'opérations ciblées sur les personnels de soutien (secrétaires, assistantes) ;
- *influencer chaque décideur* avec des éléments particuliers d'une offre lorsque la procédure d'achat fait intervenir plusieurs avis (prescripteur, décideur, acheteur, financier, conseiller…).

Le rôle de la force de vente pour faire un diagnostic de la situation et orienter les actions est irremplaçable. Cependant pour des achats répétitifs, des approches utilisées traditionnellement en vente à distance (primes…) sont aussi efficaces lorsque la dotation est adaptée à la cible.

Certaines entreprises considèrent que la promotion utilisée vis-à-vis de leurs salariés peut amener ceux-ci à décider en fonction de critères autres que ceux du bénéfice de l'entreprise et interdisent, par exemple, la pratique des cadeaux d'affaires (cadeaux de fin d'année) assimilée à de la corruption.

Section 2 L'APPROCHE ÉCONOMIQUE

La première perspective est celle qui privilégie le prix, le produit/service étant considéré comme parfaitement connu.

1 La micro-économie néo-classique

Elle explique pourquoi une baisse de prix entraîne une augmentation de la demande.

Un consommateur rationnel et informé achète un produit unique, commercialisé par une ou plusieurs firmes, en fonction de l'utilité que celui-ci génère. L'agrégation de ces demandes constitue la fonction de demande dont le niveau est normalement décroissant en fonction du prix demandé. La réaction de la demande (volume vendu q) à une baisse de prix (p) est caractérisée par une élasticité directe : $\eta_{q/p} = [\Delta q/q]/[\Delta p/p]$ soit la variation en % des ventes sur la variation en % des prix.

Une partie des volumes venant des concurrents, il est intéressant de calculer l'élasticité croisée de la demande de la marque A par rapport à une baisse du prix de B : $\eta_{qA/pB} = [\Delta q_A/q_A]/[\Delta p_B/p_B]$.

Il faut noter que, selon cette approche, il n'y a pas de différence entre l'élasticité prix normal (baisse du prix régulier) et l'élasticité prix promotionnelle, ce qui contredit les observations empiriques qui accordent un niveau plus important à cette dernière.

Exemple

Un plan expérimental factoriel sur 12 marques de 6 catégories de produit PGC en France avec deux niveaux de réduction de prix et avec ou sans soutien publicitaire permet de conclure que :

- *l'élasticité aux réductions de prix en fond de rayon est élevée* (entre 2 et 11), les petites marques ayant des élasticités plus élevées ;
- *les élasticités augmentent* quand la réduction est annoncée par de la *publicité* (de 20 % à 180 %), les marques *leader* bénéficiant moins de cet effet d'amplification ;
- *les élasticités croisées des ventes des concurrents sont non négligeables* (2 à 2,7) indiquant un transfert de volume mais plus faibles si les prix des marques sont plus élevés.

Source : Bemmaor A. et Mouchoux D., « Effet des réductions de prix et de la publicité sur les ventes en magasins : un plan factoriel », *Recherche et applications en marketing*, 7, 2, 27-47, 1992.

2 Le groupage (bundling)

Les modèles théoriques[1] sur les offres groupées montrent que c'est une technique de discrimination par les prix qui permet à l'annonceur de capter une partie du surplus du client.

1. Guiltinan J., « The Price Bundling of Services : a Normative Framework », *Journal of Marketing*, 51, 2, 1987, pp. 74-85. Hanson W., Martin R., « Optimal Bundle Pricing », *Management Science*, 36, 1990, pp. 155-174.

2.1 Les lots homogènes

Une réduction de prix sur un lot induit un achat plus important que d'habitude. Cet effet est expliqué par une « sensibilité prix » et par la capacité à anticiper un achat et à stocker (*cf.* ci-dessous).

Cependant une explication alternative a été proposée sur la base de l'effet d'ancrage proposé par l'offre promotionnelle : le fait de communiquer sur l'achat d'un lot (2 produits ou plus) induit un plus fort taux d'achat du lot, même à avantage économique constant[1].

2.2 Les lots hétérogènes

➤ *Principe*

Un consommateur possède pour chaque bien A un prix de réserve (PR_A)[2], prix maximum qu'il est prêt à payer, indépendant de son comportement d'achat sur d'autres produits. Si le prix P_A est inférieur à son prix de réserve, il achète et économise un surplus ($S = PR_A - P_A$). Pour un prix P_B supérieur à son prix de réserve, il n'achète pas le produit B. Le fournisseur peut alors lui proposer une offre groupée sur les deux produits au prix (P_{A+B}) qu'il acceptera si le surplus dégagé sur le produit A est au moins égal à l'écart entre le prix demandé pour B et son prix de référence (PR_B).

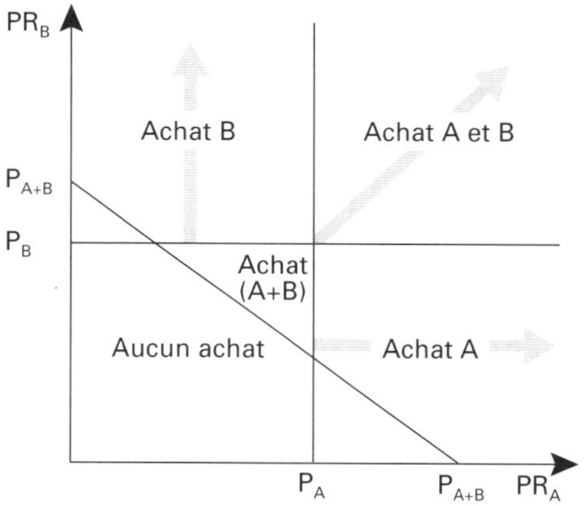

Figure 4.1 – *Principe économique de l'intérêt d'une offre groupée*

1. Wansink B., Kent R., Hoch S., « An Anchoring and Adjustment Model of Purchase Quantity Decision », *Journal of Marketing Research*, 35, 1, 1998, pp. 71-81.
2. Adams W.J., Yellen J.L., « Commodity Bundling and the Burden of Monopoly », *Quarterly Journal of Economics*, 90, 3, 1976, pp. 473-498.

➤ *Implications*

Au-delà d'une simple réduction de prix (lots) ou de la création d'un support pour une prime d'une valeur plus importante, l'offre groupée est une solution intéressante lorsqu'elle permet de réduire les coûts, d'accroître la demande ou d'améliorer la performance des produits.

Une étude consommateur[1] sur les intentions d'achat pour des voitures montre que :

- le consommateur préfère une offre groupée car il utilise le prix des composants proposés à l'unité comme prix de référence ;
- la composition du lot ne doit pas être trop complexe car, même si l'intérêt croît avec le nombre de composantes de l'offre, un nombre trop important finit par entraîner un rejet (5 composants semblent préférable à 3 ou 7) ;
- une offre est plus appréciée lorsqu'elle est formée de composants complémentaires.

3 La gestion des stocks

Les modèles de gestion des stocks s'attachent à la question des volumes et des dates de commande et expliquent comment la promotion entraîne des comportements de stockage de la part du client.

Les modèles de stocks[2] considèrent que le client est un agent économique rationnel qui connaît sa consommation (r) sur une période (t). Il détermine le montant des commandes (q) en fonction du coût du stockage (h) et du prix proposé moins un rabais éventuel (D) avec pour objectif de minimiser le coût des stocks tout en évitant les ruptures.

Pour un modèle déterministe, la consommation étant connue de manière certaine (et ici stable), le client achète régulièrement la quantité lui permettant de couvrir sa consommation ($q = t.\ r$). La fréquence d'achat et les quantités achetées sont déterminées par la solution du problème suivant :

Minimiser CT avec $CT = h.\ [q^2/(2.\ r)] - D.\ q$

Avec CT, le coût total, h le coût de stockage, D le rabais et r le rythme de consommation.

Face à un rabais D, il doit alors commander les quantités optimales q^* pour une période t^* :

$$q^* = [D.\ r]/\ h \text{ et } t^* = q^*/r$$

1. Herrmann A., Huber F., Higie Coulter R., « Product and service Bundling Decisions and their Effects on Purchase Intention », *Pricing Strategy & Practice*, 5, 3, 1997, pp. 99-107.
2. Eppen G., Liebermann, « Why do Retailers Deal ? An Inventory Explanation », *Journal of Business*, 57, 4, 1984, pp. 519-530.

Un vendeur a intérêt à faire une promotion par réduction de prix si les coûts de stockage et d'exposition sont supérieurs à ceux du client. Dans ce cas, la détermination d'une réduction optimale permet aux deux acteurs d'améliorer simultanément leur profit. La réduction correspond alors à une situation « gagnant-gagnant ».

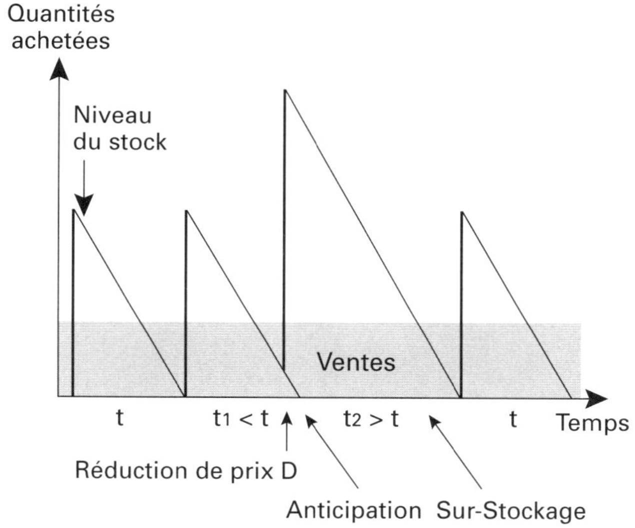

Figure 4.2 – *Modèle de gestion des stocks*

➤ *Choix des produits à mettre en promotion*

Un modèle simple[1] a été proposé pour déterminer les produits à mettre en promotion dans un secteur pour lequel la saison de ventes est courte, l'anticipation des commandes importantes et la valeur résiduelle en fin de saison très faible (vêtements de mode, jouets...). Le choix de l'article est dicté par deux critères :

- un faible taux de vente. Ce taux est la moyenne géométrique du pourcentage du stock initial vendu par période pour les périodes antérieures ;
- un chiffre d'affaires maintenu avec la remise, c'est-à-dire que le CA avec promotion doit au moins être égal au CA prévisionnel sans rabais.

1. Walker J., « A Model for Determining Price Markdowns of Seasonal Merchandise », *Journal of Product & Brand Management*, 8, 4, 1999, pp. 352-361.

REPÈRES : Implications promotionnelles des modèles de gestion des stocks

La vision d'un acheteur économiquement rationnel permet d'expliquer pourquoi la promotion est régulièrement utilisée pour réduire les stocks et les transférer chez l'agent suivant dans le canal de distribution (producteur-grossiste, grossiste-détaillant ou distributeur-consommateur). En particulier, cela concerne les produits standards, utilitaires, faiblement impliquants, facilement stockables pour lesquels le client, sensible au prix, ne fait que gérer ses stocks.

Le segment réceptif a un coût de stockage faible : il dispose d'un espace de stockage domestique important (une maison plutôt qu'un appartement), d'un capital disponible ou d'un faible coût du capital (niveau de revenu important) et d'un besoin d'une importance ou d'une régularité telle qu'il n'ait pas à supporter la dévalorisation de la marchandise stockée.

La promotion permet de compenser la baisse de la rotation des produits (fin de saison) : lorsque le rythme de consommation est décroissant, la demande faiblit en fin de saison, ce qui se traduit par un ratio demande/stock plus faible (rotation), donc un coût de stockage plus élevé. Un coût unitaire croissant conduit à proposer des promotions et des soldes en fin de saison.

La réduction promotionnelle doit être conditionnée à l'achat d'un volume important : la réduction du prix unitaire porte sur des articles proposés en lots ou en conditionnements de taille importante. La promotion volume doit être utilisée de préférence à une réduction de prix sans contrainte sur un conditionnement normal pour restreindre l'accès à la réduction aux seuls clients faisant l'effort de stocker le produit.

La réduction de prix promotionnelle doit être faible pour les produits ayant une durée de vie importante. Une réduction importante amène un grand nombre de clients, même ceux ayant des coûts de stockage élevés, à stocker le produit. Si le produit a une durée de vie longue, l'effet de stockage amplifie le creux post-promotionnel et il vaut mieux faire des promotions plus fréquentes mais de moindre ampleur.

4 Le consommateur producteur

L'hypothèse d'une utilité tirée directement de la consommation du produit est remplacée par celle d'une utilité indirecte : le client construit son utilité par un processus de production dans lequel les produits/services achetés ne sont que des fournitures ou des substituts.

Selon Becker[1], les ménages sont à la fois des producteurs minimisant une fonction de coût et des consommateurs maximisant leur fonction d'utilité. Son apport fondamental est de considérer que le comportement d'achat ne résulte pas de préférences stables mais de besoins liés à la production du ménage. Dans l'approche du capital

1. Becker G., « A Theory of the Allocation of Time », *Economic Journal*, 3, 1965, pp. 493-517.

humain, d'autres éléments entrent dans la fonction de production : le *temps* et l'*expertise*. Le consommateur cherche à réduire le coût complet de sa production, celui-ci décroissant avec l'accroissement de l'expertise acquise par la pratique.

Les implications sont les suivantes[1] : les différences de comportement de consommation dans le temps ou entre les ménages dépendent du coût complet, c'est-à-dire du coût du temps et du degré d'expertise, plutôt que de préférences innées. De ce fait, il y a une relation directe entre les ressources et l'expertise nécessaire à une activité (de consommation ou d'achat) et les choix. En particulier, une perspective dynamique est possible car les consommateurs peuvent décider de faire un investissement délibéré dans le savoir et l'information qui leur permettra de réduire le coût futur de leur consommation.

Cinq domaines du comportement du consommateur sont particulièrement touchés :

– *le cycle de vie* : à cause de l'apprentissage, les activités deviennent de moins en moins coûteuses à produire, l'âge est lié à la performance ; mais la durée limitée de la vie réduit le retour sur investissement d'un nouveau savoir et réduit l'investissement en apprentissage. Ceci peut expliquer pourquoi les individus ont tendance à se spécialiser sur certains acquis ;

– *les styles de vie* : si des activités partagent le même besoin d'expertise, leur consommation aura tendance à évoluer de manière comparable ;

– *la fidélité à la marque* : les consommateurs ont tendance à investir dans les marques et les gros utilisateurs améliorent ainsi leur production. Cet avantage, lorsqu'il est lié à la marque, est un facteur qui peut conduire à accroître la fidélité chez ces consommateurs ;

– *l'importance des attributs lors du choix* : l'expertise produit est un complément ou un substitut à certains attributs et peut expliquer l'hétérogénéité des choix ;

– *le processus de recherche d'information* : si le processus de recherche fournit des informations utiles pour l'avenir ou réduit les coûts de recherche futurs, le consommateur va chercher plus intensivement.

On peut aussi rattacher à ce cadre théorique, les études empiriques ayant pour objectif de rechercher les caractéristiques des clients particulièrement sensibles à la promotion, souvent les réductions de prix.

L'approche a été étendue au choix du format de magasin et le développement des courses groupées (*one stop shopping*) serait une réponse à une demande d'économie de temps[2]. Un lien a ainsi été démontré entre, d'une part, le revenu par tête et,

1. Ratchford B., « The Economics of Consumer Knowledge », *Journal of Consumer Research*, 27, 1, 2001, pp. 397-411.
2. Messinger P., Narasimhan C., « A Model of Retail Formats Based on Consumers' Economizing on Shopping Time », *Marketing Science*, 16, 1, 1997, pp. 1-23.

d'autre part, la largeur de l'assortiment d'une grande surface ainsi que ses coûts de gestion. L'efficacité promotionnelle serait donc, elle aussi, différente selon ces points de vente.

Les implications de cette théorie concernent les caractéristiques des clients fortement sensibles à la promotion, principalement par réduction de prix. Puisque les réactions diffèrent selon les situations individuelles, la promotion (par exemple le coupon) est un instrument de discrimination par les prix.

REPÈRES : Implications promotionnelles de la théorie du consommateur-producteur

L'attrait d'une promotion dépend des caractéristiques de la personne. L'utilisation d'une clé promotionnelle (un coupon) correspond à une discrimination passive (autosélection de la cible intéressée).

La sensibilité aux promotions est liée à la valeur du temps : la promotion propose une récompense en contrepartie d'un comportement spécifique générateur de coûts (collection de points, gestion de coupons)[a]. L'acheteur au sein du ménage arbitre donc entre la valeur de la récompense et la valeur du temps nécessaire pour l'obtenir.

La sensibilité aux promotions est liée au revenu, mais la liaison est complexe. L'hypothèse d'une liaison *concave* est souvent retenue[b] : une sensibilité plus forte pour les ménages à revenus moyens car, pour les faibles niveaux de revenu, le revenu discrétionnaire est trop faible pour que l'acheteur puisse saisir l'opportunité et, pour des hauts niveaux de revenus, l'utilité marginale de la promotion décroît rapidement.

La sensibilité aux promotions est liée à la taille du foyer: la valeur du temps est influencée par le total du temps disponible. L'activité de la femme, principal acheteur du ménage, réduit le temps disponible pour faire les achats. De même, l'accroissement de la taille du ménage et la présence d'enfants en bas âge, augmentant le volume des tâches ménagères, réduisent le temps disponible[c].

La sensibilité aux promotions est liée à l'éducation de l'acheteur: la productivité temporelle est prise en compte par le niveau d'éducation mais les hypothèses sont divergentes sur le sens de l'effet. Un haut niveau d'éducation permet à l'acheteur d'être plus à l'aise dans la compréhension des tâches à effectuer et donc de traiter plus vite les informations liées à la promotion. Inversement, l'éducation permet aussi d'avoir un processus d'achat plus rationnel, et donc d'accorder moins d'importance à la promotion si elle ne touche pas la marque considérée en premier choix.

---

a. Kapil B., Shoemaker R., « The Coupon-Prone Consumer : Some Findings Based on Purchase Behavior Across Product Classes », *Journal of Marketing*, 51, 3, 1987, pp. 99-110.

b. Narasimhan C., « A Price Discrimination Theory of Coupons », *Marketing Science*, 3, 1, 1984, pp. 128-147.

c. Blattberg R., Buesing T., Peacock P., Sen S., « Identifying the Deal Prone Segment », *Journal of Marketing Research*, 15, 3, 1978, pp. 369-377.

☞

☞

Empiriquement, les variables dont l'effet a pu être observé empiriquement sont : le faible niveau d'éducation, le travail de la femme et la présence d'enfants en bas âge qui conduisent à un faible recours aux promotions. La relation revenu-promotion semble être positive, mais pourrait n'être liée qu'à un effet revenu pur (économie réalisée à dépenser) et non à un accroissement de la propension à utiliser les promotions.

Les études introduisent souvent plusieurs variables dont les corrélations peuvent empêcher l'interprétation claire des résultats : possession d'une voiture, propriétaire ou locataire du logement. Dans d'autres cas, la relation existe mais la causalité ne peut être démontrée, comme pour la localisation urbaine, plus sensible à la promotion mais qui en reçoit aussi beaucoup plus qu'une localisation rurale. Enfin, ces études mettent en évidence l'impact des comportements d'achat antérieurs et particulièrement le pouvoir explicatif de la fidélité à la marque.

5 La théorie de l'information

Sur de nombreux marchés, il y a asymétrie de l'information entre le vendeur et l'acheteur, sur les caractéristiques des produits ou services échangés[1]. L'acheteur, contrairement au vendeur, ne connaît pas les caractéristiques et doit donc collecter et interpréter des signaux pour évaluer la qualité du produit/service proposé. L'agent économique rationnel va donc optimiser son bien-être en arbitrant entre la valeur de l'information et son coût d'obtention. En particulier, il ne choisira plus le *meilleur* produit mais le meilleur produit connu au moment où le gain potentiel de valeur supplémentaire est inférieur au coût qu'il faut engager pour identifier l'offre. Ceci conduit à considérer que l'individu ne cherche pas à obtenir l'utilité maximale mais une utilité satisfaisante compte tenu des ressources (temps, argent, expertise) qu'il peut affecter au comportement dans son ensemble (achat et consommation).

L'acheteur a un processus d'achat en deux étapes : évaluation des alternatives puis choix. Pour évaluer les caractéristiques d'un produit, il utilise principalement deux stratégies (la recherche de l'information et l'expérience) pour obtenir de l'information sur le prix et les caractéristiques et, ainsi, évaluer la qualité.

Dans le cas d'une recherche d'information, l'acheteur va intégrer les informations collectées pour déterminer *a priori* la valeur du bien présenté. Le prix est un signal : objectif, facile à comprendre, il est souvent utilisé comme indicateur pour déterminer la qualité de la marque[2] : un prix élevé est alors un signal de bonne qualité[3].

1. Stigler G., « The Economics of Information », *Journal of Political Economy*, 69, 2, 1961, pp. 213-225.
2. Etgar M., Malhotra N., « Determinant of Price Dependency, Personal and Perceptual Factors », *Journal of Consumer Research*, 8, 3, 1981, pp. 195-199.
3. Huber J., Mc Cann J., « The Impact of Inferential Beliefs on Product Evaluations », *Journal of Marketing Research*, 19, 1982, pp. 324-333.

La communication de la promotion (nom du produit, du magasin, méthode de présentation ou de conditionnement) a donc une valeur conceptuelle. Les activités spéciales (tête de gondole), souvent accompagnées de baisse de prix, « alertent » l'acheteur et servent à attirer l'attention sur la marque et, donc, induisent et facilitent son évaluation.

Au contraire, dans une démarche expérimentale, l'expérience est utilisée lorsque certaines caractéristiques ne peuvent s'apprécier que lors de l'utilisation[1] et nécessitent une utilisation/destruction du produit. Le recours à cette expérience est aussi justifié lorsque la recherche atteint des coûts prohibitifs. Le client évalue après consommation, la valeur *a posteriori* du produit. Il est ensuite sensé mémoriser cette valeur, et apprendre progressivement quelle est la marque qui lui convient le mieux. Le coût de l'expérience sera souvent la limite supérieure de ce que le client potentiel est prêt à investir dans un processus de recherche. Ces deux méthodes de collecte d'informations sont coûteuses en temps et/ou en argent.

Le consommateur décide quel est son produit préféré et sort du processus de recherche, avec un répertoire des marques qui est alors constitué uniquement des marques qu'il a expérimentées. Il y a donc un va-et-vient entre la phase de recherche et la phase d'évaluation et l'acheteur doit en permanence mettre en regard le coût d'obtention de l'information et le bénéfice potentiel qu'il en retire (meilleur choix).

La collecte d'information peut être décomposée en deux temps : détermination de la règle d'arrêt de la recherche, puis recherche de l'information et évaluation des produits. Plusieurs stratégies de collecte sont envisageables : le client décide d'abord du nombre total de recherches qu'il accepte de faire, puis choisit le meilleur résultat obtenu ; le client se fixe un niveau minimum d'information à atteindre sur chaque caractéristique et arrête la recherche quand il trouve un produit satisfaisant.

6 La garantie de remboursement de la différence

Une décision d'achat peut être reportée parce que le client n'est pas confiant dans l'impossibilité de trouver un prix plus bas ou lorsqu'il anticipe une baisse de prix. Une offre d'alignement élimine un frein à la concrétisation de la commande.

Les conséquences d'une offre de garantie de remboursement de la différence sont analysées de manière contraire selon que l'on choisit une perspective théorique ou un point de vue managérial.

1. Nelson P., « Information and Consumer Behavior », *Journal of Political Economy*, 78, 2, 1970, pp. 311-329.

REPÈRES : Implications promotionnelles de la théorie de l'information

L'information de l'acheteur est imparfaite et, pour éclairer son choix, l'individu collecte de l'information par recherche ou par expérience. Le niveau d'effort investi dans la collecte et dans l'analyse de l'information avant de décider, est relié à la nature des caractéristiques du produit et à l'importance des conséquences (la *fréquence d'achat*, la *durabilité* du produit). Ainsi, un produit à forte fréquence d'achat, non durable, ne justifie pas un effort de recherche important car le coût de l'expérimentation est réduit. Par contre, le processus de recherche du client doit être d'autant plus guidé qu'il s'agit de biens d'expérience, de produits à faible fréquence d'achat ou de produits durables.

La promotion, particulièrement l'échantillonnage et la dégustation, réduisent les coûts d'expérimentation pour l'acheteur. Elle est tout à fait adaptée lorsque le client est un nouvel acheteur de la catégorie de produit, dans un processus de recherche par expérience et utilise la règle du choix du premier produit satisfaisant. Pour des acheteurs ayant terminé leur processus de recherche, l'échantillon permet de les replacer dans un processus d'expérimentation, en annulant le coût marginal de l'expérience.

La promotion par réduction de prix perturbe le processus utilisant le prix comme signal de qualité. Un acheteur, qui recherche une bonne qualité dans un marché à information imparfaite et asymétrique, sera influencé par la relation prix-qualité et supposera donc qu'une marque fréquemment en promotion est de mauvaise qualité. Ce comportement est d'autant plus courant que les marques sont peu connues[a].

a. Erickson G., Johansson J., « The Role of Price in Multiattribut Product Evaluations », *Journal of Consumer Research*, 12, 3, 1985, pp. 195-199.

6.1 Perspective théorique

Selon les approches théoriques économiques[1], les prix sur un marché offrant cette garantie sont plus élevés car elle réduit la concurrence. Certains chercheurs américains ont même proposé d'interdire cette pratique. Les entreprises, qui ont, toutes, intérêt à adopter cette pratique, jouissent de bénéfices plus importants. Deux justifications sont avancées : la *baisse de la concurrence* sur un marché oligopolistique et la *discrimination par les prix*.

➤ *Baisse de la concurrence en oligopole*

En oligopole, la concurrence par les prix limite la capacité des firmes à accroître leur profit à cause d'un fonctionnement appelé « dilemme du prisonnier » : tout

1. Pour une analyse, voir Sanjay J., Srivastava J., « An Experimental and Theoretical Analysis of Price Matching Refund Policies », *Journal of Marketing Research*, 37, 3, 2000, pp. 351-362.

producteur pratiquant seul un prix plus élevé voit sa demande disparaître. Il est donc obligé d'aligner ses prix sur ceux des concurrents.

La garantie de remboursement de la différence est un signal clair auprès des clients et des concurrents d'un alignement à tout prix inférieur. L'incitation pour un concurrent à pratiquer une baisse des prix est donc nulle. Cette pratique collusive permet de remonter le prix à un niveau qui maximise le profit joint des entreprises aux dépens des clients.

➤ ***Discrimination par les prix***

L'accroissement du profit de l'entreprise ne se fait plus de manière collusive sur l'ensemble des clients mais pour chaque entreprise et de manière sélective, sur une partie des clients.

Deux segments composent la clientèle selon des coûts de recherche d'information différents (coût d'opportunité de leur temps). Les clients ayant un coût de recherche élevé chercheront moins d'information et donc feront moins jouer la concurrence. Ils sont moins sensibles au prix et sont donc prêt à payer plus. Comme seuls les clients informés, qui peuvent montrer que des prix plus bas sont pratiqués ailleurs, bénéficieront d'un prix plus bas, le segment des clients non-informés paie un prix plus élevé.

6.2 Point de vue managérial

L'observation de l'utilisation de cette garantie montre que les détaillants l'utilisent souvent pour débuter une guerre des prix. De plus, elle n'est pas proposée par tous, mais seulement par ceux qui ont un avantage concurrentiel de coût et qui veulent gagner de la part de marché. La guerre des prix entraînant une baisse favorable aux clients, l'analyse théorique qui suggère que l'offre de garantie permet de vendre à un prix plus élevé, semble inadaptée à la pratique.

Effectivement, pour un client, l'offre de cette garantie est corrélée positivement à la pratique de prix plus faibles. L'interprétation proposée repose sur la différenciation des produits des entreprises : avec l'émergence de critères de choix autres que le prix, cette différenciation annule les effets théoriques attendus : si la différenciation est faible, alors une offre de remboursement de la différence entraîne des prix plus élevés.

La garantie fonctionne comme un signal pour les clients : ceux qui tiennent compte des caractéristiques autres que le prix vont fréquenter les magasins qui la proposent. Mais le supplément de demande ne viendra que pour les vendeurs qui pratiquent effectivement un prix plus bas, c'est-à-dire pour ceux pour qui elle est inutile.

Section 3

LES THÉORIES PSYCHOLOGIQUES

Dans cette section les théories présentées s'éloignent de la rationalité économique pour mettre l'accent sur d'autres explications du comportement.

1 La théorie du conditionnement

Selon cette théorie, l'individu réagit souvent de manière réflexe sans procéder à une analyse approfondie de la situation.

La théorie du conditionnement, présentée initialement par Skinner[1], est très pragmatique. Son objet est d'obtenir d'un sujet, principalement un animal, le comportement désiré, par la manipulation de facteurs externes. Elle ne cherche pas à comprendre le processus interne qui mène au comportement, mais à générer des comportements. La démarche est basée sur une connaissance pratique qui découle de l'observation et de l'expérimentation.

Quatre modes de conditionnement ont été étudiés[2] pour obtenir un comportement d'apprentissage par modification des facteurs externes :

- *le conditionnement classique* : associer une émotion à un comportement réflexe (exemple : associer une musique, une voix à une promotion) ;
- *le conditionnement instrumental :* attribuer une récompense après un comportement raisonné (prime) ;
- *le conditionnement grégaire* : insister sur les conséquences sociales, faire agir par la pression sociale (exemple : démonstration, dégustation-vente) ;
- *le conditionnement environnemental* : induire un comportement par l'environnement lors de l'achat (exemple : PLV, mise en avant en magasin).

Comme l'indique la figure 4.3, le principe est d'associer de manière immédiate un stimulus à l'un des éléments d'un chaîne « Stimulus-Réponse ».

1. Skinner B., *Verbal Behavior*, New York, Appleton-Century-Crofts, 1957.
2. Nord W., Peter J., « A Behavior Modification Perspective on Marketing », *Journal of Marketing Research*, 44, 1980, pp. 36-47.

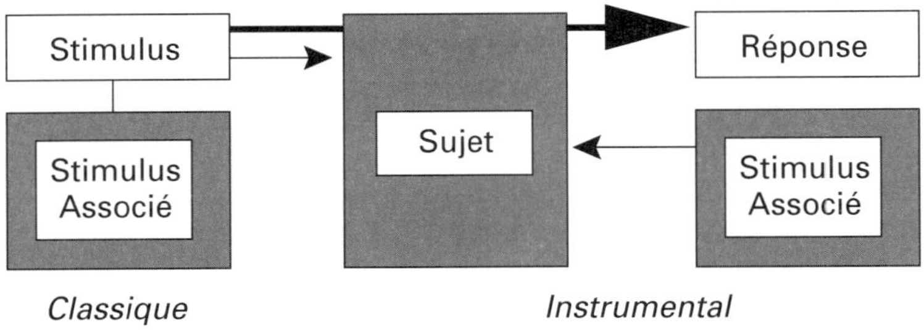

Figure 4.3 – *Conditionnements classique et instrumental*

Le *conditionnement classique* cherche à lier le stimulus associé au stimulus déclencheur de la réponse, alors que le *conditionnement instrumental* récompense par le stimulus associé la réponse fournie par le sujet.

➤ *Le conditionnement classique*

Directement dérivé des travaux de Pavlov[1], le conditionnement classique se propose de déclencher des comportements inconscients (réflexes, réponses glandulaires, émotions) par des stimulants externes, grâce à l'extension d'une relation « Stimulus-Réponse ». L'intervention est faite en amont : le stimulus conditionné et le stimulus normal sont présentés fréquemment et simultanément. La réponse générée par le processus normal est progressivement associée au stimulus conditionné qui devient ensuite capable de déclencher, seul, la récompense.

➤ *Le conditionnement instrumental*

Il tend à modifier la probabilité d'apparition d'un comportement conscient par l'attribution d'une récompense ou d'une punition en fonction de l'écart entre le comportement actuel et le comportement désiré. La cible aura tendance à reproduire le comportement souhaité pour éviter la punition, ou pour avoir plus de la récompense.

Quatre stratégies sont envisageables pour obtenir la situation désirée, c'est-à-dire un comportement souhaité ou la disparition d'un comportement non souhaité.

Pour *obtenir le comportement souhaité*, on peut, à l'apparition de ce comportement, soit attribuer une récompense (renforcement positif), soit faire disparaître une punition (renforcement négatif).

1. Pavlov I., *Les Réflexes conditionnés*, Paris, Masson, 1962.

Pour faire *disparaître un comportement non souhaité*, on peut soit attribuer une punition (punition), soit s'assurer de l'absence complète de récompense (extinction).

Exemple

> Dans un magasin, un enfant qui n'a pu obtenir le jouet désiré hurle pour faire céder sa mère.
>
> Renforcement positif : trop tard !, il aurait fallu récompenser l'enfant sage.
>
> Renforcement négatif : c'est ce que cherche l'enfant : que sa mère lui donne un jouet pour qu'il cesse d'attirer les regards désapprobateurs sur elle…
>
> Punition : la mère lui donne une fessée…
>
> Extinction : la mère ne cède pas au chantage et attend que l'enfant se fatigue.

Le taux d'apparition de la récompense est un point fondamental du conditionnement et permet de créer des comportements résistants à l'extinction. L'incertitude de la relation action-récompense engendre une excitation qui correspond à une expérience positive. Au contraire, la disparition d'une récompense attendue de manière certaine correspond à une frustration, de nature à faire cesser rapidement le comportement.

➤ *Le conditionnement grégaire*

Il tire parti du fait que les individus peuvent changer de comportements par mimétisme vis-à-vis d'autres personnes dans la même situation, en regardant les comportements des autres et en observant les conséquences engendrées. Ce conditionnement peut servir pour :

- faire connaître un comportement par démonstration ;
- inhiber un comportement connu ;
- faciliter un comportement appris en montrant les conséquences positives (désirabilité sociale).

➤ *Le conditionnement environnemental*

Ce mode de conditionnement cherche à obtenir un comportement par la manipulation des caractéristiques de l'environnement (confort). Dans un premier temps, la situation est rendue agréable, confortable, valorisante au sujet. Dans un second temps, lui sont présentées des alternatives dont certaines ont pour conséquence de faire cesser cet état de bien-être actuel, le sujet se rend donc responsable de la dégradation de son bien-être.

REPÈRES : Implications promotionnelles de la théorie du conditionnement

Selon la théorie du conditionnement, l'individu apprend, par association ou par récompense, des comportements qui deviennent automatiques. Elle éclaire les effets promotionnels à moyen terme des techniques, la stratégie la plus appliquée au niveau commercial étant le renforcement positif[a]. Cette stratégie promotionnelle fonctionne mieux sur des produits faiblement implicants, qui ne nécessitent pas une activité cognitive complexe. Dans ce cas, les effets obtenus sont essentiellement des effets de court terme[b], car c'est l'offre qui sert de renforçateur plutôt que le produit.

Un conditionnement se construit progressivement : Les comportements complexes, comme l'achat et le réachat, sont obtenus par un chaînage progressif d'actes de plus en plus implicants[c], le conditionnement d'un premier comportement facilitant le comportement suivant. La séquence pourrait être : (1) créer une consommation sans obligation d'achat (échantillon gratuit, démonstration, produit à l'essai), (2) obtenir un premier achat en joignant à l'échantillon un coupon comportant une importante réduction de prix, (3) obtenir un réachat par un coupon à valoir sur le prochain achat, pour atteindre enfin un achat réel, à prix normal sans renforçateur.

Il faut veiller à renforcer le comportement ciblé et lui seul. Un client collecte des preuves d'achat pendant 4 à 6 semaines et les envoie au fabricant pour recevoir par courrier une récompense. Cette opération a pour effet de renforcer le comportement « ouvrir sa boite à lettres » pour guetter l'arrivée de la prime plutôt que d'acheter plusieurs produits. Si la prime joue bien son rôle de renforçateur, elle a tendance à développer le comportement de « chasseur de prime », c'est-à-dire la recherche systématique de primes obtenues par collection de preuves d'achat.

Choisir les médias proches du comportement : Les stimuli et le comportement doivent être contigus et associés de manière très étroite. Les médias doivent donc être proches du contexte d'achat : la prime doit être dans ou sur le produit.

Préférer les renforçateurs immédiats : Les renforçateurs différés (primes différées) ont moins d'effet que les renforçateurs immédiats (prime directe), car trop dissociés des comportements à modifier. Les récompenses différées inhibent le processus d'apprentissage, ou peuvent conduire à renforcer d'autres comportements.

Préférer les renforçateurs primaires : ils ont une utilité intrinsèque, alors que les renforçateurs secondaires (coupons, timbres) doivent être convertis pour obtenir une gratification décalée. S'il doit y avoir collection de preuves d'achat (renforçateur secondaire décalé), l'effet d'apprentissage est encore amoindri.

---

a. Rotschild M., Gaidis W., « Behavioral Learning Theory : Its Relevance to Marketing and Promotions », *Journal of Marketing*, 45, 2, 1981, pp. 70-78.

b. Dodson J., Tybout A., Sternthal B., « Impact of Deals and Deal Retractions on Brand Switching », *Journal of Marketing Research*, 15, 1, 1978, pp. 72-81.

c. Scott C., « The Effects of Trial and Incentives on Repeat Purchase Behaviour », *Journal of Marketing Research*, 13, 3, 1976, pp. 263-269.

☞

☞

Utiliser des signaux de communication clairs : un comportement désiré peut être reconnu plus rapidement par l'utilisation de signaux (les marques, par exemple), dont la présence, d'après l'expérience antérieure de l'individu, était associée à une récompense. Les conséquences, positives ou négatives, des opérations mises en œuvre seront donc amplifiées pour les marques ayant une forte notoriété.

Gérer l'extinction : dans le cas du conditionnement instrumental, le comportement doit être rattaché au produit et non à la récompense et il faut gérer l'extinction du renforçateur (la récompense), pour assurer les ventes à moyen terme. L'utilisation trop intensive des offres promotionnelles crée des comportements associés uniquement à ces offres. Leur disparition entraîne l'abandon du comportement et un retour aux comportements antérieurs. La pression promotionnelle doit donc être d'autant plus faible que le comportement s'approche du comportement désiré. L'extinction est obtenue soit par *la réduction graduelle* de la récompense soit par son *attribution aléatoire* (de manière non systématique).

Suivre les effets : Les dépenses promotionnelles ne se justifient que si les comportements engendrés génèrent des revenus suffisants pour, au minimum, couvrir les dépenses engagées. La permanence, ou la durabilité, des comportements est donc un facteur clé. Or on a pu constater que la vitesse d'extinction du comportement est d'autant plus rapide que l'utilisation des renforçateurs est fréquente sur ce marché. L'importance et la durabilité des comportements dépend de la pression promotionnelle exercée sur le marché.

Ces théories du conditionnement se sont révélées très efficaces et les règles pratiques tirées de ces théories sont déjà utilisées par de nombreux professionnels. Quelques questions se posent cependant. La première concerne l'éthique : quelle limite ne faut-il pas dépasser pour respecter la liberté individuelle et la dignité humaine ? La seconde concerne l'efficacité : ces théories ne permettent pas de déterminer *a priori* les techniques les plus efficaces et celles-ci doivent être identifiées progressivement par essai-erreur. C'est sur ce point que l'apport de la psychologie cognitive peut être le plus déterminant.

Tableau 4.5 – *Promotion et théorie du conditionnement*[1]

Mécanisme	Effet attendu à moyen terme
Échantillon Coupon *in-pack*	Positif car il demande un comportement d'utilisation ou de réachat adéquat
Coupon mass-média Réduction de prix	Dépend du média utilisé, à utiliser plutôt comme étape du façonnage du comportement
Primes Jeux et concours Offre de remboursement	Peu efficace, ne renforce pas le comportement d'achat Idem Peu efficace, le renforcement est trop décalé pour être efficace

1. Traduit de Rothschild M., Gaidis W., 1981, *op. cit.*

2 La théorie de l'attribution

La théorie de l'attribution propose une justification aux effets différés (potentiellement négatifs) de la promotion, dans la dernière phase du processus de choix, l'évaluation après décision. Elle propose une explication aux comportements de rejet de la marque achetée après une opération promotionnelle. Il s'agit plutôt d'une « épithéorie[1] » dans le sens où la théorie de l'attribution regroupe plusieurs théories parfois incohérentes. Développée originellement par Heider[2], elle aborde les processus cognitifs liés à l'inférence.

L'attribution repose sur l'hypothèse que l'individu cherche à comprendre les causes des événements et les comportements de son environnement et de lui-même. En tant qu'observateur, il fait de la « psychologie naïve » en essayant de déterminer le *degré de responsabilité personnelle* de l'acteur principal dans le comportement observé. Ce processus d'attribution conduit à constituer une base d'expériences qui est prise en compte dans la phase de traitement de l'information pour une décision ultérieure et ses conséquences.

Selon la généralisation proposée par Kelley[3], un observateur attribue la responsabilité d'un comportement successivement à trois facteurs :

– la *situation* et/ou le vendeur (temps disponible et caractéristiques de la situation) ;

– à *l'objet* étudié ;

– à *la personne* qui agit, y compris lui-même.

Dans le cas où une personne est face à un choix, que le comportement entraîne des effets désirables, que le choix est associé à des éléments particuliers, alors ces éléments externes sont utilisés pour justifier le comportement.

Exemple

> Une étude expérimentale[4] montre que dans une opération proposant une réduction de prix sur un produit, c'est d'abord l'image prix du magasin qui est améliorée avec une attribution au magasin d'autant plus forte que celui-ci a déjà une image de prix bas. Par contre, l'effet sur l'image du produit est négatif et cela d'autant plus que l'offre est proposée par un magasin ayant une image de prix bas. L'étude montre aussi un lien entre cette attribution et les variables comportementales.

1. Jolibert A., Peterson R., « Causal Attributions of Product Failure : an Exploratory Investigation », *Journal of the Academy of Marketing Science*, 4, 1976, pp. 446-455.
2. Heider F., « Social Perception and Phenomenal Causality », *Psychological Review*, 51, 1944, pp. 358-374.
3. Kelley H., « The Processes of Causal Attribution », *American Psychologist*, 28, 1973, pp. 107-128.
4. Burton S., Lichtenstein D., Biswas A., Fraccastoro K., « The Role of Attributions in Consumer Perceptions of Retail Advertisements Promoting Price Discounts », *Marketing Letters*, 5, 2, 1994, pp. 131-140.

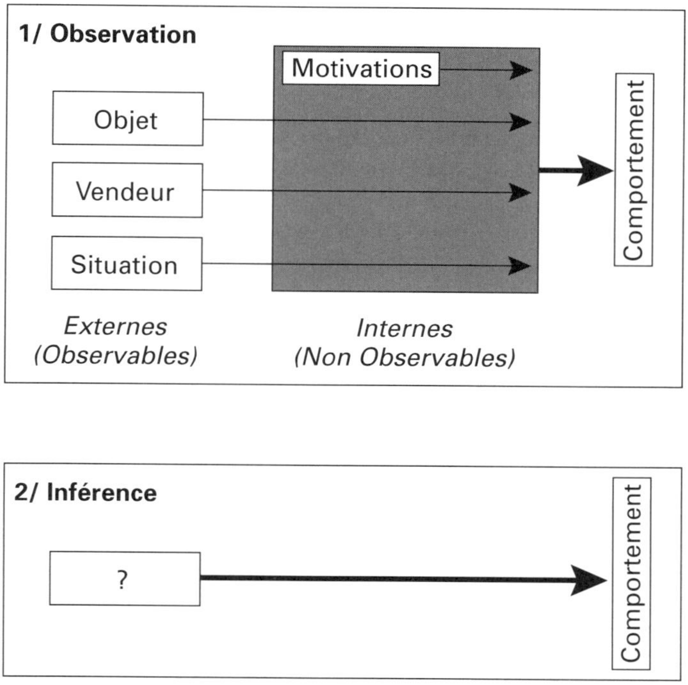

Figure 4.4 – *Théorie de l'attribution*

Au cas où aucun élément externe ne semble entrer en jeu, le comportement est attribué à des éléments internes non observables. Cette inférence est réalisée s'il y a corrélation entre ces éléments externes et le comportement (présence & présence ; absence & absence). Le *degré de confiance* dans l'inférence sera déterminé par la constance de la corrélation sur différentes dimensions (dans le temps, à travers différentes situations) et en fonction du consensus vis-à-vis des comportements (justification sociale : « tout le monde aurait agi de la même manière »).

Cette théorie de l'attribution peut aussi s'appliquer à l'individu lui-même (auto-perception[1]) et constitue alors une explication concurrente à celle de la dissonance cognitive[2]. Dans une phase d'auto-évaluation, postérieure au comportement, l'individu réexamine celui-ci et les circonstances dans lesquelles ce comportement est apparu.

1. Beem D., « Self Perception : an Alternative Interpretation of Cognitive Dissonance Phenomena », *Psychological Review*, 74, 3, 1967, pp. 183-200.
2. Festinger L., *A Theory of Cognitive Dissonance*, California, Stanford University Press, 1957.

REPÈRES : Implications promotionnelles de la théorie de l'attribution

Une personne ne reconduit un comportement antérieur que si elle se considère, *a posteriori*, responsable de celui-ci. Elle s'attribuera cette responsabilité si aucune autre raison externe ne lui semble évidente. Si l'achat est fait sans offre promotionnelle, la seule motivation apparente pour le comportement d'achat observé est interne. Le comportement est donc attribué à une cause interne (une préférence pour le produit) et l'attitude positive inférée vis-à-vis de la marque accroît la probabilité de réachat.

Toujours communiquer et justifier la présence d'une promotion : pour les achats réalisés en promotion, l'individu ne sait pas s'il faut, *a posteriori*, attribuer ce comportement à la personne (motivation interne pour l'achat) ou au désir de tirer parti de l'offre promotionnelle (cause externe). Il a tendance à attribuer plus facilement son comportement à la cause externe et, quand l'offre disparaît, sa probabilité de réachat diminue. La communication promotionnelle doit contenir un certain nombre de signaux pour induire une attribution spécifique et l'orientation du choix vers un schéma particulier d'attribution.

Attribuer la promotion au vendeur ou à la situation plutôt qu'au produit : l'attribution de la promotion *au produit* signifie que la valeur du produit est réduite, soit le produit est tellement mauvais qu'il doit être bradé, soit il comporte des défauts, soit sa valeur subjective est diminuée (apparition de nouveaux modèles). Dans ce cas, l'évaluation de la promotion conduira à une attitude moins favorable vis-à-vis du produit[a]. Au contraire, l'attribution d'une opération promotionnelle à la situation[b], ou au vendeur, peut induire la conclusion que la promotion apporte un bénéfice certain. S'il attribue la promotion *au vendeur*, et il le fera d'autant plus volontiers qu'un vendeur est présent, l'individu interprète alors celle-ci comme un effort spécial consenti par le commerçant pour développer sa clientèle. Attribuée *à la situation*, cela signifie pour l'individu que le vendeur est soumis à une concurrence forte, ou que c'est la fin de saison, et qu'il est obligé de solder.

Toujours demander une contrepartie à l'avantage promotionnel : les techniques promotionnelles peuvent être classées selon la force du signe qu'elles procurent au consommateur pour l'éclairer sur ses propres motivations. Deux composantes sont évaluées : l'effort demandé et la valeur, principalement économique, de l'offre. La probabilité de réapparition sera *réduite si l'effort demandé est faible et cela d'autant plus que la valeur de l'offre est élevée.* Alors le comportement est attribué à la volonté de profiter d'une « bonne affaire », l'offre promotionnelle, et donc la probabilité de réachat sera plus faible.

---

a. Sawyer A., Dickson P., « Psychological Perspective on Consumer Response to Sales Promotion », *in Research on Sales Promotion : collected papers*, MSI, K.E. Josz (Ed.), Cambridge MA, 1984, pp. 47-62.

b. Lichtenstein D., Bearden W., « Measurement and Structure of Kelly's CovarianceTheory », *Journal of Consumer Research*, 13, 1986, pp. 290-296.

Cette théorie de l'auto-perception peut servir de justification théorique à la technique dite du « doigt dans l'engrenage ». Cette technique repose sur le fait qu'obtenir un accord pour une demande de peu d'importance accroît substantiellement la vraisemblance d'un accord pour une demande plus importante. Le comportement, dont l'obtention immédiate est très improbable au départ, est finalement mis en œuvre par un enchaînement de comportements de plus en plus implicants. La première demande doit être suffisamment forte pour induire la conformité du comportement ultérieur, mais suffisamment subtile pour conduire au phénomène d'attribution à une cause interne[1].

Ce dernier point montre que la théorie du conditionnement et celle de l'attribution peuvent parfois faire des prédictions similaires quant au résultat d'une expérience, mais par des raisonnements différents. Ainsi, une expérience[2] menée sur des produits faiblement implicants (margarine et farine), avec une promotion réduction de prix immédiate, a mis en évidence des transferts importants pendant la promotion, mais une faible fidélité aux produits quant la promotion est terminée. Les deux théories prévoient la faible fidélisation : la théorie de l'attribution parce que une fidélisation doit être reliée à l'attribution à une cause interne, donc l'offre promotionnelle doit être réduite ; la théorie du conditionnement parce qu'un changement important de comportement ne peut être obtenu que par un transfert progressif. Il faut donc que l'incitation promotionnelle soit plus forte.

Deux théories ont été présentées pour expliquer, par des schémas cognitifs, les réactions des consommateurs face aux promotions : la théorie du prix de référence et la théorie de l'attribution. La théorie du prix de référence suppose que le consommateur remet à jour son prix de référence mais ne dit pas comment un écart par rapport au prix normal peut affecter le comportement d'achat ou la qualité perçue du produit. Alors que l'attribution se concentre sur la manière dont les promotions affectent le comportement actuel et futur.

Section 4 LES THÉORIES PSYCHOLOGIQUES DU PRIX

Le prix n'est pas un élément d'information objectif et indépendant. Il permet au consommateur de *percevoir* une valeur par rapport à des *points de référence* qu'il a mémorisé ou qui lui sont fournis par l'environnement.

1. Pour un approfondissement, voir Beauvois J.-L., Joule R.V., *Petit traité de manipulation à l'usage des honnêtes gens*, Grenoble, PUG, 1987.
2. Dodson *et al.*, 1978, *op. cit.*

1 La perception des prix

Comment est traitée l'information sur le prix ? Au-delà d'un simple nombre objectif, le prix est un stimulus perçu et décodé en fonction de son environnement.

1.1 La loi de Weber-Fechner

Cette loi met en évidence que le seuil de détection de la perception de la variation d'un stimulus (ΔS) dépend du niveau actuel d'intensité du stimulus (S) et s'exprime comme un pourcentage stable (k) de celui-ci : ΔS est perçu si $\Delta S > k. S$.

Si l'on accepte que cette loi physiologique (différence de luminosité) soit aussi valable pour les éléments cognitifs (différence de prix), alors deux leçons doivent être tirées pour la promotion :

- une réduction de prix doit dépasser un seuil minimal en pourcentage pour être perçue ;
- la détection d'un écart dépend d'un point de référence individuel, ici le niveau du prix normal.

➤ *Implications promotionnelles : communiquer sur l'écart*

Par une communication adaptée, il faut :

- *s'assurer de la perception de l'écart de prix* en suggérant directement un niveau de référence pour le prix car les études montrent que les consommateurs mémorisent peu les prix des produits[1] ;
- *présenter directement le montant de la réduction* en pourcentage pour garantir sa perception du fait de la paresse cognitive de consommateurs (refus ou difficulté de traitement des informations brutes) ou de la faiblesse de la valeur absolue.

Cette théorie concerne aussi l'expression des offres promotionnelles en volume et conduit à exprimer avec force le supplément produit en chiffre (15 % de produit gratuit) ou visuellement (couleur différente de la partie gratuite).

Exemple : Approche non paramétrique des effets prix[2]

> À l'aide d'une version non paramétrique du modèle Scan*Pro, une étude sur des données ACNielsen du marché US du thon en boîte a modélisé l'effet direct du niveau du prix sur les ventes du produit et l'effet croisé du niveau de prix du concurrent sur les ventes de la marque.

---

1. Dickson P., Sawyer A.G., « The price knowledge and search of supermarket shoppers », *Journal of Marketing*, 54, 3, 1990, pp. 42-53.
2. Pour une information plus détaillée, voir Leeflang P., Wittink D., Wedel M., Naert P., « Building models for marketing decisions », *International Series in Quantitative Marketing*, Kluwer (KAP), 2000, pp. 404-407.

La figure suivante indique, par exemple, que si le prix est réduit de 30 %, les ventes passent de 142 à 383 soit une élasticité de − 5,65.

Trois conclusions de cette étude sont particulièrement remarquables :

– l'existence d'une *zone d'insensibilité de la demande* au prix tant pour l'effet direct que pour l'effet croisé : pour un écart de prix inférieur ou égal à 10 % (indice 0,90) les effets sont faibles ;
– l'existence d'un *effet de saturation pour l'effet croisé* : au-delà d'un écart de 30 %, une baisse du prix de B n'accroît plus l'effet de substitution sur les ventes de A ;
– *l'absence d'effet de saturation pour l'effet direct* : la baisse du prix accroît toujours la demande.

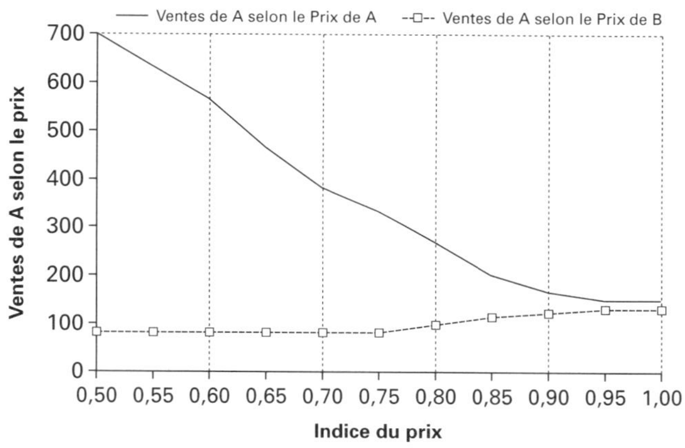

1.2 Les prix ronds

Le traitement du prix ne donne pas toujours lieu à un traitement algébrique[1] et l'individu peut se contenter de traitement heuristiques pour déterminer l'intérêt d'une offre. Notamment, la simplification du traitement peut passer par l'utilisation des prix rompus, dont les valeurs sont justes inférieures aux prix ronds (multiples de 1, 2 et 5) pour deux raisons :

– *les prix ronds facilitent le traitement du prix* : ils facilitent la maîtrise de la dépense (moins de 100 €), ils facilitent la comparaison des prix pour identifier le prix le moins cher (99 € ou 101 €) ;
– *les prix rompus sont reconnus comme étant associés à des promotions prix* : la présence de nombreux chiffres 9 (999 € ou 4,99 €) est interprétée par le consommateur comme un signal d'un produit bon marché ou d'un effort particulier fait sur le prix de la part du distributeur[2].

1. Monroe K., Lee A., « Remembering versus knowing : issues in buyers' processing of price information », *Journal of the Academy of Marketing Science*, 27, 2, 1999, pp. 207-225.
2. Naipaul S. et Parsa H.G., « Menu price endings that communicate value and quality », *Restaurant Management*, février, 2001, pp. 26-37.

Les conséquences pour la gestion promotionnelle sont :

- la réduction de prix doit rechercher un seuil de prix net plutôt qu'une réduction en pourcentage ;
- l'expression directe de la réduction de prix doit aussi chercher des valeurs rondes (« vous économisez 10 € ») ;
- l'élasticité des ventes au prix n'est pas constante : lorsque des valeurs symboliques ont été atteintes, toute réduction supplémentaire se traduit principalement par une perte de marge ;
- la simplification vaut aussi pour les promotions volumes qui utiliseront de préférences des unités supplémentaires (« dont 1 gratuit ») plutôt qu'une expression sous forme de réduction en pourcentage ;
- utiliser une réduction de prix en pourcentage lorsque les valeurs de référence sont trop faibles : « − 15 % » plutôt que − 0,09 € sur un prix de base de 0,6 €.

1.3 L'illusion monétaire

Ces approches perceptuelles postulent l'existence d'une échelle de valeur apprise par l'individu, lui permettant de porter un jugement sur la qualification sur des échelles comme « cher » ou « pas cher » dans l'absolu et « cher » ou « bon marché » pour chaque catégorie de produit.

Lors du changement d'unité monétaire, la conversion des prix conduit à utiliser une partie différente de l'échelle (plus basse si le taux de conversion est élevé) et donc à formuler des appréciations différentes alors que le stimulus économique objectivement n'a pas changé. Ainsi, la valeur moyenne d'un coupon de 3,50 F (0,53 €) conduit à apprécier un coupon de 0,15 € comme trop faible pour réagir.

Ce jugement pourrait conduire à la même conclusion pour un coupon de 0,5 €.

Les implications promotionnelles sont :

- utiliser de préférence les offres en volumes, insensibles à cet effet ;
- *changer de base* pour redonner à cette valeur une importance plus grande (50 cents au lieu de 0,50 €).

1.4 L'effet de communication

Des chercheurs ont identifié que certains groupes de consommateurs ont des processus de choix réduits et utilisent des règles heuristiques, simplificatrices, basées sur la présence d'une promotion. Pour des alternatives considérées comme banales et peu différenciées, le consommateur crée une variable binaire « en promotion ou non » à partir des éléments de communication présents dans le contexte et de croyances permettant l'inférence (« tous les produits en TG ont un prix réduit »).

Cette approche explique que *la simple utilisation d'une communication promotionnelle suffit à déclencher des achats* de la part de cette cible. Ainsi, des accroissement de ventes ont été observés quelle que soit la réduction de prix pratiquée, voire même en l'absence de réduction, pour des produits présents sur un prospectus ou mis en avant en magasin (TG)[1]. Bien plus, cet effet a pu être observé lors de l'augmentation du prix de certains produits mis sur un dépliant promotionnel, par exemple du type « Foire à 1 € ».

Exemple

En TG, les réductions de prix sont plus faibles.

Selon l'étude LSA-Panel International, la réduction de prix moyenne accordée en tête de gondole n'est que de 4,5 % contre 10,1 % en rayon en 2000.

	Balisage « stop rayon »	Tête de gondole	Îlot de masse
Total	– 10,1 %	– 4,5 %	– 7,3 %
Épicerie	– 8,3 %	– 4,5 %	– 5,0 %
Liquides	– 7,9 %	– 4,0 %	– 4,4 %
DPH	– 7,0 %	– 3,4 %	– 4,0 %
Frais libre	– 160 %	– 6,9 %	– 11,1 %
Bazar courant	– 10,4 %	– 8,0 %	– 9,3 %

Source : http://www.lsa.fr/usn-ftp/etudes/promotions/etudes.htm.

2 Le prix de référence

La nature et la formation de la référence de prix utilisée dans la loi de Weber-Fechner ont fait l'objet de nombreuses recherches. Celles-ci sont centrées sur l'existence de ce prix de référence, sur sa nature, son mode de constitution et de mise à jour et sur son utilisation.

1. Inman J., McAlister L., « A Retailer Promotion Policy Model Considering Promotion Signal Sensitivity » *Marketing Science*, 12, 4, 1993, pp. 339-356.

2.1 L'apprentissage du consommateur

Clé de voûte du comportement dynamique, et plus spécifiquement ici du prix de référence interne, l'apprentissage du consommateur est un processus de mise à jour des croyances qui a été formalisé[1] en quatre étapes : génération d'hypothèses, exposition et codage de la réalité puis intégration des deux sources d'information.

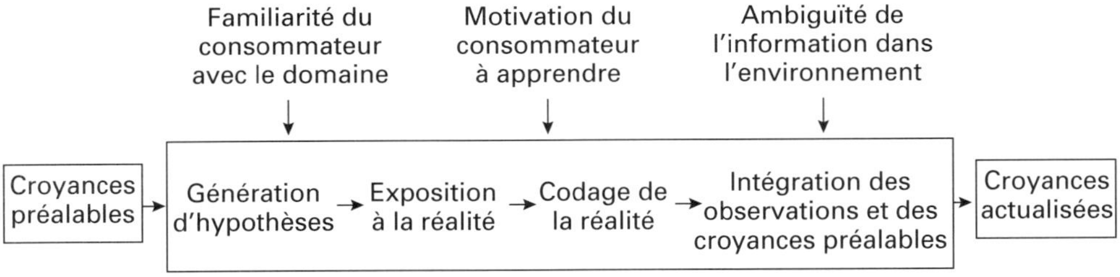

Figure 4.5 – *Un modèle de l'apprentissage des consommateurs*

➤ *Les déterminants de l'apprentissage*

L'importance de l'effet d'apprentissage, coûteux, est influencée par trois variables : la familiarité avec le domaine (réduction du coût de traitement), la motivation à apprendre (valorisation du résultat d'une meilleure décision) et l'ambiguïté de l'information (utilité d'un traitement de l'information).

2.2 L'existence du prix de référence

Si le consommateur utilise, de manière consciente et réfléchie, un prix de référence pour évaluer la cherté d'un produit, alors ce prix doit persister et être mémorisé. Des études, assez anciennes, ont montré que la mémorisation des prix était faible et imprécise, au moins pour les produits de consommation courante. Ceci peut s'expliquer par la faible implication du consommateur dans ce type d'achat et par l'existence d'autres stratégies cognitives beaucoup plus économes en ressources intellectuelles (regarder le prix en rayon au moment du choix sans les mémoriser).

La forte prégnance du prix dans les offres promotionnelles semble, si l'on en croit des études récentes, avoir modifié cette observation avec un consommateur en GMS beaucoup plus capable d'indiquer précisément des prix.

1. Hoch S., Deighton J., « Managing what consumers learn from experience », *Journal of Marketing*, 53, 2, 1989, pp. 1-20.

Exemple : Amélioration de la connaissance des prix par les consommateurs

> Une étude LSA-Panel International révèle que, en 2000, 94 % des consommateurs sont capables de citer un prix pour un produit donné, celui-ci se révélant juste, dans une fourchette de plus ou moins 10 % dans 71 % des cas. Sur une liste de 20 articles courants, 75 % des consommateurs citent le bon niveau de prix de plus de 12 articles, mais aucun n'est ignorant des prix au point de ne pas pouvoir être juste sur au moins 8 articles.
>
> *Source* : http://www.lsa.fr/usn-ftp/etudes/promotions/etudes.htm.

Théoriquement, le prix de référence est justifié par la *théorie du niveau d'adaptation*[1] selon laquelle la perception de stimuli est effectuée par rapport à un point de référence, ou niveau d'adaptation, déterminé par les stimuli (ici les prix) auxquels l'individu a été préalablement exposé.

Ce prix de référence doit être envisagé comme une plage de prix plutôt que comme un prix unique.

2.3 La nature et constitution du prix de référence

Le prix de référence (PR) résulte de l'intégration de deux sources d'informations, internes et externes, en fonction de caractéristiques individuelles et situationnelles.

➤ *Le prix de référence interne*

Le PR interne est un prix de référence historique, constitué à partir *des prix observés* ou payés antérieurement. En prenant en compte un facteur d'oubli, il a ainsi pu être formalisé comme une somme des prix pondérés en relation inverse du caractère récent de l'achat. Ce prix a aussi été proposé comme un *prix attendu* : le consommateur peut non seulement stocker les prix mais aussi anticiper leur évolution en fonction de son expérience.

À ce prix sera associé un indice de confiance déterminant l'amplitude de la zone d'incertitude (latence) autour des prix. Une stabilité d'un prix payé pour un achat fréquent (cigarettes, journaux, baguette) conduit à une confiance plus forte dans la précision de l'évaluation et par une détection de variations, même faibles.

➤ *Le prix de référence externe*

Le PR externe est constitué à partir des informations disponibles dans l'environnement avant (prospectus) ou au moment de l'achat (prix en rayons). Le traitement perceptuel d'un ensemble complexe (des prix pour des produits différents) pour en extraire un indicateur de centralité (PR) n'est pas encore bien connu. Il a ainsi pu être opérationalisé simplement comme une somme des prix des produits, mais aussi

---

1. Helson H., *Adaptation-Level theory*, New York, Harper & Row, 1964.

en tenant compte d'une pondération plus forte pour la marque la plus visible, pour la marque habituelle, ou pour la marque *leader*. L'importance de l'ordre de traitement des prix a aussi été soulignée, le premier prix jouant un rôle de pivot, adapté ensuite par les valeurs des autres prix (*théorie de l'ancrage-ajustement*).

Enfin, des chercheurs ont suggéré de prendre aussi en compte l'étendue des prix et les prix extrêmes. Un écart important des prix extrêmes est interprété comme un signal sur la variété des prix, et donc de la qualité sous-jacente, ce qui peut renforcer le rôle du prix comme critère de choix. Il peut aussi être utilisé pour inférer la qualité de service proposée par le distributeur (conditions d'achat favorables).

Cette question est de première importance pour le choix des produits et des prix dans la communication prospectus d'un magasin et pour la gestion de l'image prix des distributeurs.

➤ *Poids respectifs des sources d'information*

L'utilisation de références externes plutôt qu'internes dépend de la disponibilité de l'information et de la volonté de la traiter :

- *la disponibilité* : l'information interne détenue est faible si la fréquence d'achat est faible et si l'acheteur a une faible implication dans l'acte d'achat ;
- *la volonté de traitement* dépend de l'implication de l'acheteur et du coût des ressources nécessaires (temps) ainsi que du coût relatif d'obtention de l'information : une information largement diffusée et peu coûteuse induit la préférence pour les éléments d'information externe.

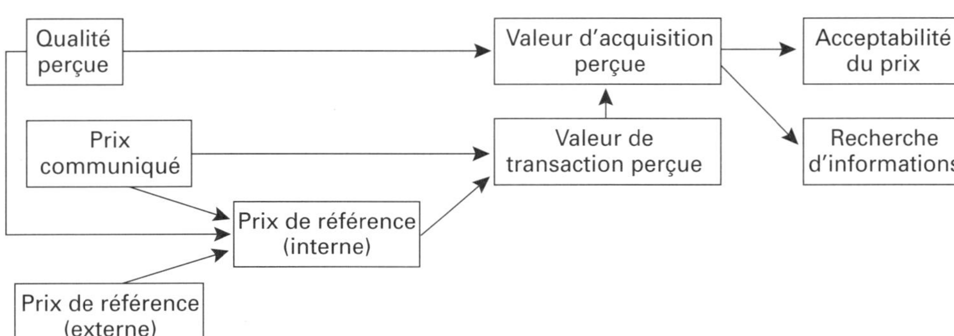

Figure 4.6 – *Prix de référence et intention d'achat*

La figure 4.6[1] présente les liens possibles entre les prix de référence (interne et externe), la perception des valeurs de transaction et d'acquisition et les conséquences comportementales (acceptabilité du prix et recherche d'information).

2.4 L'acceptabilité

Les contraintes économiques et les croyances sur la relation entre le prix et la qualité conduisent les clients à déterminer une zone de prix acceptables, délimitée par un prix minimal en dessous duquel le client doute de la qualité et un prix maximal au delà duquel les produits ne sont plus accessibles économiquement ou pour lesquels le supplément de valeur est faible par rapport au supplément de prix demandé.

L'existence de cette zone individuelle, a pour conséquence, lorsque les prix utilisés sont des prix ronds, de créer des variations brutales de la demande, des effets de marche, liés à l'entrée du produit en promotion dans la zone d'acceptabilité d'achat d'un segment de clientèle.

3 L'évaluation du prix

3.1 L'effet rétro-actif du choc de l'étiquette

Lorsque le prix de référence est modifié à la baisse, en tenant compte du prix promotionnel, il devient inférieur au prix normal antérieurement pratiqué. Le retour à celui-ci crée donc un effet *choc de l'étiquette* (*sticker shock*) qui conduit le consommateur à percevoir une hausse de prix. Ce phénomène est encore accentué pour un produit nouveau pour lequel le prix promotionnel constitue la seule référence.

Il est donc important, pour minimiser cet effet aux conséquences négatives sur les ventes, de s'assurer que la baisse antérieure du prix a été perçue comme limitée dans le temps et inscrite dans une cadre promotionnel (exceptionnel).

Cet effet peut aussi être utilisé de manière positive : pour éviter que des hausses de prix soient perçues par la clientèle, elles peuvent être « noyées » dans une promotion. Le nouveau prix, plus élevé, est appliqué à l'issue de la promotion, celle-ci ayant eu pour effet de perturber le niveau du prix de référence.

1. Adaptée de Grewal D., Monroe K., Krishnan R., « The Effects of Price-Comparison Advertising on Buyers' Perceptions of Acquisition Value, Transaction Value and Behavioral Intentions », *Journal of Marketing*, 62, 2, 1198, pp. 46-59.

Exemple : Mettre en promotion pour perturber le prix de référence

> Selon l'étude LSA-Panel International, la hausse des prix post-promotionnels est une pratique assez répandue : 28 % des GMS ont un niveau de prix régulier supérieur à celui qu'elles avaient avant les périodes de promotions (distributeur) fortes. Ce constat global est valable, mais dans une moindre mesure, au niveau des références, dans 6,7 % des cas
>
> *Source* : http://www.lsa.fr/usn-ftp/etudes/promotions/etudes.htm.

3.2 L'effet sur la sensibilité au prix

Il a été montré que la mise en valeur d'un attribut par une communication spécifique a une influence sur sa prise en compte lors du choix. Des clients auraient donc une pondération des attributs influençable.

Tant l'accent mis sur la dimension prix ou réduction de prix que la fréquence d'utilisation de cet argument conduisent les consommateurs à, d'une part, accorder une *importance plus forte aux prix* et, d'autre part, à mettre à jour plus rapidement le prix de référence par une pondération plus forte accordée à l'information externe. *Le prix de référence devient donc plus volatil.*

L'implication promotionnelle est que, dans les secteurs qui ne veulent pas entrer dans une concurrence forte par le prix, il est indispensable de recourir à des promotions qui ne mettent pas en cause celui-ci (des primes et cadeaux dans les secteurs du luxe plutôt qu'une remise de fidélité).

3.3 Le prix « juste » (*fair price*)

L'aspect d'équité est apparu plus récemment dans les recherches. Le prix juste avait pourtant déjà été proposé comme prix de référence. L'équité du prix demandé sous-entend que le vendeur n'utilise pas sa position dominante, ou la situation de faiblesse de l'acheteur, pour exploiter la situation et exiger un prix trop élevé. La différence de traitement entre acheteurs peut aussi être à la source d'une iniquité perçue[1]. L'implication promotionnelle est que cette exigence d'un prix juste peut engendrer des réactions négatives vis-à-vis de la marque lors de promotions discriminantes.

REPÈRES : Implications promotionnelles des théories du prix

Le prix n'est pas seulement un élément objectif manipulé par l'entreprise, c'est une valeur subjective, perçue en fonction de l'environnement et interprétée en fonction d'un point de référence externe ou mémorisé par l'individu.

☞

1. Voir Kamen J., Toman R., « Psychophysics of Price », *Journal of Marketing Research*, 8, 1, 1970, pp. 252-257.

☞

La communication du prix influence sa perception : il est évalué sur une échelle numérique stable qui influence la perception de la grandeur (0,50 € plus petit que 50 cents). Cette échelle n'est pas régulière et donne plus d'importance aux prix ronds.

L'effet d'une réduction de prix n'est pas régulier : il existe un seuil minimal en dessous duquel la participation à l'opération n'est pas jugée profitable, soit parce que l'avantage est perçu comme insignifiant (seuil minimal de perception : 1 € ?), soit parce qu'il est trop faible par rapport à l'effort demandé. Des études avancent le seuil de 15 %.

Choisir l'expression (valeur relative ou absolue) selon le niveau de base du prix : plus le prix est bas, plus l'expression en pourcentage est à recommander. Inversement, pour un prix élevé, l'expression du prix en valeur absolue est préférable.

Les prix rompus ont une valeur de communication : les prix utilisant une terminaison en un ou plusieurs 9 sont associés à une promotion, une effort particulier sur le prix.

Une réduction ou une remise doit, au contraire, correspondre à une perception directe de la valeur : l'utilisation de prix ronds facilite cette perception (multiples de 5 et 10 €).

Suggérer un prix de référence : un prix barré sera perçu et, par simplicité, souvent utilisé. Cela permet de mettre en évidence l'avantage proposé plutôt que l'importance du prix à payer.

Les réductions de prix influencent le prix de référence interne : d'une part, le prix de référence est ajusté vers le bas en fonction des prix observés, d'autre part le client apprend que le prix est variable et qu'il peut obtenir un avantage en modifiant son comportement (ajustement plus fréquent ou plus rapide du prix de référence).

4 La théorie du cadrage (framing theory)

La théorie du cadrage[1] indique pourquoi un individu peut réagir différemment selon que l'offre promotionnelle apporte quelque chose en plus (produit girafe) ou demande quelque chose en moins (réduction de prix).

4.1 Principe

Dans cette théorie, l'utilité est subjective et dissymétrique. Elle est *subjective* car les alternatives sont évaluées comme générant deux ensembles, de gains et de pertes par rapport à un point de référence. Ils sont appréciés séparément avant d'être compensés. Chaque choix est réduit à une série de jeux, un jeu (x, p ; y, q) étant une loterie qui conduit au résultat x avec une probabilité p et au résultat y avec une probabilité $q = 1 - p$. Puis chaque jeu est évalué par rapport à une fonction de valeur (V) non symétrique. L'utilité est *dissymétrique* par rapport à un point de référence : les pertes sont plus fortement ressenties que les gains. Enfin, l'évaluation

1. Thaler R., « Mental Accounting and Consumer Choice », *Marketing Science*, 4, 3, 1985, pp. 199-214.

est soumise à des rendements décroissants : un gain d'un montant donné est d'autant moins apprécié qu'il s'ajoute à un niveau déjà élevé.

Cette théorie repose sur une fonction objectif à maximiser et un processus en deux étapes : *interprétation* puis *évaluation*. Pour la fonction objectif, le principe retenu ici est que l'individu n'est mu que par une seule motivation fondamentale : le plaisir. Chaque gain entraîne un plaisir supplémentaire, et chaque perte, une souffrance donc une diminution du plaisir. L'individu va d'abord interpréter, classer en perte/gain et évaluer les composantes de l'échange (le codage), puis intégrer progressivement les composantes valorisées sur des fonctions spécifiques (l'agrégation). L'intérêt de cette théorie est de *mettre en évidence les facteurs qui peuvent conduire l'individu à utiliser tel ou tel schéma d'intégration*.

➤ *Différencier le choix (utilité d'acquisition) de l'achat (utilité de transaction)*

La valeur perçue d'une transaction est la somme de deux utilités liées à l'acquisition et à la transaction. L'*utilité de l'acquisition* repose sur la valeur intrinsèque de l'offre : l'écart entre le prix demandé et la valeur monétaire équivalente attribuée au bien. Cette valeur est appréciée en fonction des prix pratiqués sur le marché.

L'*utilité de la transaction* dépend du prix demandé par rapport à un prix de référence que l'on pouvait s'attendre à payer. Ce prix de référence est formé à partir d'une évaluation des attributs du produit. Cette évaluation dépend de l'expertise de l'individu, de la catégorie de produit et de la communication spécifique associée à l'offre, en particulier l'indication d'un prix normal. C'est l'utilité de la transaction qui est particulièrement visée avec une promotion.

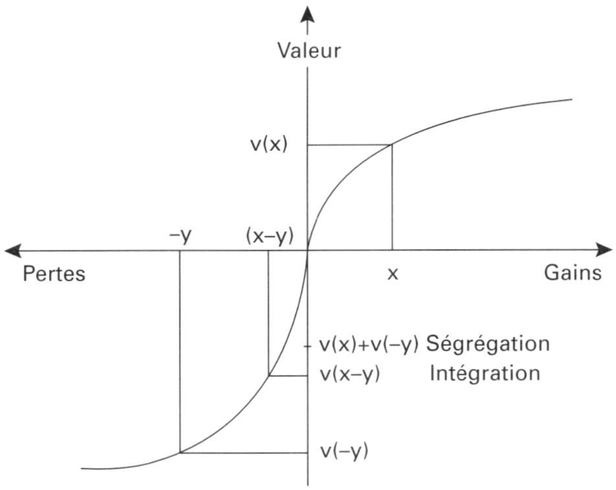

Source : Thaler R., 1985, « Mental Accounting And Consumer Choise » *Marketing Science*, Vol.4, N°3, summer, p. 203.

Figure 4.7 – *La théorie du cadrage*

➤ *Le codage*

L'individu affecte une dimension gain ou perte à chaque caractéristique de l'échange. Il évalue ensuite la contribution de la caractéristique sur cette dimension : cette caractéristique réduit la perte ou le gain, accroît un gain ou une perte. Cette affectation est réalisée *en fonction de l'interprétation psychologique qu'il fait des composantes de l'échange, telles qu'elles lui sont présentées*.

Les gains (x) et les pertes (-y) sont évalués sur des fonctions différentes (figure 4.7). La valorisation des gains correspond à une fonction concave et celle des pertes à une fonction convexe. La fonction de perte est cependant plus creusée que la fonction de gain, pour prendre en compte *l'effet de propriété* : à la valeur marchande s'ajoute une valeur affective et un coût de transaction, qui font qu'un individu fixe souvent un prix plus important pour vendre un objet qu'il possède, que le prix qu'il accepterait de payer pour l'acheter.

L'individu est plus sensible au changement relatif qu'au niveau absolu sur les dimensions. La fonction objectif, c'est-à-dire ce que l'individu essaie de maximiser, reflète l'efficacité décroissante de peine ou de plaisir selon l'éloignement du résultat du point de référence (une réduction de la perte de 200 € à 100 € a une valeur perçue plus faible qu'un gain séparé de 100 €).

4.2 L'agrégation

L'évaluation d'une offre correspond à la somme de l'évaluation psychologique des gains et de l'évaluation psychologique des pertes. Pour résoudre la complexité de l'échange proposé (plusieurs pertes, plusieurs gains), l'individu agrège progressivement les composantes selon des schémas hiérarchiques variables.

Deux processus de base sont utilisables : l'intégration ou la ségrégation :

– *l'intégration* compense les gains et les pertes avant la valorisation de la transaction par la fonction (V) ;

  $[V(x, -y) = V(x - y)]$

– *la ségrégation* valorise séparément les composantes de la transaction (gains et pertes), puis additionne les valeurs positives et les valeurs négatives obtenues.

  $[V(x, -y) = V(x) + V(-y)]$

Exemple

Pour un achat de 1 000 €, un distributeur décide d'accorder une promotion d'une valeur de 100 € (10 %). Comment la présenter ? Pour le client, le paiement de 1 000 € est considéré comme une perte $(-y)$ et la valeur perçue de cette perte est $V(-y)$. Si la promotion est une simple réduction de prix (gain de $x = 100$ €), elle est intégrée et le client ajuste sa perte à 900 € $(x - y)$ et l'évalue de nouveau $[V(x - y)]$. Au contraire, si la promotion est dissociée du paiement, il va évaluer séparément le paiement de 1 000 € et la promotion (un four à micro-ondes gratuit), puis apprécier globalement l'offre [V(−y) + V(x)]. Dans ce cas de ségrégation, la valeur perçue de l'offre est supérieure à celle de l'intégration.

Les points importants de cette théorie sont les suivants :

- le processus d'agrégation est influencé par la communication qui présente l'échange ;
- *l'individu choisit la stratégie d'évaluation* qui lui permet d'obtenir la valeur globale de satisfaction la plus élevée, tout en tenant compte de l'effort intellectuel lié au processus décisionnel ;
- *le consommateur ne fera pas l'effort d'intégrer des attributs non comparables* dans des situations d'achats courants. Les attributs des produits/services ayant souvent des métriques et des points de référence différents, l'intégration des gains et des pertes lors de l'évaluation de stimuli multi-attributs, et le processus de décision seront complexes.

➤ *Quelques recommandations*

Les cas suivants illustrent quatre situations ainsi que les recommandations issues de la théorie :

- *les « cadeaux de Noël »* : quand plusieurs éléments doivent être évalués comme des gains, il vaut mieux les emballer séparément que de les mettre dans un seul paquet ! C'est la meilleure stratégie face à une situation où les gains sont multiples, la concavité de la fonction d'évaluation conduit alors à préférer la ségrégation des gains ;
- *la « carte de crédit »* : les multiples dépenses (pertes) sont regroupées en une seule ligne sur un relevé de compte ! Dans le cas de plusieurs pertes, la convexité de la fonction de valorisation conduit à privilégier une stratégie d'intégration des pertes ;
- *l'achat classique* : la situation après l'achat doit normalement être plus favorable qu'avant l'achat. C'est le cas d'une situation mixte (gain et perte) avec la valeur économique du gain supérieure à celle de la perte. Cependant, comme la fonction de valorisation des pertes a une pente plus forte, il est fréquent qu'une stratégie d'intégration, préférable ici, conduise à une situation à la valeur perçue nulle ;
- *le prélèvement automatique* est à privilégier dans tous les cas où la transaction est perçue comme globalement négative (impôts, assurance). Pour cette situation, où la perte l'emporte sur le plan économique, la stratégie de ségrégation est d'autant plus adaptée que le gain est faible.

4.3 Le cadrage des paiements

La théorie se développe actuellement au niveau des paiements[1]. Le consommateur catégorise ses ressources financières et il dépense plus facilement l'argent gagné facilement. Il alloue des budgets à chaque groupe de dépenses et tient une comptabilité mentale approximative, perceptuelle et mémorisée, des sommes disponibles qui influencent les décisions d'achat ultérieures.

Ce processus est directement influencé par la communication de l'offre et le cadrage qui en résulte, ainsi que par les supports utilisés : la « désutilité » du paiement est d'autant plus perçue, et mémorisée, que *la somme est grande* (importance du fractionnement), *l'activité nécessaire pour le paiement est importante* (donner des pièces, libeller un chèque) et que *le décaissement est perçu rapidement*.

Ces hypothèses expliquent le fait qu'un niveau de dépenses plus élevé (à revenu égal) est observé lorsqu'une carte de crédit est utilisée. Plus le paiement est facile et peu douloureux, moins le consommateur contrôle effectivement son niveau de dépenses.

4.4 Le cadrage temporel

Si l'offre promotionnelle est immédiate, les valeurs perçues des bénéfices et des coûts sont identiques aux valeurs réelles, ce qui n'est pas le cas si l'une des deux composantes est différée dans le temps car les deux dimensions (gains, pertes) ne sont pas actualisées de la même manière : les pertes futures paraissent moins importantes (taux d'actualisation plus élevé que celui des gains).

Pour les coupons à valoir par exemple[2], l'effet immédiat sur le comportement dépend beaucoup plus de la valeur faciale (positivement) que de l'effort demandé (négativement) alors que la rédemption est négativement reliée à l'effort. Inversement, les recherches montrent aussi que pour des opérations impliquant un pré-paiement (ventes par lot, girafe), la consommation tend ensuite à être accélérée du fait de la moindre perception de la dépense initiale lors de la décision de consommation[3]. Une approche théorique du pré-paiement, avec des conséquences intéressantes pour la vente sur Internet, commence à se développer[4].

1. Soman D., « Effects of Payment Mechanism on Spending Behavior : the role of Rehearsal and Immediacy of Payments », *Journal of Consumer Research*, 27, 1, 2001, pp. 460-474.
2. Soman D., « The Illusion of Delayed Incentives : Evaluating Future Effort-Money Transactions », *Journal of Marketing Research*, 35, 4, 1998, pp. 427-437.
3. Gourville J. et Soman D., « Payment Depreciation : the Behavioral Effects of Temporally Separating Payments from Consumption », *Journal of Consumer Research*, 25, 3, 1998, pp. 160-174.
4. Xie J. , Shugan S. , « Electronic Tickets, Smart Cards, and Online Prepayments :When and How to Advance Sell », *Marketing Science*, 20, 3, Summer, 2001, pp. 219-243.

4.5 L'effet de manque

Imposer des restrictions à la promotion (notamment donner des indications sur la rareté et le nombre limité) constitue une information que l'individu va, éventuellement, utiliser pour déterminer la valeur d'une offre promotionnelle, selon les autres sources d'information disponibles et leur cohérence. Des caractéristiques individuelles, comme le besoin de réfléchir, influencent aussi cet effet. Cette information renforce la rareté perçue d'une offre déjà perçue comme attractive[1]. À noter cependant que l'annonce de quantités limitées a des conséquences sur le reclassement juridique de l'opération, puisque l'organisateur d'une promotion doit s'assurer des quantités nécessaires pour faire face aux demandes sinon il s'agit d'une vente en liquidation.

REPÈRES : Implications promotionnelles de la théorie du cadrage

Face à une offre complexe, l'individu agrège progressivement en évaluant par rapport à des points de référence. La manière dont les composantes de l'opération vont être présentées, les niveaux d'agrégation intermédiaires retenus dans la communication, vont influencer l'affectation gain/perte, le processus de traitement et finalement la perception de la valeur globale par le client[a].

Placer la promotion sur la dimension des gains : le classement d'un promotion comme un gain est considéré comme un signal de la valeur de la promotion car les gains ne sont pas rapportés au prix de référence, qui lui est toujours considéré comme une perte.

Donner la priorité aux offres non-monétaires : elles mettent en évidence la valeur perçue sans beaucoup d'analyse. La séparation, physique ou temporelle, d'un rabais de la détermination du prix conduit à classer le rabais comme un gain. Thaler[b] prédit ainsi que les promotions perçues comme bénéfices séparés sont préférables aux promotions perçues comme réductions de coûts. Une promotion exprimée dans la même unité que le prix sera plus facilement intégrée dans le prix de référence et donc classée comme une « réduction de perte ». Au contraire, une promotion en unités autres que monétaire (produit en plus), sera considérée comme un gain séparé et n'influencera pas le prix de référence[c].

---

a. Puto C., « The Framing of Buying Decisions », *Journal of Consumer Research*, 14, 4, 1987, pp. 301-315.

b. Thaler R., « Mental Accounting and Consumer Choice », *Marketing Science*, 4, 2, 1985, pp. 229-232.

c. Diamond W., Campbell L., « The Formation of Reference Price », *Advances for Consumer Research*, 16, Srull T. (ed.), Provo UT, 1989, pp. 241-247.

☞

---

1. Inman J., Peter A., Raghubir P., « Framing the Deal : The Role of Restrictions in Accentuating Deal Value », *Journal of Consumer Research*, 24, 2, 1997, pp. 68-79.

☞

Séparer la promotion du paiement : les actions promotionnelles longues et continues (prime et collections) sont classées comme des gains parce que le consommateur effectue une comptabilité intellectuelle séparée entre le prix d'achat et les bénéfices promotionnels ultérieurs. De même des promotions où une partie du bénéfice est reversée à une œuvre charitable (*charity promotion*) sont valorisantes et peuvent être vues comme des gains à cause de la nette différenciation de l'achat et du don.

Dépasser un seuil minimal pour la valeur : la première phase de l'analyse, l'affectation préliminaire en gain/perte affecte la suite du processus de décision et en particulier le processus d'attribution. Ainsi une promotion suffisamment importante peut conduire à une perception positive et peut devenir la raison simple et unique d'acheter le produit.

Utiliser l'effet signal de la promotion : le consommateur doit être à la fois, motivé et capable de traiter l'information contenue dans une communication[d]. Par incapacité ou pour limiter l'effort intellectuel, l'individu peut recourir à des approximations (heuristiques), comme par exemple la « priorité au bon de réduction » : un acheteur choisit la marque pour laquelle il a reçu un bon de réduction plutôt que celle qui a le prix le plus bas. Cette heuristique simple serait utilisée par les consommateurs les moins concernés par la promotion qui ne vont pas faire l'effort de comparer les prix. Ce point a été étendu et certains chercheurs[e] y ont ajouté le facteur situationnel (pression temporelle), et le produit (type d'article) rapprochant ainsi certains éléments de la théorie de l'attribution présentée supra.

Favoriser les moyens de paiement moins impliquants : la décision de dépense est plus facile si le paiement est décalé (paiement différé sur les cartes de fidélité), si la contrainte de disponibilité des ressources est moins forte (crédit gratuit), si l'acte du paiement est moins impliquant (carte de crédit, crédit *revolving*). Cette orientation promotionnelle nécessite cependant une *sérieuse réflexion éthique* car elle conduit à l'escalade de l'endettement pour les populations les plus fragiles, souvent celles pour qui ces instruments financiers sont indispensables et qui n'ont pas l'auto-contrôle nécessaire pour empêcher un surendettement.

---

d. Petty R., Cacioppo J., Schuman D., « Central and Peripheral Routes to Advertising Effectiveness : The Moderating Role of Involvement », *Journal of Consumer Research*, 10, 1983, pp. 135-146.

e. Park C., Iyer E., Smith D., « The Effects of Situational Factors on In-Store Grocery Shopping Behavior : the Role of Store Environment and Time Available for Shopping », *Journal of Consumer Research*, 15, 1989, pp. 422-433.

Section 5

LA SENSIBILITÉ À LA PROMOTION

L'identification et le dénombrement des consommateurs sensibles à la promotion (*deal prone*) a fait l'objet de nombreuses recherches. L'objectif visé est de pouvoir identifier les cibles réactives aux opérations et donc d'adapter la politique promotionnelle.

1 La sensibilité promotionnelle

La conception de la promotion des ventes que nous avons retenue est large et dépasse les seules techniques de prix, c'est pourquoi parmi les nombreuses définitions existantes, c'est celle-ci qui a été retenue[1] : « La propension renforcée à répondre à une offre promotionnelle parce que cette offre se présente sous une forme qui affecte positivement l'évaluation de l'acte d'achat ».

Plusieurs catégories de variables sont à étudier : les manifestations de la sensibilité à la promotion par un comportement, les facteurs personnels et situationnels justifiant ce comportement et les identifiants de la fréquence et de l'intensité de la sensibilité lorsqu'elle est considérée comme stable (un trait de personnalité) et corrélée à des caractéristiques socio-démographiques plus facilement observables.

La sensibilité pourrait cependant rester à un niveau circonstanciel (variable selon les situations), avec un modèle de choix construit selon les circonstances et les compétences de l'individu : un critère fortement accessible au moment du choix, ce qui est souvent le cas de la promotion, ayant tendance à être surpondéré[2].

2 L'approche comportementale

La sensibilité se déduit de l'étude des comportements observés : actes d'achat ou autres comportements.

2.1 L'achat comme réponse promotionnelle

La réponse promotionnelle la plus directe est l'acte d'achat. L'effet promotionnel se manifeste alors en un changement de marque, un achat anticipé, un achat en plus grande quantité mais aussi un achat simultané (lot mixte, prime) et un changement de magasin. Les recherches antérieures sont concentrées sur l'acte d'achat et sur les choix (marque, quantité, moment), les deux dernières dimensions étant moins étudiées (achat produit différent et magasin).

---

1. La définition est de Lichstenstein D.R., Netemeyer R.G., Burton S., « Distinguishing Coupon Proneness From Value Consciousness : an Acquisition-Transaction Utility Theory Perspective », *Journal of Marketing*, 54, 3, 1990, pp. 54-67. citée par Volle P., *Promotion et choix du point de vente*, Paris, Vuibert, 1999. Voir aussi la synthèse réalisée par Froloff L., « La sensibilité du consommateur à la promotion des ventes : de la naissance à la maturité », *Recherche et Applications en Marketing*, 7, 3, 1992, pp. 69-88.
2. Bettman J., Sujan M., « Effects of Framing on Evaluation of Comparable and Non Comparable Alternatives by Expert and Novice Consumers », *Journal of Consumer Research*, 14, 3, 1987, pp. 141-154.

2.2 La classification des modes de réponses

La simple étude des comportements est insuffisante pour mettre en évidence les modes de réponse précédents qui portent sur des *variations* de comportement.

La démarche suggérée par les travaux antérieurs[1] est de constituer une classification des comportements selon différentes caractéristiques du comportement : la fidélité à la marque, la sensibilité à la promotion par changement de marque ou par accroissement des quantités achetées :

- *les insensibles à la promotion*, qui sont fidèles ou infidèles, à une marque voire multifidèles ;
- *les sensibles fidèles*, stockeurs qui accroissent leurs quantités achetées ;
- *les sensibles infidèles*, stockeurs ou non, qui changent de marque à cause de la promotion ;
- *les exclusifs promotion* qui ne vont utiliser que le critère promotionnel pour faire leur choix.

Selon l'objet et le commanditaire de l'étude (producteur ou distributeur), d'autres variables peuvent être prises en compte comme le type de marque (marque nationale ou marque de distributeur).

L'analyse peut être faite à deux niveaux :

- *au niveau d'un acte d'achat*, les individus sont alors classés en fonction de l'acte d'achat observé et le marché est caractérisé par la fréquence relative des types ;
- *au niveau d'un individu*, celui-ci ayant une fréquence estimée d'utilisation de chacune de ces stratégies d'achat.

Le décideur peut alors anticiper l'effet net de sa promotion. Cette approche est, bien sûr, dépendante de la qualité de l'information disponible au niveau individuel et, donc, de la fréquence d'achat de la catégorie de produit.

2.3 La part des achats en promotions

Les autres variables comportementales sont :

- *un acte* : il s'agit d'une participation à une tombola ou à un concours, du déplacement sur un point de vente, de la dégustation ou de l'essai d'un échantillon, de l'utilisation d'un coupon ;

1. Voir les différentes classifications dans Blattberg R., Neslin S., *op. cit.*, 1990, chapitre 3, pp. 77-81.

– *la part des achats en promotion* : la part des promotions est calculée en pourcentage des achats en nombre ou en valeur. Ces informations sont accessibles grâce aux études spéciales des panels de consommateurs. Les définitions du degré de sensibilité des acheteurs sont déterminées sur des seuils purement *ad hoc*, donc contestables, par exemple les quartiles.

Cette dernière variable est délicate à manipuler car, ici aussi, l'indicateur est dépendant de la fréquence d'achat. On trouvera par exemple de très nombreux acheteurs exclusifs en promotion chez les petits acheteurs, il est en effet plus facile d'avoir 100 % d'achats en promotion quand le client n'a réalisé qu'un seul achat sur une marque en promotion.

Exemple

Une étude sur un panel d'acheteurs de shampooings a permis la réalisation d'une typologie en 8 types dont 3 sont décrits dans le tableau suivant. Par exemple, le groupe 1 (les accros) qui représente 12,1 % des QA achetés en promotion, effectue une large part de ses achats en promotion (63 %).

Types	Les accros	Les pures occasionnelles	Les indigros
Acheteurs en promotion	6,10 %	11,60 %	33,90 %
% des QA en promotion	12,10 %	11,00 %	39,00 %
QA/NA (moyenne 9,7)	19,2 Fl	4,8Fl	11,7 Fl
QA/NA (moyenne 4,5)	12,0Fl	4,3 Fl	4,4 Fl
% des achats en promotion	63 %	89 %	37 %
Largeur du répertoire de marques achetées en promotion	5 et +	1 – 2	3 – 4
Nombre d'actes d'achat	12 et +	1 à 2	5 à 6
Ménagère active	Non	Non	oui
Enfants	2 enfants et plus	Sans enfants	1 enfant
Âge ménagère	35-49 ans	50 ans et plus	20-49 ans
CSP sur-représentée	ouvriers	Inactifs retraités	Professions intermédiaires

(QA : quantité achetée, NA : nombre d'acheteurs, QAP : QA en promotion, Fl : flacons).

Source : TNS Secodip.

3 L'approche attitudinale

La sensibilité à la promotion, telle qu'elle est vécue et déclarée par le consommateur, a fait l'objet d'un nombre important de recherches avec des discussions détaillées de la nature et des caractéristiques de cette variable.

Les controverses portent en particulier sur la généralité de la notion de sensibilité et l'influence de quatre variables. La sensibilité est liée à l'individu, à la catégorie de produit concernée ou à la technique promotionnelle utilisée et à l'achat et ses circonstances, en particulier le lieu d'achat. L'enjeu de cette question est la généralité des informations, nécessairement recueillies par questionnaire et, donc, coûteuses.

Le découpage traditionnel entre les dimensions cognitives (croyances), affectives (jugements) et conatives (intention de comportement) est repris ici.

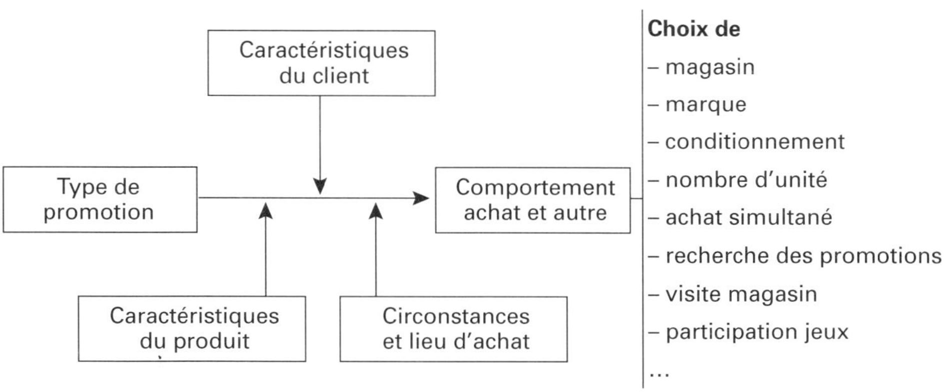

Figure 4.8 – *Les effets promotionnels*

➤ *La composante cognitive*

Les croyances envers les attributs d'un objet ou de l'objet lui-même correspondent à l'utilisation d'une information mémorisée sur les caractéristiques de l'objet ou les conséquences de son utilisation (valeur de signe...).

Elles concernent des niveaux différents allant de croyances générales sur la promotion à des croyances plus spécifiques :

– croyances sur *la promotion* en général (approche consumériste : la promotion ne sert qu'à faire consommer plus, ou à acheter des produits inutiles) ;

– croyances sur *les raisons ayant amené la promotion* (existence d'un défaut, fin de séries...) ;

- croyances sur *les prix*, sur leur évolution, sur leurs variations et les causes (l'évolution des prix est liée à un facteur d'environnement tel que la saisonnalité) ;
- croyances sur *la qualité* (il n'existe pas de différences réelles de qualité) ;
- croyances sur *le rapport qualité-prix* (le prix est un indicateur de la qualité) ;
- croyances sur *les bénéfices promotionnels* (véracité...).

Le tableau 4.6 montre que, pour ces cinq catégories de produit, c'est le manque de différenciation des produits qui conduit à une faible fidélité et un fort usage des promotions.

Tableau 4.6 – *Attitudes des acheteurs en promotion*

Indices acheteurs en promotion par rapport aux acheteurs					
D'accord (plutôt et tout à fait) avec	Café	Yaourts	Shampooings	Huile	Mayonnaise
Toutes les marques se valent	150	128	140	140	137
Pour ce produit, j'aime bien essayer les produits nouveaux	155	132	149	149	155
Pas d'accord (plutôt et pas du tout) avec					
Pour ce produit, c'est très important, il faut faire très attention au produit que l'on choisit	208	162	227	223	206
Pour ce produit, j'ai trouvé la ou les marques qui me conviennent, je n'ai pas besoin d'en changer	189	158	185	186	186
Pour ce produit, les grandes marques sont de bien meilleure qualité que les marques de magasin	142	137	133	153	158
Poids des acheteurs en promotion	22,20 %	27,00 %	19,80 %	24,20 %	20,40 %

Source : Consoscope, 1996.

➤ *La composante affective*

La composante affective ou émotive de l'attitude, correspond à des appréciations personnelles formulées après une processus plus ou moins long ou une expérience plus ou moins approfondie. La dimension affective des attitudes est situationnelle puisqu'elle résulte d'une pondération des informations sur les attributs, pondération élaborée en fonction de la situation en face de laquelle le sujet se trouve. La modélisation des attitudes permet, par exemple, de mieux approcher la décision d'utilisation d'un coupon sur Internet[1].

➤ ***La composante conative***

C'est une tendance à réagir/répondre d'une certaine manière face à une question ou une activité. Elle correspond à des intentions d'action (achat, parrainage…) et se traduit par un comportement.

4 L'identification des consommateurs sensibles à la promotion

4.1 La sensibilité aux mécanismes

Des traits de caractère peuvent être reliés à la propension à répondre à une catégorie de technique[2] :

- *les soldes* ne demandant aucun effort pour y accéder, on observe une forte relation positive avec la sensibilité au prix et négative à la perception du rapport qualité-prix, ainsi qu'une faible fidélité à la marque ;
- *les rabais et remises* correspondent au même type de prédisposition mais demandent un effort de la part de l'utilisateur. L'effet ultérieur de baisse de fidélité est moindre ;
- *les coupons* ne sont pas directement reliés à une plus forte sensibilité au prix mais sont reliés négativement au besoin de réfléchir ;
- *les mises en avant* : le profil psychologique des personnes réagissant plus fortement aux mises en avant est très différent de celui des autres techniques promotionnelles. Il est fortement corrélé à l'impulsivité d'achat et négativement relié à l'utilisation d'une liste de courses.

Une autre étude[3] classe les techniques selon qu'elles demandent une démarche active (coupons, prospectus) ou passive (mise en avant) de la part du bénéficiaire. Les consommateurs pourraient être segmentés selon cette variable car les comportements sont différenciés : registre de marques fréquentées plus important pour les actifs, plus fort effet de stockage et d'anticipation.

---

1. Fortin D., « Clipping Coupons in Cyberspace : a Proposed Model of Behaviors for Deal-Prone Consumers », *Psychology & Marketing*, 17, 6, 2000, pp. 515-534.
2. Lichtenstein D., Burton S., Netemeyer R., « An Examination of Deal Proneness Across Sales Promotion Types : a Consumer Segmentation Perspective », *Journal of Retailing*, 73, 2, 1997, pp. 283-297.
3. Schneider L., Currim I., « Consumer Purchase Behaviors Associated With Active and Passive Deal-Proneness », *International Journal of Research in Marketing*, 8, 3, 1991, pp. 205-222.

4.2 Les profils de sensibilité

Pour un marché donné, l'analyse des comportements d'achat permet d'identifier les profils de sensibilité et de les caractériser sur des profils socio-démographiques.

Dans une approche de géomarketing, ces informations sont ensuite réutilisées pour caractériser *a priori* des zones ou des bassins de chalandise en fonction de la composition de leur clientèle.

Dans une approche globale, on considère que la sensibilité à la promotion serait un trait de personnalité suffisamment stable et général pour concerner différents comportements d'achat. Cette dernière hypothèse est cependant très lourde et nécessite une vérification.

Au-delà d'une simple recherche de corrélation, les recherches académiques ont porté sur la recherche de justifications théoriques à des sensibilités plus ou moins fortes[1].

Trois dimensions ont été mises en évidence : les coûts, les gains et le risque.

➤ *Les coûts économiques*

L'utilisation d'une offre promotionnelle génère des coûts dus à l'emploi de certaines ressources et des coûts d'opportunité :

- *le coût du temps* nécessaire pour comprendre et gérer l'offre : par exemple pour une prime différée par accumulation (collecter des preuves d'achat, les coller au collecteur, envoyer les éléments par lettre affranchie…) ou pour un coupon (le détacher proprement, le classer par produit et par date, le porter sur soi lors des courses…) ;
- *le coût de l'espace* lors de l'achat d'un lot ou du sur-stockage pour tirer parti d'un prix réduit ;
- *le coût de la ressource financière* du fait de la dépense supplémentaire induite par le lot ou les quantités supplémentaires achetées ;
- *l'effort cognitif* demandé pour la compréhension de l'offre promotionnelle et la mise en œuvre des éléments nécessaires à la réponse. Il peut s'agir de l'effort intellectuel lors d'un concours par exemple ;

1. Présentation théorique détaillée dans Froloff-Brouche L., « L'influence de la promotion des ventes sur le consommateur : un essai de conceptualisation », *Recherche et Applications en Marketing*, 9, 3, 1994, pp. 45-64.

– *les coûts indirects* résultants de la consommation d'un produit différent du produit habituel (nécessité d'adapter l'utilisation, la consommation, risque de perte sur des consommables ou des éléments périphériques devenus inadaptés...) ;
– *les coûts d'opportunité* correspondent, au-delà du coût direct, à la perte de revenus ou de satisfaction liée à l'utilisation d'une ressource pour bénéficier de la promotion plutôt qu'à une autre activité à plus forte utilité.

En partie dérivées de l'approche économique développée ci-dessous, des caractéristiques individuelles sont liées à une plus ou moins forte valorisation des ressources individuelles (tableau 4.7). En particulier, pour les produits de grande consommation, l'activité de la ménagère et la présence des enfants en bas âge accroissent fortement la valeur du temps.

Tableau 4.7 – *Variables socio-démographiques et valorisation des ressources utilisées dans la participation à une promotion*

Ressources	**Valorisation des ressources**	
	Forte	*Faible*
Temps	Célibataire Enfants en bas âge Activité de la ménagère	Retraité - inactif
Argent	Revenus faibles	
Espace		Maison
Capacité cognitive		Niveau d'éducation

Certaines variables peuvent être corrélées (niveaux de revenus et d'éducation) et rendre la mise en évidence des relations plus difficiles. À une forte valorisation des ressources correspond une faible attractivité des opérations promotionnelles impliquant leur utilisation (lot, réduction de prix...).

Exemple : Les utilisateurs de coupons achètent-ils plus que la moyenne ?

L'étude IFM réalisée par ACNielsen sur des données HomeScan© (HM + SM) présente l'indice du pourcentage de la modalité dans les achats réalisés sous promotion « coupon » sur le pourcentage de la modalité dans le total des achats : par exemple, la part des moins de 35 ans est plus forte dans les achats en promotion que dans le total des achats (surreprésentation).

Si l'âge joue bien un rôle négatif, avec une sous représentation des personnes âgées, les relations de la taille du foyer et du niveau de revenu sont curvilinéaires : les modalités extrêmes sont sous représentées, les modalités les plus faibles (revenus SMIC et célibataires) l'étant encore plus.

Âge	< 35 ans	35-49	50-64	> 65 ans				
	127,4	96,5	87,8	86,6				
Région	Sud	Centre-est	Ouest	Nord	Paris			
	83,7	103,0	98,4	114,3	96,2			
Taille foyer	1	2	3	4	5 et +			
	82	90	121,1	106,1	87,9			
Revenus	< 990 €	900-1 295 €	1296-1524 €	1525-2515 €	2516-3811 €	> 3 811 €		
	70,9	75,6	81,4	116,4	107,6	98,4		
CSP	Inactifs	Retraités	Ouvriers	Employés	Cadres moyens	Cadres supérieurs	Artisans/commerçants	Agriculteurs
	76,7	91	80,1	91,8	91,7	104,3	110,3	121,4

Source : d'après *La performance des outils promotionnels (Produits de grande consommation)*, étude de ACNielsen pour l'IFM.

➤ *Le bénéfice de ressources économiques*

Bien que cela n'ait, semble-t-il, jamais été envisagé dans la littérature, on peut aussi considérer que la promotion peut *procurer des bénéfices sur ces ressources économiques*, par exemple faire gagner du temps et de l'argent en évitant le coût lié à un déplacement d'approvisionnement du fait des quantités supplémentaires achetées. C'est aussi le cas pour une promotion ludique qui permet de donner un objectif et d'occuper le temps lorsque le temps libre est important (inactif, retraité). Enfin, c'est bien évidemment le cas avec les dotations des jeux et loteries qui correspondent à des valeurs économiques importantes (argent, biens durables…).

➤ *Les ressources psychologiques*

Les travaux sur les effets promotionnels correspondent souvent à une approche à dominante économique, dont les résultats viennent d'être présentés, qui privilégie la composante financière.

Plus récemment, les chercheurs ont pris en compte d'autres bénéfices retirés d'une promotion et qui peuvent déclencher la volonté de participer à une opération promotionnelle[1] : *l'image de soi* (*self concept*) correspond à la représentation qu'un

1. Chandon P., Wansink B., Laurent G., « A Benefit Congruency Framework of Sales Promotion Effectiveness », *Journal of Marketing*, 64, 4, 2000, pp. 65-81.

individu se fait de lui-même. Cette image est touchée de deux manières :

- *l'effet « acheteur avisé » (smart shopper)* concerne l'acheteur qui voit renforcer sa capacité à obtenir des bénéfices de manière sélective. L'adéquation à son rôle, son expertise perçue correspond à une valorisation psychologique ;
- *l'effet d'image sociale* correspond à la dévalorisation de l'image sociale de l'acheteur ou de l'utilisateur du produit en promotion si ce produit a une image négative du fait de sa perception « en promotion ».

Le premier effet jouera si la qualité des produits n'est pas mise en cause et que l'acheteur a pu obtenir un prix plus faible, le second jouera si une qualité dégradée correspond au prix réduit :

- *la valeur récréative* concerne la stimulation procurée par les jeux concours ;
- *la stimulation par la nouveauté (nouveau produit)* permet à l'utilisateur de stimuler la curiosité et le besoin de nouveauté.

REPÈRES : Implications promotionnelles du concept de sensibilité à la promotion

L'importance de la promotion dans le processus d'achat est variable selon les cibles. Le principe d'économie conduit à orienter les promotions uniquement vers les personnes qui y sont sensibles, c'est-à-dire qui n'auraient pas acheté sans l'avantage supplémentaire.

Ne pas se fier exclusivement au comportement (achat en promotion) pour inférer la sensibilité à la promotion : au niveau individuel, la sensibilité impose que l'information soit précise pour identifier les clients exposés et ceux dont le comportement suit la présence/absence d'une promotion.

Distinguer la sensibilité promotionnelle selon les techniques : les déterminants de la sensibilité à la promotion prix/produit en plus sont identiques à ceux de la sensibilité au prix, alors que la sensibilité aux autres techniques (essai, prime, animation...) reste encore à approfondir.

La sensibilité promotionnelle dépend de facteurs dont l'importance est variable selon les marché : le coût des ressources nécessaires (temps, espace de stockage, argent), de l'effort cognitif demandé et des coûts indirects (changement de produit).

L'essentiel

L'étude du comportement des acteurs du centre d'achat est indispensable pour choisir la cible (l'acheteur, le prescripteur, l'utilisateur) et le comportement à modifier (lever un frein, accroître une motivation).

Les approches théoriques donnent des éclairages sur les effets de la promotion, à court et à moyen termes, et sur la sensibilité à la promotion des différentes cibles :

- *l'approche économique* considère un décideur rationnel et objectif. Elle convient bien pour les produits utilitaires et aux décisions d'agents économiques (distributeurs). Elle concerne les promotions de nature économique (réduction de prix et produit en plus) qu'elle justifie par la possibilité de transférer un stock à moindre coût et par la possibilité de discriminer de façon passive les clients utilisant ou non la promotion selon le coût de leurs ressources (temps, espace, argent). L'apport de cette approche économique est aussi de souligner que l'individu ne consomme pas toujours et qu'il est plus souvent producteur de sa propre satisfaction avec l'utilisation de ses ressources (temps, argent…). La bonne gestion de celles-ci l'amène par exemple à gérer la collecte d'information nécessaire à une bonne décision ;
- *l'approche psychologique* offre des analyses très pertinentes pour comprendre les effets de la communication promotionnelle. Elle met en évidence des effets de cadrage selon lesquels le consommateur agrège les composantes promotionnelles. La communication influence de manière importante l'effet promotionnel et peut même le créer.

Si la théorie d'un conditionnement ne semble adaptée qu'aux situations de faible implication, la théorie de l'attribution s'applique plus largement et souligne la nécessité d'une recherche de justification de la promotion pour éviter que celle-ci n'ait un effet de retour négatif sur l'image de marque.

La théorie de l'apprentissage suppose que l'individu gère un ensemble de croyances. La gestion de point de référence (prix de référence) permet au consommateur d'apprécier l'intérêt de l'offre promotionnelle qui, en retour, influence le nouveau prix de référence. La communication simplifie donc ce processus lorsqu'elle fournit des points de référence. Cette théorie sert de base à l'explication des effets négatifs à moyen terme de la promotion par réduction de prix, car la mise en évidence du rôle du prix comme critère important d'achat accentue la sensibilité au prix.

Ces théories mettent en évidence l'effet de segmentation des promotions dont l'effet dépendra de l'individu (ressources, importance et fréquence du besoin) et de l'interaction (produit × individu × situation) avec des différences d'implication et de risque perçu, facteurs qui détermineront la volonté de l'individu de faire l'effort de traiter l'information sur l'opération et de s'astreindre à valider les conditions demandées.

Pour en savoir plus

1. Comment approfondir ses connaissances ?

Brée J., Derbaix C., *Le Comportement du consommateur*, Paris, Économica, 2000.

Filser M., *Le Comportement du consommateur*, Paris, Dalloz, coll. « Précis », 1994, (épuisé).

Ladwein R., *Le Comportement du consommateur et de l'acheteur*, Paris, Économica, 1999.

2. Sites Internet

Styles de vie

Centre de communication avancé CCA : http://www.lecca.com

Dossiers interactifs d'altema sur les styles de vie : www.altema.com

5 LES EFFETS PROMOTIONNELS

La question de la mesure des effets promotionnels se pose-t-elle vraiment ? De nombreuses entreprises ne prennent pas le temps d'effectuer un bilan post-promotionnel et se contentent d'analyser l'évolution des ventes pendant la période promotionnelle. Or, ces ventes sont souvent importantes et peuvent laisser croire à une rentabilité nette de l'opération. Ce chapitre présente les résultats d'études montrant que l'effet immédiat est fortement réduit par la prise en compte des sources des volumes supplémentaires (stockage, cannibalisme) et que l'analyse précise de la rentabilité pourrait amener à renoncer à l'opération. Les études montrent aussi l'effet des variables modératrices qui influencent l'efficacité promotionnelle (statut de la marque, catégorie de produit…).

Section 1 ■ Les effets sur la demande

Section 2 ■ Les sources des volumes

Section 3 ■ Les effets à moyen et long termes

Section 4 ■ Les variables modératrices

Section 1

LES EFFETS SUR LA DEMANDE

L'analyse des remontées immédiates montre souvent un effet évident de la promotion sur les ventes. Mais cette analyse n'est pas suffisante pour déterminer l'intérêt économique d'une promotion et il faut s'interroger sur la provenance de ces volumes gagnés et sur la durabilité des comportements obtenus pendant l'opération.

Les caractéristiques fondamentales des effets promotionnels sont premièrement, la *rapidité* de la réaction (ventes ou remontées) et deuxièmement, *l'importance* de la hausse des ventes pendant l'opération. Cette hausse est d'autant plus forte que l'offre promotionnelle est forte et de courte durée.

1 Analyse conceptuelle

Au niveau producteur, les statistiques agrégées montrent que les effets de la promotion vont se faire sentir à la fois avant, pendant et après la période promotionnelle. Les effets globaux sont complexes car les variations enregistrées correspondent à la résultante du comportement des distributeurs et des clients finaux. Plusieurs questions sont à traiter : la mesure des effets immédiats sur les ventes, la mesure des effets nets (ventes et profit) sur le produit promu et la source de ces effets car une partie des gains n'est en fait qu'un transfert d'une demande qui aurait de toute manière été enregistrée.

1.1 Les effets promotionnels immédiats

La figure 5.1 illustre la mesure de l'effet promotionnel immédiat.

Les ventes en période de promotion peuvent se décomposer de deux manières :

- la somme du *volume hors promotion* (1) et du *volume promotionnel* (2) . Cependant le volume promotionnel recouvre des ventes qui auraient eu lieu de toute manière, comme le montre la seconde décomposition ;
- la somme du *volume de base* (3), ventes prévues en l'absence de promotion, et du *volume incrémental* (4) = (2) − (3).

L'écart entre le volume sous promotion et les ventes de base correspond à une *cannibalisation directe des ventes du produit* (5) = (3) − (1) sur les ventes de base.

Les ventes incrémentales donnent lieu au calcul de deux indicateurs :

- le *taux d'augmentation* par rapport aux ventes de base (*uplift*) (4/3).
- le *taux de transformation*, rapport du volume incrémental sur le volume promotionnel (4/2).

La source de cet effet réside, à la fois, dans le comportement du distributeur et dans celui du client final :

- *le distributeur* accroît ses commandes pour reconstituer ses stocks, faire face à une demande finale plus forte et éventuellement, « sur stocker » ;
- *les ventes incrémentales auprès des clients finaux* sont issues de plusieurs sources : un accroissement de la demande globale par une pénétration plus forte ; un accroissement des quantités moyennes achetées par acheteur (surconsommation ou surstockage) ; un accroissement de la part de marché par transfert des achats de clients d'autres marques voire un transfert au sein même de la gamme ; une anticipation de la part des clients habituels.

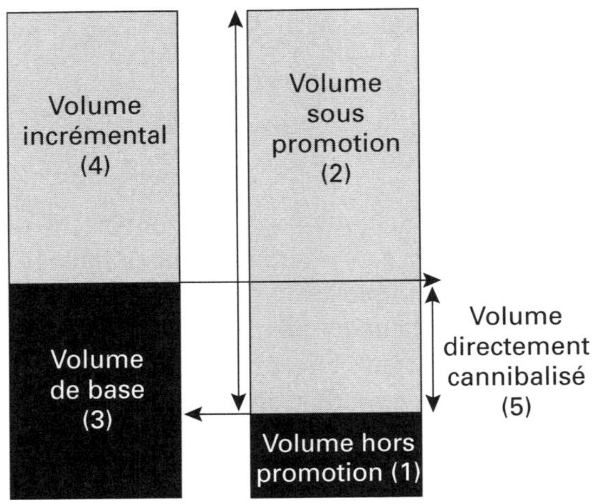

Figure 5.1 – *Les effets promotionnels immédiats*

1.2 Les effets promotionnels dynamiques

La figure 5.2 illustre les principaux effets qui influencent les ventes avant, pendant et après la période promotionnelle.

Par rapport à un niveau des ventes de base (*base line*), l'effet promotionnel est parfois qualifié de « bosse et creux » (*bump-trought*[1]), ce qui correspond à la prise en compte de quatre effets :

- un effet d'anticipation du distributeur ;
- un effet promotionnel immédiat avec des ventes incrémentales ;
- un effet de dépression qui est la contrepartie de l'anticipation des achats et finalement ;
- un effet de rémanence dû aux achats des nouveaux clients recrutés.

1. Rao V., Thomas J., « Dynamic Models for Sales Promotion Policies », *Operation Research Quarterly*, 24, 3, 1973, pp. 403-417.

Une hypothèse sous-jacente importante est que les ventes de base ne dépendent pas des actions antérieures.

➤ *Effet d'anticipation*

Il se traduit par une baisse des ventes pendant la période précédant l'opération. L'acheteur, averti de la promotion, a un comportement d'anticipation et retarde un réapprovisionnement normal pour pouvoir reconstituer son stock à des conditions d'achat avantageuses pendant la promotion.

Cet effet est *amplifié par l'action de la force de vente* si celle-ci est stimulée ou rémunérée de manière différente pendant la période promotionnelle.

➤ *Effet post-promotionnel*

Après la fin de l'opération, on peut observer une baisse des ventes. L'importance de l'effet négatif est maximale juste après la promotion pour rejoindre progressivement le niveau normal des ventes de base.

Deux raisons expliquent ce creux post-promotionnel :

- *l'anticipation* : une partie des achats, tant au niveau des clients finaux que de la distribution, a simplement été anticipée pour bénéficier de l'offre promotionnelle ;
- *le stockage* : les clients sont « chargés » d'un stock qui couvre une période de consommation plus longue que la période habituelle et retarde donc leur retour au marché. L'importance de cet effet dépend de l'attrait de l'arbitrage à réaliser entre réduction des coûts d'achat et des coûts de stockage et de la fréquence d'achat : une fréquence faible met bien en évidence les conséquences de l'anticipation.

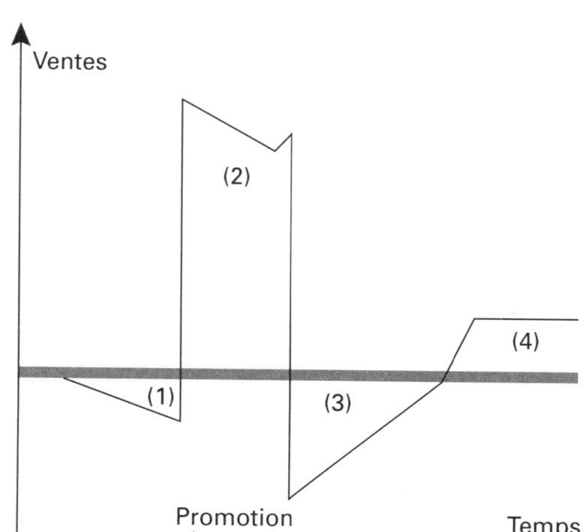

Figure 5.2 – *Les effets promotionnels sur une demande stable*

➤ ***Effet de rémanence***

Il correspond à l'hypothèse d'un effet durable de la promotion. Si la promotion a pour objectif de gagner de la clientèle (nouveaux clients ou clients des marques concurrentes), les achats de ceux-ci, s'ils sont fidélisés, doivent accroître durablement le niveau des ventes de base.

Ce schéma théorique montre que la rentabilité d'une opération promotionnelle doit prendre en compte :

- l'effet net sur les ventes corrigées des ventes qui auraient de toute façon eues lieu et non pas simplement les ventes brutes ;
- un historique suffisamment long pour intégrer les effets dynamiques. En particulier, un calcul n'intégrant que la seule période promotionnelle aura tendance à surestimer les effets promotionnels.

1.3 Les effets promotionnels selon la durée

La durée d'une promotion est un paramètre de base de son efficacité. En magasin, les promotions produit avec mise en avant ont une durée habituelle d'une à deux semaines. Lorsque la promotion est portée par le produit ou réalisée sur d'autres médias que le magasin, les durées sont plus longues.

L'hypothèse d'une stabilité de l'effet promotionnel ne doit pas être retenue :

- *l'effet promotionnel n'est pas constant.* Après une éventuelle montée en charge pour la distribution, les effets les plus importants sont observés en début de période promotionnelle, puis sont décroissants. Une pointe additionnelle est observée lorsque la fin de la période promotionnelle est annoncée (effet 2 de la figure 5.2) ;
- *l'effet promotionnel dépend de la fréquence d'achat et des conditions* : La pénétration de la promotion au sein de la clientèle est d'abord croissante puis se stabilise, alors que la probabilité de répétition (réachat sous promotion) s'accroît avec la durée et l'importance des fréquences d'achat ;
- *l'effet d'interaction entre la durée et l'efficacité d'une promotion* peut exister en magasin en raison des stocks disponibles. Lorsque les quotas attribués au magasin sont trop importants, la vente des reliquats en fond de rayon peut prendre trop de temps et le distributeur préfère laisser le produit en promotion pour en assurer un écoulement plus rapide. Inversement, si la demande excède l'offre, la mise en avant est réutilisée pour un autre produit ;
- *l'effet de la date de fin* : La durée de vie naturelle (sans date de fin) d'une promotion est très longue (plusieurs mois), le client stockant l'annonce de la promotion lorsque le besoin n'est pas pressant. L'annonce d'une date de fin gonfle les remontées précédant cette date, qui correspondent alors à une anticipation d'achat ;

– *l'effet de la durée de validité :* pour une promotion avec avantage différé (remboursement), une partie du bénéfice de l'opération est déjà obtenue lors de l'achat. Pour réduire le taux de remontée final, et donc le coût, les contraintes temporelles sont parfois imposées (retour dans les 24 ou 48 heures suivant l'achat) ;
– *l'effet de séquence :* en vente à distance, les promotions se suivant à un rythme soutenu (21 jours environ), le lancement d'une promotion a pour effet de « tuer » la précédente puisque, d'une part, les promotions ne peuvent pas être cumulées et que, d'autre part, l'avantage promotionnel offert s'accroît avec l'avancement de la saison.

➤ *La date de réponse comme critère de segmentation*

Une étude[1] montre que le délai de réaction interagit avec la source des volumes : les premières remontées d'une opération de coupon correspondent à une part plus élevée de ventes incrémentales. Au-delà de cet effet initial, plus la date d'utilisation est éloignée de la date de lancement, plus forte est la probabilité qu'il s'agisse de consommateurs réguliers n'ayant rien modifié à leur comportement (stockage du coupon et achat en période normale).

➤ *L'accélérateur du taux de remontées (early-bird)*

Pour augmenter le taux de remontées en réduisant l'effet « mise en attente de réponse », on peut utiliser un accélérateur ou promotion supplémentaire récompensant la réponse rapide (dite *early-bird*) avec un tirage au sort parmi les réponses arrivées avant telle date ou une prime (qualitative ou financière).

1.4 Les effets de la distribution

La présence d'un intermédiaire peut entraîner des effets spécifiques dont certains ont déjà été évoqués ci-dessus.

➤ *Effet de mise en place*

Tout comme la distribution valeur (DV) mesure le potentiel de vente dans les points de vente ou le produit est disponible, la promotion ne peut avoir un effet que si elle est acceptée et effectivement mise en place par le magasin pour la durée prévue. La performance réelle doit donc être corrigée par la DV-promo qui indique la DV des magasins détenteurs de la promotion et par les anomalies de mise en place

1. Neslin S., « A Model for Evaluating the Profitability of Coupon Promotions », *Marketing Science*, 2, 4, pp. 361-388.

sur le terrain (animatrice absente, matériel promotionnel non mis en place, TG allouée à un autre produit...).

➤ *Effet de rupture de stocks*

Les ruptures de stocks sont fréquentes et peuvent réduire assez fortement la performance d'une promotion. Malheureusement, ces ruptures sont statistiquement assez peu perceptibles puisque des ventes sont enregistrées mais qu'elles sont limitées au stock disponible. Les ventes antérieures constituent alors une très mauvaise base de départ pour la prévision des ventes futures. La correction de ce problème réside dans le soin apporté aux prévisions détaillées par point de vente avec des logiciels comme PromotionScan™ ou PromoCast™.

Exemple

Dans la mise en place expérimentale du modèle PromoCast™, les auteurs indiquent que la politique des responsables d'une enseigne est de minimiser les ruptures. Dans l'étude pilote sur 212 produits de grande consommation, 171 000 caisses ont été vendues pour un stock de 443 000 caisses soit un stock de sécurité de 179 %. Malgré cette politique coûteuse (le coût financier étant estimé à 26 000 $ pour trois semaines), la valorisation du manque à gagner du fait des ruptures de stocks est évaluée par le modèle à 247 000 $. (Cooper et *al.*, 1999, *op. cit.*, p. 311).

➤ *Effet de stocks résiduels*

À l'inverse, les stocks mis en place pour la promotion peuvent être excédentaires par erreur de prévision ou par l'intervention d'autres facteurs influençant l'efficacité globale de la promotion. Ainsi le succès d'une promotion des barquettes de chipolatas × 24 dépendra de la météo et de la faisabilité d'une cuisine au barbecue.

Face aux stocks résiduels, le distributeur peut remettre en rayon le produit, éventuellement en séparant les composantes d'un lot (délottage) lorsque les quantités ne sont pas trop importantes, ou décider de poursuivre la promotion pour écouler rapidement les stocks disponibles notamment pour les produits périssables. Ces décisions modifient le calendrier réel des promotions par rapport au calendrier prévu.

➤ *Effet de surstockage*

L'importance de la réduction de prix offerte au distributeur peut modifier structurellement sa politique d'approvisionnement. Cette réduction peut en effet dépasser largement les coûts engendrés par le stockage et amener le distributeur à gonfler ses stocks alors qu'une saine logique économique de filière conduit plutôt à minimiser les stocks.

Exemple

« Le fabricant propose généralement au distributeur des réductions de prix de 6 à 15 % lors des opérations promotionnelles. Le distributeur initialement commandait ces marchandises pour la durée de la promotion (2 à 3 semaines). Mais il s'est vite rendu compte qu'il avait là le moyen d'acheter la marchandise à des prix imbattables. Les frais financiers étant de 1 % par mois, s'il stocke ce produit 4 mois il a, en fait, un gain de 11 % (15 % − 4 %) Système fabuleux ! » (M. Gallo, Monoprix).

1.5 Les effets des réactions concurrentielles

Les réactions concurrentielles aux promotions peuvent en neutraliser l'effet. Ce domaine, important mais complexe à analyser, est encore peu exploré. Les efforts actuels portent sur la différenciation des réactions des fournisseurs et des distributeurs ainsi que le type de réponse (temporaire ou durable)[1].

2 Les résultats empiriques selon la technique promotionnelle

Du fait de la disponibilité de données de bonne qualité (fiables et précises), les promotions en grandes surfaces (réduction de prix et *trade*) ont fait l'objet de nombreuses études[2].

2.1 Les effets sur les ventes du produit

➤ *L'importance des effets immédiats d'une réduction de prix*

En général, les études sur les PGC concluent que les effets promotionnels sont très importants : comme la figure 5.3 le montre, les ventes d'un format spécial de yaourt × 6 sont très réactives à la promotion (réduction prix).

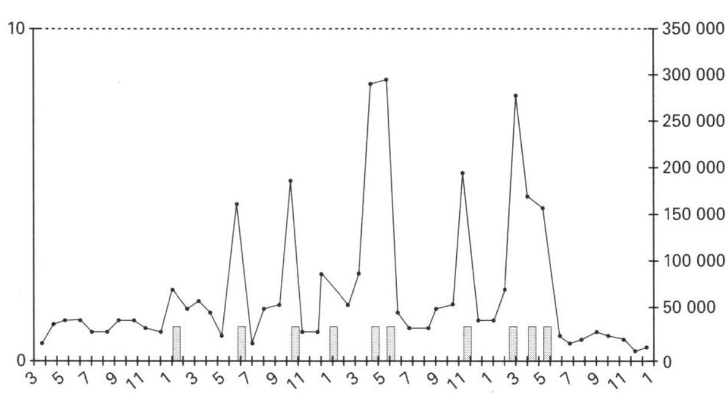

Figure 5.3 – *Ventes et promotion, yaourts natures × 6*

1. Leeflang P., Wittink D., « Competitive Reactions vs. Consumer Response : do Managers Overreact ? », *International Journal of Research in Marketing*, 13, 1996, pp. 103-119.
2. Pour des synthèses détaillées orientées vers la recherche, voir Blattberg R., Neslin S., « Sales Promotion : the Long and the Short of it », *Marketing Letters*, 1, 1, 1989, pp. 81-97.

➤ *L'effet plus important d'une réduction de prix temporaire par rapport à une baisse de prix*

Les promotions par réduction de prix, de part leur caractère événementiel (amplification) et temporaire (effet d'aubaine) ont un effet plus important sur les ventes que la baisse du prix régulier (normal). Ce résultat est obtenu en comparant des valeurs des élasticités.

➤ *Réduction de prix immédiate ou différée*

Le consommateur est nettement en faveur d'une réduction immédiate (avant ou au moment de l'achat) plutôt que différée. Cependant deux effets peuvent amener le producteur à préférer une réduction différée :

- *le double effet* : un coupon *on-pack* à valoir lors du prochain achat mais visible de l'extérieur semble jouer deux fois : lorsqu'il est perçu lors de l'achat du produit porteur et lorsqu'il est utilisé pour le réachat du produit ;
- *l'effet de recherche de variété dans la consommation* : dans ce cas, un coupon à valoir permet de réduire la propension de l'utilisateur à changer de marque et serait donc plus rentable[1]. *A contrario*, si l'acheteur est fidèle à son dernier achat, il est plus rentable de le faire agir immédiatement par un BRI.

➤ *Interaction entre l'augmentation des ventes et la présence promotionnelle pondérée*

Pour des raisons budgétaires évidentes, les réductions de prix et les formats spéciaux sont à la fois beaucoup plus fréquents (en présence promotionnelle pondérée) et beaucoup moins efficaces (en % d'augmentation des ventes) que les promotions *trade* et surtout les MEA avec prospectus.

2.2 Les effets de la communication d'amplification

L'effet d'une promotion *trade* amplifie de manière très significative les résultats d'une opération promotionnelle et peut même avoir un effet par sa seule existence (sans avantage consommateur).

➤ *L'importance de l'amplification par la communication trade*

L'effet d'une réduction de prix est très supérieur lorsque la promotion est mise en avant par une communication *trade* (MEA, prospectus). Cependant, dans ce cas, une

---

1. Zhang J., Krishna A., Dhar S., « The Optimal Choice of Promotional Vehicles : Front-Loaded or Rear-Loaded Incentives ? », *Management Science*, 46, 3, 2000, pp. 348-362.

part plus importante est cannibalisée par un décalage des dates d'achat (anticipation et stockage)[1].

➤ *Les effets de synergie des médias trade*

Les promotions peuvent bénéficier du soutien simultané de plusieurs communications *trade* et les effets sont parfois difficiles à dissocier du fait d'une association trop fréquente (colinéarité). Les résultats divergents et conduisent à retenir un effet de synergie positif ou négatif (l'association de deux médias conduit à un effet supérieur ou inférieur à celui attendu par la somme des effets des médias).

Exemple : Effet de synergie positif pour Iri

		Réduction de prix seule	Réduction et MEA	Réduction et prospectus	Réduction, MEA et prospectus
Taille magasin	> 6 500 m^2	23	152	84	303
	1200-2500 m^2	26	123	89	299

Source : *La promotion des ventes : quelles réalités ?*, Géradon de Véra O. et Tourtoulou A.S., Iri-Secodip pour l'IFM, 1995.

2.3 Les effets des promotions distributeur

➤ *Les effets sur la fréquentation*

Pour les magasins généralistes fonctionnant en attraction, les effets des promotions sur prospectus sont difficiles à mettre en évidence, notamment du fait de leur fréquence qui dépasse souvent un prospectus par semaine. Il n'est donc pas étonnant que certains travaux aient conclu à l'existence d'un effet très limité[2]. L'intensité de l'utilisation des prospectus est due soit à un dilemme du prisonnier (en faire n'améliore pas la rentabilité, ne pas en faire est préjudiciable si les concurrents en font), soit à une approche média avec la recherche de recettes complémentaires auprès des fournisseurs, soit enfin à l'utilisation de ce budget comme un budget publicitaire permettant à l'enseigne de faire évoluer son image prix.

1. Gedenk K., Neslin S., « The Role of Retail Promotion in Determining Future Brand Loyalty : its Effect on Purchase Event Feeback », *Journal of Retailing*, 75, 4, 1999, pp. 433-459.
2. Volle P. (éd.), *Études et recherches sur la distribution*, Paris, Économica, 2000.

Pour les magasins situés en galerie marchande, une étude[1] décompose la réponse des ventes en trafic (passe devant le magasin), attraction (faire entrer), transformation (faire acheter) et dépense (montant du panier). Elle permet par exemple de vérifier qu'une annonce presse a bien pour effet de développer la fréquentation mais qu'elle réduit aussi le montant du panier moyen.

Tableau 5.1 – *Effet des actions sur les leviers de vente*

Type d'action	Trafic	Attraction	Transformation	Panier	Effet modérateur
Promotion prix	(+)	(+)	(+)	(+)/(−)	
Largeur de l'assortiment promotionnel		(+)		(+)	Selon l'assortiment du détaillant
Soldes		(+) relativement faible			
Promotion nouveau produit			(+)		
PQR/coupons ciblés		(+)		(−)	

➤ *Les effets sur le panier moyen*

Aucune information publique n'est disponible mais les résultats obtenus en vente à distance montrent que les techniques promotionnelles sont capables d'influencer les comportements d'achat. Pour les produits courants, selon une étude[2], les coupons en supermarchés accroissent le nombre de produits achetés mais la valeur du panier reste stable.

Section 2 LES SOURCES DES VOLUMES

La question de la source des volumes est importante à la fois pour le producteur et pour le distributeur car si les volumes proviennent de ventes normalement réalisées sur d'autres produits ou à d'autres périodes, la rentabilité de l'opération est alors faible.

1. Lam S.K., Vandenbosch M., Hulland J., Pearce M., « Evaluating Promotions in Shopping Environments : Decomposing Sales Response Into attraction, Conversion and Spending Effects », *Marketing Science*, 20, 2, 2001, pp. 194-215.
2. Cheong K.J., « Observations : Are cents-off Coupons Effective ? », *Journal of Advertising Research*, 33, 3, 1993, pp. 73-78.

1 Approche conceptuelle

Pour une promotion produit, les volumes supplémentaires vendus proviennent de différentes sources :

- *le changement de point de vente* : il accroît les ventes du point de vente mais pas celles du producteur lorsqu'il s'agit d'un client fidèle ;
- *le changement de canal de distribution* : il n'augmente pas les ventes du producteur ni celles du distributeur si celui-ci est multi-canaux ;
- *changement de marque* : augmente les ventes de la marque mais pas celle du point de vente. Le distributeur a tendance à analyser l'effet de la promotion au niveau de la catégorie ;
- *le changement de conditionnement* : n'augmente pas les ventes du distributeur. Cet effet de cannibalisme au sein de la gamme est négatif pour le producteur (prix et marge souvent plus faibles sur les gros conditionnements et les formats spéciaux) ;
- *le déplacement temporel d'un achat prévu :* achat réalisé par anticipation qui correspond à un simple transfert pour le distributeur et le producteur si la consommation est régulière. Ce déplacement peut toutefois contribuer à accroître la demande finale lorsque celle-ci doit avoir lieu durant une période donnée. Par exemple, la passation d'une première commande en début de saison, donne l'opportunité d'en obtenir une seconde malgré l'effet de latence observé après chaque achat ;
- *l'achat supplémentaire* : il bénéficie aux deux partenaires (distributeur et producteur) et peut provenir d'un nouvel acheteur de la catégorie (nouveau besoin), du développement quantitatif d'un besoin ou d'un transfert d'une autre catégorie de produit répondant au même besoin.

L'existence des différentes sources constitue un facteur explicatif des différences de performance observées.

Tableau 5.2 – *Sources des ventes incrémentales*

Comportement modifié	Distributeur	Producteur
1. Changement de *point de vente*	+	=
2. Changement de *canal de distribution*	=/–	=
3. Changement de *marque*	=	+
4. Changement de *conditionnement*	=	–
5. *Déplacement temporel* d'un achat	=/+	=/+
6. *Achat supplémentaire*		
– même besoin	=	+
– augmentation du besoin	+	+
– nouveau besoin	+	+

2 Résultats empiriques

Les études sur panels de consommateurs montrent clairement la modification des comportements d'achat du fait de la promotion. Une étude[1] sur 13 catégories de produits montre que le changement de comportement (anticipation et stockage) des clients actuels conduit à réduire l'élasticité observée de 6 % à 51 % selon les cas.

2.1 Les effets sur les ventes des articles

➤ *Les effets de substitution simples*

Pour les produits courants, les études mettent en évidence la faiblesse de l'effet net :

- *la prédominance du changement de marque pour les produits de grande consommation.* Par exemple pour le café, 84 % du volume incrémental provient du changement de marque, 14 % de l'anticipation des achats et 2 % de l'augmentation des quantités achetées[2] ;
- *l'existence d'effets de déplacement temporel post-promotionnel* : des études, notamment avec Scan*Pro, sur le papier hygiénique et le thon en boîte, montrent que l'effet post-promotionnel peut valoir jusqu'au quart des ventes supplémentaires immédiates[3] ;
- *l'existence d'effets de déplacement temporel pré-promotionnel* : par exemple, pour la vente de gaz domestique, leur importance est à peu près égale à celle des effets décalés[4].

➤ *Sources et conséquences de la non-convergence des résultats pour le creux post-promotionnel*

Des articles ont mentionné l'incapacité des études à mettre en évidence des effets post-promotionnels à un niveau agrégé alors que ces effets sont évidents dans les

1. Bell D., Chiang J., Padmanabhan V., « The Decomposition of Promotional Response : An Empirical Generalization », *Marketing Science*, 18, 4, 1999, pp. 504-526.
2. Gupta S., « Impact of Sales Promotion on When, What and How Much to Buy », *Journal of Marketing Research*, 25, 4, 1988, pp. 342-355 et Chiang J., « Simultaneous Approach to the Wether, What and How Much to Buy Questions », *Marketing Science*, 10, 3, 1991, pp. 297-315
3. Grover R., Srinivasan V., « Evaluating the Multiple Effects of Retail Promotions on Brand Loyal and Brand Switching Segments », *Journal of Marketing Research*, 29, 1, 1992, pp. 76-89 et Van Heerde H., Leeflang P., Wittink D., « The Estimation of Pre- and Postpromotion Dips with Store-Level Scanner Data », *Journal of Marketing Research*, 37, 2, 2000, pp. 383-395.
4. Doyle P., Saunders J., « The Lead Effect of Marketing Decisions », *Journal of Marketing Research*, 22, 1, 1985, pp. 54-65.

données de panels consommateurs[1]. Or les décideurs ont tendance à donner la *priorité* aux données de panels distributeurs[2], moins explicatives mais plus représentatives des ventes réelles. Si les effets post-promotionnels ne peuvent être mis en évidence, les décideurs sur-estiment l'effet positif de leurs promotions.

Ce paradoxe peut provenir soit de choix méthodologiques (le modèle choisi n'étant pas assez souple pour mettre en évidence les effets), soit des données elles-mêmes. Différents facteurs[3] expliquent cette incapacité des données agrégées à les mettre en évidence soit par des *effets consommateur* : (1) le consommateur achète de promotion en promotion ; (2) la consommation s'accroît, (3) l'effet positif sur le réachat contrebalance l'effet d'anticipation ; soit par des *effets distributeur* : (4) les promotions des concurrents masquent le creux promotionnel ; (5) les distributeurs étendent la durée des promotions.

➤ *Étude transversale de la répartition des effets*

Une étude[4] sur 173 marques appartenant à 13 catégories de produits aux USA, a fourni les résultats suivants :

- les effets promotionnels de la marque dépendent *d'abord des caractéristiques de la catégorie de produit* à laquelle elle appartient, avant ses caractéristiques propres ;
- la *part prépondérante des effets de transfert inter-marque* (75 %) sur les effets de déplacement temporaire de l'achat (10 %) et sur le stockage (15 %) ;
- l'effet de *durée de vie* et de *stockabilité* du produit : les quantités achetées sont plus élevées si les produits sont stockables (21,4 % contre 8,1 %). Les produits à durée de vie courte (réfrigérés) conduisent à une plus grande part de l'anticipation (date de l'achat) : 18,9 % d'anticipation et 3,7 % de stockage pour les crèmes glacées contre 2,8 % et 44 % respectivement pour le café ;
- le développement des ventes peut conduire à un *effet net global positif* malgré le transfert et l'anticipation des achats.

1. Blattberg R., Briesch R., Fox E., « How Promotions Work », *Marketing Science*, 14, 1995, G122-32.
2. Bucklin R., Gupta S., « Commercial Use of UPC Scanner Data : Industry and Academic Perspectives », *Marketing Science*, 18, 3, 1999, pp. 247-273
3. Pour la méthodologie : Van Heerde *et al.* (2000) pour les données : Neslin S., Schneider-Stone L., « Consumer Inventory Sensitivity and the Postpromotion Dip », *Marketing Letters*, 7, 1, 1996, pp. 77-94.
4. Bell et al., 1999, *op. cit.*

2.2 Les effets sur les ventes des catégories

➤ *L'étude Iri-Secodip pour l'IFM (1995)*

Menée sur six mois pour 47 catégories de produits, l'étude propose des conclusions intéressantes :

- *un lien positif entre la pression promotionnelle observée et le pourcentage d'augmentation des ventes.* Ce lien logique signifie soit que les promotions sont plus utilisées parce qu'elles sont plus efficaces, soit que la pression promotionnelle a conduit le marché à réagir de façon plus intense ;
- *une typologie des catégories selon l'efficacité* : après élimination de cet effet, quatre groupes sont mis en évidence selon l'efficacité (ratio du pourcentage d'augmentation et de la présence promotionnelle pondérée). Cette typologie ne recouvre pas celle des rayons et les raisons de cette différence d'efficacité restent encore à mettre en évidence ;
- *des liens entre l'efficacité sur les ventes de la marque et celle sur les ventes de la catégorie* : si les ventes de la catégorie ne progressent que faiblement, c'est en partie parce que les ventes de la marque progressent peu. *A contrario*, une forte augmentation peut être due au succès de la promotion et à la faible cannibalisation des ventes au sein de la catégorie.

Tableau 5.3 – *Efficacité promotionnelle selon la catégorie de produit*

Réduction de prix	12,50 %	6,25 %	7 %	9,50 %
Efficacité	1,4	0,6 à 1,4	0,5	Moins de 0,5
Catégories concernées	Crèmes desserts, glaces en bac, plats surgelés familiaux, portos, yaourts aromatisés, yaourts aux fruits, pizzas surgelées	Pâtés, purée, lessive en poudre classique, dessert prêts à être consommés, plats appertisés français, produit vaisselle main, poudres chocolatées, café torréfié moulu, gel douche, shampooings	Jus de fruits, biscuits, colas, huile, riz, légumes surgelés, savon, eaux plates, anisées, whisky, chocolat tablette, sirops, aliments animaux, couches	Pain pré-emballé, beurre, produit rasage, dentifrice, moutarde, bière, lait, serviettes périodiques, déodorants, thé, céréales, eaux gazeuses

➤ *L'étude Nielsen pour l'IFM (1999)*

L'étude réalisée pour l'IFM par Nielsen avec Scan*Pro met aussi en évidence la corrélation des effets sur les ventes aux deux niveaux (article et catégorie) mais souligne que certaines techniques peuvent avantager l'une ou l'autre : un prospectus sur une promotion avec gratuité ou sur le format standard est plus efficace pour les ventes de la marque, alors qu'une mise en avant soutenue par un prospectus profite simultanément à la marque et à la catégorie.

➤ *L'étude sur les Pays-Bas (2001)*

Menée sur 4 ans et sur les ventes de 560 catégories de produits dans les supermarchés hollandais, l'étude[1] conclut que les promotions prix ont :

- *un effet à court terme important* avec une élasticité moyenne de 2,21 (médiane 1.75) principalement déterminée par la fréquence des promotions ;
- *un effet à moyen terme quasiment nul* car l'effet de court terme dure environ 10 semaines.

Des effets modérateurs sont aussi mis en évidence :

- l'accroissement de la *fréquence des promotions* augmente leur efficacité, mais uniquement à court terme ;
- les *dépenses publicitaires* ont tendance à réduire l'efficacité promotionnelle ;
- *l'introduction de nouveaux produits* est fréquemment associée à un développement durable de la demande pour la catégorie et réduit l'effet promotionnel à court terme ;
- l'élasticité promotionnelle, tant à court qu'à long terme, est plus forte lorsqu'il s'agit d'une catégorie de *produit périssable* ;
- la *structure concurrentielle* est importante : plus le marché est concentré (oligopolistique) plus les effets sont importants (un marché plus dispersé réduit l'efficacité promotionnelle).

2.3 Les effets sur la consommation

L'étude de l'impact de la promotion sur la consommation est récente car on ne dispose pas, comme pour les ventes ou les achats, de données quantitatives nombreuses et fiables. Il faut donc avoir recours à des expérimentations complexes et coûteuses.

Les résultats sont cependant prometteurs[2] : le surstockage promotionnel généré par la promotion entraîne un accroissement de la consommation, soit par un effet de

1. Nijs V., Dekimpe M., Steenkamp J.B., Hanssens D., « The Category-Demand Effects of Price Promotions », *Marketing Science*, 20, 1, 2001, pp. 1-22.
2. Chandon P., Wansink B., « When Are Stockpiled Products Consumed Faster ? A Convenience-Salience Framework of Post-purchase Consumption Incidence and Quantity », *Journal of Marketing Research*, à paraître.

stimulation de celle-ci soit par un effet de réduction de la déperdition créée par les ruptures de stocks ménagères.

Section 3 LES EFFETS À MOYEN-LONG TERMES

Si certaines techniques (échantillons) visent délibérément les effets à moyen-long termes avec la pénétration, la question des effets négatifs des promotions de court terme (réduction de prix en particulier) a fait l'objet de nombreuses recherches.

Les effets à moyen terme sont soit *directs*, au niveau des modifications de la demande, soit *indirects* par la modification des sensibilités aux variables du mix.

1 Approche comportementale des effets directs à moyen terme

Sur un marché ouvert, le client est libre de son choix à chaque occasion d'achat. Si le choix est dicté par une forte fidélité à la marque (par goût ou par simplification du choix), une approche stochastique (processus markovien ou modèle *logit*) permet de mesurer le gain net obtenu par le recrutement lors de la promotion.

L'achat est déterminé par la fidélité relative à la marque, somme pondérée des choix antérieurs et de la présence d'une promotion. Un achat antérieur a deux effets : un effet direct, positif sur la fidélité et un effet négatif dû à la prise en compte de la présence d'une promotion lors de cet achat (par exemple par un effet d'attribution). L'effet net d'une promotion sur la fidélité serait cependant positif[1].

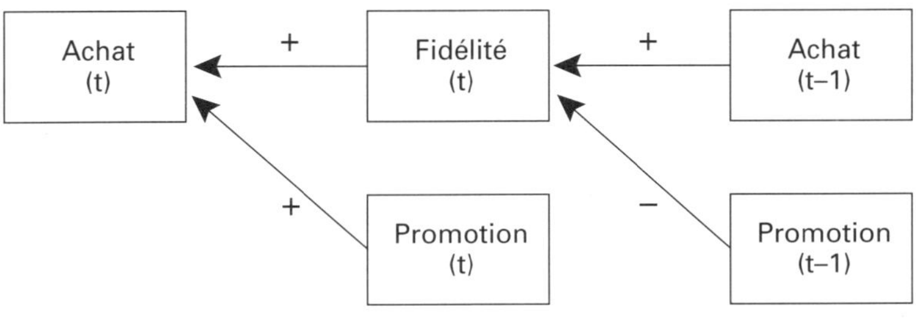

Figure 5.4 – *Effet indirect de la promotion par la fidélité*

1. Guadagni P., Little J.D.C., « A Logit Model of Brand Choice Calibrated on Scanner Data », *Marketing Science*, 2, 3, 1983, pp. 203-238.

2 Les effets indirects à moyen terme

Ces effets indirects se manifestent par une altération du capital marque et par la modification de la sensibilité aux variables du mix : publicité, promotion, prix et distribution (*trade* marketing). Les quatre effets principaux sont identifiés sur la figure 5.4 : les trois premiers touchent des variables d'état (image de marque, prix de référence, *goodwill* distributeur) qui résultent des efforts préalables entrepris dans le passé par les variables traditionnelles du mix (prix, publicité, distribution), le dernier modifie le poids relatif des sensibilités aux variables d'action.

Si ces effets peuvent être analysés en fonction de chaque type de promotion, il est clair que les effets négatifs les plus importants sont attendus avec les promotions prix.

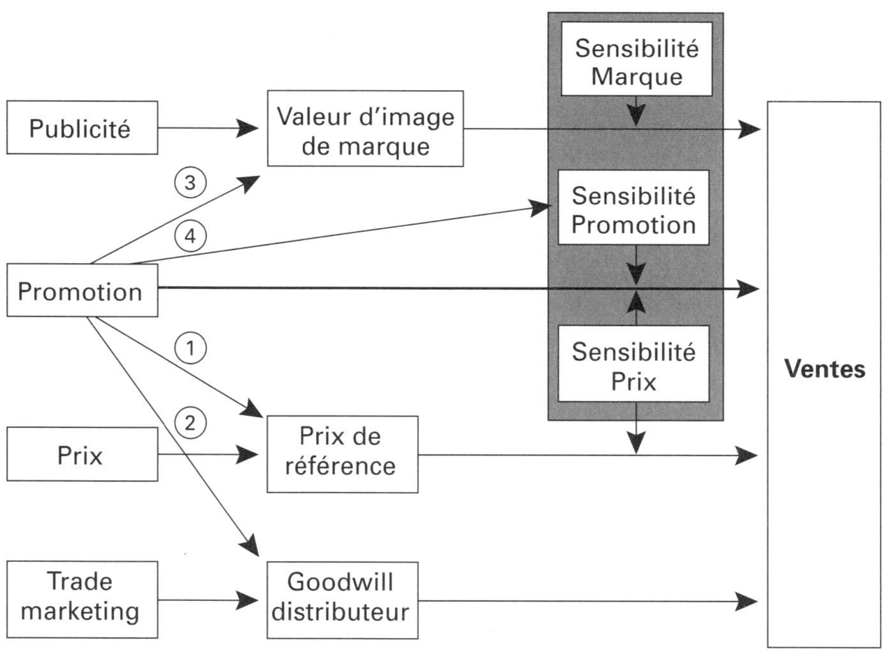

Figure 5.5 – *Effets indirects de la promotion des ventes*

2.1 Effet sur le prix de référence

La modification du prix, annoncé ou payé, amène le client à modifier son prix de référence, celui qui sert de base pour l'appréciation de l'intérêt économique d'un échange. Tant la moyenne que la variance du prix peuvent être touchées :

– *la moyenne* car le prix de référence est souvent déterminé par une combinaison des prix antérieurs observés ou payés ;

– *la variance*, ou plutôt l'étendue, car le prix de référence influence une zone d'acceptabilité des prix[1]. Des variations du prix conduisent donc à l'extension de la zone des prix pratiqués et indirectement des prix acceptables.

Des promotions par réduction de prix conduisent ainsi à une baisse du prix de référence dont les effets sont multiples :

– le « choc de l'étiquette » (*sticker shock*). Lors du retour au prix normal, l'ajustement du prix de référence vers le bas conduit à percevoir le nouveau prix comme plus cher. Cet effet est particulièrement important si le produit est nouveau et si le client ne dispose pas de prix de référence au préalable. L'influence du prix promotionnel sur le prix de référence est alors très forte ;

– la baisse de l'importance de la réduction de prix perçue. Souvent prise comme modèle des perceptions, la loi de Weber postule une perception relative des stimuli : une réduction de prix serait appréciée en pourcentage du prix de référence. Or celui-ci baisse à un niveau inférieur au prix « tarif », le pourcentage de réduction perçu est donc d'autant plus faible.

Exemple

Le schéma[2] suivant illustre les conséquences potentielles de l'utilisation d'un prix de lancement : d'une part le fort développement des ventes et la pénétration rapide dans le marché où ce prix de lancement est pratiqué et, d'autre part, une forte baisse de la demande sur ce marché lors du retour au prix normal. On peut noter que, pour cette expérimentation, les ventes après période d'introduction, sont supérieures sur le marché qui n'a pas bénéficié de la promotion.

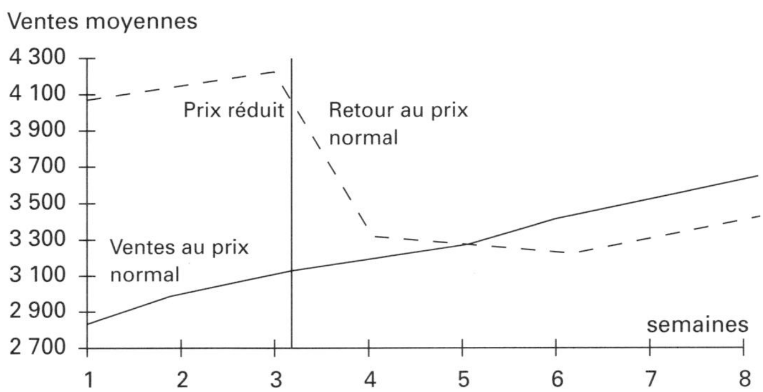

1. Zollinger M., « Le concept de prix de référence dans le comportement du consommateur : d'une revue de la littérature à l'élaboration d'un modèle prix de référence acceptabilité », *Recherche et Applications en Marketing*, 8, 2, 1993, pp. 61-77.
2. Doob A., Carlsmith M., Freedman J., Landauer T., Tom S., « Effect of Initial Selling Price on Subsequent Sales », *Journal of Personality And Social Psychology*, 11, 4, 1969, pp. 345-350.

2.2 Effet sur le goodwill distributeur

Les promotions occupent une grande place dans le *trade* marketing d'un fabriquant vis-à-vis de ses distributeurs par la conception de promotions spécifiques lors des campagnes promotionnelles organisées par une enseigne. Cette collaboration peut induire une meilleure efficacité du *merchandising* et faciliter le référencement de nouveaux produits.

2.3 Effet sur la valeur d'image

La valeur d'image d'un produit est appréciée sur plusieurs dimensions : la valeur ajoutée symbolique de la marque et le niveau de qualité associé à la marque. La promotion d'image peut aider à construire la marque alors que la promotion économique réduit sa valeur :

- *la valeur symbolique de la marque* est créée par la publicité. Il peut s'agir du prestige ou d'une valeur d'appartenance à un groupe social. Cette valeur peut être renforcée par la communication publicitaire autour d'une promotion : la dotation pour un jeu ou un concours peut renforcer le lien de la marque avec son territoire ;
- *le niveau de qualité associé à la marque* : pour des produits d'expérience, lorsqu'il est difficile d'apprécier la qualité du produit avant achat, la marque autant que le prix peuvent jouer un rôle dans l'appréciation du niveau de qualité. Des promotions prix introduiront donc une dissonance entre la valeur perçue de la marque et le message promotionnel selon les motifs utilisés pour l'attribution (voir théorie de l'attribution).

2.4 Effet sur les attentes en termes de promotion

Le client apprend et adapte ses attentes en fonction des situations qu'il a déjà rencontrées, il peut alors apprendre la fréquence, ou plus vraisemblablement la date des promotions sur certaines catégories, et adapter sa périodicité d'achat au planning promotionnel. Conformément avec cette hypothèse, une étude longitudinale montre une baisse de la fréquence d'achat et un accroissement des quantités achetées[1]. L'étude des ventes incrémentales n'est alors plus suffisante car les ventes de base sont sous-estimées[2]. Cet effet est particulièrement évident sur l'importance accrue des achats en soldes et le report des achats lors des périodes précédant celles-ci.

1. Mela C., Jedidi K., Bowman D., « The Long-Term Impact of Promotions on Consumer Stockpiling Behavior », *Journal of Marketing Research*, 35, 2, 1998, pp. 250-262.
2. Kopalle P., Mela C., Marsh L., « The Dynamics Effect of Discounting on Sales : Empirical Analysis and Normative Pricing Implications », *Marketing Science*, 18, 3, 1999, pp. 317-332.

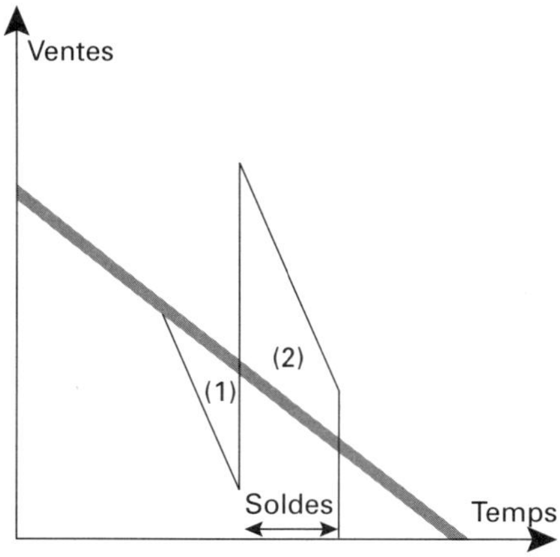

Figure 5.6 – *Effet du déplacement progressif des ventes en période de soldes*

2.5 Effet sur la sensibilité aux actions

Tout en reconnaissant la complexité et la diversité des processus de choix, un modèle de choix simple, de type compensatoire, met en évidence les effets à moyen terme. Le client pondère la valeur des différentes composantes de l'offre (prix, promotion, image-qualité, distribution...). Les poids sont relatifs et l'accroissement de l'importance d'une composante se fait aux dépens des autres composantes de l'offre.

Ces poids, individuels et stables, sont aussi influencés par la communication et par l'offre elle-même. Une campagne publicitaire d'image cherche donc à informer sur le produit et à augmenter sa valeur symbolique pour réduire l'importance accordée au prix. Une promotion par réduction de prix d'une part modifie le choix des clients sensibles au prix et, d'autre part, accroît l'importance accordée au prix par rapport aux autres critères[1].

L'accroissement de la sensibilité au prix réduit d'autant la sensibilité à la marque et modifie donc de manière substantielle la rentabilité des investissements publicitaires.

1. Mela C., Gupta S., Lehman D., « The Long-term Impact of Promotion and Advertising on Consumer Brand Choice », *Journal of Marketing Research*, 34, 2, 1997, pp. 248-261 ; et Mela C., Gupta S., Jedidi K., « Assessing Long-term Promotional Influences on Market Structure », *International Journal of Research in Marketing*, 15, 2, 1998, pp. 89-107.

3 Les effets directs sur la clientèle captive

Les effets de rémanence à moyen terme concernent le recrutement, le comportement et l'attrition. Ces effets doivent aussi être étudiés en interaction et l'étude du seul recrutement conduit à surestimer les effets promotionnels. En effet, l'intensité de la promotion a tendance à développer un recrutement dont la qualité se détériore, ce qui se traduit par un comportement moins intéressant pour l'entreprise ou par une durée de vie plus courte.

3.1 Le recrutement

En stimulant la demande par un accroissement de valeur ou par une réduction du risque, l'objectif est d'accroître la pénétration de l'enseigne, du produit ou celle de la marque en favorisant l'essai avec une hypothèse de fidélisation naturelle après essai. La mesure de cet effet se fait donc par l'intermédiaire de la valeur d'un client.

3.2 Le comportement

La promotion peut aussi avoir pour objectif d'installer de nouveaux comportements, de nouvelles occasions de consommation ou d'utilisation.

Exemple

> Lors du recrutement d'un abonné, un opérateur téléphonique propose une promotion produit de type *up-grade* : pour la consommation minute du forfait dans lequel il s'engage, le client peut bénéficier du prix du forfait inférieur pendant une durée de 3 mois à l'issue de laquelle il doit faire part de son désir de modifier le forfait. Après les 3 mois, tous les clients ne descendent pas sur des forfaits moins importants et on observe un accroissement moyen de 15 % du nombre moyen de minutes mensuelles achetées par rapport à un groupe test.

3.3 L'attrition

La mortalité commerciale, ou attrition, détermine la durée de vie, ou de fidélité, pendant laquelle les effets promotionnels vont s'exercer au niveau individuel. Cette durée peut être libre ou contractualisée.

Section 4 LES VARIABLES MODÉRATRICES

En pratique, les effets promotionnels sont d'une ampleur très variable. D'où l'interrogation sur les variables qui peuvent modérer (réduire ou amplifier) la relation entre la promotion et les ventes. Ces facteurs concernent le média utilisé, le produit, la marque, les caractéristiques de la cible et celles des points de vente.

1 Les variables médias

Les variables pertinentes dans le média-planning publicitaire pour caractériser les médias et les supports (sa puissance, son affinité, les caractéristiques de son audience) peuvent être directement utilisées. D'autres variables, plus spécifiques à la promotion, peuvent être ajoutées comme la proximité avec le comportement recherché :

- *puissance* : la puissance caractérise la taille de l'audience. Plus l'audience est large, moins elle est spécifique : le ciblage est nécessaire et, en son absence, un support plus puissant aura un taux de remontée plus faible ;
- *affinité :* l'affinité de la cible du média/support à la cible promotionnelle est un facteur clé : plus la cible potentiellement réactive est noyée dans un ensemble peu intéressé, plus le taux de remontée (%) sera faible ;
- *caractéristiques de l'audience :* un support peut être localisé géographiquement et sa réactivité dépendra des caractéristiques de son audience locale ;
- *positionnement du média* : les supports/médias sont plus ou moins ouverts aux offres promotionnelles ou ont des exigences particulières sur la qualité de la création ou le type de technique. Un effet d'interaction existe donc entre ces variables ;
- *proximité avec le comportement recherché* **:** les médias promotionnels conduisent plus ou moins directement aux comportements recherchés. Plus le média est éloigné du comportement, moins la promotion sera efficace. Ainsi, pour la distribution d'un coupon (réduction de prix immédiate), une distribution par animatrice en magasin sera plus efficace qu'une distribution en boîte à lettres sur la zone de chalandise du magasin.

2 L'influence du produit

Elle se manifeste au niveau des caractéristiques du produit et au niveau de la congruence entre la promotion et le produit.

2.1 Les caractéristiques des produits

Les caractéristiques du produit qui influencent le comportement d'achat ou d'utilisation sont nombreuses et concernent le besoin (permanence, importance, effet de mode, recherche de variété), la demande (pénétration, croissance, cycle de vie, différences de qualité), le produit lui-même (durabilité, périssabilité-stockabilité, saisonnalité), son conditionnement, le comportement d'achat (fréquence d'achat, budget) :

- *le besoin* : la permanence du besoin crée un marché récurrent et une demande stable ; l'importance influence l'implication du client dans l'achat et donc l'attention portée à l'information et à sa recherche ; l'effet de mode détermine une réduction de la valeur du produit à chaque période ; la recherche de variété réduit la propension du client à racheter la même marque ;
- *la demande* : le niveau de pénétration indique la taille du marché potentiel à conquérir ; la croissance justifie l'investissement dans une politique de recrutement et la possibilité de modifier rapidement la situation concurrentielle ; les différences de qualité perçues accroissent le rôle du prix comme indicateur de la qualité ; toutes ces variables sont regroupées dans le concept de cycle de vie. La saisonnalité de la demande tend à concentrer la demande en période de pointe ;
- *le produit* : la nature du produit (produit ou service) influence le type de vente et l'importance de la communication de vente. Son caractère durable engendre une prise en compte plus importante du risque ; sa périssabilité-stockabilité influence la durée de vie des stocks et donc l'intérêt du sur-stockage et son influence sur la consommation ;
- *le conditionnement :* l'hypothèse d'une orientation promotionnelle plus forte des acheteurs de gros conditionnements, qui auraient donc tendance à anticiper leurs achats et à augmenter les quantités achetées plus que ceux des petits conditionnements, plus sensibles à la praticité a reçu un support empirique[1] ;
- *le comportement d'achat* (fréquence d'achat, budget).

Il est important de noter que les catégories de produit ne font pas toutes le même usage des techniques promotionnelles et qu'une analyse trop rapide peut conduire à des conclusions erronées sur l'une (produit) ou l'autre variable (technique).

Une étude française[2] sur les déterminants de l'élasticité des prix des marques conclut à *l'importance déterminante des caractéristiques de la catégorie* sur celles des marques. Les facteurs d'accroissement de l'élasticité prix sont l'importance du budget, le faible niveau de concentration, la faible dispersion des prix et les investissements publicitaires faibles.

2.2 La congruence entre la promotion et le produit

À partir d'une classification des bénéfices consommateurs apportés par la promotion, hédoniques (expression des valeurs, amusement, découverte) et utilitaires

1. Abraham M., Lodish L., « An Implemented System for Improving Promotion productivity Using Store Scanner Data », *Marketing Science*, 12, 3, 1993, pp. 248-269.
2. Dietsch M., Bayle-Tourtoulou A.S., Krémer S., « Les déterminants de l'élasticité prix des marques », *Recherche et Applications en Marketing*, 15, 3, 2000, pp. 43-53.

(économie, qualité supérieure du produit, commodité d'achat), une recherche[1] suggère que l'efficacité des promotions est supérieure lorsque leurs caractéristiques sont congruentes aux caractéristiques du produit : si les critères de choix d'un produit sont utilitaires, les promotions utilitaires (économiques) sont plus efficaces.

3 Les variables de la politique de marque

L'étude citée ci-dessus a aussi analysé l'élasticité *relative* de la marque à celle de sa catégorie. Les principaux déterminants sont :

- le *décrochage de prix* par rapport à la MDD se traduit par une cherté perçue plus importante et une élasticité plus forte ;
- une *prolifération des références* par marque rend la demande à la marque plus élastique ;
- une activité promotionnelle plus forte que la moyenne est associée à des élasticités relatives plus élevées ;
- la part de voix est difficile à prendre en compte car elle est corrélée aux autres variables et son impact semble globalement faible.

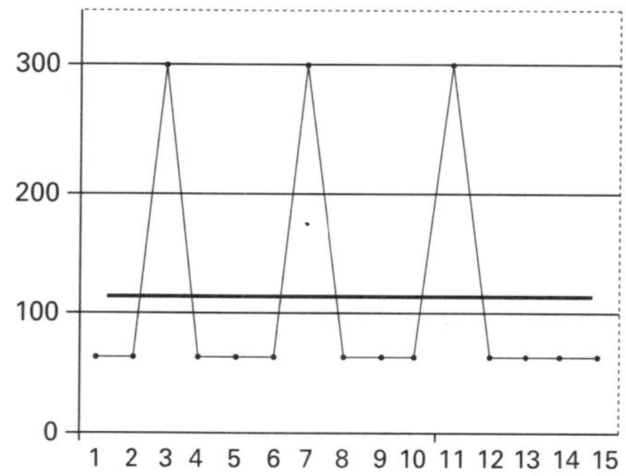

Figure 5.7 – *Surestimation de l'efficacité par la baisse de la* baseline

Cet effet modérateur est très important car il conduit à de fausses interprétations sur l'efficacité des promotions *malgré l'utilisation de données scanner* parce que, pour une marque à forte intensité promotionnelle, le niveau de ventes de base est plus faible et l'élasticité au prix promotionnel plus élevée[2]. Le niveau de la publicité joue essentiellement sur le niveau des ventes de base. La figure suivante montre deux niveaux de ventes (avec et sans promotion) correspondants aux mêmes ventes

1. Chandon P., Wansink B. et Laurent G., *op. cit.*, 2000.
2. Zenor M., Bronnenberg B. et McAlister L., « The Impact of Marketing Policy on Promotional Price Elasticities and Baseline Sales », *Journal of Retailing and Consumer Services*, 5, 1, 1998, pp. 25-32.

totales sur la période : pour un même niveau de ventes en promotion (300), le facteur d'accroissement des ventes sur la série sans promotion est de 2,7 alors qu'il est de 5 sur la série avec promotion.

4 Les caractéristiques de la cible

Une forte proportion de clients sensibles au prix et à la communication promotionnelle sur la zone de chalandise explique la réactivité promotionnelle du magasin ou du compte clé.

La sensibilité est liée à deux groupes de variables dont les effets spécifiques sont difficiles à séparer :

- *des caractéristiques démographiques* reliées au coût et au niveau des ressources (âge, niveau de vie, éducation), plus faciles à collecter ;
- *des caractéristiques de comportement d'achat* : globalement, le montant des paniers mais aussi l'achat plus fréquent de marques de distributeurs ou la fréquentation de magasins à politique de prix bas (EDLP).

5 Les caractéristiques des magasins

Le point de vente constitue une variable de segmentation pour le producteur. Au-delà des *caractéristiques de la zone* qui viennent d'être évoquées, la réactivité promotionnelle dépend de trois autres facteurs : les *caractéristiques des magasins,* celles de la *concurrence* et la *stratégie marketing* de l'enseigne.

5.1 La taille du point de vente

La taille des points de vente et l'éloignement des zones de résidence sont souvent corrélés avec une opposition entre la distribution de proximité et la distribution d'attraction. Si l'on applique les théories vues plus haut, le coût supplémentaire du déplacement doit être compensé par une largeur de choix et des prix plus bas.

La taille du magasin devrait donc être reliée positivement à l'importance de l'activité promotionnelle. Les magasins de grande taille utilisant plus de promotions attirent plus de clients chasseurs de promotion et ont donc une réactivité promotionnelle plus forte (en valeur absolue). En valeur relative (pourcentage des ventes incrémentales), la question est moins tranchée. Le supermarché connaît une fréquence de fréquentation plus importante induisant une moindre anticipation des achats, par contre, des difficultés financières ou matérielles peuvent limiter la valeur maximale du panier ou le sur-stockage.

Exemple

> Sur un panier de 47 catégories de produits, les promotions représentent 19 % du volume vendu :
>
> – l'importance des ventes sous promotion est proportionnelle à la surface du magasin : 26 % pour les hypermarchés de plus de 6 500 m^2 (M$^+$) contre 14 % pour les supermarchés entre 1200 et 2500 m^2 (S$^+$) ;
>
> – en moyenne, lorsqu'un article est en promotion, ses ventes doublent (+ 97 %) dans les magasins pendant les semaines correspondantes. Toutes promotions confondues, l'effet en pourcentage est supérieur dans les magasins de petite taille : avec 87 pour les H$^+$ et 107 pour les S$^+$;
>
> – les articles promotionnés l'ont été en moyenne 11 % du temps. La fréquence promotionnelle varie cependant directement avec la surface : 8 % (S$^+$) contre 16 % (H$^+$).
>
> *Source* : *La promotion des ventes : quelles réalités ?*, Géradon de Véra O. et Tourtoulou A.S., Iri-Secodip pour l'IFM, 1995.

5.2 La concurrence sur le site

Une concurrence locale forte et agressive conduit au développement des dépenses promotionnelles. Cette pression peut, à son tour, accroître le niveau de sensibilité des clients de la zone.

5.3 La stratégie marketing de l'enseigne

La stratégie de l'enseigne repose sur les choix de prix, d'assortiment et de services :

- *politique de prix* : il s'agit du choix d'une politique promotionnelle active (Hi-Lo) ou d'une recherche de minimisation permanente du prix (EDLP). Si historiquement le *discount* était une politique EDLP, la nécessité d'attirer la clientèle empêche la pratique d'un EDLP pur en hypermarché. Cette politique est plutôt pratiquée par les *hard discounters*. Une politique EDLP se caractérise par un niveau et une variation (moyenne et variance) des prix plus faibles et devrait donc conduire à une moindre réactivité promotionnelle ;
- *politique d'assortiment* : une politique d'assortiment large attire des clients recherchant d'abord le choix, la stimulation et non le prix bas. Un assortiment large devrait donc avoir une réactivité promotionnelle plus forte et une élasticité prix plus faible.

Tableau 5.4 – *Hypothèses sur les relations entre caractéristiques magasin et réactivité promotionnelle*

	Sens de la relation
Caractéristiques démographiques :	
– âge ;	–/+/–
– niveau de vie ;	–/+/–
– éducation.	+
Comportement d'achat :	
– achat MDD.	–
Taille magasin.	–
Concurrence locale.	+
Politique de prix (EDLP).	–
Politique d'assortiment (largeur).	+

5.4 Résultats empiriques

Les résultats empiriques comparent des magasins ou des comptes clés mais sont limités à des catégories de produits bien spécifiques (PGC).

Sur le marché de l'huile en France (données Iri), on peut observer de fortes différences de réactivités promotionnelles selon les magasins et les enseignes[1]. Le niveau de cherté n'apparaît pas comme très significatif contrairement à la taille et la largeur de l'assortiment.

Tableau 5.5 – *Réponse promotionnelle et taille du point de vente*

		Réduction de prix 10 %	**Réduction et MEA**	**Réduction et prospectus**	**Réduction, MEA et prospectus**
Taille du magasin	< 4 999 m^2	26,1	95,8	46,6	161,3
	5 000 à 7 499	36,2	116,9	68,1	161,2
	7 500 à 9 999	34,0	123,9	60,4	174,0
	> 10 000 m^2	33,5	121,5	61,7	197,0
Intensité promotionnelle	Faible	34,4	118,5	63,6	179,7
	Moyenne	34,3	123,5	66,7	167,8
	Forte	27,9	92,6	48,0	164,5

Source : Macé S., 2000, *op. cit.*

1. Macé S., « Le micro-marketing du point de vente et l'efficacité des promotions », in Volle P., *op. cit.*, pp. 247-267.

Sur le marché du café et au niveau du compte clé (données Scantrack), une étude[1] conclut inversement à l'importance prépondérante de la politique de prix (EDLP), de la part des MDD et de la composition de la zone de chalandise (effet croissant des variables âge et niveau de vie), mais au faible pouvoir explicatif de l'intensité de la concurrence.

1. Boatwright P., Dhar S., Rossi P., *The Role of Retail Competition and Retail Strategy as Drivers of Promotional Sensitivity*, WP, Carnegie Mellon University, 2001www.gsia.cmu.edu/46-735/explainingthevariation.pdf.

L'essentiel

Les effets promotionnels des promotions courantes touchant directement les acheteurs (réduction de prix) sur les ventes immédiates sont importants.

Ils sont encore amplifiés par une communication sur le point de vente (PLV et MEA) et par la communication extérieure du distributeur (prospectus). Ces effets positifs à court terme sont souvent, à tort, considérés comme une information suffisante pour conclure à l'efficacité des promotions.

Les caractéristiques du magasin (enseigne, taille, politique de prix EDLP/HiLo, politique d'assortiment) influencent la réponse promotionnelle. Par exemple, l'efficacité promotionnelle est relativement plus forte (%) pour les magasins de petites tailles, mais l'efficacité globale est plus importante pour ceux ayant une grande surface de vente.

Du point de vue du distributeur, ce résultat sur les promotions concernant un produit est aussi assez net et une certaine corrélation existe entre le succès de l'opération pour la marque et la capacité à développer les ventes nettes de la catégorie. Cette conjonction semble cependant dépendre de la nature de la communication *trade* mise en œuvre : en fond de rayon, l'effet marque prédomine, alors que l'effet sur la catégorie est souvent positif avec les MEA et les prospectus. Cet effet immédiat dépend d'abord de la catégorie (produit stockable, périssable) et beaucoup moins des caractéristiques de la marque.

Les effets généraux de la politique promotionnelle du distributeur sont plus difficiles à mettre en évidence, par exemple sur la fréquentation, du fait notamment de l'importance de la pression exercée sur le marché local : une enseigne généraliste émet souvent plus de prospectus qu'il n'y a de semaines.

Cependant, se contenter de ce raisonnement sur les ventes incrémentales immédiates constitue une erreur grave car les études convergent de plus en plus pour montrer que, sur les marchés matures, tant les effets indirects (cannibalisation) que les effets à moyen terme tendent à dégrader le constat positif.

Les effets indirects ne font que transférer des ventes déjà acquises soit dans le temps pour les acheteurs habituels du produit promu (anticipation, stockage) soit entre les marques. Si les premiers effets peuvent, dans certains cas spécifiques, être intéressants, la rentabilité de la promotion pour le distributeur (hors coopération commerciale) tient surtout aux ventes nettes supplémentaires réalisées sur les catégories. Or, à moyen terme, les effets sur la catégorie sont très limités sauf lorsqu'il s'agit de nouveaux produits.

À moyen terme, il y a une corrélation, voire une causalité, positive forte entre la réponse et l'intensité promotionnelles (fréquence et importance des promotions). Une forte intensité accroît la sensibilité promotionnelle de la cible et fait baisser les ventes de base. L'élasticité promotionnelle s'accroît ainsi de manière automatique et un décideur qui valorise l'efficacité à court terme des outils aura tendance à surinvestir en promotion aux dépens de la valeur de sa marque.

Pour en savoir plus

Comment approfondir ses connaissances ?

Études empiriques

IFM (95) Étude Iri-Secodip.

IFM (99) Étude Nielsen.

Site de référence

http://www.ifm.asso.fr/index.php3

Recherche

Neslin S., « *Sales promotion* » in Barton W. et Wensley R. (Ed.), *Handbook of Marketing*, Sage Publications, 2001.

6 LES MÉTHODES DE MESURE DES EFFETS PROMOTIONNELS

La mesure des effets promotionnels est indispensable pour analyser la rentabilité de l'opération et, éventuellement, en modifier les caractéristiques avant de la généraliser sur le marché. Deux catégories d'outils existent qui s'appuient soit sur des données de panels standards, soit sur des informations obtenues sur des zones tests. Le niveau de l'analyse des résultats est aussi un choix important puisque les données peuvent concerner les achats des clients ou les ventes des magasins, éventuellement agrégées par région ou par type de magasin.

Au-delà de la simple mesure, les sociétés d'études proposent des modèles permettant de mesurer l'effet net des promotions, en éliminant les effets des autres variables, et de le relier aux caractéristiques de la promotion permettant ainsi une généralisation et une optimisation de la politique promotionnelle.

L'objet de ce chapitre est de décrire les informations utilisées, leurs sources et leurs caractéristiques, ainsi que les modèles permettant de les analyser.

Section 1 ■ Les pré-tests et post-tests
Section 2 ■ Les mesures directes et les panels
Section 3 ■ Les expérimentations
Section 4 ■ Les modèles sur données des ventes
Section 5 ■ Les modèles sur données individuelles d'achat
Section 6 ■ Les questions en suspens

Section 1

LES PRÉ-TESTS ET POST-TESTS

Le succès de la promotion dépend en partie de l'attractivité de la dotation, du mécanisme de l'offre ainsi que du fonctionnement de la communication pour les messages marketing direct.

Les études par questionnaire visent à *comprendre quels sont les déterminants* du succès ou de l'échec d'une communication (post-test) ou à *vérifier le fonctionnement* d'une communication ou à *choisir entre différentes options*. Des échelles générales ont été présentées et des tests plus spécifiques existent[1].

Plusieurs outils de mesure de l'attitude vis-à-vis d'une promotion ont été proposés. L'intérêt de leur utilisation est de bénéficier d'une évaluation attitudinale, facile à collecter, avant la mise en œuvre effective de la promotion :

- *l'échelle de l'AACC* : empirique, elle comporte 6 *items* : la sincérité de l'offre (bonne ou mauvaise affaire pour le consommateur) ; la facilité de compréhension du mécanisme ; l'adéquation de l'offre à l'image de marque ; la contribution à l'image de soi (gratifiant/dépréciant) ; la visibilité de l'offre vis-à-vis de la concurrence (banalité, confusion) ; l'augmentation du désir d'achat ;
- *l'échelle de Chandon et Laurent* est une grille standard de mesure de l'attitude globale et de l'attitude détaillée vis-à-vis d'une promotion avec des échelles de Likert (degré d'accord-désaccord) en cinq points sur le concept (moins cher ; unique ; gain sûr ; gain intéressant ; destinataire du gain ; gain immédiat ; effort nécessaire ; contraignant) ; la création (clarté, visibilité, finition, ton) ; l'adéquation à la marque (relation au produit et à la marque ; bonne foi de l'annonceur ; intentions de l'annonceur, gaspillage) ; l'attitude globale (jugement global, réactions affectives, comportement déclaré).

Section 2

LES MESURES DIRECTES ET LES PANELS

La mesure la plus simple d'une promotion consiste à observer les effets les plus immédiats : combien de ventes supplémentaires, combien de visites en magasin, combien de participants aux jeux et concours... Suffisants pour diagnostiquer un échec relatif de l'opération, ils ne le sont pas pour garantir la rentabilité même en cas d'un accroissement significatif des ventes du fait des effets de transfert inter temporel.

1. Voir par exemple le Mail Test d'Ipsos présenté en annexe à ce chapitre.

1 La traçabilité et son importance

Pour mesurer l'efficacité, il faut mettre en rapport deux termes : l'effort promotionnel, d'une part, et l'évolution du comportement, d'autre part. La traçabilité concerne la mesure de l'écart entre l'effort promotionnel prévu et la réalité du terrain. L'écart peut être important et fausser l'analyse des résultats (TG non montées en magasin).

Il faut donc suivre les différents médias par des piges internes (salariés de l'entreprise) ou externes. Si les panels couvrent assez bien les évènements en magasin, en particulier le *trade*, certaines techniques sont sous explorées (combien de coupons sont disponibles en magasin ?) et l'approche est de nature quantitative (présence/absence). Pour les prospectus promotionnels de la distribution, des piges systématiques remontant des images sont disponibles et mesurent la qualité de la distribution (Agena 3 000, le site marketing).

Au-delà de ce suivi, des efforts sont parfois nécessaires pour la simple mise en place. En effet, la concentration des négociations de coopération commerciale en centrale prive les salariés du magasin d'une opportunité de responsabilité voire de rémunération qui les conduit à ne pas mettre en place systématiquement les plans négociés en centrale. Le rôle de la force de vente de l'industriel est alors crucial.

2 Les sorties usines et remontées directes

Les ventes et livraisons aux clients permettent de suivre l'efficacité primaire tout comme les remontées directes de l'opération auprès de l'entreprise (*mailing*) ou auprès du prestataire (coupon, primes différées). Le résultat net ne peut être calculé qu'après la période des retours.

Ceci est particulièrement important en cas de vente à des distributeurs (grossistes et détaillants). La diffusion progressive de la marchandise dans les canaux de distribution crée un *effet de pipe-line* qui ne permet pas de maîtriser les dates (et la localisation) de la marchandise mise sur le marché. Si le produit est à diffusion lente, il est indispensable de prévoir des durées d'opérations suffisamment longues pour éviter que l'opération ne soit terminée alors que le produit arrive sur le marché.

3 Les panels détaillants

3.1 Les panels de distributeurs

Un panel de distributeurs est un échantillon permanent de magasins, représentatif de la distribution française pour les catégories de produits/service considérés, sur lequel les informations de ventes et les informations promotion/merchandising sont relevées. La rémunération du distributeur consiste en un avoir utilisable sous forme d'études réalisées par la société d'études.

La collecte des informations se fait, de manière quasi-généralisée, par le télé-chargement des informations de la lecture optique des codes à barre en caisse au niveau le plus fin, par article (EAN). Les informations magasins (*merchandising*, promotion, PLV) doivent être collectées manuellement par analyse des prospectus et par passage périodique des enquêteurs sur le point de vente.

Les mises en avant (MEA) regroupent les différents espaces promotionnels en magasin : TG, îlot de masse en allée pénétrante, mur promotionnel, brèche, cheminée[1]. Le détail de ces espaces ne peut cependant être pris en compte que dans les études spéciales ou en modélisation.

Les informations sont traitées au niveau le plus fin (jour, EAN) mais sont présentées sur une périodicité hebdomadaire selon différentes clés de répartition produit, selon les critères de la nomenclature (taille conditionnement, variété...), et les magasins (région...) mais non par enseigne sauf lorsque celle-ci l'autorise. Le champ couvert dépend de la définition de l'univers produit choisie par le client (produits et marques à étudier) et des catégories.

➤ *Les principes communs aux panels de détaillants*

• *L'échantillon*

Le panel est représentatif des magasins généralistes de plus de 400 m^2 de surface de vente ayant au moins un rayon alimentaire, à l'exception du maxi-discompte. Les supérettes et magasins traditionnels sont suivis pour un nombre limité de marchés sur une base trimestrielle. Sont exclus, les magasins de moins de 400 m^2, les grands magasins, les marchés, les stations services, les collectivités, les kiosques et cinémas. L'échantillon de 4 à 500 magasins est stratifié avec un taux de sondage non proportionnel.

• *Les informations de vente*

Les ventes sont collectées par lecture optique des codes barres en unités consommateur (UC) et en valeur par EAN, semaine magasin. Des codes spécifiques (appels prix en caisse) sont utilisés pour les produits non scannés à forte rotation, ou en promotion ou encore les gros conditionnements.

• *Les informations causales*

Elles sont relevées par des inspecteurs équipés de micro-ordinateurs portables

---

1. Une cheminée est un espace réservé à la promotion en linéaire, balisé visuellement par deux descentes rouges.

avec lecteur de *gencod*, du mercredi au vendredi :

- les promotions distributeur (mises en avant : MEA) ; prospectus ; réductions de prix temporaire) et fabricants (offres girafe et lots de produits identiques) sont systématiquement relevées ;
- sur option, d'autres techniques peuvent être suivies : réductions de prix différées, coupons, cadeaux, cadeaux différés, produit gratuit porté, jeux, loteries, concours, *winner per store* ;
- des données causales sont calculées : nombre moyen de références (*item* ou *gencod* vendus pendant au moins une semaine) et les réductions de prix (écart de 5 % par rapport au prix régulier) ;
- l'espace linéaire est mesuré en cm, 4 fois par an : permanent (hors OS), redressé (rupture), développé (selon le mobilier de présentation, le nombre d'étagères...).

• *Les critères de ventilation*

Ils concernent quatre dimensions :

- les subdivisions du marché (*market*) : total grandes surfaces, hypers (+ 6 500/– 6 500), supers (+ 1 200/– 1 200), des groupes restreints d'enseignes ;
- les zones géographiques avec soit les *régions* de la société 9 pour Nielsen, 5 à 9 pour Iri, ou un découpage propre à la société ajusté à l'organisation de sa force de vente ;
- les niveaux d'analyse produit (*product*) : marché total, ligne, normal/format spécial, marque, conditionnement, taille ;
- les promotions.

• *Les résultats*

Ils sont calculés sur différentes entités et selon différents critères :

- la *période* : hebdomadaire, cumul de 4 ou 5 semaines (12 périodes annuelles) ;
- le type d'information (*fact* ou mesure) :
  1. les *ventes* volume (VQ), ventes en valeur (VV), part de marché (%VV, %VQ), ventes moyennes hebdomadaires (VMH = VMTotale/nombre de magasins vendants) ;
  2. les *prix* moyens : prix = VV/VQ sur la période considérée, prix moyen en promotion, prix par type de promo distributeur ;
  3. la *distribution* : DN vendant/DV vendant (vendant = s'il y eu au moins 1 vente au cours de la période considérée) ;
  4. les *ventes sous promo* (MEA, prospectus, réduction prix), la distribution des promotions (DN/DV détenteur promo) ;

5. les *ventes de base et les ventes incrémentales*. L'efficacité promotionnelle apparaît directement au niveau de la référence dans le panel. L'utilisation d'autres niveaux (marque, catégorie, portefeuille…). ne peut se faire qu'en modélisation ;
6. le *linéaire* en cm, le *nombre moyen de références*.

Les résultats bruts du panel sont redressés semestriellement par un indice de raccord traduisant la transformation de l'appareil commercial, grâce à un fichier exhaustif des GMS avec leur chiffre d'affaires.

➤ *Les panels classiques*

InfoScan© de la société Iri-Secodip : les techniques de communication *in-store* peuvent être suivies, comme le stop-rayon avec produit identifié ou l'affichage grand-format en rayon (bac à glace…).

Scantrack© : le panel permet de prendre en compte les ventes sur parking ou chapiteau si elles sont scannées et gérées par le système de caisse du magasin. L'information sur les ruptures est plus détaillée avec la DN/DV ruptures. Une rupture correspond à au moins une semaine de ventes nulles après ventes non nulles la période précédente).

➤ *Les résultats marché-enseigne*

Du fait d'accord de transparence, les deux sociétés de panels ont aussi le droit de diffuser des informations de l'échantillon ventilées au niveau détail de l'enseigne sur quelques enseignes (Carrefour, Système U…).

➤ *Les résultats Census*

Sur deux enseignes, les données sont accessibles, par Iri, non plus en échantillon mais au niveau d'un regroupement de magasin (Monoprix) ou même au niveau du détail magasin (Hyparlo). Cependant, en l'absence de passage de l'enquêteur, les données causales ne sont pas disponibles.

3.2 Les tendances

Les sociétés d'études ont tendance à passer de la notion d'échantillon à la notion de recensement. En effet, la baisse des coûts recherchée par l'utilisation d'un échantillon était importante lorsque la clientèle était principalement constituée de fabricants. Elle est moins importante que la capacité à suivre la performance de chaque magasin demandée par les distributeurs.

Exemple : Efficacité d'une opération gratuité (+20 %) contre le standard

Le tableau suivant présente les effets selon le niveau d'imbrication des techniques (la communication *trade* suppose un *special pack* ou une réduction de prix). On remarque que le format spécial se retrouve sans soutien *trade* dans 58 % des magasins (DN) où il représente 24,9 % (% vol.) des volumes vendus. Or l'efficacité est réduite (+ 1 % d'augmentation des ventes par rapport à +22 % pour une mise en avant MEA). Il faut donc s'attacher à mieux gérer les quotas livrés aux magasins pour qu'il y ait moins de retour en fond de rayon.

		% vol.	DN	% d'augmentation des ventes
Trade	Prospectus et MEA	11,6	10	301
Trade	MEA	18,5	34	222
Trade	Prospectus	5,6	11	74
Trade	Communication magasin	0,8	1	13
	Spécial pack	24,9	58	51
	Réduction prix	8,1	19	– 2,4

Source : Iri-InfoScan.

4 Les panels de consommateurs et de clients

Un panel est un échantillon sur lequel sont effectuées des mesures répétées. Il offre donc une vision dynamique. En particulier au-delà de la mesure immédiate des remontées, un panel permet de mesurer les transferts en analysant ce que les acheteurs en promotion achetaient avant la promotion et ce qu'ils achètent après.

4.1 Les panels internes

Un panel interne est une partie du fichier client dont les achats sont maintenus en ligne pour faire les analyses marketing désirées. Cette approche est possible chaque fois que l'entreprise a un contact direct avec le client, soit par les ventes (vente à distance, transport aérien, téléphonie), soit par une base de données marketing (base de clients Danone participant au programme Danoë).

Bien qu'il soit *peu coûteux*, l'inconvénient du panel interne, au-delà du coût et de *l'expertise statistique* nécessaire à son maintien, est sa *couverture réduite* des achats des clients panélistes : il ne couvre pas les achats que ceux-ci réalisent chez les concurrents ou par d'autres canaux. Cet inconvénient est important même si l'annonceur a une exclusivité de service (cas d'un opérateur téléphonique) car il n'est pas possible de suivre la consommation au niveau du foyer.

4.2 Les panels des sociétés d'études

Les panels de consommateurs des sociétés d'études sont représentatifs de la population française et des achats (mais pas de la consommation) réalisés dans presque tous les canaux. Basés sur la participation volontaire du panéliste, ils nécessitent une contrepartie (bon achat sur un catalogue) et un renouvellement régulier pour limiter le biais de panélisation (attention particulière aux achats, au prix...). La saisie des informations produit s'éloigne du support papier pour être effectuée par lecture optique à domicile par le panéliste équipé d'un lecteur de code barres.

➤ *Les avantages des panels de ménages*

Les avantages sont un suivi de l'évolution des marchés sur tous les circuits y compris les nouvelles formes de vente (maxidiscompte ou *hard discounter*), les circuits non suivis dans un panel détaillants, ce qui est important pour les produits qui ne sont pas principalement distribués par le canal des GMS. Les achats sont suivis quelque soit le magasin fréquenté et les résultats peuvent être obtenus par enseigne (y compris pour les opérations promotionnelles). Enfin, le panel de consommateurs permet de mesurer l'efficacité des actions hors magasin : campagnes grands médias, promotions consommateurs (hors MEA et prospectus).

➤ *Les limites des panels de ménages*

Les résultats des promotions peuvent ne pas être exactement conformes à ceux obtenus au niveau agrégé (panel distributeur ou sorties usines) soit par défaut de déclaration (le panéliste mentionne ce qui l'a frappé sur l'emballage du produit) soit par non recouvrement des mesures (les lots vendus par le fabricant peuvent être dissociés par le distributeur, les promotions peuvent être stockées et donc avoir une durée d'écoulement longue).

Exemple : Étude avant-pendant-après

> Sur 100 acheteurs en promotion, 49 étaient acheteurs durant la période précédente (19 semaines) dont 39 % du même conditionnement. 47 % des acheteurs en promotion ont renouvelé leur achat durant la période suivante (9 semaines).

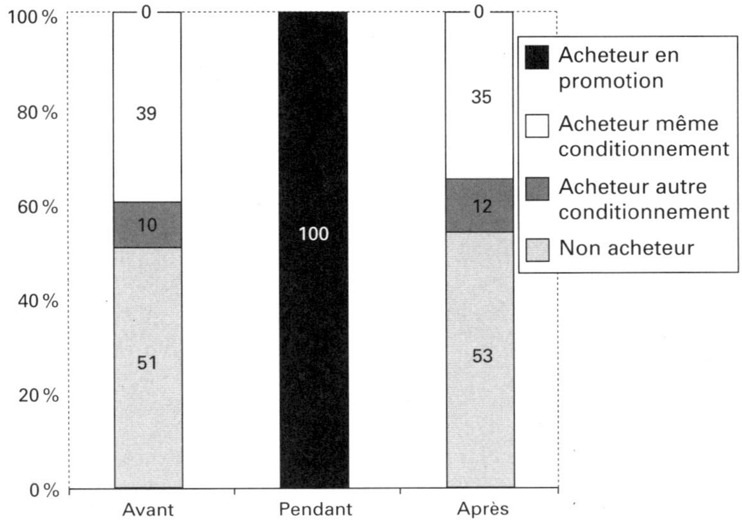

Source : TNS-Secodip Scannel.

➤ ***ConsoScan© (TN-Secodip)***

– *L'échantillon* : les 8 000 panélistes à domicile sont représentatifs des 23,2 millions de ménages français et déclarent quotidiennement les achats de produits alimentaires, d'hygiène, de santé, d'entretien, de textile et chaussures. Répartis sur 2 800 communes, ils fréquentent 15 000 lieux de vente dont 7 300 hyper et supermarchés. Les offres magasins sont retrouvées.

– *Les informations collectées* : saisies par scanner individuel (scannette) et télétransmis à Sécodip, elles concernent *l'achat* (identité de l'acheteur, lieu d'achat, jour d'achat, ticket global d'achat–panier) ; *le produit* : identification du produit, identification de l'utilisateur, unité et quantité achetée, prix unitaire ou total ; *la promotion consommateur* (*on-pack*) : produit gratuit, prix réduit, bon de réduction, offre de remboursement, jeu et loterie, échantillon ou cadeau, autre promotion. D'autres informations sont saisies par menu sur le terminal pour les produits sans code barre (avec une nomenclature sur un *code book*) : produit, variété, conditionnement, quantité, prix unitaire ou total. Au recrutement et périodiquement par questionnaire, les critères socio-démographiques et les habitudes de fréquentation média sont relevés.

– *Les résultats* : en standard (*tracking*) sont présentés avec une périodicité (hebdo, 4, 12 ou 16 semaines, annuelle) et plusieurs ventilations : critères socio-démographiques, possession de biens d'équipement, circuits de distribution, enseignes. Les informations promotionnelles sont présentées sous forme d'un *critère supplémentaire* dans les résultats standards pour ceux ayant acheté le suivi des promotions.

➤ *HomeScan© (ACNielsen)*

Autour de grandes surfaces dans cinq régions françaises, 10 000 foyers sont étudiés avec cumul par foyer des achats relevés par chaque membre. Le rapprochement avec le panel magasin fournit les prix. Une vague de questionnaires biannuels renseigne sur les habitudes de fréquentation média et support. La saisie des données promotionnelles magasin par Scantrack permet d'enrichir la base d'information et d'effectuer des analyses complémentaires.

Une classification est proposée sur base de la *pénétration ménages* et de la *fréquence d'achat* en quatre groupes : les produits de niche, les produits de spécialités, les produits saisonniers et les incontournables.

Exemple

Si la fréquence d'achat est élevée, la promotion est un moyen efficace de gagner de la part de marché et de générer de l'essai. En effet, le risque associé à l'achat d'une nouvelle marque (goût ou rejet par l'utilisateur) est d'autant plus faible que cette fréquence est élevée.

Pour ce marché, la promotion a peu d'impact sur la catégorie sauf pendant les ventes saisonnières (fin d'année). Les promotions par lots sont intéressantes, surtout pour les clients déjà fidèles à la marque, mais ne changent rien à la catégorie (volume et valeur). Les promotions prix et les primes attirent les acheteurs occasionnels et les infidèles.

Source : d'après Fearne A., Donaldson A. et Normington P., (1999) « The Impact of Alternative Promotion Strategies on the Spirits Category : Evidence from the UK », *Journal of Product & Brand Management*, 8, 5, pp. 430-442.

4.3 Les études spéciales

Au-delà des statistiques périodiques des comportements d'achat, les études spéciales permettent d'analyser la structure et le comportement ultérieur des clients recrutés lors de la promotion.

➤ ***Prométhée© (TNS-Secodip)***

C'est une offre qui intègre différentes sources d'informations (harmonisation des nomenclatures et des caractéristiques telles que la périodicité) *au niveau de la marque* pour en étudier la performance concurrentielle en terme d'attitude (notoriété, image, répertoire de marques, intention d'achat) et de comportement (pénétration, part de marché, recrutement, fidélisation). Cette étude permet de faire un diagnostic et d'évaluer l'impact des actions tant consommateur que *trade* (DV et pression promotionnelle).

Les comportements d'achat sont obtenus par le panel de consommateurs ConsoScan, les attitudes par un échantillon postal dédié (16 000 foyers), les investissements publicitaires par la pige Sécodip plurimédia et les actions commerciales par le panel de magasins InfoScan.

Section 3 LES EXPÉRIMENTATIONS

Une expérimentation est réalisée pour s'assurer de l'efficacité d'une opération prévue avant son lancement ou pour tester l'impact de variations de ses caractéristiques. Elle est réalisée soit en laboratoire ou sur un groupe spécial (*in vitro*) soit en réel sur un échantillon (*in vivo*).

1 Tests et pré-tests

➤ ***Test Behaviorscan© E-Mailing (MarketingScan)***

C'est un outil de mesure de l'efficacité des opérations d'*e-mailing* par comparaison de deux groupes de 1 200 foyers : un échantillon test de panélistes avec accès Internet ayant reçu la campagne, et un groupe de contrôle (panel MarketingScan). Les échantillons sont appariés en termes de critères socio-démographiques, de consommation de la catégorie de produits et des marques et de fréquentation des enseignes. Les effets sont mesurés sur la part de marché, la pénétration et le niveau de consommation.

2 Études expérimentales

2.1 L'expérimentation *ad hoc*

L'expérimentation consiste à comparer les performances de deux groupes (individus ou magasins) soumis à des conditions différentes. Dans un *plan expérimental*, les unités statistiques sont affectées aléatoirement à chaque condition, alors que dans un *plan quasi expérimental*, ce n'est pas le cas. Cette dernière classe regroupe les études dites *avant-après*.

L'expérimentation est plutôt utilisée au niveau des consommateurs, par exemple en isolant un fichier d'adresses n'ayant pas reçu une opération promotionnelle par *mailing*.

Exemple : Impact d'une opération Affichariot Secteur glaces

(périodes de 2 semaines)	Avant	Pendant	Après
Promotion seule (recevez 10 F/1,52 €)	100	110	110
Promotion et affichage chariot	100	188	142

Source : *La communication point de vente au service des stratégies des marques*, Médiaperformances.

2.2 Les zones test

Ce sont des zones gérées par les sociétés d'études sur lesquelles il est possible d'effectuer des tests réels (*in vivo*) pour éclairer les décisions marketing soit en prétest (potentiel d'un nouveau produit, effet d'un nouveau mix (prix, promotion) ou d'une communication), soit en post-impact d'une opération nationale. La richesse de l'analyse vient du couplage de deux panels représentatifs : un panel de consommateurs (achats) et un panel de distributeurs (ventes).

➤ *Scannel© (Secodip, groupe Taylor Nelson Sofres)*

Premier marché test en France, l'échantillon, représentatif de la population française (variables socio-démographiques et comportements), est composé de trois zones hermétiques (isolées d'autres bassins de chalandise) de 10 500 panélistes et de 19 magasins sur les villes de Château-Thierry, Sens et Brive.

➤ *BehaviorScan© (MarketingScan)*

C'est un marché test sur les villes d'Angers et du Mans avec un panel de 4 000 foyers et 9 magasins (50 000 m^2). Les consommateurs sont, pour la moitié, équipés d'un boîtier TV ou câblés.

Plusieurs médias peuvent être manipulés (TV, presse magazine, radio, affichage, cinéma, PQR, *e-mailing*. Pour la promotion, des opérations tests sont mises en place (TG, prospectus, échantillon, animation). Ce marché test permet de réaliser des plans d'expérience et de comparer les comportements de foyers appariés (avec ou sans opération) soumis au même environnement. Le *matching* des foyers est effectué sur le profil socio-démographique, le comportement d'achat et la fréquentation des magasins (plus de 100 critères).

Exemple : L'influence du prix sur les performances de la marque

À partir de l'étude des résultats de 50 tests Behaviorscan, on observe que :

- les hausses (36) de prix d'une valeur moyenne de 13 % conduisent en moyenne au maintien de la PdM volume ; les baisses (14) de prix de 9 % augmentent la PdM volume de 14 %. La moyenne cache de fortes disparités et dans plus de 40 % des cas, la PdM décroît ;
- la variation de la PdM n'est *pas directement reliée à l'importance de la variation en %*. La réaction de la demande est liée au *franchissement d'un seuil en valeur absolue* (2 €) plutôt qu'en valeur relative ;
- le changement de prix modifie d'abord *la taille de la clientèle* (NA) (– 7 % pour les hausses, + 16 % pour les baisses), ainsi que le niveau de consommation (QA/NA) en cas de baisse des prix (+ 2 %, – 15 %) et le taux de réachat (+ 12 %, – 10 %) : *les fidèles à la marque sont conservés avec un prix en hausse ;*
- *pour une hausse de prix*, l'effet est plus défavorable pour les marchés à forte fréquence d'achat, à forte valeur faciale et à forte implication consommateur (importance du statut de la marque), avec un écart de prix plus important avec les MDD. Il est dû essentiellement à une perte de clientèle ;
- *pour une baisse de prix*, l'effet est plus défavorable s'il correspond à une simple modification du conditionnement et si la baisse n'est pas soutenue par une communication forte. L'effet est plus favorable pour les marques à forte notoriété et celles qui sont en concurrence avec d'autres MN plutôt qu'avec des MDD.

Source : www.marketingscan.fr.

➤ *PromoTrak©*

L'expérimentation est effectuée sur MarketingScan selon un plan de test qui distingue deux groupes de foyers, exposés (promo) ou non (contrôle) à la promotion. Des mesures sont effectuées sur des périodes d'une longueur minimale de 8 semaines : 16 semaines avant le cycle promotion, puis durant les 8 semaines du cycle et enfin pendant les 8 semaines suivantes.

Exemple

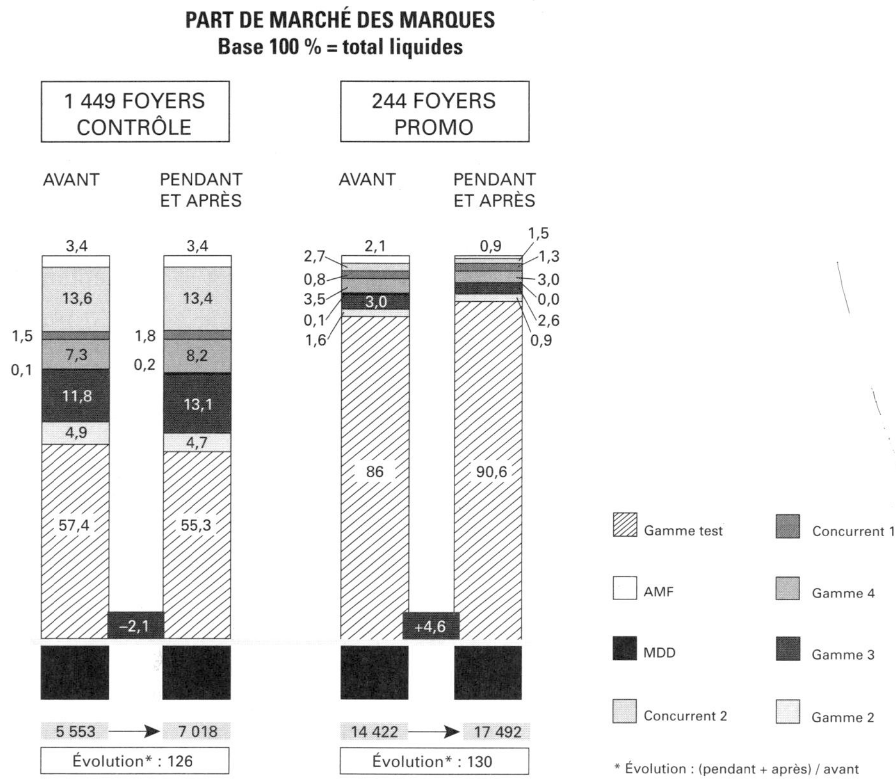

« La promotion étudiée permet un développement sensible de la part de marché volume de la gamme en promotion (+6,7 points) et même au niveau de la marque (+4,2 points). Cependant, la promotion n'a pas permis de recruter une clientèle additionnelle mais accroît le niveau de consommation des gros acheteurs de la marque. Les données consommateurs conduisent donc à nuancer la conclusion favorable issue de l'analyse des données magasin. ».

Source : La source unique, p. 4-5, MarketingScan, www.marketingscan.fr.

➤ *IMC Scan©*

Le modèle proposé par Groupe D-Interactive vise à mesurer l'efficacité d'un programme de fidélisation ; il s'agit d'une adaptation de celui de Deighton[1]. Il croise les données de la base de données du programme de fidélisation de l'annonceur avec des données individuelles de comportement d'achat et de déclaration de

1. Deighton J., Henderson C. et Neslin S., « The Effect of Advertising on Brand Switching and Repeat Purchasing », *Journal of Marketing Research*, 31, 1, 1994, pp. 28-43.

fréquentation média (HomeScan), des données magasins (ventes et *merchandising*), des données publicitaires (pige Secodip) et des remontées de coupon (Sogec).

Les comportements des panélistes exposés au programme (duplicants) sont comparés avec ceux d'un échantillon de référence et l'effet différentiel du programme est analysé dans un modèle explicatif individuel (*logit*) prenant en compte les variables exogènes les plus importantes : effet d'inertie (achat antérieur), effets immédiats (MD, publicité, promotion, prix, préférences pour la marque et le contenant) et effets différés, éventuellement en interaction (MD, promotion, prix).

Tableau 6.1 – *Informations causales prises en compte selon les sources*

	Panels de distributeurs		**Panels de consommateurs**		**Zones test**	
	Scantrak	Infoscan	Consoscan	Homescan	Scannel	Behaviorscan
ACNielsen	X			X		
Iri-Secodip		X				
Secodip			X		X	
MarketingScan						X
Réductions de prix						
MEA						
Prospectus						
Communication magasin						
Spécial pack						
(EAN différent)						

Section 4 LES MODÈLES SUR DONNÉES DE VENTES

La mesure brute des volumes n'est pas suffisante. D'abord, il faut en déduire les ventes qui auraient été réalisées même sans promotion (ventes de référence ou *base line*) pour obtenir le volume incrémental. Ensuite, il faut retirer de celui-ci l'effet des ventes cannibalisées sur les autres articles de la gamme et les ventes simplement transférées dans le temps par le décalage du moment d'achat et le surstockage. Cet effet net résiduel est souvent bien moins important que l'effet brut observé et nécessite que l'on analyse finement la rentabilité des opérations.

De plus, pour apprendre, voire optimiser, les caractéristiques des actions (importance de la réduction de prix à pratique), il faut pouvoir comprendre les effets et la part de chaque composante de l'opération dans le résultat final observé.

Les modèles diffèrent selon les objectifs de leur utilisateur :

- *pour le distributeur*, il s'agit d'abord d'un outil de prévision des ventes qui est donc utilisé de manière répétitive sur de très nombreux produits et pour des magasins dont la performance promotionnelle varie selon le management et la zone de chalandise. Les traitements doivent donc être standards, automatisés, rapides et peu coûteux, ce qui exclue en particulier la prise en compte de l'univers concurrentiel ;
- *pour le producteur*, deux objectifs peuvent être poursuivis, d'une part la mesure du niveau de performance et, d'autre part, la compréhension, pour l'anticipation, des sources de l'effet obtenu.

Pour répondre à ces objectifs, deux classes de méthodes existent :

- *les modèles endogènes*, à base d'une technique de lissage, ne prennent en compte que les réalisations des ventes lors des périodes précédentes ;
- *les méthodes exogènes*, à base d'un modèle économétrique, calculent des élasticités des ventes aux différentes caractéristiques promotionnelles.

Lorsque l'objectif dominant est l'obtention d'une mesure des volumes et de l'effet spécifique induit par la promotion, les méthodes endogènes sont rapides, standards, peu coûteuses et peuvent ainsi traiter de nombreuses opérations. Si l'objectif est d'analyser la performance relative des outils promotionnels, les résultats doivent pouvoir être utilisés de manière normative et les modèles avec variables exogènes sont plus adaptés, malgré la nécessité d'une analyse plus approfondie lors de l'estimation des paramètres ou de l'interprétation des résultats.

1 Les modèles prédictifs

Déterminer périodiquement les ventes par article pour plusieurs dizaines de milliers de référence pour plusieurs centaines de magasins est une tache lourde qui doit conduire au choix d'une procédure automatisée. Cette problématique correspond parfaitement aux modèles endogènes, de type Promoter. Cependant, récemment, sont apparus des modèles exogènes, de type PromoCast, offrant une portabilité suffisante pour minimiser l'investissement nécessaire lors du calibrage.

1.1 Les méthodes endogènes

Le principe des méthodes endogènes est de s'appuyer uniquement sur l'évolution des ventes passées pour prévoir les ventes normales en période de promotion. Les variations observées ne sont pas reliées à des phénomènes extérieurs qui pourraient les expliquer.

L'objectif est de lisser les effets des facteurs externes, non contrôlés voire inconnus, pour obtenir un niveau de référence pour les ventes (*base-line ou BL*). L'effet promotionnel (*volume incrémental*) est ensuite calculé par différence entre les ventes de base et les ventes observées.

Les principales techniques utilisées sont le lissage (moyennes mobiles, lissage exponentiel...), les techniques d'analyse des séries chronologiques (approche de Box-Jenkins) et les réseaux de neurones (de type Perceptron). Pour obtenir la valeur de référence, les techniques de lissage pondèrent les valeurs observées en fonction de leur éloignement temporel du point étudié (poids géométriquement décroissant). Elles ont l'avantage de ne requérir qu'une expertise limitée et peuvent être assez facilement automatisées. *A contrario*, les autres techniques sont d'une disponibilité réduite et nécessitent l'intervention d'un analyste pour déterminer la structure des effets ou du réseau. Compte tenu de la masse de données à traiter, les recherches portent sur des méthodes d'analyse automatique. Peu utilisées à l'heure actuelle, les techniques à base d'un réseau de neurones devraient, du fait de leur efficacité et de leur souplesse, faire l'objet d'un intérêt croissant, en remplacement ou en complément des autres techniques.

Le principe est celui de la décomposition d'une série chronologique pour identifier les éléments récurrents, intervenant régulièrement tels que la saisonnalité mensuelle, les éléments réguliers et les événements particuliers, pour mettre en évidence les ventes « normales ».

$$Q = f\,[\,T, S, A]$$

avec S = saisonnalité, T = tendance ou *trend* et A = phénomènes accidentels.

L'estimation des différentes composantes est faite par l'application soit de moyennes mobiles successives à pondération constante ou variable, soit de lissages à pondération variable. Le lissage consiste à effectuer une moyenne ou une médiane des valeurs antérieures pondérées. Les choix principaux sont le nombre de données prises en compte, la place de l'ensemble des valeurs et la structure du vecteur des pondérations.

Les techniques utilisent très souvent des étapes de filtrage préalable des données permettant de ne pas prendre en compte les données « infectées » par des opérations promotionnelles pour le calcul des ventes moyennes. Pour cette élimination, le filtre peut être *fixe* – élimination des valeurs situées à plus ou moins un écart type de la moyenne par exemple – ou *adaptatif* et tenir compte de l'écartement de la valeur par rapport à la dispersion de la série.

➤ *Un modèle de lissage*

Promoter© est un système spécifique au domaine promotionnel développé aux États-Unis pour une série de ventes agrégées (sorties usines). Le principe général, qui présente les étapes communes à ce genre de technique, va être brièvement exposé ici. La figure 6.1 présente les étapes successives de la procédure d'estimation des ventes normales.

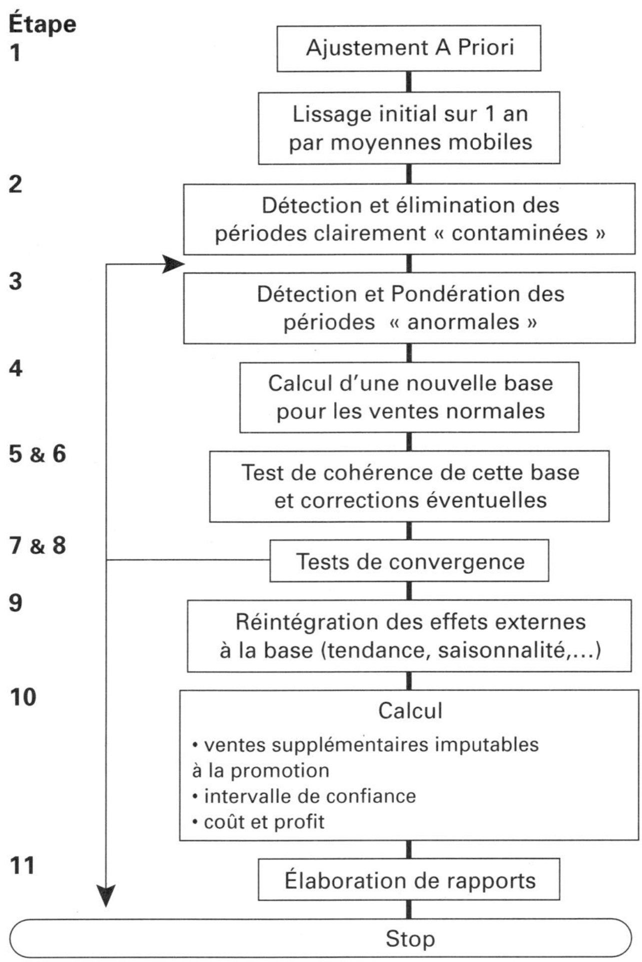

Figure 6.1 – *Schéma général de la procédure d'estimation des ventes normales par Promoter*

Source : Abraham et Lodish (1987), p. 112.

Les étapes 1 et 2 visent à obtenir une première estimation de la base des ventes normales par l'élimination des facteurs connus (tendance, saisonnalité, effets calendaires...) et par un premier lissage des valeurs obtenues par une moyenne mobile d'un an. La spécificité du modèle est de prendre en compte une pondération variable en fonction de la qualité de l'information apportée par une observation. Les observations les plus sûrement influencées par les effets promotionnels sont éliminées pour le calcul de la base. Celles pour lesquelles l'influence est probable voient leurs pondérations réduites.

Le modèle Promoter[1], proposé pour le fabriquant et son adaptation à la problématique du distributeur détaillant (PromotionScan), est basé sur l'équation suivante :

$$S_t = T_t . SI_t . X_t [b_t + p_t + \varepsilon_t]$$

avec : t = numéro de l'observation

T_t = tendance des ventes — S_t = niveau des ventes à la période t

SI_t = coefficient saisonnier — X_t = coefficient des effets extra-saisonniers

p_t = effet promotionnel. — ε_t = effet aléatoire.

b_t = niveau de base des ventes après ajustement de la tendance, de la saisonnalité et des éléments extra-saisonniers.

Deux démarches sont utilisables : dans la première, l'estimation des ventes de base est faite de *manière itérative* en remplaçant la valeur réelle des ventes par la valeur estimée, dans la seconde, les effets des *variables d'action sont explicitement intégrés* dans le modèle. Les ventes « de base » sont utilisées pour calculer, par différence, l'effet promotionnel. Compte tenu des informations économiques disponibles sur les coûts et la marge, la profitabilité de l'opération est déterminée.

➤ *Les modèles de Box et Jenkins avec fonction d'intervention*

Généralisant dans leur principe les modèles de lissages, ces modèles considèrent non seulement une moyenne mobile des ventes (MA pour *moving average*), mais aussi une auto-corrélation des termes aléatoires du modèle (AR pour auto-régressif). Si l'on prend en compte l'effet d'un facteur saisonnier (S pour saison) et la modélisation de l'effet de variables irrégulières, éventuellement contrôlées par l'entreprise, par une fonction d'intervention, on obtient un modèle Sarima[2]. D'autres méthodes ont aussi été proposées, comme l'utilisation d'un modèle bayésien avec un filtre de

1. Une présentation détaillée est faite dans les articles originaux de Abraham M., Lodish L., « PROMOTER : An Automated Promotion Evaluation System », *Marketing Science*, 6, 2, 1987, pp. 101-123 et PromtionScan dans « An Implemented System for Improving Promotion Productivity Using Store Scanner Data », *Marketing Science*, 12, 3, 1993, pp. 248-268.
2. Pour une description précise de ce modèle et une application : Indjehagopian J.-P., Macé S., « Mesures d'impact de promotion des ventes : description et comparaison de trois méthodes », *Recherche et Applications en Marketing*, 9, 4, 1994, pp. 53-79.

Kalman[1] qui réintègre l'analyse des séries chronologique et l'approche économétrique.

➤ *Les réseaux de neurones*

Les nouvelles approches non linéaires comme les réseaux de neurones ont aussi été proposées pour résoudre le problème de la mesure des ventes de base et incrémentales[2] : l'approche RNP s'appuie sur une démarche itérative pour construire la topologie du réseau (perceptron multicouches biconnecté) avec l'avantage d'accroître la précision de la modélisation des ventes de base.

1.2 Les méthodes exogènes

L'élaboration d'un modèle économétrique requiert souvent l'action d'un analyste statistique pour la sélection de la structure du modèle et des variables qui entreront dans le modèle. L'utilisation d'un modèle structurel non adapté conduit en effet à des problèmes statistiques, tels la colinéarité, qui perturbent la valeur et la significativité statistique des coefficients. La méthode prévisionnelle PromoCast™ propose pourtant une solution de type économétrique en s'appuyant sur une recherche de situations historiques comparables.

➤ *PromoCast* ©[3]

La méthode est adaptée à la problématique du distributeur avec un grand nombre de décisions d'approvisionnement à faire pour de multiples promotions touchant des articles et des magasins qui diffèrent dans leurs réponses promotionnelles.

Le modèle a les caractéristiques suivantes :

- le calcul de moyennes de références pour les trois entités de base : l'article, le magasin et le type de promotion à partir d'une base de données historique ;
- l'utilisation de modèles de régression des ventes pour chaque événement promotionnel (article × magasin) selon la durée de la promotion (de 1 à 4 semaines) et la rotation de l'article (normale ou lente).

1. Voir une application dans Kondo F., Kitagawa G., « Time Series Analysis of Daily Scanner Sales : Extraction of Trend », Day-of-the-Week Effect and Price Promotion Effect, *Marketing Intelligence & Planning*, 18, 2, 2000, pp. 53-66.
2. Macé S., *La Politique marketing du point de vente*, Paris, Vuibert, 2001.
3. Cooper L.G., Baron P., Levy W., Swisher M., Gogos P., « PromoCast™: A New Forecasting Method for Promotion Planning », *Marketing Science*, 18, 3, 1999, pp. 301-316.

L'hétérogénéité des situations selon les produits et la durée des opérations conduit à multiplier les modèles estimés (8) qui comportent chacun jusqu'à 67 variables :

– *des variables liées au produit* : les ventes moyennes antérieures, la saisonnalité, le niveau de prix ;
– *des variables promotionnelles* : la réduction de prix (de 3 % au minimum), son expression (produit en plus), sa communication publicitaire (3 tailles d'annonce dans le prospectus plus une modalité pour le coupon), sa mise en avant (9 emplacements en magasin selon l'emplacement dans le magasin et le type de tête de gondole) ;
– *des effets d'interaction* entre les variables de l'opération regroupées en effets majeur/mineur ;
– *des effets d'environnement* avec les principales fêtes et événements (Noël, Halloween, Pâques...), congés (Fête nationale...) ainsi que l'effet intra-mensuel (semaine de paye).

L'originalité de cette méthode est d'encadrer le modèle de régression :

– en amont, par le calcul des performances moyennes d'une opération de ce type à différents niveaux (produit, magasin, enseigne) qui interviennent en tant que variables explicatives ;
– en aval, par l'analyse des écarts non expliqués par le modèle qui sont soit réintroduits dans le modèle sous forme de variables auxiliaires binaires indiquant que ce type d'opération sur/sous-performe historiquement au niveau produit ou magasin ; soit retraités par un réseau de neurones.

Ces techniques endogènes et exogènes sont opérationnelles et automatisées. Elles sont principalement utilisées dans le cadre d'une analyse et d'une prévision des ventes à court ou très court terme.

Les avantages des méthodes endogènes sont significatifs :

– *intégrer automatiquement les modifications de la tendance centrale*. Dans le cas étudié ici, la tendance positive est le résultat d'une baisse de prix volontaire ;
– *détecter les variations anormales observées* et les interpréter, de manière systématique et autonome, en fonction de leur régularité d'occurrence. Cet automatisme est particulièrement adapté quand de nombreuses séries sont à traiter de manière systématique. Une intervention de l'analyste est cependant nécessaire pour configurer initialement le modèle en fonction des hypothèses sur les interactions des effets (choix entre une saisonnalité multiplicative ou additive, par exemple).

2 Les modèles explicatifs

➤ *Modèles économétriques simples*

Il est possible de construire un modèle économétrique *ad hoc* pour analyser les effets promotionnels sur les ventes d'un magasin. Les ventes de l'article sont expliquées par les variables marketing de l'article (prix normal, réduction de prix, TG, prospectus) et des articles concurrents. Plusieurs formulations étant possibles (modèle linéaire, semi-logarithmique ou logarithmique), la difficulté est de choisir celle qui est la plus adaptée[1]. Le choix de la formulation entraîne des conséquences importantes, souvent sous-estimées, sur l'interprétation des coefficients. Notamment pour un modèle logarithmique, l'accroissement en pourcentage des ventes dû à la promotion nécessite une transformation du coefficient estimé de la variable auxiliaire (α) en tenant compte de sa variance : $\alpha^* = \exp[\alpha - (1/2)\text{Var}(\alpha)] - 1$.

➤ *Scan*Pro© (ACNielsen)*

Scan*Pro[2] est un modèle économétrique multiplicatif, donc avec interaction entre les effets des variables, expliquant les ventes d'un produit i en période t par le prix et les variables promotionnelles *trade* (prospectus, MEA) par des variables indicatrices binaires.

Les coefficients sont estimés sur des données magasins compilées avec une indexation du prix et des ventes sur les valeurs médianes, pour chaque magasin. La spécificité du modèle est d'intégrer les effets concurrentiels inter-marques puisqu'il prend en compte les marques de l'environnement concurrentiel.

➤ *SensiPromo© (Iri)*

C'est un modèle économétrique multiplicatif intégrant la promotion, le prix, un effet saisonnier en tenant compte de la présence de produits concurrents, des effets dus aux magasins et des effets des variables externes (publicité, température extérieure, animation...). La modélisation est effectuée de manière *ad hoc* en interaction avec l'utilisateur.

Pour l'analyse des effets à différents niveaux deux approches co-existent : une nomenclature libre (critères indépendants pour ACNielsen) ou une nomenclature hiérarchisée (de l'EAN à la catégorie en passant par les variétés, segments, marques et fabricant pour Iri-Secodip).

---

1. Pour un exemple, voir Desmet P., Le Roy I., « Mesurer les effets promotionnels par l'utilisation de la zone d'expérimentation Scannel », *Recherche et Applications en Marketing*, 6, 1, 1991, pp. 27-51.
2. Wittink D., Addona M., Hawkes M., Porter J., *SCAN*PRO : A Model to Measure Short-Term Effects of Promotional Activities on Brand Sales*, WP, Ithaca N. Y, Cornell University, Johnson Graduate School of Management, mai 1987.

Exemple : Nomenclature hiérarchisée

> *Niveau 1 :* Catégorie (Pizza surgelée).
>
> *Niveaux 2 à 8* spécifiques à chaque client (2) : type : standard/pâte fine ; (3) fabriquant : Unilever... ; (4) marque : Findus, Mokagel ; (5) variété ou parfum : fromage, jambon... ; (6) format : individuel, standard... ; (7) compte : à l'unité, par 2 ; (8) type : en parts, entière.
>
> *Niveau 9* : EAN.

➤ *Modèle de Blattberg et Wisnievsky*[1]

Par un modèle de régression séparant les effets de la variable prix et des réductions ainsi que par la prise en compte des effets *trade* (MEA et prospectus), du prix des concurrents et d'une variable pour le prix en finale 9, les auteurs montrent que de forts effets de cannibalisation peuvent exister à l'intérieur de la catégorie et les effets de substitution entre les ventes des MDD et des marques nationales sont asymétriques.

Section 5 LES MODÈLES SUR DONNÉES INDIVIDUELLES D'ACHAT

Les données individuelles d'achat sont de plus en plus disponibles à partir des panels ou des programmes de fidélisation des distributeurs qui permettent l'identification du porteur. Les panels ont l'avantage de couvrir les achats sur plusieurs enseignes, formats de magasins (super, hypermarchés), voire canaux de distribution (vente à distance). Chaque transaction est identifiée par un ticket de caisse comportant la date, le total des achats, le mode de règlement et le détail des produits achetés ainsi que les promotions utilisées (coupons...). Par exemple, c'est par des modèles *Logit* sur de telles données que des analyses ont mis en évidence la très faible réactivité des acheteurs aux coupons, ce qui a conduit à leur moindre utilisation aux USA[2].

1. Blattberg R., Wisnievsky K., « Price-Induced Patterns of Competition », *Marketing Science*, 8, 4, 1989, pp. 291-309.
2. Bucklin R., Gupta S., « Commercial Use of UPC Scanner Data : Industry and Academic Perspectives », *Marketing Science*, 18, 3, 1999, pp. 247-273.

1 La modélisation des choix individuels

Pour modéliser les choix individuels et pouvoir dire si tel foyer a acheté plus ou plus vite que d'habitude lors d'une promotion, il faut poser une hypothèse sur son comportement et les variables qui l'influencent.

1.1 Un choix stochastique

La variété des choix réels effectués jette le doute sur une approche déterministe des comportements d'achat selon laquelle, face à une même situation, un individu devrait toujours effectuer les mêmes choix. Deux raisons ont été avancées : l'inconstance des préférences ou l'information insuffisante. Selon les cas, la composante aléatoire est introduite soit au niveau du modèle de choix, soit au niveau de l'information disponible. Ces deux approches ont cependant le grand avantage de se réduire à la même formulation statistique dans le cadre d'un modèle *Logit*.

1.2 Une mémoire plus ou moins longue

Pour déterminer l'impact de la promotion sur la fidélité, il faut préciser si les choix du consommateur sont influencés ou non par ses achats précédents. Selon l'hypothèse retenue sur la durée des effets dynamiques d'un achat, trois grandes catégories de modèles sont utilisables : une mémoire nulle (binomial), une mémoire courte (markovien) ou longue (apprentissage).

➤ *Modèle binomial ou mémoire nulle*

Le modèle binomial est stationnaire : il postule que chaque individu a une probabilité stable d'acheter le produit. Celle-ci n'est pas influencée par son comportement antérieur ni par les caractéristiques de l'offre. Le modèle est rendu plus réaliste par la prise en compte de l'hétérogénéité des paramètres individuels du modèle qui suivent eux-mêmes une distribution statistique particulière.

➤ *Modèle de Markov ou mémoire d'ordre 1 ou 2*

Dans le modèle simple, l'appartenance à une classe conduit à utiliser un vecteur spécifique de probabilité d'appartenance aux différentes classes la période suivante. Dans le cas simple de deux classes (achat/non-achat), la probabilité d'un achat en $t+1$ diffère selon que l'individu a acheté en t (A_t) ou non (NA_t). Ce modèle de Markov d'ordre 1 peut être étendu à l'ordre 2 où les probabilités d'appartenance aux classes dépendent des deux dernières décisions.

Dans le modèle complexe, on distingue deux étapes (l'affectation et le modèle de comportement). Les classes ne sont plus confondues avec les comportements et un modèle de comportement est défini pour chacune. La direction la plus intéressante consiste à intégrer un modèle de comportement *Logit* dont les paramètres sont spécifiques à chaque classe.

➤ ***Modèle d'apprentissage ou mémoire infinie***

Le modèle linéaire d'apprentissage postule une augmentation de la probabilité d'achat lors de l'achat, et sa décroissance en cas de non-achat. Dans sa version opérationnelle, les pentes des fonctions (ou opérateurs) utilisées selon le comportement sont identiques mais ont des ordonnées à l'origine différentes. Des achats (respectivement non-achats) successifs conduisent à une probabilité d'achat maximale (minimale) stable.

$$\text{Opérateur d'achat (OA)} : P_{t+1} = (1 - \lambda).P_t + \alpha$$

$$\text{Opérateur de rejet (OR)} : P_{t+1} = (1 - \lambda).P_t + \beta$$

Les applications de ce modèle sont peu nombreuses (l'automobile[1]) et maintenant assez anciennes car d'une part, l'hypothèse d'un renforcement de la probabilité d'achat par l'achat est moins générale (cas inverse de la recherche de variété) et d'autre part, le modèle est techniquement difficile à étendre à des situations réalistes (multi-marques et plusieurs variables d'action marketing[2]). L'idée de modéliser la préférence individuelle a cependant été utilisée dans le modèle *Logit* développé plus loin.

2 Le modèle Dirichlet

Le modèle appartient à la classe des modèles à apprentissage nul, il correspond donc à la situation d'un *marché stationnaire*. Il traite du nombre d'achat et du choix des marques mais non de la valeur du panier à modéliser séparément et fournit un niveau des ventes de base intéressant pour mesurer l'effet différentiel des promotions, notamment les programmes de fidélisation.

2.1 Principe général

Deux comportements sont modélisés indépendamment l'une de l'autre : le nombre d'achat (*purchase incidence*) et les choix de marques.

1. McCarthy P., Kannan P., Chandrasekharan R., Wright G., « Estimating Loyalty and Switching with an Application to the Automobile Market », *Management Science*, 38, 10, 1992, pp. 1371-1393.
2. Présentation détaillée des modèles dans Lilien G., Moorthy K.S., Kotler P., *Marketing Models*, Englewood Cliffs, Prentice-Hall, 1992.

➤ *Le nombre d'achats*

Le nombre d'achat d'un individu sur une période est une variable stochastique dont la distribution empirique est bien représentée par une distribution théorique de Poisson. Le paramètre (λ) de cette distribution, à la fois moyenne et variance de celle-ci, est individuel mais sa distribution empirique est souvent bien ajustée par une distribution Gamma. Ces deux distributions théoriques présentent l'avantage de bien se combiner pour donner une distribution globale NBD (*negative binomial distribution*). Pour contourner l'hypothèse de stationnarité, qui implique que le comportement ne dépend pas des promotions, le paramètre individuel (λ) peut intégrer l'effet des variables du mix.

➤ *Les choix de marques*

Le choix entre les marques est multinomial (généralisation du choix binomial à plusieurs alternatives) selon un vecteur de probabilités de choix individuelles (p). De nouveau, la distribution de ce vecteur sur la population peut être raisonnablement bien représentée par une distribution théorique (loi Bêta multivariée).

2.2 Implications

La qualité de l'ajustement aux données de différents marchés (produits, services, prescription médicale...) a été plusieurs fois soulignée et peut être généralisée[1] :

- les marques ont des parts de marché différentes qui dépendent d'abord du *nombre de leurs acheteurs* (pénétration). La pénétration a naturellement tendance à augmenter quand on prend une période de référence plus longue ;
- au contraire, la *fréquence d'achat est relativement stable* entre les marques, de même que le *montant acheté* lors de chaque achat. Le pourcentage des acheteurs irréguliers ou peu fréquents est souvent très élevé ;
- il y a un léger *effet de double bénéfice* (*double jeopardy*) car les acheteurs des marques à faible part de marché ont aussi tendance à acheter un peu moins ;
- le *réachat fidèle à la marque* est d'une part assez faible et, d'autre part, sensiblement le même pour les marques.

Un autre résultat important obtenu avec ce modèle est *l'impact réduit des programmes de fidélisation*, notamment multi-enseignes, sur le comportement d'achat[2].

---

1. Uncles M., Ehrenberg A., Hammond K., « Patterns of Buyer Behavior : Regularities, Models, Extensions », *Marketing Science*, 14, 3 2/2, 1995, G71-G78.
2. Sharp B., Sharp A., « Loyalty Programs and their Impact on Repeat-Purchase Loyalty Patterns », *International Journal of Research in Marketing*, 14, 1997, pp. 473-486.

Tableau 6.2 – *Comparaison des comportements de fréquentation des magasins alimentaires (USA)*

		Pénétration annuelle ménages (%)		**Nombre de visites par client**		**Part du budget**	
(Données Iri)	Part de marché	Observée	Théorique	Observé	Théorique	Observée	Théorique
Magasin A	19 %	67	75	30	24	27	24
Magasin C	13 %	51	61	27	20	23	20
Magasin F	10 %	45	52	24	18	20	18
Magasin H	7 %	54	38	13	16	11	16

Source : Uncles et al., *op. cit.*, 1995.

3 Le modèle Logit

3.1 Principe général

L'individu évalue l'utilité associée à une alternative de choix, puis choisit de manière rationnelle, mais l'incertitude est introduite dans le processus de choix : à différentes occasions et face aux mêmes alternatives, il effectuera un choix différent alors que, selon une approche déterministe, il devrait faire un choix identique.

➤ *Hypothèses*

Pour simplifier l'estimation, l'utilité associée à une alternative est la combinaison linéaire des valeurs des attributs pondérées par l'importance qui leur est attribuée.

Dans les modèles à utilité aléatoire[1], présentés par Thurstone, la règle de choix est déterministe, le choix de l'alternative ayant la plus forte utilité, mais c'est la détermination de l'utilité des alternatives qui est aléatoire (le poids attribué aux attributs est variable). L'hypothèse sur la distribution des effets aléatoires conduit à deux modèles fréquemment utilisés : distribution double-exponentielle (Weibull) pour le modèle Logit et distribution normale pour le modèle Probit. Empiriquement, les résultats des estimations fournies par ces modèles sont souvent très proches.

1. Pour une présentation complète des différents modèles RU voir Baltas G., Doyle P., « Random Utility Models in Marketing Research : a Survey », *Journal of Business Research*, 51, 2001, pp. 115-125.

Dans les modèles à utilité stricte, présentés par Luce, l'individu attribue des utilités constantes aux alternatives entre lesquelles il doit choisir mais sa règle de décision (de choix) est probabiliste. Si ces modèles diffèrent de manière importante sur leurs hypothèses, il a cependant été démontré que la forme réduite du modèle Logit issu des hypothèses de Thurstone est cohérente avec les hypothèses de Luce.

➤ *Formulation*

La formulation du modèle Logit est la suivante : l'utilité $[u_k]$ pour une alternative (k) est composée d'une utilité déterministe stable $[v_k]$ et d'une variable aléatoire $[\varepsilon_k]$. L'utilité déterministe est une fonction linéaire des attributs $[x_{jk}]$ pondérés par leur valeur $[w_j]$.

$$u_k = v_k + \varepsilon_k \text{ et } v_k = \Sigma_j\, w_j.\, x_{jk}$$

avec u_k = l'utilité aléatoire de l'alternative k, v_k = l'utilité déterministe, x_{jk} le $j^{ème}$ attribut, w_j son importance et ε_k une variable aléatoire.

La probabilité de choix $[P_k]$ de l'alternative k peut alors s'écrire :

$$P_k = \exp(v_k)/\,[\Sigma_l \exp(v_l)].$$

Cette expression garantit que les probabilités seront toujours comprises entre 0 et 1 et que leur somme donne bien 1, ce qui n'est pas acquis avec d'autres formulations usuelles (linéaire, semi-log, Log-Log). Elle est ensuite linéarisée par une transformation logarithmique, ce qui en facilite l'estimation par rapport à un modèle Probit.

$$\text{Log}([P/(1\text{-}P)] = v_{k.}$$

➤ *Caractéristiques*

Le modèle Logit, binomial pour deux alternatives (achat non achat) et multinomial (MNL) pour un choix entre plusieurs alternatives a des caractéristiques particulières dont il faut être conscient :

- *effet de l'accroissement d'une variable* : contrairement à ce que l'on pourrait croire du fait de la formulation linéaire de l'utilité, les effets des variables ne sont pas indépendants et ne peuvent pas être obtenus avec la lecture directe des coefficients. La réponse des ventes à la variation d'un attribut s'écrit :

  $$P_{k/}\delta x_{jk} = w_j.\, P_k^*.\, (1\text{-}\, P_k^*)$$

  avec P_k^* la probabilité prévue par le modèle de choisir l'alternative k.

  Cela signifie que l'effet marginal d'un attribut est *variable* et dépend du niveau de la part de marché : l'effet maximum sera atteint pour une part de marché de 50 %, les effets les plus faibles pour une part de marché soit très faible soit très forte ;

- *principal défaut : l'hypothèse de l'indépendance des alternatives non pertinentes* (IIA) a pour conséquence que la croissance de la probabilité d'achat d'une marque se fait aux dépens des autres de la même manière, même si certaines marques apparaissent comme des substituts plus proches que d'autres de la marque en question.

La question, complexe, de l'effet d'une promotion sur les frontières d'une catégorie[1] commence juste à être abordée avec le modèle dogit, ou logit « à captivité », où chaque alternative bénéficie d'une insularité protégeant ses clients des actions concurrentes.

➤ *Variables*

Les variables explicatives des choix individuels sont associées aux actions marketing, au produit, à l'environnement et à l'individu :

- *aux actions marketing* avec des variables continues (prix, notoriété) et des variables binaires d'effets directs (TG, prospectus) et d'effets d'interaction (TG & prospectus) ;
- *au produit* : la marque, la taille du conditionnement, etc. ;
- *à l'environnement* : effet saisonnier, effet hebdomadaire, fêtes et événements, etc. ;
- *à l'individu* : ses préférences vis-à-vis des marques, des tailles de conditionnement, l'importance du stock détenu, etc.

3.2 Les modèles dynamiques

Pour rendre le modèle dynamique :

- *les variables sont décalées dans le temps* : le dernier achat effectué sur la marque était un achat en promotion ($d_{kt-1} = 1, = 0$ sinon) ;
- *les valeurs des variables sont adaptées dans le temps* pour suivre l'éventuelle modification des préférences. Il s'agit en fait d'une généralisation de l'alternative précédente avec un lissage, par exemple, des préférences en fonction des choix antérieurs (modèle d'apprentissage) :

$$x_k = \alpha .\ x_{k,t-1} + (1 - \alpha).\ d_{kt-1}$$

avec $d_{kt-1} = 1$ si la marque k a été achetée en période $(t - 1)$ et α le paramètre de lissage.

La difficulté, importante, de ces modèles correspond à la détermination des valeurs de début des variables dynamiques. La solution pratique consiste à découper l'échantillon en deux, le premier servant à calculer les valeurs initiales des variables, le second à estimer les coefficients des variables.

1. Kannan P.K. et Yim C.K., « An Investigation of the Impact of Promotions on Accross-Submarket Competition », *Journal of Business Research*, 53, 3, 2001, pp. 137-149.

Cette méthode n'est pas sans conséquences sur les valeurs estimées et sur la composition de l'échantillon. Il sera par exemple plus facile d'obtenir des valeurs initiales adaptées si plusieurs choix sont disponibles, c'est-à-dire pour les gros acheteurs[1]. D'autres problèmes peuvent se poser avec, par exemple, un comportement d'achat systématique d'une marque en promotion : comment séparer l'importance relative des effets de préférence et de sensibilité à la promotion ?

L'interprétation des variables de fidélité est soumise à caution[2] car le coefficient de la variable de fidélité (phénomène dynamique d'apprentissage) peut prendre en charge une partie des préférences stables du consommateur. Cette question est importante pour l'étude des effets promotionnels dynamiques car elle influence la réponse à la question de la capacité de la promotion à entraîner des reports durables vers la marque.

3.3 La prise en compte de l'hétérogénéité

Le modèle logit est estimé sur des données individuelles concernant soit les achats répétés d'un individu soit les achats de différents individus, dans ce dernier cas les coefficients sont supposés identiques pour tous les individus.

Cette hypothèse d'homogénéité des comportements est très lourde et différentes solutions ont été proposées :

- *l'estimation d'un modèle par segment*, avec une segmentation préalable sur des critères pertinents ;
- *la prise en compte de variables socio-démographiques* : celles-ci sont stables et influencent donc la constante. La qualité du modèle n'est améliorée que si ces variables (sexe, âge, cycle de vie familial, données géographiques…) sont corrélées au phénomène étudié (sensibilité à la promotion, au prix ou au coupon…). Cette corrélation reste encore à établir ;
- *l'utilisation de variables idiosyncrasiques* dont le niveau est spécifique par individu et par période, comme les variables dynamiques évoquées plus haut.

Cette dernière solution entraîne un problème connu sous le nom de « biais de sélection-agrégation » : il n'est pas possible d'interpréter les résultats d'un tel modèle logit de manière causale. En effet, si la promotion attire un segment spécifique de chasseurs de promotion, le profil moyen des acheteurs en promotion est plus infidèle que la moyenne, ce qui modifie l'interprétation que l'on peut faire d'une statistique indiquant la probabilité d'un réachat sachant que l'achat antérieur a été ou non réalisé en promotion.

---

1. Pour un analyse détaillée voir Desmet P., « Portée et limites du modèle Logit pour l'étude des comportements d'achat », *Recherche et Applications en Marketing*, 8, 3, 1993, pp. 65-78.
2. Blattberg R., Neslin S., *op. cit.*, 1990, chapitre 8, p. 220 et suivantes.

3.4 Une triple décision

La qualité de l'ajustement d'un modèle MNL, testé sur un échantillon de validation n'ayant pas été utilisé pour l'estimation, est intéressante mais surévaluée. En effet, l'achat lui même et les quantités sont déjà connues, le modèle n'ayant plus qu'à prévoir le choix de la marque.

Les modèles récents s'attaquent donc à la résolution des trois questions : quand acheter, quoi (marque) et combien (quantité), soit de manière successive soit de manière intégrée selon l'hypothèse retenue sur, respectivement, l'indépendance ou la dépendance des choix quantité et marque[1] :

– *l'approche successive* consiste à estimer un autre modèle sur les quantités ;
– *l'approche intégrée* utilise un modèle Tobit qui prend en compte le biais de troncature qui serait observé si un modèle normal était utilisé avec une très forte fréquence de 0 (non-achat).

Section 6 LES QUESTIONS EN SUSPENS

Le processus de modélisation s'améliore sans cesse par l'identification de difficultés non encore résolues dont quelques-unes sont listées ci-dessous.

➤ ***Instabilité des coefficients des variables auxiliaires***

Du fait du manque de variance sur les variables codées de manière binaire (TG, prospectus…), les coefficients de ces variables, estimés par un modèle économétrique, peuvent être instables voire avoir un signe incorrect. Une solution proposée est de regrouper les données de différents magasins et enseignes avant d'effectuer la régression tout en postulant que les coefficients proviennent d'une distribution commune mais arbitraire[2].

➤ ***Cohérence des informations foyers et magasins***

Comparant les résultats de modèles logit sur des données individuelles et de magasins, une étude a montré que le comportement des panélistes est statistiquement différent de celui de la population mais que l'ampleur de la différence statistique des

1. Ailawadi K. et Neslin S., « The Effect of Promotion on Consumption : Buying More and Consuming it Faster », *Journal of Marketing Research*, 35, 3, 1998, pp. 390-398.
2. Bemmaor A., Franses P.H., Kippers J., « Estimating the Impact of Displays and Other Merchandising Support on Retail Brand Sales : Partial Pooling with Examples », *Marketing Letters*, 10, 1, 1999, pp. 87-100.

élasticités prix est faible[1]. *Le mode de sélection du sous-échantillon étudié est crucial*[2] et il est préférable de sélectionner sur base des achats plutôt que de prendre les foyers acheteurs.

➤ *Incertitude dans les coefficients de la fonction de demande*

Le choix de la fonction de demande influence les recommandations normatives qui peuvent être faites. En particulier, le modèle log-log fréquemment utilisé conduit à recommander des prix trop élevés. Une modélisation intégrant l'incapacité de savoir si la forme fonctionnelle est la bonne a été proposée avec l'utilisation de paramètres aléatoires[3].

➤ *Sous-estimation des conséquences de l'hétérogénéité*

L'hypothèse d'une hétérogénéité des individus selon leur sensibilité au prix a peu souvent été prise en considération. Pourtant elle se traduit par une corrélation entre le prix de référence et la sensibilité prix, ce qui pourrait expliquer les effets d'asymétrie autour du prix de référence qui sont actuellement attribués, dans la théorie du cadrage, à une plus forte sensibilité aux pertes[4].

➤ *La mesure des effets des programmes de fidélisation*

Les programmes de fidélisation attirent les clients qui peuvent le plus, ou le plus facilement, bénéficier des avantages proposés. Il s'agit donc souvent des plus gros acheteurs et il n'est pas étonnant de trouver que les membres d'un tel programme achètent plus que la moyenne. La vraie question est de savoir si le programme les fait *acheter plus* ou *réduit leur attrition*. Ces questions sont beaucoup plus difficiles à traiter car elles nécessitent une comparaison d'échantillons appariés aux caractéristiques comparables.

---

1. Gupta S., Chintagunta P., Kaul A., Wittink D., « Do Household Scanner Data Provide Representative Inferences From Brand Choices : A Comparison With Store Data », *Journal of Marketing Research*, 33, 4, 1996, pp. 383-398.
2. Desmet P., *op. cit.*, 1993.
3. Montgomery A. et Bradlow E., « Why Analyst Overconfidence About the Functional Form of demand Models Can Lead to Overpricing », *Marketing Science*, 18, 4, 1999, pp. 569-583.
4. Bell D., Lattin J., « Looking for Loss Aversion in Scanner Panel Data : The Confounding Effect of Price Response Heterogeneity », *Marketing Science*, 19, 2, 2000, pp. 185-200.

L'essentiel

Le suivi de la performance des promotions est un élément clé de leur intérêt et de leur rentabilité.

La première étape est de vérifier l'émission, c'est-à-dire que les supports utilisés ont bien permis de toucher la cible recherchée. Compte tenu du caractère *ad hoc* des opérations promotionnelles, la qualité de la diffusion et du contact doit être suivie par une pige adaptée.

La seconde étape, le suivi de la performance sur les remontées, s'effectue selon différentes approches complémentaires :

- *en pré- et post-tests*, il s'agit d'anticiper et de comprendre les raisons du succès ou de l'échec d'une opération par l'analyse détaillée des réactions de la cible (perception, attribution, motivation, freins au passage à l'acte) ;
- *les données de ventes*, par panel de magasins, ou les remontées directes donnent une mesure précise et fiable des volumes vendus et permettent la mesure des effets concurrentiels ainsi que des effets sur la catégorie. Elles sont indispensables pour suivre les effets de la politique *trade ;*
- *les données d'achat des ménages*, par un panel de consommateurs, éclairent les effets promotionnels au niveau du stockage et de la consommation des ménages, ainsi que les déterminants de la sensibilité promotionnelle ;
- *les expérimentations* et les marchés tests donnent un meilleur contrôle de l'environnement et permettent de prendre des décisions sur la base d'une prévision affinée.

Pour exploiter ces différentes sources d'informations, des modèles sont nécessaires, car la lecture directe des résultats conduit à une surestimation notable de l'efficacité promotionnelle :

- il faut retirer les ventes qui auraient normalement été faites sans la promotion des ventes observées pour obtenir l'effet net immédiat (ventes incrémentales) ;
- il faut retirer de celles-ci les ventes qui ne sont que de simples transferts temporels ou inter-marques et qui ne génèrent pas de ventes supplémentaires au niveau de la marque ou de la catégorie ;
- l'utilisation d'un modèle et des études transversales permet la mesure de l'importance relative de ces flux et la compréhension des effets des autres variables : impact de la politique publicitaire, du statut de la marque, de sa part de marché…

Le suivi des opérations complexes, tels que les programmes de fidélisation, est plus délicat, mais des outils croisant la base de données des clients et un panel de consommateurs sont maintenant disponibles.

Pour en savoir plus

1. Où trouver les coordonnées des professionnels ?

Sociétés de panels

ACNielsen : http://www.acnielsen.com/

Iri-Secodip : http://www.infores.com

MarketingScan (joint-venture de Médiamétrie et GfK) http://www.marketingscan.fr/

Secodip (groupe Taylor Nelson Sofres) http://www.secodip.fr

Sociétés de pige

A3 distrib (pige) : www.prixpromo.com

Le site marketing : http://www.lesitemarketing.com/

2. Pour approfondir ses connaissances

Leeflang P., Wittink D., Wedel M., Naert P., *Building Models for Marketing Decisions, International Series in Quantitative Marketing*, Kluwer (KAP), 2000.

Lilien G., Moorthy K.S., Kotler P., *Marketing Models*, Prentice-Hall, Englewood Cliffs, 1992.

Pour en savoir plus

Scan*Pro© de ACNielsen

Scan*Pro (Wittink D., Addona M., Hawkes M., Porter J., *op. cit.*, 1987) est un modèle économétrique multiplicatif, donc avec interaction entre les effets des variables, expliquant les ventes hebdomadaires par magasin d'une marque par le prix relatif, les variables promotionnelles *trade* (prospectus, MEA) et des variables indicatrices binaires (magasin × semaines). Les coefficients sont estimés sur des données magasins compilées avec une indexation du prix et des ventes sur les médianes pour chaque magasin.

Modèle statique : $$q_{kjt} = \left[\prod_{r=1}^{n}\left(\frac{P_{krt}}{\bar{P}_{kr}}\right)^{\beta_{rj}}\prod_{l=1}^{3}\gamma\Big|_{lrj}^{D_{lkrt}}\right]\left[\prod_{t=1}^{T}\delta\Big|_{jt}^{X_t}\right]\left[\prod_{k=1}^{N}\lambda\Big|_{kj}^{Z_k}\right]e^{u_{kjt}}$$

avec (q, p) les ventes et le prix unitaire, P_l le prix normal médian par marque et magasin, D_l sont des variables binaires pour les effets trade (prospectus seul, TG seule, prospectus et TG), X_t est une variable binaire par semaine et Z_k est une variable binaire par magasin, u est un résidu aléatoire.

Modèle dynamique :

La version dynamique du modèle permet de faire varier les paramètres selon les programmes promotionnels rencontrés dans chaque magasin.

$$\beta_{kjjt} = \beta_{0j} + \beta_{1j}\mathrm{Dsum}_{kjt} + \beta_{2j}\mathrm{CDsum}_{kjt} + \beta_{3j}d_{\eta}\left(\frac{1}{PTime_{kjt}}\right)$$

$$+ \beta_{4j}d_{\eta}\left(\frac{1}{CPTime_{kjt}}\right) + u_{kjjt}$$

avec dans une fenêtre des ω dernières semaines, $Dsum_{kjt} = \sum_{S=1}^{\omega}\eta^{S-1}discount_{kj(t-s)}$

pour la marque j magasin k, η le taux de déclin et discount, la différence entre le prix régulier et le prix actuel, $CDsum_{kjt} = \sum_{r \neq j}^{n}\sum_{S=1}^{\omega}\eta^{S-1}discount_{kj(t-s)}$

pour les autres marques, variable binaire dη = 1 si η = 1 et 0 sinon, $PTime_{kjt}$ = le nombre de semaines depuis la dernière promotion sur le produit, $CPTime_{kjt}$ = le nombre de semaines depuis la dernière promotion d'un concurrent et u un résidu aléatoire.

Source : Leeflang P., Wittink D., Wedel M. et Naert P., *Building models for marketing decisions, International Series in Quantitative Marketing*, Kluwer (KAP), 2000, pages 475-477.

Pour en savoir plus

Objectif CRM© de D-Interactive

Objectif : étudier l'opportunité d'une approche CRM pour un programme de fidélisation en PGC.

1. Quelques principes

Le programme modifie le comportement d'achat. Il est alimenté par un budget qui dépend de la marge par client et du pourcentage de celle-ci que l'annonceur souhaite consacrer au programme. Le gain de marge dépend de plusieurs facteurs :

Le « potentiel captable » à la concurrence qui est lié positivement au volume actuel de la consommation et négativement à l'importance du taux de nourriture. Il faut donc que les « gros » acheteurs aient un comportement d'achat significativement supérieur à la moyenne (découpage PMG traditionnel par 1/3 de la population ou plus ou moins un écart type autour de la moyenne) et que ce segment des gros consommateurs soit suffisamment important en termes d'effectifs.

L'effort de transfert demandé au client : celui-ci est d'autant plus perçu que le nombre d'actes d'achat à transférer est important et que le taux à transférer est élevé. Empiriquement, des taux de captation de 10 %, 30 % et 40 % pour les groupes PMG ont pu être observés.

L'élasticité de la consommation à la stimulation qui accroît le niveau de consommation globale des gros acheteurs. Paradoxalement, même si les SD augmentent, la PdM peut baisser.

La sensibilité au prix baisse et réduit l'élasticité prix croisée (réduction de prix des marques concurrentes).

2. L'équilibre du programme

Il dépend des coûts : le coût unitaire de gestion d'un programme comporte des coûts fixes tant pour la gestion (honoraires) que pour l'impression et des coûts variables de gestion de l'adresse (0,40 €) et d'impression. De manière globale, le coût unitaire est exponentiellement décroissant : de plus de 3,5 euros par adresse pour 300 000 adresses, le coût unitaire peut descendre à 2 euros pour 2 millions d'adresses avec deux *mailings*.

Le recrutement n'est pas très ciblé : il n'est pas possible de recruter uniquement les gros consommateurs ciblés, qui ne représentent en fait qu'environ 50 % des clients effectivement recrutés.

3. L'analyse proposée

Le point d'équilibre du recrutement doit donc être suffisamment élevé pour avoir la visibilité suffisante et amortir les frais fixes, sans toutefois conduire à un accroissement du coût de recrutement (épuisement du cœur de cible) du fait de la taille limitée de la cible des gros acheteurs. Empiriquement, un taux d'activabilité de 30 % (part de la cible touchée) a été observé.

Le croisement des courbes de moyens alloués selon la taille du programme et de coût unitaire donne le point d'équilibre en-deçà duquel le programme n'est pas financièrement acceptable.

Pour en savoir plus

Mesure de l'efficacité des mailings Mail Test©

1. La réception

Mesure fine du degré de mémorisation de la réception du mailing

- mémorisation spontanée : « au cours des x dernières semaines, quels sont tous les courriers publicitaires que vous vous souvenez avoir reçus ? »
- mémorisation spontanée dirigée : « plus précisément, quels sont tous les courriers de « famille du produit testé » que vous vous souvenez avoir reçus ? »
- mémorisation assistée : « vous souvenez-vous avoir reçu un courrier de la marque y ? »

2. L'ouverture

La vie du *mailing* au sortir de la boîte à lettres

- ouverture : « est-ce-que vous-même, ou quelqu'un de votre foyer, avez ouvert ce courrier ? »
- raisons d'ouverture ou de non-ouverture.

3. La lecture

Mesure du comportement de lecture des différents éléments du *mailing*

- lecture : « diriez-vous de ce courrier que vous l'avez lu en totalité/lu en partie/parcouru rapidement/ni lu ni parcouru ? »

4. La mémorisation

Capacité de l'interviewé à mémoriser les différents éléments du *mailing*

- mémorisation spontanée : « quels éléments vous souvenez-vous avoir trouvé à l'intérieur du courrier y ? »
- mémorisation assistée : « le courrier comportait un(e) « élément », vous en souvenez-vous ? »

5. Les pièces conservées

Mesure du niveau de conservation du *mailing* et/ou de certains de ses éléments.

- incitation à l'achat : « ce courrier vous a-t-il donné envie d'acheter beaucoup plus/un peu plus/ni plus ni moins/un peu moins/beaucoup moins de produits de la marque y ? »
- conservation : « pour chacun des éléments suivants, dites-moi si vous l'avez conservé ou non »

6. L'utilisation

Mesure de l'utilisation des pièces du *mailing*, selon leur fonction (coupon de réduction, échantillon...)

- incitation à l'achat : « ce courrier vous a-t-il donné envie d'acheter beaucoup plus/un peu plus/ni plus ni moins/un peu moins/beaucoup moins de produits de la marque y ? »
- utilisation : « avez-vous utilisé « l'élément » qui se trouvait dans le *mailing* ? » ; « vous l'avez déjà utilisé/vous allez certainement l'utiliser/vous allez probablement l'utiliser/vous n'allez probablement pas l'utiliser/vous n'allez certainement pas l'utiliser ? »
- raisons de non-utilisation ;

☞

– appréciation des différents éléments du *mailing* ;
– agrément : « je vais vous demander de noter ce *mailing* avec une note de 1 à 10, sur les critères suivants… 1 étant la note la plus mauvaise, 10 la meilleure, les autres notes servant à nuancer votre jugement ».

7. L'agrément

Mesure de l'appréciation du *mailing* « ICOP » (intérêt, compréhension, originalité, pertinence), comparées aux scores de *mailings* de thème identique

– incitation à l'achat : « ce courrier vous a-t-il donné envie d'acheter beaucoup plus/un peu plus/ni plus ni moins/un peu moins/beaucoup moins de produits de la marque y ? »
– intention d'achat : « plus précisément, avez-vous l'intention d'acheter certainement/probablement/probablement pas le « produit » de marque y ? »

8. L'image

Mesure de l'impact du *mailing* sur l'image de la marque

– score brut d'image : « diriez-vous que ce courrier donne globalement une très bonne/plutôt bonne/ plutôt mauvaise/ très mauvaise image de la marque y ? »
– adéquation à l'image : « ce courrier correspond-il tout à fait/plutôt/plutôt pas/pas du tout à l'image que vous avez de la marque y ? »
– effet image : « diriez-vous que ce courrier vous donne une meilleure ou une moins bonne image de la marque y, que celle que vous en aviez précédemment ? »

9. L'incitation à l'achat

Conséquences du courrier en termes d'incitation à l'achat des produits de la marque : structure d'achat avant/pendant/après l'opération

– incitation à l'achat : « ce courrier vous a-t-il donné envie d'acheter beaucoup plus/un peu plus/ni plus ni moins/un peu moins/beaucoup moins de produits de la marque y ? »
– intention d'achat : « plus précisément, avez-vous l'intention d'acheter certainement/probablement/probablement pas le « produit » de marque y ? »

TROISIÈME PARTIE

LA POLITIQUE PROMOTIONNELLE

7 LA POLITIQUE DU DISTRIBUTEUR

La problématique promotionnelle d'un distributeur est double : développer la fréquentation de son point de vente (marketing d'entrée) et accroître la valeur et la rentabilité des paniers d'achat de ses clients (marketing de sortie). Ce chapitre aborde les interactions entre la politique promotionnelle et d'autres composantes de la politique marketing comme la politique d'assortiment au travers des marques de distributeur, et la politique prix dans le choix entre une stratégie de prix promotionnels (Hi-Lo) et celle des prix bas tous les jours (EDLP). Enfin, récemment, les enseignes de distribution et les services ont mis en place des programmes de fidélisation et une approche capital-client dont l'organisation et la rentabilité seront analysées.

Section 1	■	Les revenus d'un distributeur
Section 2	■	Les objectifs
Section 3	■	La politique promotionnelle
Section 4	■	Promotion et politique de prix
Section 5	■	Promotion et politique d'assortiment
Section 6	■	La fidélisation

Section 1

LES REVENUS D'UN DISTRIBUTEUR

Les revenus d'un distributeur proviennent directement de son activité commerciale (marge avant) ou des sommes versées par les fournisseurs (marge arrière). La part de la marge arrière est un facteur explicatif important des tensions observées en grande distribution entre les fournisseurs et les distributeurs.

1 La constitution des revenus du distributeur

Un distributeur obtient des revenus soit par la revente des produits qu'il achète, c'est la marge avant, soit par les revenus qui lui sont versés par le fournisseur du fait du contrat qu'il passe avec eux dans le cadre de négociations annuelles, c'est la marge arrière.

1.1 La marge avant

La marge avant est le résultat de son activité commerciale par l'attraction et la satisfaction d'une clientèle qui accepte de payer pour le service de distribution qu'il propose (achat, constitution de l'assortiment, mise à disposition…).

La marge avant est fonction des ventes en volume et de la marge réalisée entre le prix de vente consommateur (PVC) et le prix d'achat. Celle-ci est fonction du coefficient multiplicateur qu'il applique sur son prix d'achat et de la démarque connue (soldes, promotions…) et inconnue (vols, dégradations…) qu'il doit supporter.

Le commerçant ne peut revendre au dessous du *prix d'achat effectif* (nouveau Code de commerce, articles L.442-2 à 4) défini comme le prix unitaire figurant sur la facture, majoré des taxes sur le chiffre d'affaires, des taxes spécifiques afférentes à cette revente et du prix du transport. Seules quelques exceptions sont prévues : liquidation, fins de saisons, réapprovisionnement à la baisse, alignement sur un prix plus bas légalement pratiqué dans la même zone d'activité, produits périssables menacés d'altération rapide. La loi indique expressément l'obligation de faire figurer sur la facture « toute réduction de prix acquise à la date de la vente (...) et directement liée à cette opération ».

Le prix d'achat dépend de la négociation à partir des conditions générales de vente (CGV) du fournisseur, qui ne peut discriminer ses clients. Ces conditions précisent les prix pratiqués selon les volumes d'achat et leur concentration, et selon les modalités de l'échange (livraison centralisée, paiement unique…).

1.2 La marge arrière

Des remises conditionnelles peuvent être prévues (sur objectif de vente, selon le nombre de produits de la gamme…) avec des avantages différés (remises de fin d'année ou RFA).

Dans le cadre d'accords de coopération commerciale, le fournisseur peut aider le vendeur à mettre en place des promotions qui seront profitables aux deux partenaires. Le distributeur propose aussi des services avec facturation, au fournisseur. Il s'agit des activités de communication par la mise en avant de ses produits en magasin (tête de gondole, radio) ou hors magasin (présence sur un prospectus) ou de la fourniture de données.

2 L'équilibre marge avant-marge arrière

Un distributeur peut être tenté de mettre l'accent sur l'une ou l'autre marge. La marge arrière, plus sûre dés sa négociation (critère de CA, de progression, de prospectus) et versée à un moment déterminé, est attractive. La marge avant est conditionnelle du prix de vente et des ventes. Elle nécessite un effort et est incertaine.

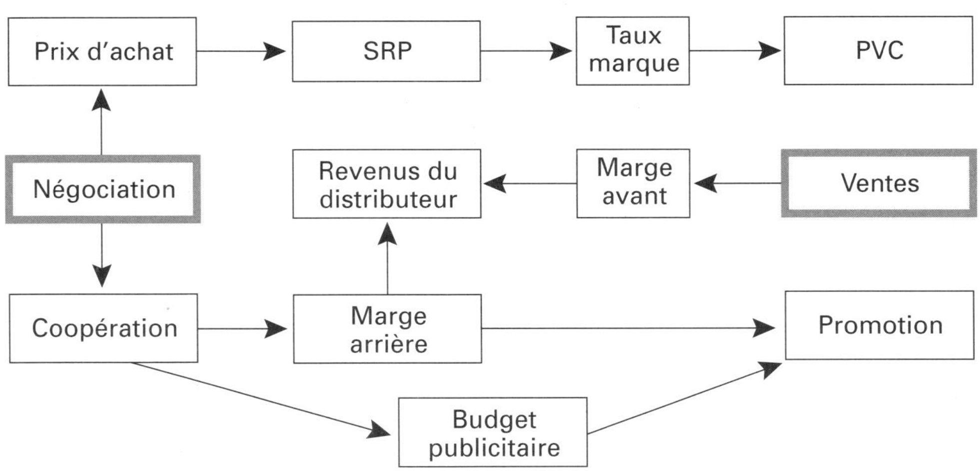

Figure 7.1 – *Constitution des revenus d'un distributeur*

La formule de vente et la stratégie influencent la convergence des intérêts du producteur et du distributeur. Pour afficher des prix de vente bas et attirer la clientèle, l'acheteur négocie à la baisse les prix d'achat mais, par là même, il baisse automatiquement sa marge en valeur puisque le coefficient multiplicateur s'applique sur le prix d'achat.

Il peut, sur certains produits déclenchant la visite du point de vente (produits d'appel), décider de vendre à marge avant nulle en pratiquant un prix de vente égal au seuil de revente à perte (SRP). Dans ce cas, il n'a plus d'incitation objective à vendre ce produit et toute sa rentabilité proviendra de la marge arrière.

Section 2

LES OBJECTIFS

Les objectifs de la stratégie promotionnelle du distributeur sont multiples, en *attaque*, lors de l'ouverture d'un point de vente, ou en *défense* pour l'obtention d'un chiffre d'affaires à court terme ou la fidélisation de la clientèle profitable.

Ils sont structurés en fonction de critères permettant de décomposer la profitabilité soit selon une *approche commerciale* par point de vente ou au niveau de la catégorie de produit, soit selon une *approche client*.

1 L'approche commerciale globale

Le chiffre d'affaires et la marge du point de vente dépendent de l'agrégation d'un nombre de paniers supposés indépendants dans le temps (pas de suivi des acheteurs). La performance du magasin dépend ainsi de variables stables, déterminant son potentiel global, et de variables temporaires, mesurant sa performance sur une période donnée.

1.1 Les variables stables

Le potentiel de chiffre d'affaires du magasin[1] est déterminé par le potentiel de la zone accessible et la pénétration client :

– *le potentiel de la zone accessible* : la zone accessible contient les prospects pour lesquels le coût de l'échange (coût du déplacement, temps) est supportable par rapport au montant acheté. Cette zone est limitée géographiquement pour la vente en magasin (zone de chalandise), car le coût du déplacement est spécifique à chaque client, mais non pour la vente à distance du fait du faible coût (Internet) ou du lissage effectué par l'uniformisation des tarifs postaux quelle que soit la distance (vente à distance par correspondance ou par téléphone). Ce potentiel varie avec les fluctuations démographiques ;

– *la pénétration client* (ou chaland) : elle correspond au pourcentage de clients potentiels de la zone ayant déjà effectué au moins un achat ou une visite. Ce découpage prospect/client se traduit par des politiques promotionnelles spécifiques sur ces deux cibles compte tenu des comportements (faire essayer *versus* faire revenir).

Plus le client doit faire d'efforts plus l'avantage proposé doit être significatif.

1. Reinartz W. Kumar V., « Store-, Market- and Consumer-Characteristics : the Drivers of Store Performance », *Marketing Letters*, 10, 1, 1999, pp. 5-22.

REPÈRES : Les paramètres de l'approche commerciale

Toute variation du chiffre d'affaires d'un point de vente peut s'expliquer par la variation d'un ou plusieurs des paramètres suivants :

$$CA = POT \times TP \times TT \times FV \times MMP$$

Ces paramètres sont rarement indépendants les uns des autres.

[POT] Le potentiel de la zone de chalandise ;

[TP] le taux de pénétration client (% des clients ayant fréquenté au moins une fois le point de vente) ;

[TT] le taux de transformation (% des clients ayant effectué au moins une visite sur la période étudiée) ;

[FV] la fréquence de visite ou le nombre de paniers par client transformé sur la période ;

[MMP] le montant moyen du panier (chiffre d'affaires et marge) sur la période.

Les quatre premiers paramètres sont influencés par le *marketing d'entrée* et le dernier par le *marketing de sortie.*

1.2 Les variables temporaires

Sur le potentiel de clients, le point de vente va calculer divers indicateurs lui permettant de décomposer la constitution de son chiffre d'affaires. Ainsi, l'accroissement du chiffre d'affaires peut provenir d'un accroissement :

- *du taux de transformation acheteur* : il a accru le pourcentage des clients de la zone ayant visité au moins une fois le magasin pendant la période. Ces clients sont devenus des acheteurs (*shoppers*) ;
- *de la fréquence de visite*, ou du nombre de paniers moyen par acheteur ;
- *du montant du panier* (composition, nombre, valeur des produits) et la marge apportée par celui-ci.

Les techniques promotionnelles influencent différemment ces indicateurs :

- *la gratuité du port accroît le taux de transformation* : en vente à distance, cette promotion augmente significativement le taux de transformation et le nombre de commandes par la contribution des petits acheteurs pour lesquels les frais de port sont trop importants par rapport au montant des achats. Les autres conséquences sont la baisse du montant du panier moyen et, bien sûr, la perte de recette correspondant au montant des frais de port ;
- *la réduction en pourcentage sur le montant du panier, au-delà d'un seuil*, accroît celui-ci. Le distributeur pourra offrir une promotion du type « 20 euros d'achats offerts pour 80 euros » ce qui incite les clients dont le montant de commande est proche du seuil de 80 euros à accroître leur panier.

2 Le marketing d'entrée

Le marketing d'entrée vise à attirer des clients sur le point de vente. La fréquentation d'un point de vente dépend de facteurs économiques, répulsifs, et de facteurs attitudinaux, attractifs.

2.1 Les facteurs économiques et l'approche gravitaire

L'approche gravitaire est centrée sur le magasin qui attire les clients de sa zone de chalandise. Si l'on analyse le point de vue du client, le trajet (souvent opérationnalisé par sa longueur et sa difficulté) et, derrière lui, le coût en argent ou en temps, est un facteur répulsif à la fréquentation des points de vente les plus lointains.

Deux types de points de vente co-existent :

– *les magasins de proximité* tirent leur CA de la zone de chalandise proche ou d'un flux passant à proximité ;

– *les magasins d'attraction* offrent un choix d'assortiment large et mettent en place des politiques prix et promotion dans le but d'attirer des clients qui doivent supporter un coût de déplacement important. Le facteur le plus important semble être la taille, comme variable représentative du choix et de la capacité à pratiquer des promotions et des prix plus faibles.

La rentabilité des magasins d'attraction repose sur leur capacité à déclencher la visite, par la promotion.

Tableau 7.1 – *Les principaux leviers promotionnels du marketing d'entrée*

Type d'achat	Mécanismes
Achat de routine	Réduction sur le panier Produits gratuits avec achat Distribution préalable de bons d'achat Baisse du coût de fréquentation (port, parking) Avantage économique personnalisé (programme de fidélisation)
Achat de destination	Réduction importante (valeur relative, valeur absolue) Garantie remboursement de la différence Conseil gratuit et aide au choix : diagnostic gratuit de la voiture Cadeau par visite : cadeau Y. Rocher Tirage au sort par visite : opération portes-ouvertes automobile Essai gratuit, dégustation

2.2 Achat de routine

Pour les achats de routine, les facteurs attitudinaux expliquent, à coût d'accès égal, le choix d'un fournisseur ou d'un point de vente en fonction de l'image de celui-ci. Les composantes de cette image sont : le choix, le prix, la promotion, le service, l'assortiment ou la qualité de l'accueil et de l'environnement. La mise en scène d'opérations promotionnelles d'enseignes, fortement amplifiées, a pour but d'influence l'image.

Cependant, l'implication plus forte dans une catégorie de produit peut déclencher le choix du magasin.

Exemple : L'effet limité de la promotion sur le trafic magasin GMS

> Une recherche[1] sur données de panel de consommateurs montre que, contrairement à l'affichage ou à la radio, les prospectus ont un impact significatif positif, mais faible, sur la fréquentation. Le nombre de produits *longue portée* (achat peu fréquent et forte valeur unitaire) présentés dans le prospectus n'a pas d'effet non plus. Pour ce qui est des variables individuelles, la fidélité est le premier facteur explicatif de la fréquentation et une fidélité moyenne est associée à une plus forte réactivité promotionnelle que les fidélités extrêmes.

2.3 Achat de destination

Pour les produits de destination, c'est le besoin spécifique qui va créer la décision de fréquentation d'un, ou de plusieurs, points de vente avec une activité de recherche d'information et de conseil, et de comparaison. Dans ce cas, l'amortissement du coût de la visite est effectué par l'achat d'autres produits.

Un distributeur cherchera donc les produits capables de déclencher une fréquentation habituelle (auquel le client attache une importance permanente) ou une fréquentation spécifique (achat important).

Des résultats empiriques[2] montrent que l'importance des clients « volages » au gré des promotions semble surestimée par les distributeurs. Au contraire, ceux-ci sous-estiment les comportements de chasse aux promotions et de sur-stockage de leurs clients habituels.

1. Volle P., « The Short-Term Effect of Store-Level Promotions on Store Choice and the Moderating Role of Individual Variables », *Journal of Business Research*, 53, 2, 2001, pp. 63-74.
2. Urbany J., Dickson P., Sawyer A., « Insights into Cross- and Within-Store Price Search : Retailers Estimates vs. Consumer Self-Reports », *Journal of Retailing*, 76, 2, 2001, pp. 243-258.

3 Le marketing de sortie

Le marketing de sortie cherche à accroître le chiffre d'affaires et la marge dégagée par l'activité des acheteurs sur le lieu de vente. Il s'agit de stimuler le rappel de produits oubliés ou l'envie d'acheter des produits n'apparaissant pas dans l'éventuelle liste de courses par des animations, promotions prix, échantillon...

Il concerne l'aménagement du magasin (temps passé dans le magasin), l'ambiance dans celui-ci, le *merchandising* et la mise en valeur des produits, notamment les plus sensibles à l'exposition (produits dits d'impulsion).

Exemple : 67 % des choix de marques en Europe sont faits en magasin

L'Allemagne et l'Italie sont les pays où le taux de décision en magasin est le plus faible. La fidélité au magasin est aussi très différente selon les pays européens : la fidélité à un magasin unique pour l'épicerie va de 14 % au Danemark à 50 % en Grande-Bretagne, ce qui peut en partie s'expliquer par les programmes de fidélisation. La fréquence moyenne européenne est de 1 sortie d'achat majeure par semaine et 2 à 3 sorties pour le shopping plus ciblé. Si de petits magasins sont fréquentés, cela n'a pas d'effet majeur sur la fréquence mais abaisse le temps passé, le nombre d'articles achetés et la valeur du panier moyen.

Pays	%
Allemagne	50
Belgique	70
Danemark	77
France	76
Hollande	80
Italie	42
Royaume-Uni	75

Source : http://popaieurope.com/latest.htm.

La valeur du panier est accrue par l'utilisation des effets de complémentarité entre les rayons et les produits (pâtes et sauce tomate). L'existence de ces effets a été montrée par l'influence croisée d'une promotion sur les achats de produits dans des catégories reliées[1]. Cependant ces effets prix et promotion croisés (effet d'une

1. Manchanda P., Ansari A., Gupta S., « The "Shopping Basket" : a Model for Multicategory Purchase Incidence Decisions », *Marketing Science*, 18, 2, 1999, pp. 95-114.

promotion du produit A sur les ventes du produit B) sont plus faibles que les effets directs (effet sur les ventes de A d'une promotion sur A).

De plus, ces effets sont asymétriques : l'effet d'une promotion de A sur les ventes de B n'est pas identique à celui d'une promotion de B sur les ventes de A. Il serait intéressant de construire une carte des inter-relations et de mettre en évidence les déterminants de cette asymétrie.

Exemple : Analyse de la cannibalisation à partir de résultats du modèle SensiPromo

La marque MN1 subit un transfert de 2,2 % de ses volumes quand les concurrents sont en promotion. La plus grande partie va vers la MDD qui d'une part a de plus fort volumes en promotion (PdM promo de 50 %) et, d'autre part, sur-cannibalise la MN1.

Lorsqu'elle est en promotion, la MN1 tire une part faible (10 %) des volumes promotionnels de sa concurrence. Les volumes proviennent de la MN2 et des marques d'autres fabricants, qui s'avèrent beaucoup plus touchés que la MN2 si l'on rapporte le pourcentage à leur part de marché qui n'est que de 27 %.

Ventes MN1 Ventes sous promo MN1			44 164 273			12 227 170		
			Cannibalisation					
			Subie			Causée		
			971 614	2,20 %		1 722 717	10 %	
	PdM	PdM Promo		%	%/PdM promo		%	%/PdM
MN2	41 %	28 %	223 673	23 %	82	68 008	39 %	96
Autre fabricant	27 %	21 %	111 724	11 %	55	604 306	35 %	130
MDD	31 %	50 %	636 217	65 %	131	438 402	25 %	82

Source : d'après des données Iri, SensiPromo.

4 L'approche capital client

L'unité d'analyse n'est plus l'achat dans un rayon ou le panier mais l'acheteur d'une catégorie.

4.1 L'approche statique

La reconnaissance de la contribution différenciée des clients conduit à mettre en place une segmentation statique, par exemple à partir du déclaratif ou du comportement de fréquentation d'un magasin principal, secondaire ou accessoire. Les objectifs et les politiques promotionnelles sont différenciées selon ces segments.

4.2 L'approche dynamique

Prenant en compte la dynamique de l'apprentissage d'un client, le distributeur peut déterminer son effort promotionnel en fonction de la valeur de chaque client dans une perspective historique et dynamique.

La structure de la clientèle entre les segments résulte d'une dynamique de recrutement, de structure et de vieillissement. Un client connaît un cycle de vie qui le fait passer de suspect, à prospect puis à essayeur pour enfin le voir apparaître comme client et se fidéliser, avant de disparaître du fait de l'attrition commerciale[1].

Du fait de ce cycle et de leur potentiel socio-économique spécifique, les clients ne sont pas tous égaux et ne doivent pas bénéficier des mêmes efforts promotionnels. Les efforts sont calibrés en fonction de la valeur économique espérée du client sur une période de référence (valeur actuelle nette ou *life time value*).

REPÈRES : Les paramètres de l'approche capital client

La contribution d'un client se calcule par la Valeur actuelle nette (*Life time value*), qui résulte de la marge dégagée sur la relation avec ce client, actualisée, sur la durée de vie probable de celle-ci. La marge dépend des recettes, des taux de marge des produits/services achetés et des coûts spécifiques engendrés (coût de communication, de service...).

$\text{VAN} = \Sigma_{t=1,\,d}\,[\text{Marge actualisée}]_t - \text{coûts spécifiques} + \text{autres contributions}$.

(1) *Marge actualisée* tirée des achats réalisés ;

(2) *Coûts spécifiques* : appels service client, fréquence des retours, impayés...

(3) *Autres contributions* comme l'aide au recrutement par parrainage par exemple.

(4) *Sur la durée de vie probable d* à suivre avec une analyse de l'attrition, cohorte par cohorte et non globalement.

(5) *Le taux d'actualisation* permet de comparer des euros de différentes périodes. Sa valeur dépend du taux de retour sur investissement exigé par l'entreprise et peut être le taux d'intérêt courant majoré.

Ces paramètres ne sont pas indépendants : par exemple les bons clients ont tendance à générer des retours de marchandises plus nombreux.

---

1. Pour approfondir ces notions liées au marketing direct, voir Desmet P., *Marketing direct*, Paris, Dunod, 2001.

4.3 Les objectifs spécifiques

Dans le cadre de l'approche client, les objectifs sont souvent définis de manière trop floue. Le décideur doit hiérarchiser précisément les objectifs suivants :

- trouver un équilibre entre les budgets de prospection et de fidélisation ;
- *investir sur les nouveaux clients* pour éduquer et connaître les attentes et cerner leur potentiel car certains sont les futurs bons clients ;
- *stimuler* les clients actuels ;
- *accroître le taux de nourriture* des clients peu fidèles ;
- *réduire l'attrition* (accroître la rétention et la durée de vie) des meilleurs clients ;
- développer les contributions des clients : parrainage.

Section 3

LA POLITIQUE PROMOTIONNELLE

1 Les axes de la politique promotionnelle

La politique promotionnelle du distributeur est organisée autour de quatre axes : les événements liés au magasin et à l'environnement, ceux liés au client et ceux liés au produit. Le lien avec ces événements permet une communication plus riche qui évite de ne mettre en évidence que l'aspect économique de la promotion.

1.1 L'événement magasin

Il est stratégique (ouverture, réouverture après travaux), périodique (anniversaire de la date d'ouverture) ou tactique (information sur les ouvertures/fermetures lors des jours fériés, les dimanches…).

Des opérations ponctuelles peuvent aussi être lancées, sans justification particulière, pour des raisons commerciales (chiffre d'affaires non conforme aux objectifs). La communication est alors plus pauvre.

1.2 L'événement environnement

Il correspond aux autres événements locaux (kermesse, foire, événement sportif…) ou nationaux qui permettent de justifier une opération promotionnelle non segmentée.

1.3 L'événement produit

Il est, de manière périodique, lié à la saisonnalité d'une catégorie de produit. Une profil de ventes très saisonnier nécessite l'ajustement de l'espace commercial et de l'effort promotionnel aux ventes prévues. De manière exceptionnelle, l'innovation peut aussi être à l'origine d'une promotion pour aider à la pénétration du nouveau produit ou pour liquider les stocks du produit remplacé.

1.4 L'événement et le potentiel client

La politique promotionnelle tient compte des caractéristiques de la cible, voire même personnalise la communication selon des événements :

- *le ciblage sur l'apprentissage :* les nouveaux clients sont traités de manière spécifique avec le souci de développer leur connaissance de tous les services pour s'assurer de leur valeur perçue. Cette communication promotionnelle visera aussi à s'assurer d'une reconnaissance de l'enseigne ;
- *le ciblage sur le potentiel commercial* : celui-ci déterminera l'investissement promotionnel optimal en fonction de la probabilisation de la visite/commande et de la valeur économique de celle-ci ;
- *la personnalisation :* l'événement utilisé par la promotion correspond à une date régulière d'anniversaire du contrat, du renouvellement, voire même d'une fête (fête des mères, fête du saint associé au prénom) ou d'un anniversaire de date de naissance. Il peut aussi s'agir d'une date déterminée par événement personnel (mariage, décès, naissance…) ou commercial (dépassement d'un plafond, possibilité d'obtenir une prime…).

2 Les soldes et opérations promotionnelles de fin de saison

Les opérations promotionnelles de fin de saison correspondent à des réductions offertes sur des catégories entières. Elles concernent principalement les produits saisonniers tels que les vêtements, et sont justifiées par des raisons tenant à la demande ou à l'offre.

2.1 Exploiter la demande

Plusieurs raisons incitent à pratiquer des prix plus élevés en début de période de vente. Les promotions sont dues à la volonté d'influencer la demande et de discriminer les acheteurs par :

- *une politique d'écrémage* avec des prix élevés en début de saison pour les clients ayant une forte sensibilité à la mode ;
- la gestion de l'incertitude de la demande ;

– la discrimination par récompense de l'effort : gestion de coupon, fréquentation de bornes ;
– *l'optimisation de la rentabilité d'un outil de production de taille fixe* (le magasin) : la trop forte fréquentation réduit la satisfaction (agoraphobie) et fait perdre des ventes. La promotion peut déplacer des visites (soldes privées, avant-premières).

2.2 Déstocker et se débarrasser des invendus

Cette seconde motivation concerne l'offre : c'est la nécessité, physique et financière, de réduire les stocks détenus pour pouvoir stocker la marchandise de la nouvelle saison.

L'importance des stocks dépend de différents facteurs :

– spécifique à l'environnement (mauvaise météo) ;
– spécifique à la mode et au produit (couleur non adaptée) ;
– à des erreurs de gestion du fait d'une mauvaise prévision de la demande ou d'un risque sur stocks trop élevé ;
– à une communication inefficace (création ou ciblage).

Le stock dépend de la commande initiale déterminée par le produit, de la demande prévue et du taux de couverture de cette demande, lui-même variable selon les conditions de réapprovisionnement.

La mise en œuvre d'une politique promotionnelle active nécessite la disponibilité d'un système d'informations permettant d'identifier rapidement les produits qui ne suivent pas leur courbe de ventes (distribution saisonnière des ventes en fonction d'une demande globale prévue). Dans ce cas, il est possible de séparer les politiques promotionnelles selon les sources des sur-stocks pour mettre rapidement en promotion les produits dont les rotations sont plus faibles que prévues (les « nanars » ou *dogs*) et attendre la fin de saison pour solder les invendus du fait d'une météo inadaptée.

Les événements magasins ont un impact sur l'image du magasin[1]. Les soldes influencent les différentes dimensions de l'image :

– *le prix* : avec une perception de prix plus faibles, positive si le magasin est une formule *discount* ; l'effet pourrait être négatif (baisse de crédibilité, image trop bon marché) si le positionnement haut de gamme est remis en question par des opérations trop fréquentes ou mal menées ;
– *les composantes autres que le prix* comme l'ambiance du point de vente : une foule désagréable, une dégradation du service (attente, conseil), une cohabitation mal appréciée de la clientèle habituelle avec une clientèle moins favorisée.

---

1. McGoldrick P., Betts E., Keeling K., « High-Low Pricing : Audit Evidence and Consumer Preferences », *Journal of Product & Brand Management*, 9, 5, 2000, pp. 316-34.

3 Le calendrier

L'organisation du calendrier promotionnel nécessite la mise en cohérence des objectifs marketing sur les cibles et des objectifs commerciaux sur les produits avec, de plus, des contraintes particulières. La vente par correspondance offre un bel exemple d'une situation complexe :

- *un délai minimal* entre le lancement de deux opérations promotionnelles successives sur la même cible : l'arrivée d'une promotion « tue » la précédente ;
- *l'évitement de la surpression* : des messages trop nombreux modifient le comportement du destinataire en l'amenant à accroître sa sensibilité promotionnelle ou sont de moins en moins efficaces (en cas de dépassement du potentiel commercial du client) ;
- *une pression promotionnelle forte en début de saison* pour installer le catalogue : la cliente doit se le procurer, le consulter ;
- *une pression promotionnelle croissante vers la fin de saison* pour accélérer le déstockage ;
- *une rotation des mécanismes et de la communication promotionnelle* pour éviter, ou plutôt amoindrir, l'effet d'escalade : l'avantage promotionnel doit être plus important d'une opération à l'autre. L'utilisation de mécanismes différents pour les promotions successives (réduction de prix, prime-cadeau, jeu...) ralentit la dégradation du niveau du prix de référence ;
- *l'utilisation conjointe de plusieurs mécanismes est fréquente* avec, en particulier le traitement de la composante rationnelle du comportement d'achat (avantage économique) et la composante hédonique (cadeau, plaisir, achat d'un produit non indispensable).

Section 4 PROMOTION ET POLITIQUE DE PRIX

1 La politique de prix

1.1 Rappels de base sur la politique de prix du distributeur[1]

Plusieurs méthodes sont applicables pour la fixation des prix.

1. Pour plus de détails voir Desmet P., Zollinger M., *Le Prix*, Paris, Économica, 1997.

➤ *La rémunération du service*

Un distributeur propose des services d'accessibilité à l'offre, d'aide au choix (sélection et organisation des produits, conseil), des services post-achat (crédit, livraison, reprise...) avec une promesse spécifique à la formule de vente et à l'enseigne (choix, prix bas, service...).

➤ *La facturation à l'acte ou au pourcentage*

La rémunération de ce service devrait normalement être directe sous forme d'une commission ou d'une tarification à l'acte (coiffeur, restaurant...). Pour la distribution des produits, cette solution est cependant rarement retenue (perception d'un surcoût non indispensable) au profit d'une rémunération en pourcentage du montant des achats : un coefficient multiplicateur (CM ou *mark-up*) est appliqué sur le prix d'achat pour obtenir le prix de vente.

➤ *L'application d'un coefficient multiplicateur*

Celui-ci, parfois unique et souvent conseillé par les organisations professionnelles du secteur, a pour avantage principal sa simplicité de mise en place et de gestion. En effet, le prix de vente est obtenu facilement et le commerçant peut suivre l'évolution de sa performance par l'observation directe de son chiffre d'affaires. Les conséquences importantes sont que, d'une part, l'évolution de sa rémunération dépend de l'évolution du prix du produit et, d'autre part, sa rémunération est plus importante pour les produits à prix élevés, ce qui est cohérent avec une acceptabilité plus facile de prix élevés par les clients des segments haut de gamme du fait de leur élasticité prix plus faible.

➤ *L'adaptation du coefficient multiplicateur*

Pour tenir compte des caractéristiques de la demande et du produit :

- *la part des ressources utilisées* (espace, immobilisation financière en stocks), celles-ci devant toujours avoir le même taux de rentabilité quelque soit le produit ;
- *les caractéristiques de la demande* (prévisibilité, vols, détérioration) qui influencent la démarque (écart entre le chiffre d'affaires prévu avec le prix de vente de départ et celui effectivement réalisé) qu'elle soit connue (soldes et promotions) ou inconnue (vols).

1.2 Élasticité de la demande au prix et coefficient multiplicateur

Plus la demande est élastique au prix, plus le coefficient multiplicateur est faible. En situation de monopole, l'analyse économique permet d'établir une règle simple entre l'élasticité et le coefficient multiplicateur. La règle dérivée par Dorfman et

Steiner[1] indique que le CM optimisant le profit du monopoleur est égal au rapport de l'élasticité sur (1 + élasticité) ou, de manière équivalente, au fait que le pourcentage de marge brute (marge unitaire sur prix) est égal à l'opposé de l'inverse de l'élasticité prix ($-1/\varepsilon_{q/p}$).

Selon cette règle, pour un coût marginal de 5 € et une élasticité prix de -2, le pourcentage de marge brute, ou taux de marque, est de 50 % et le CM de 2.

2 Le choix EDLP ou Hi-Lo

La promotion génère des coûts de gestion importants aux différents niveaux de la chaîne de distribution. La question centrale de la politique de prix est donc : une réduction du taux de marque n'est-elle pas plus efficace que des promotions (réductions de prix temporaires) compte tenu de la déperdition liée aux coûts de gestion de l'opération ?

2.1 Les politiques EDLP et Hi-Lo

En politique de prix bas (EDLP pour *every day low price*), le taux de marque est plus faible et le client obtient ainsi une réduction du coût global de l'ensemble de son budget. Cette politique attire les plus gros acheteurs lorsque l'on fait abstraction des autres déterminants importants (distance, fréquentation antérieure, effet prospectus)[2].

En politique de prix promotionnels (*high-low pricing* ou Hi-Lo), certains acheteurs bénéficient de remises importantes sur certains produits à certaines périodes et dans les autres cas, le taux de marque est plus élevé.

2.2 Le choix de la politique de prix

Sauf dans le cas du maxi-discompte (*hard-discount*), la politique EDLP est rarement pratiquée de manière exclusive. La distribution moderne fonctionnant sur le principe de la distribution de masse d'un assortiment large (GSA, GSS, complexe cinématographique...) a besoin d'une fréquentation importante et doit créer de l'attraction, elle ne peut se contenter de fidéliser des clients de proximité.

Si d'un point de vue strictement économique de court terme, l'EDLP semble socialement préférable, il est cependant évident qu'une société de consommation repose sur la stimulation de la dépense et l'envie de consommer. La rentabilité de

1. Dorfman R., Steiner P.O., « Optimal Advertising, Optimal Quality » *American Economic Review*, décembre, 1954, pp. 826-833.
2. Bell D., Lattin J., « Shopping Behavior and Consumer Preference for Store Price Format : Why "Large Basket" Shoppers Prefer EDLP », *Marketing Science*, 17, 1, 1998, pp. 66-88.

l'EDLP s'avère donc inférieure à celle du Hi-Lo notamment si cette politique continue d'être pratiquée par la concurrence.

3 Le micro-marketing du point de vente

La politique promotionnelle concerne l'enseigne mais est aussi adaptée en fonction des caractéristiques spécifiques d'un point de vente.

Une recherche[1] concernant une catégorie de produit (huile) avec des données de panel de distributeurs a mis en évidence les facteurs qui influencent l'efficacité promotionnelle des points de vente. Les principaux résultats sont les suivants :

- *le constat d'une forte diversité de l'efficacité* promotionnelle à la fois selon les enseignes et selon les magasins ;
- *les magasins de grande taille sont ainsi plus réactifs :* l'assortiment, tant sa largeur que sa profondeur, a un effet positif sur le niveau de la réponse promotionnelle ;
- *la relation entre la fréquence promotionnelle et la réponse promotionnelle est particulière.* Il semble qu'elle soit en forme de « U » : un effet de surprise joue pour les magasins ayant une faible fréquence promotionnelle ;
- *l'intensité promotionnelle* est reliée négativement à l'importance de la réponse. Des promotions de trop forte ampleur (taux de réduction pondéré par la part de marché) ont tendance à avoir des effets proportionnellement plus faibles.

4 L'évolution du cadre réglementaire

Dans le *discount*, la volonté d'afficher des prix bas et le pouvoir de négociation issu de la concentration induisent une pression forte sur les prix et sur l'amont des filières.

La remise volume est à la base d'une concentration de la distribution. Des magasins ont intérêt à se regrouper pour répartir des coûts fixes, les coûts publicitaires par exemple, et accéder à des coûts d'achat plus faibles. Les remises quantitatives selon le volume commandé baissent le coût d'achat et conduisent à un regroupement des commandes soit dans le temps (stockage) soit entre les points de vente (passage par une centrale d'achat et un entrepôt).

1. Macé S., « Le micro-marketing du point de vente et l'efficacité des promotions », in Volle P., *op. cit.*, 2000, pp. 247-267.

4.1 La loi Galland (1/9/96)

Avant cette loi, la revente à perte était déjà interdite mais le distributeur pouvait réintégrer dans le prix d'achat les remises et ristournes de la marge arrière. Pour obtenir les conditions maximales, la signature d'un contrat est indispensable. Ces conditions n'apparaissant pas sur la facture, celle-ci ne constitue pas une base de comparaison, les pratiques sont opaques.

➤ *Un seuil de revente à perte ne comprenant plus les marges arrières*

La loi Galland institue la facture comme instrument de transparence et comme base de calcul du seuil de revente à perte : les éléments qui n'y figurent pas (marges arrières) ne peuvent être intégrés dans le prix de vente. Elle traite aussi de divers points ayant pour objectif de réduire le pouvoir du distributeur face au fournisseur : élimination de *l'exception d'alignement* sauf pour les petits magasins, sanction des *prix abusivement bas* sur des produits fabriqués ou transformés par le distributeur, levée partielle de l'interdiction du *refus de vente*, contrôle des *pratiques abusives* (demande d'un droit de référencement sans commande, déréférencement abusif).

➤ *Une moindre importance de la négociation sur le prix d'achat*

Les négociations excessives sur le prix d'achat n'ont plus lieu d'être puisque, remplissant les conditions, un autre distributeur pourra toujours bénéficier du même prix. D'ailleurs une baisse du prix d'achat se traduit par une baisse de la marge en valeur absolue par le jeu du coefficient multiplicateur. Pour les GMS, la concurrence directe sur les prix est donc bloquée puisque les prix sont souvent déjà au SRP.

Elle redonne au fournisseur un pouvoir sur le prix de vente final lorsqu'il pratique un coefficient multiplicateur non ajusté et, surtout, s'il vend au SRP. Le fournisseur peut être, lui aussi, tenté par un transfert entre les deux marges : pour augmenter sa propre marge de 1 %, il doit accorder 3 % de plus au distributeur et donc augmenter son prix de vente de 4 % au risque de voir baisser ses ventes au profit des marques de distributeur.

Exemple

La loi Galland conduit à éliminer la « partie morte » du tarif, c'est-à-dire la partie des remises que le fabricant offre au distributeur mais que celui-ci transfère au client. Par exemple, des 30 % de marge offerte sur le tarif de base qui conduisent au *prix net*, le distributeur ne garde que 10 pour revendre à un prix de vente consommateur de 96,5. Après la loi Galland, le tarif a été ramené à 80 ce qui ne changeait rien à la marge distributeur (passée à 12,5 % du prix tarif au lieu de 10 %) ni au PVC. Profitant de l'occasion de cette remise à plat, le fournisseur pouvait cependant faire valoir l'importance de la réduction du tarif (− 16 %) tout en augmentant celui-ci (ici de 4 %).

		Avant loi Galland		Après loi Galland			
				(sans hausse)		(avec hausse)	
(1)	Tarif fabricant	100,0		80,0		84,0	– 16 %
(2)	Remise	30,0	30 %	10,0	12,5 %	10,5	12,5 %
(3)	Prix net	70,0		70,0		73,5	
(4)	Marge distributeur	10,0	10 %	10,0	12,5 %	10,5	12,5 %
(5)	Prix de vente	80,0		80,0		84,0	
(6)	PVC	96,5	20,6 %	96,5	20,6%	101,3	20,6%
							5%

➤ ***Une augmentation des marges et une redistribution par les bons d'achat***

Du fait de la loi, les prix ont été augmentés ainsi que la marge totale du distributeur. La différence de rentabilité provient plus difficilement des marges arrières et la concurrence par l'image prix est moins influencée par les promotions sur des produits spécifiques. Le distributeur doit donc développer une politique promotionnelle de différenciation financée par le budget de communication abondé par les services que le distributeur effectue pour le fournisseur. L'utilisation de bons d'achat permet de transférer une partie de ces ressources sous forme de baisse de prix de produits.

4.2 La loi sur les nouvelles régulations économiques (NRE)

Cette loi a pour objectif de durcir les dispositions précédentes et de les faire respecter avec la création d'une Commission d'examen des pratiques commerciales. Elle s'attache à donner des moyens de contrôle sur la nature et le niveau des contreparties demandées dans le cadre des accords de coopération : absence de service rendu, prix disproportionné par rapport au service rendu, interdiction des conditions rétroactives (coopération commerciale, remises, ristournes), « dé-référencement » abusif.

Les conséquences sur les politiques promotionnelles seront étudiées ci-dessous dans le cadre des opérations *trade*.

Repères : Les nouvelles régulations économiques (NRE)

Article L.442-6 (code du commerce – Loi 2001-420 du 15 mai 2001) *Extraits.*

Art 56 :

I. – Engage la responsabilité de son auteur et l'oblige à réparer le préjudice causé le fait, par tout producteur, commerçant, industriel ou artisan :

1° De pratiquer, à l'égard d'un partenaire économique, ou d'obtenir de lui des prix, des délais de paiement, des conditions de vente ou des modalités de vente ou d'achat discriminatoires et non justifiés par des contreparties réelles en créant, de ce fait, pour ce partenaire, un désavantage ou un avantage dans la concurrence ;

2° a) D'obtenir ou de tenter d'obtenir d'un partenaire commercial un avantage quelconque ne correspondant à aucun service commercial effectivement rendu ou manifestement disproportionné au regard de la valeur du service rendu. Un tel avantage peut notamment consister en la participation, non justifiée par un intérêt commun et sans contrepartie proportionnée, au financement d'une opération d'animation commerciale, d'une acquisition ou d'un investissement, en particulier dans le cadre de la rénovation de magasins ou encore du rapprochement d'enseignes ou de centrales de référencement ou d'achat ;

b) D'abuser de la relation de dépendance dans laquelle il tient un partenaire ou de sa puissance d'achat ou de vente en le soumettant à des conditions commerciales ou obligations injustifiées ;

3° D'obtenir ou de tenter d'obtenir un avantage, condition préalable à la passation de commandes, sans l'assortir d'un engagement écrit sur un volume d'achat proportionné et, le cas échéant, d'un service demandé par le fournisseur et ayant fait l'objet d'un accord écrit ;

4° D'obtenir ou de tenter d'obtenir, sous la menace d'une rupture brutale totale ou partielle des relations commerciales, des prix, des délais de paiement, des modalités de vente ou des conditions de coopération commerciale manifestement dérogatoires aux conditions générales de vente ;

II. – Sont nuls les clauses ou contrats prévoyant pour un producteur, un commerçant, un industriel ou un artisan, la possibilité :

a) De bénéficier rétroactivement de remises, de ristournes ou d'accords de coopération commerciale ;

b) D'obtenir le paiement d'un droit d'accès au référencement préalablement à la passation de toute commande ;

c) D'interdire au cocontractant la cession à des tiers des créances qu'il détient sur lui.

Source : http://www.legifrance.gouv.fr.

Section 5

PROMOTION ET POLITIQUE D'ASSORTIMENT

Pour un distributeur, l'impact de la promotion d'un article n'est intéressant que si les ventes et la marge gagnées dépassent celles perdues sur les autres produits habituellement vendus et surtout ses marques de distributeur (MDD). L'analyse est donc effectuée au niveau de la catégorie et non à celui de la référence ou de la marque.

1 Les choix d'assortiment

L'assortiment est constitué de l'ensemble des offres (produits ou services différents) proposées par un distributeur. La première décision concerne le choix des besoins à couvrir et le degré de spécialisation sur ces besoins (opposition généraliste – spécialiste). Au sein de chaque catégorie de besoin, le distributeur offre un assortiment plus ou moins large de produits. Enfin, la profondeur de l'assortiment permet de proposer un produit adapté à la diversité des préférences (parfum du yaourt) et des caractéristiques (taille des vêtements) ou des besoins (taille de conditionnement) des clients.

1.1 Les stratégies de choix du client

Les produits ont des caractéristiques communes, dont le prix, et des caractéristiques uniques, dont la marque. La valeur d'un produit est issue de ses caractéristiques fonctionnelles, expérientielles (esthétique…) ou symboliques (nouveauté, luxe, différence).

Selon le niveau de gamme, les processus et critères de choix sont différents. Les clients utilisent des processus de choix maximisant (minimisant) un critère ou une combinaison de critères ou se contentent de l'obtention de niveaux satisfaisants sur les critères. Il y a donc des stratégies de minimisation du prix, de recherche d'un prix faible dans une zone de qualité acceptable ou de la meilleure qualité compte tenu d'un prix maximal et de recherche du meilleur rapport qualité-prix ou la maximisation de la qualité (définie comme l'ajustement au besoin). Le choix entre ces stratégies et le choix d'un type de marque dépendent de l'implication du client ainsi que de ses ressources et compétences[1].

1. Richardson P., Jain A., Dick A., « Household Store Brand Proneness : a Framework », *Journal of Retailing*, 72, 2, 1996, pp. 159-185.

1.2 La composition de la gamme

Une gamme est un assemblage de produits organisés selon leurs caractéristiques, leur niveau de qualité ou de prix. La figure 7.2 présente sur un continuum de qualité, les produits premiers prix (PP) ou produits économiques (PE), les marques de distributeurs (MDD) et les marques nationales (MN), celles-ci étant souvent perçues comme de meilleure qualité[1].

La clarification de l'offre amène le client à raisonner par groupe de marques. De mauvais rapports qualité/prix évalués sous l'angle des performances fonctionnelles du produit, peuvent être rencontrés dans le haut de gamme, où la valeur d'image est plus forte, et en bas de gamme, où le prix bas proposé est obtenu aux dépens de la qualité de la fabrication et des matériaux. Il s'agit des points situés en dessous de la ligne d'un bon rapport qualité-prix, les chiffres correspondant aux stratégies évoquées ci-dessus.

La structure du marché (répartition des ventes aux différents prix) est définie à la fois par l'offre, c'est-à-dire les positions et le nombre des différentes marques, et par la demande, par la fréquence des stratégies de choix. Des observations empiriques ont ainsi conduit à suggérer des formes de pyramide, de diamant ou de sablier selon que les ventes sont principalement réalisées sur le bas, le milieu ou le haut de gamme.

L'importance relative de la marque, de la qualité et du prix est influencée par les offres et par les activités marketing. En particulier, les marques innovatrices (sur le plan fonctionnel ou symbolique) accroissent la valeur attachée à la marque, réduisent la banalité du marché et donc sa sensibilité au prix. Lorsque le *leader* ne joue plus son rôle d'innovateur, la valeur attribuée à la marque se réduit et pénalise les marques nationales au profit des marques s'appuyant surtout sur la valeur fonctionnelle de base (MDD).

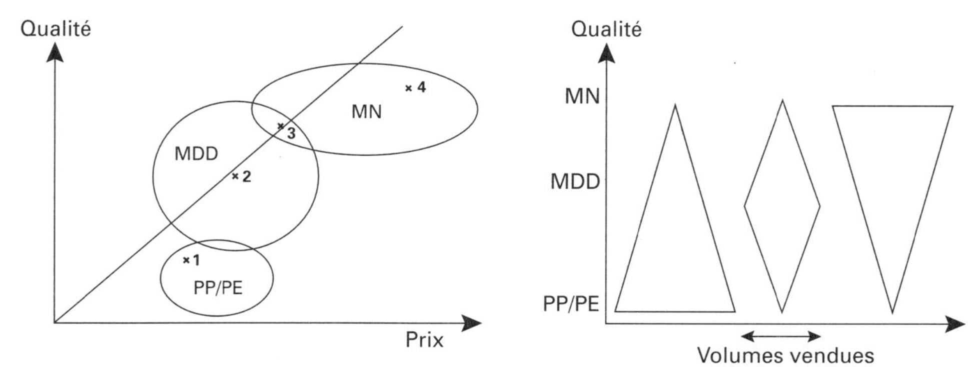

Figure 7.2 – *Structure de la gamme*

1. Sethuraman R., Cole C., « Factors Influencing the Price Premiums that Consumers Pay for National Brands over Store Brands », *Journal of Product & Brand Management*, 8, 4, 1999, pp. 340-351.

1.3 La rentabilité de la gamme

La marge unitaire est plus élevée sur les marques de distributeur. L'application du coefficient multiplicateur unique conduit normalement à une convergence des intérêts du producteur et du distributeur, celui-ci ayant intérêt à vendre les produits les plus chers. La marge unitaire est alors forte sur les MN mais les volumes vendus faibles. Cependant, la faiblesse de la demande dans le haut de gamme peut encore être accentuée par l'application d'un coefficient multiplicateur plus élevé du fait de la moindre rotation. Aux deux extrémités de la gamme, le taux de marge est donc plus faible. Si la politique promotionnelle du producteur transfère des volumes de la MN vers la MDD, elle a alors un impact direct sur la rentabilité du distributeur.

1.4 La spécificité du discount

Pour un magasin pratiquant le *discount* (marge réduite) ou un grand magasin (marge élevée, choix large), la rentabilité provient de la capacité à attirer des clients éloignés.

Pour un choix inter-formule de distribution (magasin de centre-ville *versus* supermarché), le taux moyen de marge suffit à créer la différence. Mais pour la concurrence intra-formule (entre deux enseignes d'hypermarché), la constitution de l'image prix est plus complexe car la différence de taux est difficile à percevoir.

Pour concrétiser sa promesse, il va donc utiliser les deux extrêmes de son assortiment : en bas de gamme, des prix bas sur les premiers prix pour garantir un prix faible dans l'absolu et, en haut de gamme, un prix relatif faible sur des produits connus et identifiés par la cible, les MN. La marge avant est donc réalisée principalement sur les marques de distributeur, les coûts pouvant être réduits par les conditions d'achat et l'élimination des coûts marketing.

Les politiques promotionnelles du producteur et du distributeur deviennent alors indépendantes voire antagonistes. Un distributeur, qui veut casser les prix (marge avant nulle voire revente à perte) sur les MN pour asseoir son image, n'a pas intérêt à vendre des volumes importants sur ces marques (coût d'opportunité de perte de marge).

2 La politique promotionnelle et les MDD

Deux questions concernent les marques de distributeur : l'opportunité et la faisabilité des promotions sur les MDD et les effets de substitution lors de la mise en promotion d'une MN.

2.1 La promotion des MDD

La promotion de ses marques par un distributeur se justifie par la volonté de leur donner une valeur symbolique car, sinon, la proposition du meilleur rapport qualité prix conduit normalement à réduire les dépenses de marketing et de communication. Les promotions prix améliorent aussi les ventes des MDD par l'accroissement du différentiel de prix avec les MN[1].

2.2 Les effets de substitution sur les MDD

L'hypothèse d'une asymétrie de l'effet prix entre la demande et le prix pour les MN et les MDD est fréquemment avancée[2] : la progression des ventes en promotion d'une MN se fait aux dépens de la MDD, alors que la mise en avant de la MDD touche peu les ventes des MN. Plusieurs justifications ont été avancées.

La préférence pour la qualité sous contrainte de budget. Les trois segments de marché (acheteurs de PP choisissant le prix le plus faible ; acheteurs de MDD recherchant la meilleure qualité sous contrainte d'un prix maximum ; acheteurs de MN, sensible à la valeur symbolique) réagissent de manière différente. Alors que le dernier ne sera pas intéressé par une baisse de prix de la MDD (de qualité fonctionnelle ou symbolique insuffisante), les acheteurs de MDD auront tendance à acheter la MN en promotion pour bénéficier d'une qualité supérieure cohérente sans dépassement de budget. *A contrario*, la MDD en promotion ne peut attirer de nombreux acheteurs de PP sauf à dégrader significativement sa qualité.

L'interaction des choix (niveau de marque, promotion) a été mise en évidence[3] et se trouve être reliée à des caractéristiques individuelles (attitudes) autant qu'aux bénéfices recherchés (économique-utilitaire, hédonique-symbolique). Les variables démographiques sont indirectement utiles pour le ciblage car elles sont reliées aux attitudes.

3 La politique promotionnelle et la gestion de la catégorie (category management)

Pour le distributeur, c'est le profit d'un panier (commande) qui est déterminant. Contrairement au producteur, il est donc très sensible aux effets de substitution

1. Dhar S., Hoch S., « Why Store Brand Penetration Varies by Retailer », *Marketing Science*, 16, 3, 1997, pp. 208-227.
2. Heath T., Ryu G., Chatterjee S., McCarthy M., Mothersbaugh D. Milberg S., Gaeth G., « Asymetric Competition in Choice and the Leveraging of Competitive Disadvantages », *Journal of Consumer Research*, 27, 4, 2000, pp. 291-308.
3. Ailawadi K., Neslin S. et Gedenk K., « Pursuing the Value-Conscious Consumer : Store Brands Versus National Brand Promotions », *Journal of Marketing*, 65, 1, 2001, pp. 71-89.

induits par la promotion car ils génèrent un coût d'opportunité (perte de la différence de marge) et réduisent significativement l'effet net de la promotion.

3.1 Une classification des catégories

Une classification intéressante est fournie par le *Food Marketing Institute* qui croise la pénétration et la fréquence d'achat annuelle pour définir les produits indispensables comme le café (+;+), les produits niches (−;+), les élargisseurs de variété comme les cornichons (+;−) et les complémentaires comme les sirops (−;−).

Tableau 7.2 – *Classification des produits selon la fréquence et la pénétration*

		Pénétration	
		−	+
Fréquence d'achat	−	Produits complémentaires	Élargisseurs de variété
	+	Produits niches	Produits indispensables

3.2 Les déterminants de l'efficacité d'un détaillant dans une catégorie

Une étude[1] sur données Scantrack U.S. montre que l'indice de développement de la catégorie (CDI) est influencé positivement par :

- *la taille de l'assortiment* (largeur en nombre de marques, profondeur en nombre d'articles par conditionnements et variété) ;
- *une politique de MDD volontariste* qui contribue effectivement au développement des ventes de la catégorie d'autant que ces marques peuvent être soutenues de manière spécifique dans le programme de fidélisation ;
- *la politique de prix bas* pour les produits de niche et les élargisseurs de variété, car pour les produits indispensables, les taux de marge sont déjà faibles. *A contrario*, les réductions de prix en magasin n'ont un effet positif sur les volumes que pour les produits indispensables et réduisent le chiffre d'affaires dans tous les cas, dans cette étude ;
- *la politique promotionnelle*, les prospectus permettant de créer le trafic sur les indispensables et éventuellement les niches et les élargisseurs de variété, alors que les mises en avant accroissent l'exposition des produits de complément.

1. Dhar S., Hoch S., Kumar N., *Why Retailers Sell More or Less Than Their Fair Share in a Category*, WP Wharton School, Université de Pennsylvanie, 2000hops.wharton.upenn.edu/ideas/pdf/00-009.pdf

3.3 L'effet promotionnel sur les ventes de la catégorie

L'effet sur la catégorie est d'autant plus fort que la demande est élastique (besoin stimulable ayant une forte pénétration).

Une recherche[1] sur données de panels distributeurs pour des produits alimentaires (huiles et yaourts aromatisés) met en évidence les conclusions suivantes :

- les promotions par mise en avant (MEA) ont un effet net positif à court terme sur les ventes de la catégorie pour les deux produits étudiés ;
- le statut de la marque (MN, MDD, PP) a un effet sur l'importance des effets au niveau de la catégorie mais la hiérarchie des effets dépend de la catégorie (huiles effet MDD > PP > MN pour les huiles mais effet MN > PP > MDD pour les yaourts) ;
- la promotion des MDD peut faire baisser les ventes des marques nationales ce qui va à l'encontre de l'hypothèse d'une asymétrie des effets concurrentiels MN-MDD ;
- l'accroissement de la réduction de prix augmente l'effet sur les ventes de la catégorie.

Des recherches sont encore nécessaires pour mieux comprendre ces effets.

Section 6

LA FIDÉLISATION

Devant la difficulté, voire l'impossibilité, de développer les parcs de magasins, les distributeurs se tournent vers des stratégies défensives, les programmes de fidélisation, avec un recentrage de leur stratégie marketing sur le client. Il est important de bien réaliser qu'il s'agit de privilégier les clients actuels, gros acheteurs et fidèles, aux dépens des clients plus volatils.

Tableau 7.3 – *Objectifs et critères d'évaluation d'un programme de fidélisation*

Objectifs	Critères
Collecter de l'information sur les comportements Développer une approche relationnelle et une communication personnalisée Accroître la fidélité Augmenter la rentabilité Optimiser le rapport coût/efficacité de la communication	Le taux de nourriture* La part des visites Le panier moyen La marge brute par panier La marge nette par client La durée de vie d'un client

* Part des achats d'un client réalisée sur un produit ou dans un point de vente.

1. Bayle-Tourtoulou A.S., « L'impact des promotions sur les ventes et sur la structure concurrentielle de la catégorie de produits », in Volle P., *op. cit.*, 2000, pp. 270-285.

1 Les objectifs

1.1 Les objectifs généraux

L'objectif d'un programme de fidélisation est d'améliorer la performance commerciale (CA et résultat) des décisions marketing concernant des cibles de clients dans une vision à moyen terme.

Les retombées attendues concernent :

- *la performance commerciale* : amélioration du CA, de la rentabilité par une meilleure allocation des dépenses vers les cibles réactives. Ce point est développé ci-dessous ;
- *la meilleure connaissance des comportements d'achat* : lorsque les programmes sont appuyés sur une base de données, ils permettent une analyse approfondie des comportements et des conséquences des décisions envisagées. Par exemple, pour éviter la défection de clients fidèles lors de l'élimination de certaines références, on vérifiera que celles-ci ne sont pas sur-consommées par le segment prioritaire. Les comportements d'achat fournissent par ailleurs une information pertinente sur la sensibilité au prix [1] ;
- *la mise en place d'un vecteur de communication ciblé* : l'adresse courrier ou électronique permet de proposer des offres ciblées, plus efficaces, en réduisant la déperdition. L'objectif du programme est alors de disposer d'un vecteur de communication souple et ciblé et celui-ci sera un coût à gérer (budget de communication). La mise en place d'un outil de communication plus général (*consumer magazine*) permet au distributeur de bénéficier d'un revenu complémentaire provenant de la vente d'espaces aux industriels ;
- *l'adaptation des décisions marketing site* : adaptation micro-*merchandising* des décisions d'assortiment aux achats des clients de la cible principale. C'est la satisfaction des clients prioritaires qui est visée ;
- *l'extension de l'assortiment vers de nouveaux services*, notamment les services dits continus (téléphonie, banque-assurance). Elle permet à l'enseigne de passer à une autre forme de service (service continu) et de mettre en place une source de revenu récurrent (abonnement) ;
- *la mise en place d'une approche marketing relationnelle* sur des cibles clients qui vient compléter, au quotidien, l'image de l'enseigne créée par ses choix magasins et sa communication publicitaire. C'est sur le moyen terme un choix stratégique majeur, l'unité d'exploitation n'étant plus directement le magasin mais le client. Toute l'activité de l'entreprise est tournée vers sa satisfaction.

1. Kim B., Srinivasan K., Wilcox R., « Identifying Price Sensitive Consumers : the Relative Merits of Demographic vs. Purchase Pattern Information », *Journal of Retailing*, 75, 2, 1999. pp. 173-193.

Tableau 7.4 – *Pénétration et activité des cartes de fidélité*

	Part de la clientèle ayant utilisé au moins une fois une carte de fidélité ou de paiement de l'enseigne (%)	Part des sommes dépensées par les détenteurs de cartes (%)	Indice
Monoprix	20,6	17,9	87
Intermarché	22,1	5,3	24
Cora	24,8	35,5	143
Auchan	29,7	30,0	101
Géant	31,7	40,8	129
Casino	36,3	69,2	191
Carrefour	36,9	36,1	98
Système U	50,3	81,4	162
E. Leclerc	51,5	65,7	128
Atac	54,7	70,6	129
Champion	56,2	76,5	136
Match	61,6	87,9	143

Source : Linéaires, 11/2001, 164.

1.2 Les objectifs commerciaux

Pour faire progresser le chiffre d'affaires et la rentabilité, le programme de fidélisation est en concurrence avec d'autres stratégies (prix bas) parfois moins consommatrices de ressources. Le succès d'un programme doit être mesuré, ce qui n'est pas toujours le cas. Il faut donc suivre les coûts, les résultats en fonction des objectifs qui ont été fixés. Or ceux-ci sont parfois décidés de manière trop approximative avec, notamment, un concept de « fidélité » trop flou.

➤ *Analyse de la structure de la clientèle*

Deux variables structurent la clientèle : l'importance et la fidélité, la seconde étant plus difficile à mesurer à partir de l'observation des comportements dans l'enseigne.

• *L'importance*

Comme dans d'autres domaines, la distribution des ventes selon la clientèle d'un distributeur présente une concentration variable, mais souvent forte : une faible part des clients (20 %) représentant une part importante des achats ou du chiffre d'affaires (80 %) (loi des 20/80[1])

Ces clients, importants pour l'enseigne, sont à privilégier car leur départ entraîne une perte importante de chiffre d'affaires. La *satisfaction* de ces clients est alors un objectif de la *politique de rétention* qui sera suivi par la *durée de vie des clients* mais les performances commerciales (chiffre d'affaires par client) se modifieront peu.

• *La fidélité*

L'enseigne est-elle importante pour le client ? C'est l'autre vision de la question. À partir des déclarations sur la fréquentation des enseignes, on observe une concentration des destinations (facilité d'accès, réduction du temps passé dans un magasin connu…) qui amène le client à dépenser plus de 3 fois plus dans son enseigne principale (3,25 pour un hypermarché, 2,7 pour un supermarché).

L'enjeu est alors d'amener un client à préférer le point de vente et à le considérer comme son magasin principal. Accroître la *part des choix valorisés* (part du CA, part des visites) est l'objectif de la *politique de fidélisation.*

Confondre les concepts d'importance (niveau absolu des dépenses) *et de fidélité* (part du total des achats réalisés) est une erreur grave : les petits clients peuvent être très fidèles alors que les gros clients sont souvent multi-fournisseurs.

Exemple : L'effet de double indemnité[2]

> Les clients fidèles à un magasin d'épicerie en Grande-Bretagne y dépensent quatre fois plus que les non fidèles. Contrairement à d'autres catégories, plus le budget épicerie est important en valeur absolue, plus la part du budget consacré au magasin principal est importante. De plus, les clients fidèles dépensent deux fois plus, en pourcentage de leur budget, dans le magasin principal.

➤ *La stimulation*

Lorsque le besoin n'est pas permanent ou régulier, le volume du marché dépend de la stimulation. L'objectif est alors d'accroître le chiffre d'affaires par l'accroissement du nombre d'actes, l'achat dans un niveau de gamme plus élevé ou l'achat de produits/services complémentaires.

1. Schmittlein D., Cooper L., Morrison D.,« Truth in Concentration in the Land of (80/20) Laws », *Marketing Science*, 12, 2, 1993, pp. 167-183.
2. Knox S., Denison T., « Store Loyalty : Its Impact on Retail Revenue. An Empirical Study of Purchasing Behavior in the UK », *Journal of Retailing and Consumer Services*, 7, 2000, pp. 33-45.

➤ *L'orientation des choix*

L'approche commerciale client est complétée par une approche produit. Le gestionnaire du programme ayant la capacité de faire varier les récompenses associées au comportement d'achat, il peut orienter les achats vers les produits générant une marge plus importante, marge avant avec la MDD ou marge arrière avec les marques nationales.

Un *écueil important* doit être évité : celui d'une approche trop centrée sur les meilleurs clients, qui conduirait à adapter spécifiquement le *merchandising* aux attentes de cette cible au risque de ne plus attirer ou de ne plus satisfaire les attentes des clients occasionnels qui constituent le véritable réservoir de développement des ventes.

1.3 Les axes de fidélisation

Il existe deux grands axes de fidélisation : la fidélisation par avantage différé ou la fidélisation par différenciation du service.

➤ *Fidélisation par avantage différé*

La fidélisation a d'abord été transactionnelle dans son principe. Il s'agit d'une offre de réduction de prix différée par accumulation dans le principe du « treize à la douzaine ». À l'issue de l'achat des x premiers produits/services ou de la dépense de x euros, un produit/service gratuit ou un bon d'achat est offert. C'est un principe d'accumulation de « droits à » plus ou moins contraignants (au porteur, nominatif…).

C'est une réduction en fonction du volume concernant d'abord les gros clients. L'utilité est dérivée de l'obtention de l'avantage (la gratuité) qui dépend de la condition d'accès (durée possible d'accumulation/validité de la carte) et de caractéristiques individuelles (fréquence, volume).

➤ *Fidélisation par différenciation du service*

Une autre approche consiste à reconnaître un bon client et à lui donner accès à des services supplémentaires accroissant immédiatement la valeur perçue du service. Les services proposés sont standards (caisse réservée, extension de garantie…) ou spécifiques et déterminés par la connaissance accumulée sur le client (approche *one-to-one*). Cette stratégie dépasse la simple stratégie promotionnelle et doit constituer un choix stratégique majeur visant à créer un véritable dialogue entre l'entreprise et son client (approche CRM ou gestion de la relation client).

2 Les programmes de fidélisation

Pour récompenser l'effort fait par le client, il faut un compteur. Au premier niveau, c'est le comportement habituel qui est récompensé (comportement actuel) ; au second niveau, c'est l'effort particulier (accroissement des achats) qui le sera.

2.1 La reconnaissance et l'identification

Le suivi du comportement engendre des coûts et différentes solutions permettent d'alléger les coûts, de les localiser chez le client ou d'accroître les recettes (services financiers).

➤ *Les preuves d'achat, factures et tickets de caisse*

Les droits sont émis lors des passages en caisse et collectés par le client. C'est une approche simple, facile à comprendre et à gérer, peu coûteuse pour le client et qui ne nécessite pas de gestion de la part de l'émetteur.

➤ *La carte simple au porteur*

Dans la version papier, le client supporte les coûts, faibles, en gérant lui-même une carte de fidélité sur laquelle il colle des timbres ou le distributeur appose un cachet selon le comportement. Les versions plus modernes utilisent une carte plastique, au format carte de crédit, équipée d'une bande magnétique (enregistrement, lecture d'une information) ou d'une puce (permet l'identification), cependant bien plus onéreuse.

➤ *La carte identifiante*

Le « compte » du client est géré par le détaillant qui doit pouvoir identifier le compte à incrémenter sur une base de données. Cette identification repose soit sur les informations écrites sur la carte (bande magnétique, puce), soit grâce à l'identifiant (carte nominative). Les utilisations de la carte peuvent être étendues à d'autres services (téléphone) et permettre l'utilisation de bornes en magasin. La carte identifiante nécessite une démarche active de la part du porteur.

➤ *La carte de paiement (privative)*

Le client possède une compte sur lequel sont facturés les achats et, éventuellement, les agios et les intérêts des crédits. Des services complémentaires sont aussi proposés (retrait d'argent liquide en caisse). Outre la demande expresse du porteur, cette carte nécessite l'agrément de l'organisme financier (conditions éventuelles de recrutement sur le revenu et le niveau d'endettement).

2.2 La gestion du programme

La taille du programme correspond au nombre de porteurs de carte, paramètre influencé par le soutien marketing lors de deux étapes. Il faut cependant différencier les porteurs actifs des inertes.

➤ *L'objectif*

L'objectif du programme détermine l'importance des moyens et le souci de rentabilité. En effet, certains coûts (communication, gestion du compte) sont directement proportionnels à la taille du programme. Un mauvais recrutement, massif, accroît donc sensiblement la charge financière du programme.

Si l'objectif est de fidéliser les clients les plus rentables, la maximisation de la taille du programme n'est pas un indicateur pertinent et un équilibre coût de recrutement/revenus supplémentaires est à rechercher. *A contrario*, si l'objectif est de disposer d'une base de données dans une optique de communication, le coût sera d'autant plus faible que la taille du programme est importante car certains coûts fixes pèsent lourdement (coût d'information en magasin, gestion centralisée du programme…).

➤ *La perception de la valeur du programme*

Le succès d'un programme est lié à la participation active du porteur, il faut donc que le bénéfice proposé ait une valeur perçue attrayante. Si la théorie du conditionnement est acceptée, il doit avoir un lien direct entre un acte et sa récompense. Une récompense automatique, non sollicitée voire non attendue, n'a pas d'impact sur le comportement ultérieur (incrémentation automatique des droits). L'adhésion est, par ailleurs, un moment privilégié pour obtenir les informations d'enrichissement de la base de données.

➤ *Le recrutement*

Le recrutement correspond à l'adhésion d'un client au programme. Cet acte d'adoption dépend des motivations et des freins :

- *la motivation directe différée* : c'est celle proposée par le programme, les avantages proposés, leur probabilité ou difficulté d'obtention. Il s'agit donc d'un avantage différé perçu ;
- *la motivation immédiate indirecte* : elle correspond à la promotion proposée pour la souscription. Il s'agit souvent d'une remise exceptionnelle, en pourcentage, sur le montant des achats réalisés le jour de l'adhésion. L'efficacité de cette promotion peut aussi générer un effet pervers sur la qualité des clients recrutés, une partie d'entre eux n'ayant adhéré que pour bénéficier de cette offre à court terme ;

– *le frein monétaire* : l'implication la plus forte est obtenue lorsque le client doit payer lors de son adhésion au programme. Il effectuera alors une analyse coût-bénéfice dont le résultat est dissuasif pour certains. L'avantage de ce prix d'adhésion est la recette supplémentaire qu'il génère pour le programme et qui lui permet de s'équilibrer plus rapidement ;
– *les autres freins* : l'effort supplémentaire demandé (temps nécessaire, fiche de paye, RIB, attestation...) est un frein au recrutement. À cela s'ajoute la sélection éventuelle réalisée par l'organisme, en particulier pour les cartes privatives.

On peut noter aussi que les canaux utilisés pour le recrutement (coupon, publipostage, hôtesse, porte-à-porte, parrainage), par la qualité de la communication et le pouvoir de conviction, ont à la fois des performances primaires (puissance du recrutement) et secondaires (qualité des adhérents, longévité...) très variées.

➤ *L'utilisation*

L'installation d'un nouveau comportement est longue et difficile pour un individu. Il faut donc développer une communication proche pour faciliter ce comportement, par exemple avec une affichette en caisse ou une phrase de l'hôtesse de caisse.

➤ *L'information*

Lorsque l'entreprise gère le compte de l'adhérent, celui-ci doit pouvoir avoir une information régulière ou un accès à ces informations. Lorsque la communication est faite par publipostage c'est là un des éléments clé du coût du programme. Cependant, ce message donne aussi la possibilité d'une communication complémentaire, en asile-facture, ciblée.

Internet permet maintenant, tout comme le téléphone ou la réponse vocale, de donner accès à ces informations à un coût moins élevé et, éventuellement, avec une participation financière de l'adhérent.

2.3 Les droits

L'échange avec le client comporte deux phases : une phase d'épargne (*earn*) et une phase de consommation, obtention de l'avantage (*burn*).

➤ *Le comportement*

Si l'unité financière (la somme dépensée) est la plus facile à manipuler, d'autres comportements à installer peuvent être pris en compte dans la rémunération : le nombre de produits achetés, la visite, le parrainage, la durée de la relation...

➤ *L'unité de compte*

L'unité de compte est une unité fictive ou une unité monétaire. Si celle-ci est plus facile à comprendre par l'utilisateur, la seconde donne plus de souplesse dans la gestion et a une valeur perçue plus élevée par l'utilisation de taux de conversion attractifs. Par exemple, un achat de 100 € offre un droit de 10 points, chaque point étant ensuite transformé sur une base de 1 € pour 10 points, alors que l'offre directe de 1 % est perçue comme très peu importante.

Une condition géographique peut aussi être posée, notamment si le programme est utilisé par des indépendants, avec une validité dans un point de vente donné. En l'absence de cette clause, une péréquation devra être mise en place pour équilibrer l'activité de chaque point de vente dans les phases d'épargne et de consommation.

➤ *L'épargne (earn)*

La *valeur* du point : le taux de conversion est souvent unique et simple à comprendre. Il peut aussi être variable selon un palier de consommation (de 0 à 100 €, 10 € valent 1 point, puis 2 points de 100 à 200 €) ou selon des grilles plus complexes (variable selon le type de produit ou la marque, par exemple la MDD).

La *durée* de validité des droits est une question importante. L'accumulation des droits par les clients fait peser un risque important sur l'entreprise qui doit provisionner cette dette. Plusieurs facteurs peuvent réduire son importance :

- *une déperdition naturelle* : liée aux clients qui abandonnent les points déjà gagnés et ceux qui ne pourront pas en obtenir suffisamment pour bénéficier d'un avantage ;
- *une péremption voulue* : l'émetteur peut indiquer une date de validité (valable du… au…) ou une durée de validité (30 jours) pour les droits ou pour le compte lui-même. La durée permet de déterminer le pourcentage de clients qui auront accès à l'avantage et, donc, le coût global de celui-ci. La perception par le client est cependant d'autant plus négative que le client a espéré pouvoir atteindre le seuil demandé, il a alors l'impression d'être spolié.

➤ *La consommation (burn)*

La transformation des points en avantages est une étape cruciale pour l'adhérent. Il est important de permettre de nombreuses sorties avec une gamme d'avantages accessibles à différents niveaux de points. La prise d'un bénéfice conduit à une plus forte implication du participant, un objectif tactique consiste donc à déclencher une prise de prime pour ceux qui ne sont pas très loin du seuil.

2.4 Les offres au forfait (carte accès illimité)

Les offres au forfait proposent un accès illimité au porteur d'une carte ayant acquitté un droit d'entrée (carte cinéma illimité). L'avantage de la carte pour le client est l'annulation du coût marginal (indépendance entre le comportement et le prix payé). Pour l'émetteur, cela permet d'assurer un revenu récurrent et de fidéliser efficacement (l'écart de prix avec un autre fournisseur est très important).

Cependant la gratuité du comportement peut engendrer une saturation des équipements et la perte du revenu des clients occasionnels et des comportements indésirables de détournement des espaces (point de rendez-vous plutôt qu'un lieu de spectacle).

L'équilibre économique dépend du ratio retenu pour l'amortissement de la carte et des revenus annexes. Le comportement d'achat étant en grande partie stochastique et souvent saisonnier, le calcul simple de la fréquentation nécessaire à l'amortissement de la carte est insuffisant et conduira à retenir un objectif perçu sous-estimé.

3 La rentabilité d'un programme de fidélisation

L'investissement réalisé dans le lancement d'un programme de fidélisation de grande ampleur est important, tant dans les coûts fixes que dans la gestion (environ 1 % du CA en GMS). Il peut être considéré comme une part du *budget de communication* (rapport coût/efficacité à comparer à celui des autres médias) ou comme un *service supplémentaire*, facturé aux utilisateurs des médias spécifiques, aux fournisseurs désirant mettre en avant leur produit, ou aux utilisateurs (carte de paiement).

L'offre d'un programme de fidélisation a tendance à se généraliser tant au niveau des acteurs qu'entre les secteurs[1]. Il semble cependant qu'un programme de fidélisation grand public non sélectif et gratuit génère difficilement le supplément de ventes nécessaire pour l'équilibrer.

Le programme récompense-t-il un *effort* du client ou son *comportement habituel* ? Une erreur fréquente consiste à comparer l'activité des porteurs de carte avec celle des non-porteurs pour évaluer l'intérêt d'un programme. Le phénomène de l'auto-sélection résulte du fait que seuls les clients qui y trouvent avantage vont souscrire. Or l'avantage étant d'autant plus important et le coût d'autant plus faible que l'on est déjà client fidèle, la probabilité de la participation des gros clients fidèles est beaucoup plus importante que celle des autres (petits ou infidèles).

1. Pour une présentation comparative des programmes voir Meyer-Waarden L., Benavent C., « Programmes de fidélisation : stratégies et pratiques », *Actes du 17e colloque de l'Association Française de Marketing*, J. Brée (ed.), Deauville, France, 2001.

3.1 La dynamique concurrentielle

La volonté de participer activement à un nombre limité de programmes de fidélisation transforme celui-ci en une barrière à l'entrée efficace.

L'importance des *coûts fixes*, le *temps* nécessaire pour la souscription d'une base importante, les *effets d'externalités positives* (attrait des autres partenaires et des autres clients pour un programme de taille importante), *l'effet du premier entrant* (attention et participation plus forte), la performance accrue des opérations marketing du fait de l'*information* détenue sur la base de données donnent une prime aux premiers programmes lancés.

Pour les suiveurs, l'importance des coûts, le risque accru d'échec, l'incapacité à proposer une offre réellement différenciée peuvent conduire au choix d'une autre stratégie marketing (prix bas).

3.2 Les études

➤ *Les études comparatives*

Une étude sur des données historiques en distribution spécialisée a analysé l'efficacité d'un programme de fidélité[1]. Les principales conclusions, assez pessimistes, sont les suivantes :

- l'effet positif du programme est très faible sur toutes les composantes de la performance (CA, trafic, marge brute, panier moyen) ;
- la condition de profitabilité réside dans la distribution sélective de la carte. Une distribution massive conduit le programme à une perte lourde ;
- l'effet du programme de fidélisation est surtout enregistré à court terme sur le comportement individuel. Aucun effet à long terme n'est observé, ce qui ramène le programme de fidélisation à une promotion ;
- l'animation réalisée par *mailings* sur la base des adhérents permet d'obtenir une accélération des achats.

➤ *Les études à base du modèle Dirichlet*

Les doutes sur l'efficacité des programmes de fidélisation pour les achats répétés, en particulier les programmes en partenariat, sont apparus assez tôt[2]. L'effet différentiel observé sur la fidélisation est très faible si l'on prend comme base un modèle

1. Benavent C., Crié D., « L'efficacité des cartes de fidélité : une étude de cas », in Volle P., *op. cit*, 2000, pp. 121-143.
2. Sharp B., Sharp A., *op. cit.*, 1997.

de comportement stochastique stationnaire (Dirichlet, *cf. supra*). Les enseignements sont les suivants :

- les gros acheteurs ont un répertoire de marques plus large (multi-fidèles) ;
- toutes les mesures de fidélité vont dans le même sens et suivent une droite croissante en fonction de la pénétration de la marque. Avoir une part de marché importante est donc un élément clé du succès ;
- la fidélité (fréquence d'achat répété) est un peu plus forte pour les marques qui ont déjà une part de marché importante (*double jeopardy effect*) ;
- pour accroître la part de marché, il est beaucoup plus facile d'augmenter la pénétration que de modifier la fréquence d'achat[1].

Ces études soulignent l'importance de *ne pas comparer directement les porteurs et les autres clients* mais de comparer chacun au comportement prévu par le modèle qui tient compte des différences évoquées ci-dessus.

4 Le marketing relationnel. Gestion de la relation client

Une enseigne peut souhaiter aller au delà de la relation commerciale et développer un véritable attachement à la marque pour les clients qui y sont prédisposés.

4.1 Créer de la valeur

Cet attachement est obtenu par un dialogue (communication personnalisée bi-directionnelle) et même par une personnalisation du service avant, pendant ou après la prestation habituelle. Ceci se traduit pour le client par :

- *la réduction du coût de traitement de l'information* par une communication personnalisée (dans son contenu, dans son *timing :* revue de presse, message d'alerte…) ;
- *une baisse des coûts liés à l'achat* (simplification du processus de commande par la mémorisation des préférences) ;
- *l'accroissement de la valeur perçue du service délivré* (personnalisation du service en fonction des préférences, adéquation aux équipements possédés…) ;
- *la contribution à la réduction des coûts de suivi* du budget (information, statistiques et outil d'auto-contrôle).

1. Ehrenberg A.S.C., Goodhardt G.J., Barwise T.P., « Double Jeopardy Revisited », *Journal of Marketing*, 54, 1990, pp. 82-91.

4.2 Gérer une communication bi-directionnelle

La clé de voûte de cette approche est la capacité de l'entreprise à gérer une relation personnalisée avec chaque client. Ceci exige une infractructure et des outils de communication et une mise en relation des informations détenues et des procédures employées entre les différents services en contact avec le client (CRM pour *customer relationship management*).

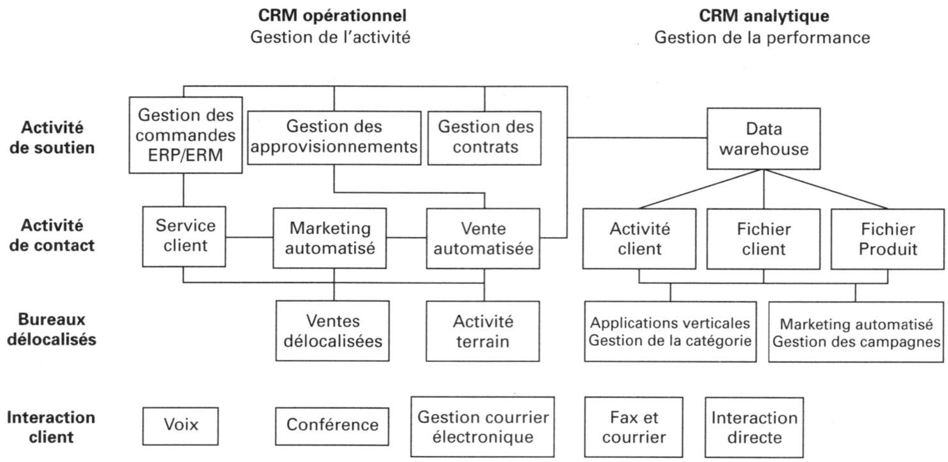

Source : d'après Meta Group *in* Centres d'appels, 23, 2/3 2001, 60.

Figure 7.3 – *Architecture CRM*

➤ *Typologie des programmes*

Pour aller au-delà d'une communication *on-pack* peu coûteuse, deux niveaux de communication sont possibles.

• *CRM entrant*

Aucune action individualisée n'est menée sur support imprimé, des vecteurs en réception sont mis en place (numéro vert, Internet) et leurs accès diffusé par une communication d'amplification. La pénétration est faible, la stimulation des comportements est faible et les résultats sur les ventes difficiles à mesurer.

• *CRM sortant*

Il correspond à la mise en place d'une relation directe avec notamment des messages imprimés en émission (WP, plusieurs *mailings*) sur une cible recrutée par adhésion volontaire. Le coût unitaire du programme est beaucoup plus élevé (de l'ordre de 5 € par adresse) et la rentabilité doit être étudiée au préalable en tenant compte de la structure de la consommation (PMG) et de l'élasticité de la consommation (voir Objectif CRM® en annexe).

➤ *L'apport d'Internet*

Pour la distribution traditionnelle, les outils et les médias sont à mettre en place (reconnaissance du client, intégration des canaux de communication point de vente, téléphone, courrier, *e-mail*). Si l'objectif d'une réduction des coûts est possible, c'est plutôt la création de valeur qui doit être visée car leur utilisation dépendra de la volonté du client d'investir dans l'apprentissage de ces moyens et, donc, de l'utilité créée. Pour les services principalement basés sur Internet, l'utilisation de cette stratégie est facilitée par la réduction de coût associée à la numérisation de l'ensemble des communications.

L'essentiel

La politique promotionnelle du distributeur concerne *sa marge avant*, issue des ventes, et *sa marge arrière*, issue des versements effectués par les fournisseurs. Dans le premier cas, il a une politique promotionnelle autonome, dans le second, il participe aux opérations de promotion initiées par un fournisseur ou par lui-même.

Les axes de la politique promotionnelle sont liés au magasin, à l'environnement, au produit ou au client. Pour la marge avant, les ventes sont développées par l'accroissement de la fréquentation (*marketing d'entrée*) et par l'augmentation du montant des achats réalisés par les clients (*marketing de sortie*).

Trois niveaux de finesse dans l'approche existent selon l'information traitée sur la clientèle :

- *une politique globale* par une communication de masse (prospectus…) qui suit les indicateurs globaux (panier moyen, fréquentation) ;
- *une politique ciblée* qui analyse la structure et le comportement d'achat de la clientèle pour distinguer des cibles globales (petit ou gros acheteur, acheteur fréquent, régulier ou non) ou particulières (fréquentation d'une catégorie de produits, comme la puériculture) et des objectifs spécifiques. La mise en place d'une base de données permet un suivi plus détaillé de la performance du programme de fidélisation ;
- *une politique personnalisée* qui consiste à moduler l'échange des ressources (produit, service, information, argent, risque) en fonction des habitudes et préférences du client. Cette politique nécessite la mise en place d'une interface de communication sophistiquée (CRM).

La politique promotionnelle est en interaction directe avec la politique de prix. En particulier le choix d'une politique *discount* réduit la marge avant. La politique promotionnelle intensive (Hi-Lo) conduit à un niveau de marge moyen plus élevé qu'une recherche d'un prix bas tous les jours (EDLP) et, d'après les premiers résultats, semble plus profitable.

La politique d'assortiment est aussi concernée par l'importance des marques de distributeur dans la gamme et le positionnement que le distributeur souhaite leur donner. En effet, des résultats montrent qu'il existerait un effet d'asymétrie entre les MDD et les marques nationales, les MDD étant plus sensibles aux promotions des marques nationales que l'inverse, cette concurrence étant surtout importante pour les marchés à forte fréquence d'achat (PGC). Même s'il est parfois remis en cause, cet effet doit amener le distributeur à réfléchir sur l'importance du soutien promotionnel aux MDD.

Pour en savoir plus

1. Où trouver les coordonnées des professionnels ?

Médiaperformances : http://www.mediaperformances.fr

2. Comment approfondir ses connaissances ?

Benoun M., Héliés-Hassid M.-L., *Distribution, Acteurs et Stratégies*, Paris, Économica, 1995.

Cliquet G., Fady A., Basset G., *Management de la distribution*, Paris, Dunod, 2002.

Filser M., des Garets V., Paché G., *La Distribution : organisation et stratégie*, Colombelles, Éditions Management & Société, 2001.

Jallais J., Orsoni J., Fady A., *Le Marketing dans le commerce de détail*, Paris, Vuibert, 1994.

Lehu J.-M., *La Fidélisation-client*, Paris, Éditions d'Organisation, 1999.

Macé S., *La Politique marketing du point de vente*, Paris, Fnege, Vuibert, 2001.

Volle P., *Promotion et choix du point de vente*, Paris, Fnege, Vuibert, 1999.

8 LA POLITIQUE DU FABRICANT

L'importance du budget promotionnel et la place de la promotion dans une communication de marque est une question complexe à laquelle il n'existe pas de réponse standardisée. Néanmoins, certaines caractéristiques de situations, comme un lancement de produit, peuvent orienter les choix. Ce chapitre couvre également les questions clés de la promotion consommateur, de la promotion distributeur, de la stimulation, ainsi que les décisions afférentes à une politique internationale.

Section 1 ■ La politique promotionnelle

Section 2 ■ Caractéristiques de l'achat et politique promotionnelle

Section 3 ■ Importance des promotions distributeur

Section 4 ■ La stimulation

Section 5 ■ La politique promotionnelle internationale

Section 1

LA POLITIQUE PROMOTIONNELLE

La place de la promotion dans le budget marketing dépend des objectifs et du système marketing.

1 La place de la promotion

1.1 Marketing de demande ou marketing d'offre

➤ ***Marketing d'offre (push)***

L'objectif est de s'assurer que le produit sera bien mis en place et en valeur par chaque intermédiaire (force de vente, grossiste et sa force de vente, détaillant et sa force de vente). Celui-ci sera donc rémunéré, stimulé, récompensé pour les actions qui permettent un meilleur écoulement des produits. C'est typiquement l'objectif promotionnel.

➤ ***Marketing de demande (pull)***

L'objectif est de développer la demande par l'accroissement de la préférence des clients pour la marque. Il s'agit alors de jouer sur la notoriété, de réduire les freins à l'achat et de développer les motivations. C'est un rôle clé de la publicité mais la promotion peut aussi y contribuer.

1.2 Les canaux de distribution

Souvent opposées pour des raisons de contraintes budgétaires, ces deux approches sont en fait complémentaires et leur importance relative varie selon les canaux de distribution utilisés.

La figure 8.1 présente les canaux qu'un producteur, fabricant, importateur ou plus généralement un fournisseur peut utiliser.

➤ ***Le marché***

Le producteur livre sa marchandise sur un marché mettant en concurrence les offreurs et les demandeurs. il y a dissociation entre l'étape de production et celle de la vente. La promotion ne peut exister que par l'action de syndicats ou d'organisations professionnelles.

➤ *La vente directe*

La vente est réalisée par une force de vente soit en porte-à-porte soit en vente par réunion. Les mécanismes de gestion, rémunération, stimulation de ces vendeurs sont fondamentaux.

➤ *La vente à distance*

Elle est réalisée soit directement par le fabricant, soit par des distributeurs spécialisés. Libérée de la contrainte de proximité spatiale, cette distribution doit mettre en place une relation personnalisée pour que l'efficacité accrue des actions compense les coûts plus élevés non seulement de la livraison, mais aussi de la stimulation des comportements. Historiquement développée sur base d'un catalogue papier, cette forme de distribution voit s'ouvrir de nouvelles perspectives du fait de l'émergence d'Internet.

➤ *La vente par magasin*

Elle consiste à céder la marchandise à un intermédiaire, plus ou moins autonome, qui en assure la revente. Le canal s'allonge encore avec la présence de grossistes. Les objectifs des fabricants et des distributeurs ne sont pas toujours en phase et la promotion est un instrument de coordination intéressant.

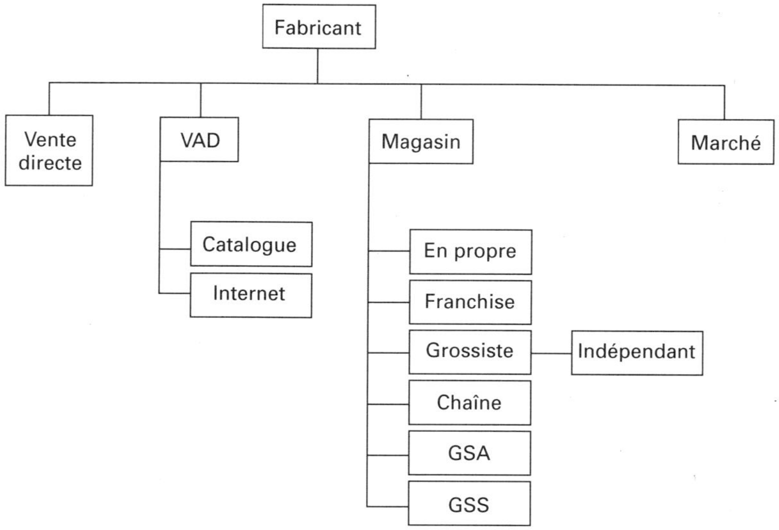

Figure 8.1 – *Les canaux de distribution*

2 Les objectifs promotionnels

2.1 Les objectifs produit

➤ *Les promotions d'attaque*

Les promotions d'attaque ont pour objectif de gagner de la clientèle. Cet accroissement peut se faire soit par le nombre de consommateurs et utilisateurs du produit (demande primaire), soit par la conversion de clients de la concurrence (demande à la marque).

• *Accroissement de la demande primaire*

L'objectif est de créer le contact avec le produit et de faciliter le premier achat. Les techniques appropriées sont donc celles qui baissent le coût économique direct ou indirect (transport, produit associés...) et le risque perçu de ce premier achat : prix d'essai, démonstration, dégustation, échantillon...

• *Accroissement de la demande à la marque*

Les clients connaissent déjà le produit/service, ses caractéristiques et son utilisation. Il faut donc passer un message de différenciation et de création d'une valeur supérieure. Les techniques adaptées sont les techniques de prix/produit en plus, les primes et les jeux-concours.

➤ *Les promotions de défense*

Les promotions de défense visent à l'accroissement ou à la conservation des volumes. Il ne s'agit pas de convertir des clients mais de les amener à acheter plus, plus souvent ou de manière anticipée, ce qui amène le client à stocker. La technique adaptée est la promotion volume : produit en plus, lots...

➤ *Les promotions et la concurrence*

Les promotions peuvent être utilisées directement comme une arme concurrentielle notamment dans le cas d'une guerre de prix et dans le cas du lancement d'un nouveau produit :

– *guerre des prix* : une promotion permet de baisser effectivement le prix net payé par le client sans modifier le prix « tarif » du produit. Il est donc plus facile de revenir sur un prix de base à la fin d'une opération temporaire ;
– *lancement d'un nouveau produit* : l'acceptation de celui-ci par la distribution étant fonction des ventes observées lors des premières semaines de mise en

marché[1], un concurrent peut souhaiter préempter ou assécher le marché en réalisant une offre promotionnelle forte avant mais surtout pendant le lancement du nouveau produit. Les clients ayant pratiqué un sur-stockage reporteront leur retour sur le marché ;

- *réaction aux marques de distributeur* : le glissement de la demande vers le bas de gamme et les MDD peut être contré par la politique promotionnelle[2].

➤ *Les promotions et la distribution*

Lorsque le rapport de force est favorable au distributeur, avec un déréférencement potentiel, la marque peut souhaiter mettre en place une communication directe sur ses clients, identifiés à partir des réponses à des promotions et localisés dans les bassins de chalandise à partir d'une base de données.

2.2 Les objectifs de communication

➤ *La communication-information*

L'objectif promotionnel est de faire connaître le produit, son *packaging* et ses caractéristiques spécifiques en attirant l'attention, en induisant la prise en main et la lecture des informations figurant sur le *packaging*.

➤ *La communication-image*

La dimension communication image de la promotion n'a pas été souvent envisagée car les promotions sont souvent réduites aux réductions de prix et aux coupons. L'aspect ludique de la participation à un évènement, le transfert d'image possible à partir du choix de la dotation sont des avantages peut-être importants mais dont l'efficacité reste encore à mesurer.

➤ *La communication d'animation*

Pour éviter que l'attention portée au produit ne se perde, la marque doit communiquer mais sans avoir de message produit. *A minima*, la promotion fournit une justification (événement) et permet d'animer le produit et d'éviter que les associations mémorielles ne s'effacent.

---

1. Bronnenberg B., Mahajan V., Vanhonacker W., « The Emergence of Market Structure in New Repeat-Purchase Categories : The Interplay of Market Share and Retailer Distribution », *Journal of Marketing Research*, 37, 1, 2000, pp. 16-31.
2. Hoch S., « How Should National Brands Think about Private Labels ? », *Sloan Management Review*, 37, 2, 1996, pp. 89-102.

Exemple : Efficacité relative des coupons par rapport aux opérations *trade*

> Aux USA, pour le secteur des PGC, 50 % du budget de communication est investi dans les opérations *trade*, 26 % en publicité et 24 % en promotion consommateur (coupons). Le volume incrémental généré par les opérations *trade* est de 13 % contre 10 % pour les coupons.
>
> Une étude montre que seuls 49 % des clients ont perçu que le produit était en promotion dont 40 % qui auraient acheté même sans celle-ci. Selon des sources industrielles, seulement 50 % du budget *trade* correspondrait à des actions effectives. Une autre étude indique que seulement 59 % des achats sont faits sans réduction ni mise en avant pour les clients actuels (56 % pour les nouveaux acheteurs). Selon une troisième étude, 53 % des coupons sont utilisés par des nouveaux acheteurs ou des acheteurs irréguliers. Utilisés par plus d'un tiers de la population (38 %), les coupons correspondent à 23 % des achats en volume des clients fidèles.
>
> *Source* : www.santella.com/coupon.htm.

3 La part de la promotion dans le budget communication

La place de la promotion dans le budget de communication a un impact important sur les ventes, la part de marché et la profitabilité mais aussi sur le capital marque et les attitudes du consommateur vis-à-vis de la marque.

Les recherches[1] ont montré que la part des dépenses promotionnelles dépend de facteurs liés au produit (stade du cycle de vie, type de marque, prix relatif, part de marché) et à d'autres liés au processus de décisions (horizon décisionnel, rapport de force avec le distributeur, expérience du décideur). Ces facteurs peuvent expliquer le développement de la promotion malgré les interrogations sur sa rentabilité à moyen terme.

3.1 Le cycle de vie du produit

L'évolution des ventes d'un produit depuis son lancement a été théorisée sous le concept de cycle de vie. Ce cycle passe par plusieurs phases (4 ou 5), normalement successives, d'introduction, de croissance, de maturité et de déclin.

À chaque phase sont associées des caractéristiques concernant le marché (volume, croissance), la concurrence (nombre de concurrents et intensité de concurrence), le type de clientèle (nouveaux acheteurs, réacheteurs) et ses attentes. Le diagnostic réalisé à chaque étape conduit à identifier les objectifs principaux et à concentrer l'attention du marketeur sur certaines composantes du mix, l'élasticité de la demande à ces variables étant elle-même variable.

1. Low G., Mohr J., « Advertising *vs.* Sales Promotion : a Brand Management Perspective », *Journal of Product & Brand Management*, 9, 6, 2000, pp. 389-414.

Tableau 8.1 – *Stratégie promotionnelle et cycle de vie*

Stade du cycle de vie	Diagnostic et stratégie promotionnelle
Introduction	*Marché* : croissance lente, faible pénétration *Objectifs* : développer la demande globale ; promouvoir la connaissance du produit et de ses caractéristiques ; encourager l'essai
Croissance	*Marché* : croissance régulière, développement de la concurrence *Objectifs* : développer la demande à la marque en renforçant sa position dans les circuits de distribution et par une meilleure couverture du marché
Maturité	*Marché* : croissance lente, pénétration forte *Objectifs* : créer et maintenir la fidélité par la segmentation et un renforcement des liens avec la distribution
Déclin	*Marché* : décroissance, baisse de la pénétration *Objectifs* : entretien de la demande globale et spécialisation sur les utilisations résiduelles

➤ *Le stade du cycle de vie du marché-produit*

La part de la publicité est plus forte en début de cycle pour faire connaître le produit et ses caractéristiques. Plus on avance dans le cycle, plus la part de la publicité se réduit au profit du budget promotionnel, les objectifs de pénétration et d'éducation du marché étant atteints.

➤ *Le stade du cycle de vie du modèle*

Le raisonnement est parallèle à celui qui s'applique au niveau du marché : la part de la publicité est plus forte en début de cycle pour faire connaître le produit et ses caractéristiques, construire la notoriété et positionner la marque[1]. Quant la valeur d'innovation (qualité et image) se réduit, pour rétablir une valeur concurrentielle, il faut soit baisser le prix soit accroître la valeur. En fin de cycle, la promotion permet de déclencher des achats d'anticipation avant le retrait d'un modèle (réduire les stocks chez les distributeurs) pour des produits durables.

Exemple

Cycle produit : la voiture est un marché en phase de maturité. Les connaissances et l'expérience des clients sont significatives sur le marché de remplacement. Un marché de premier équipement persiste.

1. Balasubramanian S., Kumar V., « Analyzing Variations in Advertising and Promotional Expenditures : Key Correlates in Consumer, Industrial, and Sevices Markets », *Journal of Marketing*, 54, 1, 1990, pp. 57-68.

Cycle modèle : il faut faire découvrir les nouveaux modèles (journée portes ouvertes, essai), déclencher l'achat par une reprise et des conditions de financement attractives. Quand un modèle arrive en fin de vie, le prix de référence est maintenu, mais des équipements sont ajoutés, des séries spéciales sont proposées.

➤ *La forme du cycle de vie*

La durée de vie symbolique ou réelle d'un modèle, l'intensité de l'innovation et l'importance de la mode jouent sur la durée du cycle de vie. En règle générale ceux-ci ont tendance à se raccourcir, réduisant d'autant la possibilité d'améliorer le retour sur investissement, comme dans les parfums. Pour les produits à cycle de vie court ou ceux pour qui le bouche-à-oreille est indispensable au succès (film, disque), la publicité classique ne suffit pas et la promotion est capable de créer l'événement nécessaire pour attirer l'attention.

3.2 Les autres caractéristiques produit

D'autres caractéristiques de la marque ou de la gamme influencent l'importance de la promotion.

➤ *Le type de marque*

Une marque peut correspondre à différents niveaux de généralité (de la marque ombrelle à la marque prénom). Plus la marque se situe à un niveau élevé, plus il est efficace de faire de la publicité du fait des effets d'économie d'échelle (nombre de clients) et de champ (clients de produits différents) pour la notoriété.

Principalement ciblée sur un produit, la promotion peut aussi contribuer à des niveaux supérieurs d'image, notamment dans le cadre des méga-promotions (promotions couvrant plusieurs marques d'un même annonceur).

➤ *Le prix relatif/niveau de gamme*

Pour les produits haut de gamme, au prix élevé, un soutien publicitaire est, à la fois, nécessaire et possible. Nécessaire car le développement d'une marque forte est indispensable pour compenser le prix plus élevé, possible car la marge unitaire plus importante permet de couvrir ces dépenses supplémentaires. Une utilisation intensive de la promotion prix pour ces produits fait varier le prix de référence, au risque d'accentuer la sensibilité au prix et de réduire la valeur des investissements publicitaires. Le recours à des cadeaux est plus justifié et bien accepté par le client.

➤ *La part de marché*

Une part de marché plus élevée incite à allouer un budget important à la publicité pour une raison d'efficacité car celle-ci étant un coût fixe, la profitabilité de l'opération est plus importante. *A contrario*, l'efficacité promotionnelle est plus faible du fait de rendements décroissants (le potentiel de gain est inférieur). De plus, le coût d'alignement sur une réduction de prix promotionnelle est d'autant plus important que la part de marché est élevée.

Ce résultat est parfois contesté du fait de la saturation promotionnelle, des effets de défidélisation et de l'absence de support effectif par la distribution lors de campagnes *trade*.

➤ *La taille de la gamme*

La prolifération des produits[1] permet d'accroître la demande qui s'adresse à l'entreprise au prix d'une hausse des coûts (coûts de production en cas d'économies d'échelle, de *design*, de stockage, de complexité…) qui surpasse souvent le gain en demande. Elle offre une meilleure capacité de résistance concurrentielle, mais ne constitue pas toujours une barrière à l'entrée efficace. Enfin, elle conduit éventuellement à des prix plus élevés selon la dispersion des ventes entre les marques, mais fragilise la situation du producteur face au distributeur.

3.3 Les facteurs liés au processus décisionnel

Outre ces facteurs produit, la rationalité limitée du processus décisionnel peut conduire à privilégier la promotion.

➤ *L'horizon décisionnel*

En règle générale, la promotion (réduction de prix) permet d'obtenir de manière quasi-certaine, un effet net, positif et immédiat sur les ventes. Lorsque le décideur est soumis à une pression forte sur un objectif commercial à court terme, il aura tendance à privilégier la promotion.

➤ *L'expérience du décideur*

Derrière cette expérience, il y a la maturité, la capacité à assumer des choix même si ceux-ci sont basés sur une approche intuitive et une perspective plus large, moins centrée sur l'exigence d'une promotion à court terme. Un cadre plus jeune et moins expérimenté aura tendance à avoir une démarche plus analytique et à privilégier la promotion dont l'efficacité est mesurée de manière fine par les données de panels.

---

1. Bayus B., Putsis W., « Product Proliferation : An Empirical Analysis of Product Line Determinants and Market Outcomes », *Marketing Science*, 18, 2, 1999, pp. 137-153.

➤ *Le rapport de force avec le distributeur*

Le rapport de force avec le distributeur, souvent favorable à celui-ci, conduit à une place plus forte de la promotion (dont dépend sa profitabilité) aux dépens de la publicité qui rémunère principalement les médias.

Le décideur doit donc travailler de manière plus proche avec le distributeur pour suivre l'utilisation des budgets promotionnels, développer la part des produits vendus au tarif normal et mettre en place des coopérations correspondant aux objectifs conjoints.

➤ *Le type de relation avec le distributeur*

L'approche transactionnelle de court terme, avec la satisfaction indépendante des buts des participants, conduit à une part plus importante accordée aux promotions. *A contrario*, l'approche relationnelle, avec une recherche des intérêts communs sur le moyen terme, privilégie la publicité.

L'étude qui a montré cette relation[1], met aussi en évidence le rôle modérateur de la part de marché relative à celle du principal concurrent : la nature de la relation influence d'autant plus la répartition du budget que la part de marché relative est faible (position concurrentielle difficile).

4 Les effets à long terme

L'étude de ces effets ne concerne que les promotions prix en grande consommation. Avec un modèle individuel sur un produit de grande consommation en phase de maturité, une étude[2] a montré que :

- *la publicité peut contribuer au développement du capital de la marque*. L'élasticité des ventes à la publicité est faible (0,08), soit près de 10 fois inférieure à l'élasticité prix ;
- *l'élasticité de la demande à une réduction de prix est très élevée à court terme*, supérieure à l'élasticité à une baisse du prix normal (− 0,79). À court terme (la semaine concernée), l'ampleur de la réduction (le pourcentage) a une élasticité supérieure à celle de la fréquence (1,10 contre 0,91). Cependant, en prenant en compte les effets différés, l'élasticité à la fréquence devient plus élevée et le niveau des élasticités est ramené à seulement 0,43 et 0,67, soit un niveau inférieur à celui de l'élasticité au prix normal ;

1. Anselmi K., « A Brand's Advertising and Promotion Allocation Strategy : The Role of the Manufacturer's Relationship with Distributors as Moderated by Relative Market Share », *Journal of Business Research*, 48, 2000, pp. 113-122.
2. Jedidi K. Mela C., Gupta S., « Managing Advertising and Promotion for Long-Run Profitability », *Marketing Science*, 18, 1, 1999, pp. 1-22.

- *la publicité influence principalement le choix de la marque* tout comme le fait la promotion dans une vue à court terme. Cependant, sur une longue période, la promotion n'influence plus le choix mais les quantités achetées et favorise l'apprentissage du stockage.

5 Les changements stratégiques

À côté des études dont la validité, interne ou externe, peut souvent être remise en cause, le changement stratégique d'une entreprise américaine de produits de grande consommation, Procter & Gamble, permet de tirer des enseignements stratégiques importants[1]. Souhaitant pratiquer une démarche ECR et promouvoir l'EDLP, la société a élagué sa gamme, réduit ses dépenses promotionnelles et accru ses dépenses publicitaires. Les résultats observés sont les suivants :

- *la promotion accroît la pénétration* et a *un impact faible sur la rétention* client (taux de nourriture et taux d'usage de la catégorie). La publicité accroît aussi la pénétration mais avec un effet plus faible que la promotion et, contrairement aux attentes, n'a pas d'effet sur la rétention (taux de nourriture). *L'effet direct de la promotion sur la part de marché est plus fort que celui de la publicité* pour des marques établies (inverse pour les petites marques) ;
- *les réactions des concurrents sont très diversifiées* et dépendent des caractéristiques du concurrent et de l'impact sur ses ventes. Dans ce cas, les concurrents ont réduit leurs dépenses publicitaires pour les transformer en augmentation du budget promotionnel et occuper la place laissée libre ;
- *la hausse du prix moyen* consécutive à l'arrêt des promotions fait baisser le taux de nourriture et la part de marché de l'entreprise.

6 L'aide à la décision

Pour un fabricant ayant une gamme large, la planification des promotions est une opération complexe. Des modèles de simulation et d'optimisation ont été proposés. Par exemple, à partir d'un modèle individuel modélisant les trois décisions (l'incidence, les quantités achetées et la marque choisie), segmenté avec des classes latentes, un modèle[2] met en évidence les conséquences de la sous-estimation des effets de cannibalisation et prescrit un accroissement de la fréquence (promotion en 26 semai-

1. Ailawadi K., Lehmann D., Neslin S., « Market Response to a Major Policy Change in the Marketing Mix : Learning from Procter & Gamble's Value Pricing Strategy », *Journal of Marketing*, 65, 1, 2001, pp. 44-61.
2. Silva-Risso J., Bucklin R. et Morrison D., « A Decision Support System for Planning Manufacturers' Sales Promotion Calendars », *Marketing Science*, 18, 3, 1999, pp. 274-300.

nes plutôt qu'en 18) mais une baisse de la réduction offerte (5 % au lieu de 13,8 %), politique qui n'influence pas la part de marché (12 %) mais améliore nettement la rentabilité tant celle du producteur que celle du détaillant.

Tableau 8.2 – *Conséquences d'une optimisation de la politique promotionnelle*

				Résultats fournisseur		Résultats détaillant	
Politique promotionnelle	**Nombre de semaines en promotion**	**Réduction minimale**	**Réduction maximale**	**Profit**	**PdM (%)**	**Profit catégorie**	**Ventes catégorie**
Actuelle	18	12,4 %	13,8 %	219	12,2	19501	3 011 382
Optimisée	26	5,0 %	5,0 %	1 018	12,4	25531	3 937 127

Section 2

CARACTÉRISTIQUES DE L'ACHAT ET POLITIQUE PROMOTIONNELLE

1 Le diagnostic

Le choix du mécanisme promotionnel dépend du diagnostic sur l'importance de l'information dans la communication (nouveauté) et le rôle de conseil/service du distributeur et le type de comportement d'achat.

1.1 La nouveauté

La demande peut provenir de nouveaux acheteurs (à éduquer) ou d'acheteurs actuels, le critère clé étant la *pénétration*. De même, l'offre est nouvelle (nouveau produit) ou existante selon le degré d'*innovation* et l'importance du renouvellement des produits (mode). Le croisement de ces deux dimensions donne l'orientation générale de la politique. Les techniques d'essai, plus ou moins ciblées sur les nouveaux clients, domineront sauf dans le cas d'un marché existant.

La nouveauté influence la densité de la distribution, le type de formule de vente et l'importance de la qualification du conseil sur le lieu de vente.

Tableau 8.3 – *Objectif promotionnel selon la nouveauté de l'offre et de la demande*

	Demande	
Offre	Nouvelle	Existante
Nouvelle	Marché à éduquer	Nouvelle offre à faire connaître
Existante	Nouveaux clients à éduquer	Marché à développer

1.2 Les rôles de la marque et du service

Les clients ont des préférences stables ou variables dans le temps (importance des attributs, préférences sur les marques). Les déterminants de cette stabilité de la demande sont :

- l'importance de la *motivation* cadeau/à l'achat pour soi (dissociation des rôles acheteur-utilisateur) ;
- la *valeur* utilitaire, hédonique et symbolique (sociale) de la consommation ;
- la *recherche de variété* dans la consommation ;
- l'*implication* et l'importance de l'achat ;
- la fréquence ;
- la *régularité* de la consommation.

L'offre sera influencée par la nature (part du service par rapport au produit), la saisonnalité, la technicité, la stockabilité (délai achat-consommation et durée de la consommation), la durabilité (cycle de vie) et les contraintes légales.

Dans ces différents contextes, la marque aura un rôle plutôt *fonctionnel*, de garantie de qualité (satisfaction minimale), de garantie d'un service durable, d'identifiant-repère de goût, ou plutôt *symbolique* (différenciation sociale). L'importance relative de la marque par rapport au service, le degré d'implication de l'acheteur conduiront à une hiérarchie des critères de choix (prix, nouveauté, conseil...) et au choix prioritaire de la marque ou du point de vente.

Une typologie de ces situations reste encore à définir qui distinguerait, par exemple :

- les *services continus et les produits à stock*, qu'ils soient renouvelés (fidélité au dernier achat) ou remplacés (décision d'achat sur base des caractéristiques), pour lesquels les décisions d'achat sont dissociées des décisions de consommation ;
- les *consommations saisonnières* ou *évènementielles* pour lesquelles la demande est transitoire et les consommations irrégulières, dont il faut stimuler le besoin.

2 Quelques pratiques sectorielles

2.1 Le parfum

Achat hédonique, pour soi, le prix n'est pas le premier critère d'achat. Gamme profonde et renouvelée, peu connue, avec une marque à valeur symbolique et d'identification d'une fragrance donnée. Achat irrégulier, fidélité à la marque assez forte mais aussi achat très saisonnier avec une motivation cadeau.

Peu de réduction de prix, la politique promotionnelle soutient l'action du distributeur, utilise le lieu de vente pour diffuser des échantillons, mettre en place des testeurs. Hors magasin, les échantillons sont diffusés par magazine. Un marketing relationnel de fidélisation a aussi sa place. Pour le produit, des miniatures sont proposées (collection) et les offres groupées (coffrets) constituent une part importante de l'offre pendant les fêtes.

2.2 La voiture

C'est un achat familial, important financièrement, issu d'un processus d'achat où l'information est dense mais où l'expérience hédonique reste déterminante. Produit technique aux valeurs symboliques et fonctionnelles importantes, la voiture génère la consommation de services pour son entretien et a une durée de vie longue. L'offre est uniquement sous marques de producteur.

La politique promotionnelle ne peut éviter de traiter le prix, mais de manière indirecte, par la facilitation de l'achat (crédit) et la solvabilisation (reprise du véhicule). Les techniques produit sont aussi exploitées : séries spéciales pour les modèles en fin de vie, offres auto-payante (la climatisation pour 1 euro de plus). Le drainage des clients vers le point de vente est indispensable du fait de l'irrégularité de la consommation : journées portes ouvertes (jeu de trafic et essai).

2.3 Le livre

Avec une pénétration forte pour les premières classes d'âge, plus ciblée ensuite, l'achat d'un livre répond à une motivation personnelle (expérience de lecture), à une motivation de collection et de cadeau. Même si la durée de vie du produit est longue, la consommation est souvent unique alors que la qualité ne peut pas s'apprécier au préalable d'où l'importance de la prescription et du bouche-à-oreille. L'achat est irrégulier et la pénétration globale faible d'où l'intérêt pour le distributeur de fidéliser les lecteurs par un club.

La politique promotionnelle est basée sur des évènements (les prix littéraires sont des promotions déguisées mais non controlées, économiquement indispensables), la distribution (reprise des invendus, mise en avant), les prescripteurs extérieurs (échantillons, réduction de prix), sur la diffusion large d'échantillons (extraits), sur des prix de lancement réduits.

2.4 Le magazine

Le développement d'une lecture régulière est freiné par la nécessité de mettre en place un comportement d'achat (kiosque), la vente par abonnement est donc cruciale. Pour obtenir l'engagement de l'abonnement, de très nombreuses techniques promotionnelles sont combinées : prime et prime auto-payante (radio-réveil), essai (abonnement gratuit), différentes options de la réduction de prix et du produit en plus (2 mois gratuits).

Section 3 IMPORTANCE DES PROMOTIONS DISTRIBUTEUR (TRADE)

L'optimisation de la politique marketing d'un fabriquant va au-delà de la vente de la marchandise à un intermédiaire. Il est de l'intérêt d'un fabriquant que le distributeur gagne de l'argent avec la vente de son produit et ceci conduit à la participation du fournisseur à des actions promotionnelles montées par le distributeur.

Lorsque le canal est dominé par le producteur, la promotion *trade* est un moyen efficace pour améliorer la rentabilité du distributeur tout en développant les ventes du produit. Par contre, lorsque le canal est dominé par le distributeur, la promotion *trade* peut conduire à un simple transfert de profit entre les maillons de la chaîne de distribution. Cet effet est encore accentué si les distributeurs pratiquent le *discount*. Ainsi, pour les PGC aux USA en 1995 [1], la part du *trade* représente les 2/3 du budget promotionnel qui représente lui-même environ les 3/4 du budget de communication. Or une étude relève que seules 16 % des promotions sont rentables pour le producteur mais qu'elles sont une source de revenus indispensables à la profitabilité du distributeur (35 % des profits d'un supermarché en moyenne et 75 % de ceux d'un grossiste).

1 Les réductions et remises

Peu impliquantes et peu contraignantes pour le fabriquant, les remises sont aussi appréciées par les distributeurs. Elles ont un effet direct et immédiat sur les commandes, incitant même le distributeur à sur-stocker la marchandise.

1. Anselmi K., *op. cit.*, 2000, p. 114.

1.1 La réduction directe sur les achats (%)

La remise directe s'applique à toutes les commandes réalisées (ou les livraisons) pendant la période promotionnelle. Ses avantages sont la simplicité, la facilité à mettre en œuvre et à arrêter. L'inconvénient majeur est le coût, puisque la remise touche l'ensemble du chiffre d'affaires de la période.

1.2 La remise sur les ventes en promotion (%)

Pour contrer le sur-stockage par le distributeur, dont les effets négatifs sur la profitabilité du fabricant sont importants, la remise est accordée uniquement sur les ventes effectives réalisées pendant la période promotionnelle. Appuyée sur des données objectives de lecture optique en caisse, le taux de remise proposé doit dégager une rentabilité nette (du coût du stockage) supérieure à celle d'une réduction sur les achats, sous peine de ne pas être acceptée par le distributeur[1].

1.3 La remise volume

Elle est acquise en fonction de paliers de volume achetés lors de la commande. Le mécanisme prévoit différents niveaux de remises appliqués, soit sur la totalité des achats en fonction de l'atteinte ou non des objectifs, soit pour chaque palier de volume.

1.4 La remise sur objectif (RFA de performance)

C'est une remise différée basée sur un accord annuel utilisant d'autres critères que le niveau des achats : des critères dynamiques (progression des volumes) ou des critères de largeur de la gamme référencée.

1.5 La reprise produit

C'est une offre très coûteuse, à incorporer dans le budget de coopération commerciale, conduisant à la reprise de la marchandise neuve invendue par le distributeur. Cela reporte donc sur le fournisseur les conséquences d'une erreur de prévision ou d'une attractivité insuffisante du produit et incite le distributeur, libéré de tout risque sur les stocks, à accepter plus facilement les nouveaux produits. Pratiquée sur des marchés très saisonniers, cette offre coûteuse est réservée aux entreprises ayant la surface financière suffisante pour prendre en charge ce coût.

---

1. Drèze X., Bell D., *Creating Win-Win Trade Promotions : Theory and Empirical Analysis of Scan-Back Trade Deals*, Working paper, Marshall Scholl of Business, University of Southern California, Los Angeles, 2001.

1.6 Les droits de référencement

Ils concernent le dédommagement demandé par le distributeur pour couvrir les coûts fixes liés à l'introduction d'une nouvelle référence dans la gestion et compenser le risque et le coût d'opportunité de l'espace attribué au nouveau produit. Le rapport de force dans la négociation est un facteur important pour la fixation du niveau des droits demandés (risque d'abus de position dominante)[1].

2 La coopération commerciale

Le distributeur met en place des promotions diffusées sur les prospectus et, éventuellement, par des mises en avant en magasin :

- *les grandes surfaces* : la participation du fournisseur à ces actions est fixée dans le cadre des négociations annuelles avec les centrales d'achat. Pour les prospectus gérés de manière centralisée, la mise en œuvre est facile à vérifier, alors que la mise en œuvre effective des TG au niveau local est plus problématique. Les négociations conduisent à fixer un rang de priorité pour les marques dans les TG d'une enseigne sur une semaine donnée, une priorité 1 signifie que la mise en avant devrait être réalisée dans tous les magasins. Or, ceci est rarement le cas du fait de l'indépendance des distributeurs locaux dans les mouvements coopératifs et de la démotivation (faiblesse de l'intéressement) des acteurs locaux et donc de leur démotivation dans certaines chaînes intégrées. Le support d'une force de vente capable de passer en magasin est alors indispensable ;
- *les autres réseaux* : souvent moins concentrés, les autres réseaux reçoivent encore une communication rythmée par le cycle de vente (intervalle moyen entre deux passages d'un vendeur) qui diffuse l'information et les supports des opérations valables sur ce cycle.

3 Participation à l'Efficient Consumer Response (ECR)

La réponse efficiente au consommateur (ECR)[2] prend en compte les intérêts des acteurs (distributeur et producteur) pour gérer de manière efficiente (plus simplement, plus vite, plus économiquement) l'offre faite au consommateur.

Cette approche ECR part du constat du gâchis réalisé lors de l'optimisation des décisions à chaque niveau de la chaîne de distribution. Par exemple, le phénomène du stockage par le distributeur lors des périodes promotionnelles désorganise la

1. Bloom P., Gundlach G., Cannon J., « Slotting Allowances and Fees : Schools of Thought and the Views of Practising Managers », *Journal of Marketing*, 64, 2, 2000, pp. 92-108.
2. ECR est un mouvement global lancé aux USA en 1993 par des entreprises de PGC auquel adhèrent de nombreuses entreprises http://www.ibm.com.ph/projects/panc/Pages.nsf/Pages/ecrmain

production et génère des coûts supplémentaires de stockage à chaque niveau. Symétriquement, la multiplication des produits ne permet pas d'obtenir de bonnes rotations et de bien gérer l'espace magasin.

L'ECR étudie plus particulièrement les champs suivants : la gestion par catégorie (*category management*) qui concerne les départements commerciaux (marketing-vente chez l'industriel, achat et *merchandising* chez le distributeur), le réapprovisionnement (*product replenishment*) qui concerne les département production-distribution et logistique-gestion des stocks. Les évolutions nécessaires de la technologie constituent le troisième volet de l'ECR.

3.1 La gestion par catégorie

Elle vise à optimiser l'efficacité du processus de création de la demande aux étapes d'introduction d'un nouveau produit, de promotion et de gestion de l'assortiment magasin. L'ECR étudie l'organisation interne des partenaires commerciaux (lien production-vente) et l'adéquation des organisations des partenaires (objectifs, communication, prise de décision).

3.2 Le réapprovisionnement

Avec l'ECR, la logistique et les stocks sont gérés de manière fine, réactive et transparente par le producteur à partir des relevés de vente du distributeur (livraisons adaptées au niveau de service recherché, coût réduit). Cette transparence de l'information correspond à un changement dans les relations producteur-distributeur avec, peut-être, le passage d'une approche transactionnelle à une approche plus relationnelle.

Section 4 LA STIMULATION

Dans de nombreux cas, et en particulier dans la vente aux entreprises, les rôles dans le centre d'achat sont distincts et le prescripteur devient, à côté de l'acheteur et de l'utilisateur, une cible à part entière.

1 La politique de stimulation

La stimulation est, par principe, une action ponctuelle qui crée une motivation temporaire. Elle repose sur une mécanique économique ou ludique qui récompense les performances, individuelles ou en groupe, sur un ensemble de critères (quantitatifs et qualitatifs).

1.1 Les objectifs

➤ *Les objectifs directs (à court terme)*

L'entreprise peut souhaiter la stimulation du réseau avec un objectif exclusivement quantitatif pour un événement particulier : lancement produit, opération large associant une opération de création de trafic et un challenge commercial.

L'opération en elle-même est, cependant, assez longue (5 à 9 mois) puisque, au-delà de la réflexion stratégique (adéquation aux objectifs, choix de la thématique, rapport points/euros, support), la phase préparatoire de 1 à 2 mois est suivi par l'opération en elle-même (3 à 6 mois pour collecter les points) et par 1 à 2 mois pour la clôture de l'opération (information, envoi de la gratification).

Le prescripteur est celui qui indique l'offre la plus adaptée aux besoins de l'utilisateur. Il a donc des besoins qui concernent :

- *l'information* sur l'offre et ses caractéristiques, en particulier les nouveautés ;
- *la formation* : l'amélioration de la qualité et de la rapidité du diagnostic des besoins ;
- *la stimulation* : donner envie de faire un effort particulier contre un avantage immédiat.

Exemple

> L'objectif de l'opération est de stimuler la prescription et la mise en œuvre du label *Promotelec* (confort électrique) sur un grand nombre d'intervenants. Une stratégie multi-cible vise la stimulation des prescripteurs (22 000 architectes et bureaux d'étude) et des installateurs (10 000 électriciens et 1 200 grossistes) par la fourniture des outils nécessaires à la promotion du label : PLV grossistes, *mailing* sur les architectes avec CD-Rom intégrant les normes du système Promotelec dans leurs plans, incitation des électriciens à se rendre chez les grossistes par des cadeaux, organisation d'un concours leur permettant de gagner un équipement informatique.
>
> *Source* : *Marketing Direct*, 57, 01/09/2001.

➤ *Les objectifs à long terme*

Avec un objectif de fidélisation (FdV, réseau), plus qualitatif, l'animation commerciale est effectuée par une succession d'opérations promotionnelles de courte durée.

Plusieurs risques guettent la politique de stimulation mal maîtrisée :

- *l'usure des opérations reprises*, par la baisse de l'attractivité perçue des gains, par la transformation de l'opération en un avantage acquis ;

– *l'usure de la sur-stimulation* qui passe du statut de promotion au statut de rémunération ;

– *l'utilisation d'une réponse à court terme pour un problème structurel* de force de vente (*turn-over* élevé des vendeurs, démotivation chronique...) ou de politique marketing (positionnement, politique de prix, de qualité...).

1.2 Les cibles

Si le prescripteur est parfois indépendant (expert), la force de vente a un pouvoir de conviction et de prescription que l'entreprise peut vouloir orienter à son avantage.

➤ *Les prescripteurs*

Ils sont bien identifiés et indépendants dans le domaine de la santé mais le respect de l'éthique conduit à limiter les actions de promotion d'un médicament à l'information sur les produits et à l'amélioration de la formation (passage des visiteurs médicaux, financement de congrès). Dans d'autres situations, c'est l'acheteur ou le responsable du rayon qui est le prescripteur.

Les risques de corruption conduisent les entreprises à limiter, voire interdire, les cadeaux et à préférer une stimulation officielle à une stimulation plus officieuse à base de chèque-cadeau dont la dérive est plus difficile à contrôler.

Exemple

> Dans le secteur de la santé, un médecin a droit à un cadeau d'une valeur maximale de 7,62 € TTC qui doit, s'il porte le nom du médicament, comporter les mentions légales. Dans le cadre d'une enquête faite par un institut, la valeur du cadeau ne peut excéder 45,73 € si celui-ci a un rapport avec son activité (stéthoscope) et 30,49 € s'il n'en a pas.

➤ *Le réseau et les vendeurs*

Les professionnels peuvent être stimulés à différents niveaux du canal de distribution :

– la *force de vente de l'annonceur* qui doit faire l'effort de promouvoir les opérations et les nouveautés ;

– la *force de vente du grossiste* qui devra répercuter les communications au niveau des détaillants ;

– la *force de vente du détaillant* qui, en contact avec l'acheteur final, aura un pouvoir de prescription d'autant plus important qu'il s'agit d'une vente-conseil (produit technique, impliquant, risqué). Dans certains cas, le simple ordre de l'énoncé des marques suffira à stimuler les ventes du premier cité (garçon de café).

➤ ***Les utilisateurs–prescripteurs***

Les utilisateurs ont parfois une forte autonomie dans le cadre d'une décentralisation de la décision et sont amenés à gérer les choix dans le cadre d'un budget donné.

Exemple

Dans le secteur pétrolier, les chauffeurs font l'objet de programmes particuliers car ils ont une autonomie de décision concernant la station service fournisseur du carburant, au sein d'un portefeuille de cartes correspondant aux accords passés par l'entreprise de transport avec plusieurs distributeurs pour limiter les contraintes du chauffeur.

2 Les mécanismes

Pour le vendeur, la promotion peut avoir plusieurs avantages : elle facilite la vente en donnant un critère objectif de supériorité, elle débanalise le produit en permettant de communiquer sur lui, même sans innovation. Néanmoins, il est soumis à de nombreuses contraintes et pressions, notamment la durée nécessairement réduite du contact de vente.

2.1 Le comportement du vendeur

Il est déterminé par la valeur de l'avantage proposé combinée avec la probabilité de remplir les conditions nécessaires. Cette probabilité perçue dépend elle-même de l'aversion pour le risque du vendeur et du risque total d'atteindre ou non les conditions demandées. Ce risque total peut être réduit par l'effort que le vendeur peut investir dans l'action qui lui est demandée mais ne peut être complètement éliminé car il est la somme d'un risque général et d'un risque individuel.

Normalement, la rémunération contient une prime de risque pour compenser l'obligation de faire face au caractère aléatoire de la demande (le risque général). Au contraire, le concours élimine le risque global en donnant un classement relatif.

2.2 Le concours (challenge)

Le concours est souvent partie intégrante du plan de rémunération du vendeur. Il offre l'avantage pour l'annonceur, d'être moins coûteux qu'une rémunération fixe pour le même objectif et, pour le vendeur, d'être une rémunération complémentaire non monétaire.

En principe, l'entreprise exerce un meilleur contrôle car il s'agit d'un budget fermé sur le critère du volume d'activité. Cependant, ce montage est peu motivant pour ceux qui ont objectivement une activité plus faible et un critère de progression peut être retenu. En pratique, les opérations sont souvent multi-mécanismes avec la combinaison d'une stimulation classique (gain pour tous selon le volume ou la progression) avec des mécanismes sélectifs, un concours (critère quantitatif) et un tirage au sort (hasard).

La recherche[1] fait des propositions sur les caractéristiques des concours (importance du gros lot, de lots identiques et de la progression de la pyramide des lots) selon deux objectifs : développer la participation et inciter à l'effort. Ces choix dépendent de facteurs individuels (degré d'aversion pour le risque) et du contexte (nombre de vendeurs, variabilité des ventes). Par exemple, le nombre de gagnants doit être d'autant plus élevé que la demande est volatile ou l'aversion pour le risque du vendeur est forte.

3 Les dotations

Pour ne pas être assimilée à une rémunération, la dotation ne doit pas être en argent. Mais, dans le cadre d'opérations répétitives, la valeur perçue de la dotation dépendra de ce qui est déjà possédé, voire a déjà été gagné par le vendeur. D'où le choix préférentiel des chèques cadeaux et des catalogues.

3.1 Le chèque cadeau

Avec une valeur faciale bien comprise par le commercial, il est adapté à la stimulation de la force de vente. Le chèque est plus souple, rapide et simple à mettre en place, sans la difficile sélection des cadeaux. Pour le prestataire chargé de gérer l'opération, il n'y a pas de risque de rupture de stock. Deux catégories d'offres existent :

– *les bons d'achat (mono-enseigne)*, libellés en euros, à valoir dans une enseigne ou un restaurant , ils capitalisent sur la notoriété de l'enseigne ou de la marque et nécessitent une bonne couverture (nombre de points de vente) ;
– *les chèques multi-enseignes*, en euros ou en points, utilisables directement ou échangeables contre un bon d'achat dans l'enseigne choisie par le porteur.

Le chèque souffre de sa liquidité : directement rapporté à un montant monétaire, il paraît soit insuffisant et peu motivant, soit excessif et proche de la tentative de corruption.

1. Kalra A., Shi M., « Designing Optimal Sales Contests : A Theoretical Perspective », *Marketing Science*, 20, 2, 2001, pp. 170-193.

3.2 Le catalogue cadeau

Alors que la banalité du chèque lui enlève la dimension de rêve et la créativité, le cadeau correspond plus à une reconnaissance et peut être personnalisé en fonction de la cible visée (couverture, assortiment). La numérisation des images et l'utilisation d'Internet donne plus de souplesse à la gestion de catalogues personnalisés, les images étant éventuellement stockées sur CD-Rom. Il est bien adapté à la diversité d'un réseau de revendeurs.

3.3 Les cartes

Les cartes (magnétiques ou à puce) constituent un support permettant de tirer parti de l'identification et des nouvelles technologies pour une gestion plus efficace tant à distance (Internet, Minitel) qu'en magasin.

3.4 Les bons d'essence

Très liquides, ils sont très appréciés par le destinataire et font rarement l'objet d'une déclaration dans le cumul des avantages en nature.

Section 5 LA POLITIQUE PROMOTIONNELLE INTERNATIONALE

Pourquoi poser la question de l'international[1] alors que le point fort de la promotion est justement de coller au terrain ? Cette question va être abordée avant de traiter des avantages et inconvénients de la centralisation.

1 Le choix d'adaptation ou de standardisation

L'émergence de cette préoccupation d'adaptation ou de standardisation de la politique promotionnelle, provient de deux tendances, l'une sur l'offre et l'autre sur la demande.

1.1 Une offre plus globalisée

L'offre des entreprises est de plus en plus globalisée. Pour des raisons d'efficacité et de coût, les marques sont progressivement unifiées, au moins au niveau européen.

1. Pour une approche complète voir Buzzell R., Quelch, J., Bartlett C., *Global Marketing Management*, Addison Wesley, 1995, 3e édition.

Cette standardisation se traduit dans toutes les composantes de la communication et dans une standardisation de la présentation physique de cette offre. Compte tenu de la diversité des situations promotionnelles nationales, l'emballage est donc un support de plus en plus difficile à utiliser.

La demande directe de la part des intermédiaires évolue du fait de la concentration progressive des enseignes, sensible au moins dans le secteur de la grande distribution. Ces acteurs ont développé une logique propre, tant au niveau logistique, qu'au niveau marketing, et ne peuvent plus être considérés comme de simples médias. La co-promotion est donc une tendance lourde.

1.2 Une demande plus transnationale

La demande finale a tendance à s'homogénéiser. Les études de styles de vie ont montré que l'homogénéité des groupes partageant les mêmes valeurs au sein de différents pays d'Europe est plus importante que l'homogénéité au sein d'une même nation. En se basant sur une approche de segmentation, on peut donc conclure que pour un produit donné, l'accroissement de la demande se fera par une extension internationale de la clientèle cible appartenant à un segment donné plutôt que par la recherche de nouveaux segments.

Cette logique de standardisation et de diffusion de masse au niveau européen est confortée par l'évolution des médias. Les développements technologiques conduisent à la mise à disposition de médias de masse au niveau européen (télévision par satellite), permettant de diffuser à moindre coût le même message sur plusieurs pays à la fois. Cependant, elle se heurte encore, et pour un certain temps, aux différences de législations et de comportements.

Pour une entreprise internationale, la coopération entre les structures marketing des pays constitue un réservoir d'idées et de techniques déjà testées en grandeur réelle. Les opérations à succès peuvent ainsi être exportées.

2 Le choix de centralisation ou décentralisation des décisions

Le choix de la globalisation ou de la localisation des décisions promotionnelles doit s'intégrer dans le cadre plus large de l'ensemble de la politique de communication.

Le problème de l'adaptation ou de la standardisation des stratégies marketing au niveau international a été étudié depuis longtemps[1]. Cette problématique semble

1. Buzzel R., « Can You Standardize Multinational Marketing ? », *Harvard Business Review*, 46, 4, 1968, pp. 102-113.

dépassée actuellement et l'on s'accorde maintenant à considérer que, pour la localisation des centres de décisions et pour l'uniformisation des campagnes, les options se situent sur un continuum allant du complètement global au complètement local. Le degré de globalisation dépend de la similarité des réponses de chacun des marchés à la stratégie initiale. En d'autres termes les possibilités d'agrégation des marchés en sous-ensembles homogènes sont déterminantes.

2.1 Centraliser

Les raisons de centraliser sont nombreuses. Il s'agit tout d'abord de la nécessité stratégique de gérer de manière cohérente l'image d'une marque globale. Il faut établir des personnalités de marques uniformes pour l'ensemble des pays et donc s'assurer de la cohérence de la communication, y compris de la communication promotionnelle.

Le renforcement de la marque est une stratégie du producteur face à un appareil commercial de plus en plus international et concentré, qui exerce une pression croissante sur les prix de vente.

Il s'agit aussi d'une nécessité économique. Les coûts de fabrication sont très sensibles à la taille de l'ordre donné, car ce coût comporte une partie de coûts fixes à amortir sur les volumes traités. L'utilisation des économies d'échelle pousse donc à centraliser la production de la communication. De même, la complexité de la communication, la rareté et le coût élevé de l'expertise conduisent à la recherche d'une centralisation de la conception, de l'exécution et du suivi.

2.2 Décentraliser

Les raisons de décentraliser au niveau local les décisions promotionnelles sont aussi pertinentes. La promotion est un outil de communication très souple dont l'adaptation au contexte local est un critère déterminant de succès. Les situations concurrentielles sont spécifiques et l'usage de promotions peut se révéler inutile ou indispensable.

Traditionnellement dans les sociétés multi-nationales, la stratégie promotionnelle a toujours été une affaire locale[1]. Le principe de l'adaptation au contexte local, culturel et commercial, donne au chef de produit beaucoup de liberté pour concevoir et mettre en œuvre les programmes promotionnels.

Cependant pour certains auteurs[2], les différences culturelles portant sur les thèmes de promotion des ventes seraient moins sujets aux différences culturelles que les

1. Kashani K., Quelch J., « Can Sales Promotion Go Global ? », *Business Horizons*, 33, 3, 1990, pp. 37-43.
2. Dunn S., « Effect of National Identity on Multinational Promotional Strategy in Europe », *Journal of Marketing*, 40, 3, 1976, pp. 50-57.

campagnes publicitaires. La généralisation de cette conclusion est cependant hasardeuse car l'étude ne porte que sur des nations d'Europe du nord très proches culturellement.

Sur le plan tactique, le choix des techniques peut être restreint par le niveau de développement économique : coupons pour les pays développés, opérations terrain, échantillons et démonstrations dans les pays moins développés.

La place des produits/services sur leur cycle de vie est un paramètre important qui détermine le taux de croissance et qui influence la structure compétitive. Or les cycles ne sont pas synchronisés au niveau international. En phase de lancement ou de croissance, l'objectif principal est de gagner des nouveaux clients par des techniques telles que la distribution d'échantillons, les coupons, ou les promotions croisées. Sur un marché mûr au contraire, l'accent doit être mis sur la distribution et sur la fidélisation de la clientèle acquise.

Exemple

Kashani et Quelch (1990) rapportent l'expérience malheureuse de Nestlé. Au début des années quatre-vingt, la décision de décentraliser les politiques marketing a été prise. La gestion de la marque, le produit et le *packaging* sont restés centralisés, mais la responsabilité des promotions, tant consommateur que distributeur, a été attribuée au niveau local (national). La société a dû réagir face à un recours extensif des décideurs locaux à la réduction de prix pour contrer des agressions concurrentielles nationales. La tendance mondiale du développement de la promotion aux dépens de la publicité, et le recours fréquent à la réduction de prix, ont entraîné une forte réduction de la profitabilité des marques, un discours cacophonique et des communications contradictoires sur les marques. Face au risque sérieux de dilution du capital image des marques auprès des consommateurs, la société Nestlé a donc entrepris une reprise en main des décisions marketing et essaie de recentraliser les budgets de communication et de promotion.

La situation économique particulière (par exemple, l'hyperinflation dans certains pays d'Amérique du sud), la législation, la structure commerciale, la perception et l'évaluation des récompenses nécessite une écoute précise du marché.

2.3 Arbitrage

➤ *Un diagnostic*

Un diagnostic doit d'abord être effectué sur la situation du pays : position du produit sur son marché, expérience du personnel, degré de nationalisme, taux de croissance de l'économie, tendances alimentaires, attitude vis-à-vis de l'autorité, caractéristiques et disponibilité des médias, et poids de l'attitude consumériste. Les avantages de la décentralisation des décisions au niveau local sont nombreux et significatifs. La tendance est donc à privilégier la décentralisation.

Le problème est plutôt, d'une part, de garder le même positionnement marketing tout en cherchant un symbole culturel national adapté à ce positionnement, et, d'autre part, de contribuer à améliorer la prise de décision et les pratiques locales tout en recherchant un impact global et une contribution au développement du capital international de la marque.

➤ ***Le choix selon le statut de la marque***

Le choix final dépend largement du statut local de la marque. Une marque locale forte conduit à une décentralisation de la décision. Une marque globale forte (Swatch, Benetton, Coca-Cola), avec une forte diffusion et une grande uniformité d'image est gérée de façon centralisée. Pour une marque en position intermédiaire, le niveau de décision doit refléter le capital géographique de la marque.

3 Les facteurs à prendre en compte

Les facteurs à prendre en compte pour décider de l'application extensive d'une politique promotionnelle sont nombreux et dépendent de paramètres liés au développement tant culturel qu'économique.

3.1 Les facteurs économiques

Ils sont prépondérants. Il s'agit d'abord de cerner l'intérêt de la mise en œuvre d'une politique promotionnelle, c'est-à-dire du niveau du pouvoir d'achat. Si le revenu par tête est trop faible ou si le revenu discrétionnaire est négligeable, il est évident que le pays en question ne constitue pas une cible intéressante. Même dans le cas où ce revenu est plus important, une forte propension à épargner réduit l'intérêt économique de la promotion.

La seconde question porte sur la faisabilité d'une promotion. Il a été vu plus haut que celle-ci nécessite un échange géré principalement au travers du canal de distribution. Il faut donc que le niveau de développement économique, notamment celui des canaux de distribution, permette l'emploi de promotions qui créent des flux au sein de ces canaux. Il s'agit là d'une limite importante pour les techniques liées à l'utilisation de coupons. L'organisation physique peut aussi jouer. Ainsi au Japon, la taille moyenne des magasins est réduite. Les techniques promotionnelles qui occupent de l'espace magasin (distribution d'échantillons en magasin, distribution de cadeaux avec les achats), ou qui ralentissent le passage aux caisses (coupons) sont à proscrire.

3.2 La structure de la distribution

La structure commerciale et le rapport de force producteur-distributeur affectent les décisions. Dans les pays de l'Europe du nord avec un commerce très concentré, il y a une forte pression des quelques gros acheteurs sur les chefs de produit locaux pour développer des promotions distributeurs prix et des promotions consommateurs dans les magasins.

La question se pose aussi du rôle de la distribution dans le processus d'achat. Dans les cas où ces intermédiaires sont nombreux et de faible taille (petits villages), il est évident que le distributeur devient un passage obligé et que c'est alors le détaillant qui devra être la cible de la promotion.

3.3 Les facteurs socio-démographiques

Les facteurs sont aussi démographiques. Sur le plan de la faisabilité, le niveau général d'*éducation* des consommateurs et des distributeurs est un facteur limitant : un taux d'illettrisme élevé exclu par exemple de manière évidente le recours à des coupons ou à tout support écrit.

Sur le plan sociologique, l'étude des pratiques de chaque pays doit permettre de conclure à la faisabilité de l'utilisation de telles ou telles techniques. Les comportements d'achat et de *répartition des rôles* au sein de la famille sont particulièrement importants car ils déterminent la cible de l'opération. Ainsi à Hong Kong, pour la plupart des ménages de classe moyenne, l'achat des articles alimentaires et ménagers est dévolu au personnel domestique.

La signification et la *valorisation sociale des comportements* mis en œuvre lors de la promotion est aussi fondamentale : en Asie, l'utilisation des coupons est acceptée car assimilée à la culture des classes moyennes, alors que dans d'autres régions les coupons sont rejetés car perçus comme associés aux classes inférieures. Ces différences régionales peuvent être combinées à des différences nationales : ainsi les coupons sont prisés à Hong Kong, alors que la Thaïlande valorise plutôt les timbres.

La culture est aussi un important facteur influençant les réactions des populations. Ainsi, l'efficacité des techniques promotionnelles intégrant la chance (jeux et concours) dépend fortement du facteur religieux. Le *degré de fatalisme* est en effet un facteur inhibant fortement la participation.

De même, *l'orientation temporelle*, perspective immédiate ou projection dans le futur, est une explication du succès des techniques qui requièrent une implication dans le temps (prime différée), pour une orientation vers le « futur » ou des techniques à résultat immédiat (prime directe) pour une orientation vers le « présent ».

3.4 Le cadre légal

Le cadre légal est, bien sûr, l'un des obstacles les plus importants à la généralisation des campagnes promotionnelles au niveau international. Les contraintes légales sont particulières à chaque marché et doivent faire l'objet d'une attention soutenue. Ainsi, au Japon, les coupons sont autorisés mais ne peuvent être diffusés que sous forme de prospectus ou en magasin. Toute forme de diffusion des coupons par la presse est exclue et la valeur maximale de la prime ne peut excéder 10 % du prix de vente consommateur, avec un maximum de 100 yens. En Malaisie, les concours sont autorisés, mais les loteries et toutes les techniques faisant intervenir la chance sont prohibées.

Comme il a déjà été indiqué pour le contexte français, la diversité et la complexité des cadres légaux, réglementaires et jurisprudentiel, imposent la soumission de toute opération promotionnelle à un service juridique compétent. Compte tenu de l'évolution du cadre juridique, les restrictions sur l'utilisation des techniques présentées dans le point suivant doivent faire l'objet d'un contrôle avant d'être utilisées.

4 Les restrictions sur les techniques selon les pays

4.1 Impact du niveau de développement des canaux de distribution

L'étude réalisée par Foxman[1] permet d'analyser pour chaque technique, les capacités de généralisation au niveau international.

➤ *Les coupons*

Les coupons ne sont utilisables que pour les pays connaissant un niveau de développement suffisant. Leur utilisation nécessite en effet un fort taux d'alphabétisation, et une certaine sophistication de la part des détaillants et des consommateurs. Ils demandent une logistique minimale dans les canaux pour pouvoir gérer la rédemption. Pour de nouveaux produits, le soutien publicitaire nécessaire pour créer la notoriété, définir l'image et faire parvenir les coupons nécessite un média presse assez développé. Enfin, la perception, négative, du statut social associé à la rédemption de coupon affecte fortement l'efficacité.

1. Foxman E., Tansuhaj P., Wong J., « Evaluating Cross-National Sales Promotion Strategy : an Audit Approach », *International Marketing Review*, 5, 4, 1988, pp. 7-15.

➤ *Les jeux et concours*

Pour les concours et les jeux, les contextes légaux spécifiques limitent beaucoup les possibilités d'utilisation en *cross-national*. Sur le plan culturel, le choix des lots à gagner doit aussi dépendre des goûts des marchés visés. Ces techniques de jeux ne sont efficaces que si la couverture mass média est suffisamment forte et elles demandent une certaine sophistication de la part des distributeurs.

➤ *Les réductions de prix*

Les réductions de prix sont assez peu efficaces dans les environnements culturels où le prix est traditionnellement sujet à négociation et où l'absence de marquage est généralisée. Elles demandent aussi une certaine sophistication de la part du détaillant, et le respect d'une déontologie minimale de sa part car les risques de fraude sont alors très importants.

➤ *Les primes différées*

Les primes différées, et autres timbres, sont inefficaces si la cible ne veut pas attendre. Ils ne présentent aucun intérêt dans le cas de conditions économiques instables, notamment d'un rythme d'inflation important. Les opérations de manutention et de gestion de la rédemption nécessitent des canaux de distribution stables et sophistiqués.

➤ *Les offres produit*

Les offres produit sont, sans conteste, les plus faciles à généraliser. Elles n'ont pas besoin de support médias pour être annoncées et n'ont pas toujours besoin de texte pour être efficaces. Elles nécessitent de sécuriser, mais aussi de contrôler les canaux de distribution et peuvent même nécessiter des modifications de l'emballage ou du conditionnement selon le niveau de développement des canaux.

4.2 Synthèse des réglementations nationales

Une étude comparative sur dires d'experts a été réalisée sur le cadre légal des promotions dans quelques pays européens. Les principaux résultats sont présentés dans le tableau suivant qui détaille l'intensité des contraintes légales et réglementaires qui limitent l'emploi des techniques promotionnelles. Une case blanche signifie l'absence de contraintes, explicites (technique autorisée) ou implicites. Une case grise (?) signale que la technique est simplement tolérée, alors qu'une case noire (X) signifie que l'usage de la technique est expressément interdit.

Les pays présentés sont identifiés par un code nationalité : France (F), Royaume-Uni (UK), Allemagne (G), Italie (IT), Espagne (SP), Belgique (B), Pays-Bas (NL), Irlande (IR), Danemark (DK). Des études détaillées de la réglementation des promotions sont disponibles[1].

Tableau 8.4 – *Comparatif des réglementations nationales de la promotion*

Techniques promotionnelles	**UK**	**NL**	**B**	**SP**	**IR**	**IT**	**F**	**G**	**DK**
Promotion on-pack			?				?		
Offres liées		?	?				?		
Primes in pack		?	?				?	?	?
Offres sur achat multiple		?	?				?		
Produits en plus							?	X	
Produit gratuit		?						X	?
Contenant réutilisable								?	
Échantillon			?				?		
Prime avec achat		?					?	X	?
Offre croisée			X				?		
Collections									
Concours		?	?			?			?
Offre auto-payante									
Essai gratuit		X	?						
share outs			?			?	?		?
Sweepstake/loterie	?	X	?		X	?	?		X
Bon de réduction								?	
Réduction différée								X	
Remboursement						X		X	
Démonstrations in store									

X interdit. ? autorisé sous conditions.

Source : Institute for Sales Promotion www.isp.org.

1. Voir en accès libre : « The Regulation of Discounts in Different Member States », *Commercial Communications*, 14, septembre 1998. http://europa.eu.int/comm/internal_market/comcom/newsletter/edition14/text_en.pdf et en accès payant : Kittel P., « Sales Promotion Regulations in the European Union », FEDMA et FAEP, 1998 ; http://www.fedma.org/code/page.cfm?id_page=70

➤ *Tendances générales*

Le pays le plus contraignant est la Suisse, mais les pays nordiques sont eux aussi assez restrictifs quant à l'emploi de la promotion. L'Allemagne et l'Autriche sont des pays à réglementation précise et contraignante. *A contrario*, les réglementations des pays méditerranéens sont assez peu développées en matière promotionnelle, et ne comportent pas de limitations importantes sur les principes des techniques. C'est le cas de l'Italie mais aussi de la Grèce et du Portugal.

Le cas des pays anglo-saxons (Royaume-Uni et Irlande) est particulier du fait de l'absence de textes spécifiques. Les techniques promotionnelles sont soumises aux lois concernant les principes généraux : sécurité, santé, respect des contrats, absence de tromperie…

➤ *Réglementations spécialisées*

Une analyse détaillée des réglementations des pays de la Communauté européenne est disponible par secteur : tabac, alcools, alimentation, produits pharmaceutiques (médicaments et OTC), services financiers, par technique et en fonction de points particuliers : vocabulaire, protection des enfants, interdiction du sexisme et de la pornographie.

5 L'évolution de la réglementation européenne

Des modifications radicales de la législation des promotions pourraient voir le jour car la commission européenne a proposé un règlement du Conseil et du Parlement Européen destiné à lever les restrictions aux promotions des ventes au sein du marché intérieur.

Pour permettre la libre circulation des services de marketing, ce règlement éliminerait les barrières aux opérations de promotion des ventes transfrontières : les dispositions nationales seraient remplacées par des exigences d'information et de transparence garantissant un niveau très élevé de protection des objectifs d'intérêt public tels que la protection du consommateur, la protection des mineurs et la protection de la santé publique.

Le projet a quatre caractéristiques principales[1].

1. Voir IP/01/1351 et MEMO/01/306 sur le site www.europa.eu.int/internal_market.

5.1 Élimination des restrictions nationales générales et dépassées

Ceci concerne l'utilisation et la communication promotionnelle des techniques comme les primes, les limites touchant les rabais, l'interdiction des débours pour les loteries.

5.2 Transparence pour la protection du consommateur

En matière d'information, deux points sont prévus.

➤ ***La transparence de la communication commerciale de la promotion des ventes***

Les conditions réelles de l'offre devront être précisées. Par exemple, une prime serait autorisée mais sa *valeur* doit être indiquée dans la communication associée. Un jeu pourrait être lié à un achat, à condition que les *chances* de remporter le prix soient indiquées dans la communication.

➤ ***L'offre de mise à disposition des moyens de vérification de la légalité***

Les rabais seraient autorisés à condition que l'annonceur offre, sur demande, la possibilité d'obtenir l'information détaillée sur le prix antérieur et ses conditions d'application (date, durée). *L'auto-régulation* serait ainsi stimulée par la facilitation du recours juridique.

5.3 Protection élevée des mineurs et de la santé publique

➤ ***La protection des mineurs***

Par exemple, les jeux promotionnels ne pourraient être conçus de manière à amener les mineurs à révéler des informations à caractère personnel, celles-ci seraient conditionnées à l'autorisation du responsable légal. Des règles sont proposées pour éviter que les échantillons gratuits soient de nature à blesser les enfants.

➤ ***La protection de la santé publique***

Le texte couvre plus spécifiquement les boissons alcoolisées (interdiction de la distribution gratuite aux mineurs) car le tabac est déjà traité dans un autre texte.

5.4 Ouverture de la concurrence

Le règlement vise à proposer un véritable marché intérieur et une sécurité juridique aux opérateurs pour la libre fourniture de ce service dans tous les états membres.

L'essentiel

Principalement adaptée à une stratégie *push* (de stimulation des acteurs du processus d'achat), la promotion peut aussi viser des objectifs d'image (*pull*). Pour la marque, elle peut correspondre à une stratégie de gain d'acheteurs (attaque) ou de développement-maintien de la part de marché (défense).

L'importance de la promotion dans le budget de communication varie selon les caractéristiques des marchés, en particulier le dynamisme et l'innovation d'une part, et, d'autre part, l'importance relative de la marque (produit) par rapport à celle de l'enseigne (service). La théorie du cycle de vie de produit indique que la promotion trouve sa place aux différentes étapes, même si la part de la publicité est plus importante lorsqu'il s'agit de construire la valeur de la marque (début de cycle).

Enfin, la promotion répond aussi à des objectifs tactiques : générer rapidement du chiffre d'affaires au détriment de la rentabilité, en réaction ciblée et mesurée à une action concurrentielle ou en captation d'un marché par anticipation du lancement d'un produit.

La promotion *trade* couvre les opérations à destination du distributeur et celles développées à son initiative avec la contribution du fabriquant. La mise en avant d'une marque, l'animation d'un rayon stimulent les ventes de la catégorie et correspondent à l'intérêt bien compris du fournisseur et du distributeur. Les conséquences, notamment logistiques, des promotions doivent être gérées de manière coordonnée notamment dans le cadre de l'ECR. Lorsque le rapport de force bénéficie trop fortement au distributeur, cette dimension de la coopération commerciale peut aussi se traduire par un transfert de valeur ajoutée.

La stimulation des forces de vente et des revendeurs constitue une partie importante de la promotion pour la distribution en réseau. Principalement à base de concours et de cadeaux, elle permet d'accroître la formation, l'information et la motivation des prescripteurs.

Le débat standardisation *versus* adaptation de la politique marketing internationale a perdu de son acuité avec des grandes marques de PGC, comme Coca-Cola, revenant d'une politique de standardisation à une politique d'adaptation en matière de création publicitaire. L'impératif d'une adaptation au contexte culturel prime donc sur l'efficacité de la centralisation.

La politique internationale en matière de promotion est complexe. En effet la réglementation est assez différente selon les pays européens, certains (Allemagne, France) étant beaucoup plus restrictifs que d'autres (Royaume-Uni). Une réglementation européenne est cependant en cours de discussion qui lèverait les spécificités nationales pour permettre la libre prestation tout en renforçant la transparence et les contraintes sur certains domaines (enfants, vie privée, tabac et alcools).

Pour en savoir plus

Prométhée© de TNS Secodip

Lancé en 1996, c'est un système de pilotage de marque qui permet l'intégration des principaux indicateurs clés d'un marché, des attitudes au comportement (achat et fidélité à la marque), sur les marchés de produits de grande consommation (60 marchés).

À partir d'une nomenclature homogène, ces indicateurs sont mis en regard des principaux leviers d'action marketing (de la publicité aux actions sur le point de vente) grâce à l'intégration des quatre sources principales d'information marketing.

Sont ainsi mises en cohérence de manière continue, les informations sur les comportements d'achat et les habitudes de fréquentation magasin et médias (panel de 8 000 consommateurs *ConsoScan*), les informations commerciales magasin (panel de points de vente hyper et supermarchés *InfoScan*), les attitudes (échantillon *InterScope* de 16 000 foyers, en postal) et les investissements publicitaires (pige Secodip plurimédia TV, presse, radio, affichage et cinéma).

Variables à expliquer	Déterminants principaux suivis	32 indicateurs clés
Notoriété		Notoriété assistée…
Ensemble de marques	Niveau du souvenir publicitaire Efficacité du souvenir publicitaire Expérience d'achat	Souvenir publicitaire…
Intention d'achat	Taille du set de marque Structure du set de marque Préférences Images	Set de marques, notes d'appréciation, part d'attitudes, intention d'achat, implication produit & marques… Items : confiance, originalité, qualité, justifie que l'on paie plus cher, dynamisme, pour toute la famille, usage occasionnel, bon pour la santé
Comportement d'achat Achat Fidélité	Analyse de la présence en magasin Analyse de la visibilité en linéaire PDM activité promotionnelle Efficacité promotionnelle	Pénétration, QA/NA, SD/NA, taux de nourriture, indice de fidélité, %M volume, %M valeur… SOV totale et par média, Invest. Par média, prix moyen, DV, nb références, DV promo, achat s/promo

L'objectif est de proposer un système de pilotage de la marque par un *diagnostic* glissant des forces et faiblesses de celle-ci et par une *comparaison* (*benchmark*) vis-à-vis des concurrents et d'autres marchés, dans un schéma complet du comportement du consommateur. Le système permet *d'observer les conséquences* des actions (quels éléments sont touchés) et de *mesurer* la performance des actions.

Source : TNS-Secodip, nathalie.jeannot@tnsofres.

Pour en savoir plus

Comment approfondir ses connaissances ?

Exporter, Les Éditions Foucher, www.exporter.editions-foucher.fr

Les réglementations nationales

Gazette du palais, dimanche 8 au mardi 10/12/1996, numéro spécial « Publicité ».

Pezé, *Les loteries commerciales en Europe.*

Seelig G.W., *Loteries, Jeux et concours en droit allemand.*

De Visscher F., *Les loteries publicitaires ou tombolas, les jeux du hasard et les concours en droit belge.*

Fusi M., *Loteries, jeux et concours, ventes avec primes en droit italien.*

9 MISE EN ŒUVRE D'UNE PROMOTION

Ce chapitre a pour objet la présentation et l'analyse de la séquence des décisions correspondant à la mise en œuvre de la politique promotionnelle. Le processus de décision, ainsi que les documents associés et les tâches à effectuer sont décrits de manière précise. La mise en œuvre peut être interne ou délégué, ce choix amène donc une présentation claire tant de la question des relations avec les prestataires que de celle de la sous-traitance ou de la gestion directe des opérations.

Section 1 ■ La pratique promotionnelle

Section 2 ■ La mise en œuvre

Section 1 LA PRATIQUE PROMOTIONNELLE

1 L'organisation d'une opération

Après la phase de diagnostic, une opération comporte trois catégories de tâches : mise en œuvre, création et exécution. Ces phases sont présentées dans la figure 9.1.

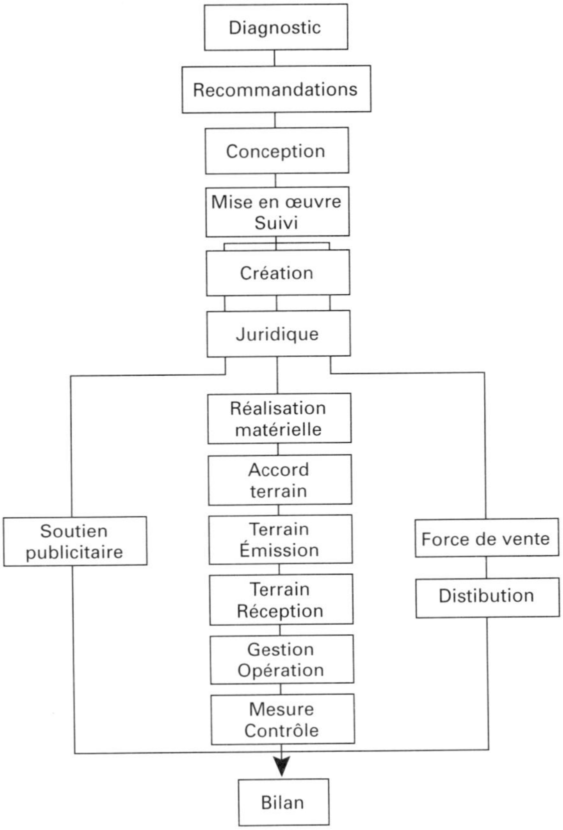

Figure 9.1 – *Décisions concernant une opération promotionnelle*

La phase de mise en œuvre concerne essentiellement le commanditaire de l'opération : il s'agit de choisir l'opération et son mécanisme, de passer les appels d'offres et de sélectionner les fournisseurs et sous-traitants, d'obtenir les devis et de vérifier les factures, d'élaborer le planning et de veiller à son respect, de s'assurer de l'information et de l'accord de tous les intervenants directs et indirects. Une partie de ces responsabilités peut être sous-traitée à l'agence de promotion.

La créativité d'une opération assure son originalité, sa visibilité et, souvent, son efficacité compte tenu du nombre important d'opérations. La phase de création est donc importante, bien que certaines opérations classiques (produit en plus, réduction de prix) y fasse très peu appel. La phase de création artistique doit être peu contrainte *a priori*, mais contrôlée très précisément *a posteriori* pour évaluer son adéquation par rapport aux objectifs de l'opération, à la communication et à l'image de la firme, et aux contraintes juridiques. Le contrôle juridique, indispensable, doit être effectué soit en interne, soit sous la responsabilité de l'agence.

La phase de mise en œuvre consiste en une multitude de petites tâches de coordination et de vérification pour tous les intervenants : l'information, l'étude de faisabilité, la prise d'accord ou le relevé des objections, la transmission des informations nécessaires, la réception et la vérification des tâches effectuées.

1.1 L'étape du diagnostic

Le *brief* est un document exposant l'état des lieux et permettant une collaboration efficace avec des intervenants extérieurs. Il a pour but de présenter les points importants à prendre en compte. Il concerne la présentation générale de la pratique marketing, s'il s'agit d'une entrée en relation, ou d'une présentation spécifique de type appel d'offres s'il s'agit d'une opération particulière à mettre en place.

Exemple : Brief général émetteur/récepteur

> *Marché* : définition et caractéristiques particulières du produit (frais, ultra-frais...), volume, évolution, caractéristiques spécifiques (géographique, saisonnalité...), structure du marché (marques, parts de marché et évolutions...).
>
> *Clients :* segmentation (attitudes, motivations, avantages recherchés...), description générale socio-éco-démographique (sexe, âge, catégorie socio-professionnelle, taille et composition du foyer, habitat...), comportement d'achat (pénétration de la classe de produit et du produit, QA/NA...).
>
> *Produit* : structure de la gamme (différents formats, % ventes, part de marché, disparités régionales...), prix (tarif, prix vente...), position concurrentielle (forces et faiblesses par rapport à la concurrence), image de marque.
>
> *Distribution* : structure des ventes par canal (% ventes, VMH, DN/DV...).
>
> *Force de vente* : statut et structure (nombre de directeurs régionaux, d'inspecteurs, de vendeurs...), structure rémunération (% fixe, variable, primes).
>
> *Publicité* : promesse de base, stratégie media, promesse des principaux concurrents.
>
> *Promotion* : objectifs et critères de choix, expériences et pratiques actuelles (type d'opération, saisonnalité, calendrier, produits et formats concernés...).
>
> *Contraintes et possibilités techniques* : possibilité de modification de l'étiquette et du *packaging* (couleurs de base, nombre de couleurs supplémentaires acceptables...), imprimer à l'intérieur, introduire un objet à l'intérieur, constituer des lots, accroître le contenu (girafe)...

Le *brief* opération est plus précis et plus technique. Il décrit précisément les objectifs de l'opération et la cible (son comportement, ses attitudes). Les contraintes financières et temporelles sont aussi détaillées.

La phase du *brief* est un élément clé dans la mesure où elle permet aux intervenants extérieurs de bien comprendre la problématique et de faire des propositions en adéquation avec l'objectif de l'opération. Elle permet d'accélérer le processus et de réduire les conflits entre les acteurs.

Exemple : Brief opération promotionnelle

> *Objet :* promotion consommateur.
>
> *Produit* : tablettes dégraissées × 15.
>
> *Objectif* : essai et fidélisation des consommateurs actuels de la classe de produit.
>
> *Source de business* : les consommateurs de bouillons solides dégraissés et non dégraissés des marques concurrentes.
>
> *Cible quantitative* **:** ménagères, + 25 ans, tout habitat, toutes CSP, foyer de 2 personnes et plus.
>
> *Cible qualitative* : les consommatrices de bouillons solides sont des ménagères attentives à la réussite de leur cuisine. Elles aiment préparer et faire mijoter leurs plats pour démontrer leur savoir-faire.
>
> *Positionnement de la marque* : le spécialiste des bouillons dégraissés.
>
> *Positionnement des produits* : encore plus de goût avec 3 fois moins de matières grasses que les bouillons solides traditionnels.
>
> *Estimation volumes* : milliers d'étuis par mois/par formats.
>
> *Budget prévu* : 50 K €.
>
> *Période* : à partir d'avril.
>
> *Délais* : début action magasin avril, remise des documents : fin février.

1.2 Les choix techniques du mécanisme

Les mécanismes nécessitent des choix techniques. Par exemple, pour un coupon, des choix comme la valeur du coupon ou sa durée ont un effet non négligeable sur le succès de l'opération.

➤ *Quelle valeur pour le coupon ?*

La rentabilité d'une opération dépend des ventes incrémentales du coupon et des paramètres de coût. Le profit de l'opération s'écrit[1] :

$$\pi = D.r.i.p - D.d - D.r.(f + c)$$

avec *D* le nombre de coupons distribués, *r* le taux de remontée, *i* les ventes incrémentales, *p* la marge unitaire, *d* le coût unitaire de distribution, *f* la valeur facile à rembourser et *c* le coût unitaire du traitement.

Le taux de remontées est prévu en fonction de résultats historiques sur :

– *les caractéristiques du coupon* : le mode de distribution, la répartition géographique, le nombre de coupons (−), les conditions d'achat (−), la valeur faciale absolue et relative (+), la récence du dernier coupon (−), la présence

1. Blattberg R., Neslin S., « Sales Promotion Models » *in* Eliashberg J., Lilien G. (ed.) Handbooks in OR & MS, 5, 1993, pp. 553-609.

simultanée d'autres opérations (+), la qualité du design (+), la date d'expiration (−) ;

- *les caractéristiques de la marque* : la part de marché (+), la distribution (+), la position sur le cycle de vie (−), la fidélité (+), l'image de marque (+) ;
- *les autres facteurs* : un coupon concurrent (−), une campagne de publicité (+), une promotion du distributeur (+), la saisonnalité et la pénétration de la classe de produit (+).

➤ *Réduction immédiate ou coupon à valoir*

Pour un marché stationnaire, les réductions immédiates (coupon à détacher) sont plus rentables que les réductions différées lorsque les ventes de base sont importantes[1]. Si l'impact sur les ventes est toujours plus fort pour la réduction immédiate, la rentabilité dépend de l'importance du dernier achat dans le choix (fidélité ou recherche de variété) : en cas de fidélité forte, la réduction immédiate est préférable alors que *la réduction différée est plus rentable en cas de recherche de variété*[2].

➤ *La durée de validité d'un coupon*

Utilisant une approche théorique, une recherche[3] conduit aux conclusions suivantes :

- plus la durée de vie d'un coupon est longue, plus le taux de remontée est élevé, plus la demande est subventionnée ;
- l'allongement de la durée de vie du coupon accroît le recrutement sur les clients du concurrent sans augmenter la déperdition des clients actuels lorsque le consommateur utilise les coupons par ordre de préférence pour la marque ;
- un allongement de la durée de validité fait à la fois gagner des clients et en perdre lorsque le consommateur privilégie les coupons dont la date d'échéance est proche. Une marque à petite part de marché a donc plus à gagner qu'à perdre.

1.3 L'étape de conception

Une opération peut comporter des actions sur plusieurs cibles (client final, distributeur, force de vente), et pour chaque cible, plusieurs échanges tant sur le plan de l'information que sur le plan d'un échange physique.

---

1. Dhar S., Morrisson D., Raju J., « The Effect of Package Coupons on Brand Choice : An Epilogue on Profits », *Marketing Science*, 15, 1996, pp. 192-203.
2. Zhang J., Krishna A. et Dhar S., « The Optimal Choice of promotional Vehicles : Front-Loaded or Rear-Loaded Incentives ? », *Management Science*, 46, 3, 2000, pp. 348-362.
3. Krishna A., Zhang J., « Short- or Long-Duration Coupons : The Effect of the Expiration Date on the Profitability of Coupon Promotions », *Management Science*, 45, 8, 1999, pp. 1041-1056.

Check list	
Combien d'actions ? Quelle cible ? Quel bénéfice ? Obtenu par quel comportement ?	Combien d'échanges ? Quels médias en émission ? Quels médias en réception ? Quelle animation (médias et point de vente) ?

Les actions sont évaluées en fonction de leur adéquation aux objectifs primaires et par rapport aux avantages/inconvénients secondaires. Si le principe de l'opération est en adéquation avec les objectifs marketing, la valeur de l'offre doit être analysée par rapport à l'importance de l'effet attendu sur les cibles : par exemple, la réduction de prix est-elle suffisamment importante ?

➤ *Équilibre entre coût, simplicité et valeur de l'avantage*

L'équilibre doit être trouvé entre la valeur de l'avantage et les contraintes de coût. L'*originalité* de l'offre permet d'accroître sa visibilité et donc potentiellement son efficacité. Les freins sont la *complexité* et le *désintérêt* : une offre trop originale, ne correspondant pas à des « mécanismes » connus de la cible, impose une communication d'apprentissage qui doit indiquer le mode d'emploi, les actions à entreprendre. Cette communication augmente le coût de l'information tout en ne parvenant pas à « éduquer » la totalité de la cible. La complexité de l'opération, accroît l'importance du processus cognitif, et donc peut conduire au rejet de l'opération par une partie de la cible.

Check list	
Principe : pertinence par rapport aux objectifs Offre : force sur les cibles finales et intermédiaires Offre : originalité, complexité Médias et supports : puissance, sélectivité	Motivation des intermédiaires Coût direct Coût indirect force de vente Coût indirect intermédiaire

➤ *Les choix médias*

Le choix des supports de l'offre concerne non seulement les coûts mais aussi la puissance et la capacité de ciblage des destinataires. Si les coûts d'émission sont souvent bien analysés, les coûts de réception ne doivent pas être minimisés. Ces coûts sont sensibles aux économies d'échelle et variables selon la taille de l'opération et la durée de l'engagement (globalement ou par opération).

La puissance et la sélectivité des supports envisagés s'apprécient selon des critères identiques à ceux utilisés pour la publicité (*cf.* chap. 3). Les données statistiques sur la cible sont cependant rarement disponibles et la qualité de l'analyse est beaucoup plus frustre.

➤ *Les réactions des intermédiaires*

Les réactions des intermédiaires sont aussi à intégrer. Sur le plan négatif, le travail supplémentaire nécessaire pour faire « passer » la promotion doit être apprécié. Il sera influencé par la tâche directe demandée à l'intermédiaire, par exemple : négociation de mises en avant pour la force de vente et remontées de coupons pour le distributeur.

Il sera aussi lié au temps nécessaire pour faire ces tâches, qui dépend de la complexité de l'opération. L'opération sera d'autant plus appréciée qu'elle sert les intérêts de l'intermédiaire : le caractère événementiel de la promotion plaît au distributeur, et donc indirectement à la force de vente puisque cela lui permet d'animer sa visite.

➤ *L'organisation des tâches et le planning*

À l'issue de la phase de sélection, l'opération retenue doit faire l'objet d'une analyse : les tâches doivent être identifiées, éventuellement chaînées les unes aux autres pour les tâches successives. La durée des tâches doit être estimée et tous ces éléments sont repris dans le planning de l'opération éventuellement inversé (rétro-planning).

Exemple : Planning

Date de fin	Tâche	Durée
a-1/58	*Brief* agence	
a/03	Préparation de la promo avec l'agence	
a/04	Documents d'exécution disponibles	à l'usine
	Information des intermédiaires ;	prévision des ventes
a/08	Photogravure	4 semaines
a/10	Impression	2 semaines
a/11	Début production	
a/12	Disponibilité entrepôt	
a/13	Disponibilité point de vente	Durée totale : 16 semaines

➤ *Les documents à rédiger*

Des documents internes sont à diffuser auprès des différents services impliqués dans l'opération (commercial, marketing, financier, industriel, relation client...). Le rôle de la fiche descriptive (fiche d'action) est d'identifier les responsabilités des acteurs directs par rapport aux tâches à effectuer, et d'informer l'ensemble des acteurs, notamment les acteurs indirects qui ont à subir les conséquences des opérations. Cette planification, permet une anticipation et donc une meilleure gestion des ressources.

Exemple : Fiche d'action N° 1/200x

Émetteur : Date :

Destinataires

Siège : service commercial, administration commerciale, marketing, *merchandising*, informatique, comptabilité, contrôle de gestion, service financier, dépôt ;

Usine : directeur, acheteur, chef de fabrication, responsable entrepôt.

Concerne : opération coupons de réduction sur tablettes × 15 ;

Produit : Bouillon × 15, variété 1 et 2 ;

Objectif : augmentation des volumes ;

Présentation : étuis avec marquage de la promotion par un éclaté promotionnel sur la face principale et le coupon de réduction au dos du Gencod : même Gencod ;

Codes internes promotionnels : 1 652 variété 1, 1 653 variété 2 ;

Principe consommateur : coupon de réduction immédiate de 0,50 € à valoir sur l'achat d'un étui de bouillon dégraissé (remboursement du montant aux caisses sur présentation de l'étui) ;

Principe distributeur : substitution automatique des produits standard par des produits promotionnels pendant toute la durée de l'opération ;

Conditionnement : standard ;

Fiche technique : *cf.* fiche technique ci-joint ;

Date de disponibilité entrepôt : début semaine 12 ;

Date livraison client : lundi 26 mars ;

Période : du lundi 26 mars à épuisement des stocks.

➤ *Prévisions des ventes*

L'opération promotionnelle donne lieu à l'émission de documents de présentation à destination de :

- *l'usine :* modification des éléments sur le *pack ;*
- *la force de vente* : un document d'information, puisque la promotion va figurer dans le cycle de ventes (bimestriel) et que le chef de produit est le seul à disposer de toutes les informations nécessaires pour l'établir ; un argumentaire éventuellement pour aider la force de vente à convaincre le distributeur ;
- *le distributeur* : document reprenant les éléments clés de l'opération à inscrire dans une période promotionnelle du distributeur ;
- *les clients* : rédaction du coupon, du règlement de l'opération, etc.

Lorsque ces documents sont tirés par des imprimeurs, un soin particulier doit être apporté à la relecture et à la vérification des documents avec l'autorisation de reproduction (BAT bon à tirer).

2 Le budget

Les opérations promotionnelles engendrent des coûts en partie variables en émission (échantillon) ou en réception (remontée des coupons). Pour les opérations de petite envergure, les budgets sont donc moins importants que ceux des campagnes publicitaires (entre 0,3 et 1 million € pour les budgets confiés aux agences qui ne couvrent pas les petites opérations et celles menées en interne).

2.1 Les coûts

Les coûts fixes correspondent à l'organisation de l'opération (montage, gestion, suivi), à la création de la communication, au coût d'espace, à celui de la dotation.

Les coûts variables sont ceux de l'avantage s'il est unitaire (montant du coupon) plus les coûts de traitements des remontées de l'opération. Par exemple pour une ODR, prévoir en plus les coûts de traitement du RIB (0,50 € environ) ou du chèque (0,7 à 0,90 €).

2.2 Les budgets ouverts et fermés

Les budgets sont dits *fermés* lorsque tous les coûts sont connus à l'avance. C'est le cas par exemple d'une distribution d'échantillon à domicile. En promotion, ils sont beaucoup plus souvent *ouverts*, c'est-à-dire que l'annonceur ne connaît pas, au moment du lancement de l'opération, le montant de son engagement qui dépend directement du taux de participation à l'opération (taux de remontée d'un coupon, d'une ODR) ou du taux de succès dans un jeu. Une erreur dans le montage de l'opération conduit alors à une catastrophe financière : en 1993, une société d'électroménager avait prévu d'offrir un billet d'avion (Londres-New York) à chaque acheteur d'aspirateur. Du fait de son attractivité, cette offre a connu un grand succès et la société n'a pu faire face à ses engagements. Plus de 30 000 plaintes ont été déposées, le budget initial de £2 millions a finalement coûté à la direction son poste et £50 millions à la société.

Exemple

> Une marque d'alcool offrait l'entrée à la séance de cinéma de 22 heures si la personne annonçait le nom de la marque. La large médiatisation de l'opération a fait monter la fréquentation à 85 % de remplissage, bien au-delà de la fréquentation habituelle (25 %) et du niveau maximal de la couverture acceptée par l'assureur (50 %). L'organisateur a dû racheter la totalité des places.

2.3 La couverture par assurance

Des assureurs proposent de couvrir ce risque financier moyennant un *montant unitaire sur chaque offre envoyée*. La couverture est cependant partielle : l'annonceur indique un taux de remontée prévu au-delà duquel l'assurance fonctionne, mais celle-ci s'arrête lorsque ce taux a été manifestement sous-évalué par erreur de prévision. Le coût de l'assurance est souvent si élevé que les entreprises gérant un portefeuille de marques préfèrent souvent agir en *auto-assurance* sans avoir recours à un prestataire.

Exemple

Pour une ODR de 0,40 €, une compagnie d'assurance a accepté de couvrir un taux de remontées situé entre 3,3 % et 6 % pour un coût de 6 € pour 1 000 contacts émis (12 millions de contacts en presse TV) soit 73 175 €.

3 La profitabilité

Les chapitres précédents ont mis en évidence la nature et la force des effets promotionnels à court terme. Cependant, même à court terme, une analyse économique est nécessaire.

3.1 La rentabilité d'une réduction de prix

Les techniques de prix sont coûteuses par la perte de marge. L'atteinte du seuil de rentabilité est à étudier : une réduction de prix de 15 % du PVC offerte par une entreprise ayant une marge de 30 % conduit à exiger au minimum un doublement des volumes, ce qui signifie une élasticité d'un niveau assez élevé de −6 (100 % divisé par 15 %).

3.2 La rentabilité d'un coupon

La valeur faciale d'un coupon accroît les ventes incrémentales et le taux de rédemption. La relation entre le profit et la valeur faciale dépend de l'écart entre les deux effets et n'est donc pas linéaire : elle a la forme d'un U inversé avec une croissance de plus en plus ralentie puis une décroissance en accélération.

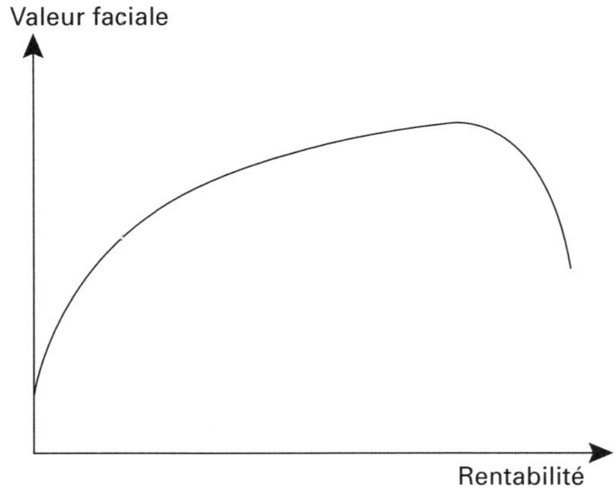

Figure 9.2 – *Hypothèse sur la relation entre valeur faciale et rentabilité d'un coupon*

3.3 La rentabilité d'une offre de prime

Les budgets sont aussi importants que ceux des techniques de prix mais correspondent à une dépense supplémentaire, au lieu d'une réduction des recettes. Il est plus facile de faire supporter une partie du budget par l'acheteur lorsque des offres autopayantes sont utilisées. Dans ce cas, les conséquences de la mise en place d'une offre spécifique doivent être bien anticipées (gestion des stocks, relation client, renouvellement de l'offre…).

4 Les remontées

La prévision du taux de participation ou du taux de remontée est donc un point crucial pour le dépassement budgétaire. Ce taux dépend de l'opération et de la cible.

4.1 L'attractivité de l'opération pour la cible touchée

Cette attractivité est augmentée par la *bonne adaptation* à la cible et la *force de l'avantage* en valeur de rêve ou en valeur financière. Cette relation n'est cependant *pas linéaire* : d'une part un seuil minimal doit être dépassé et, d'autre part, l'attractivité maximale est assez vite atteinte. Elle est réduite par la perception d'une faible *probabilité de gain* et par la perception de la *difficulté et la longueur des efforts* demandés.

4.2 La pénétration de la cible touchée sur l'audience totale

Le taux de remontée peut être faible parce que la cible touchée ne correspond qu'à une petite partie de l'audience. Les *médias* permettant un ciblage plus précis conduisent donc à des taux de remontées plus élevés. La *durée de l'opération* détermine la possibilité de valider les conditions : une opération qui dure un mois élimine une partie des clients ayant une fréquence d'achat supérieure à un mois.

5 Les partenariats

Pour donner plus de puissance et de visibilité à une opération tout en réduisant les coûts, les partenariats entre plusieurs acteurs (producteur, distributeur, médias, services) connaissent un développement important.

L'avantage principal de ces opérations est la réduction de coût qui vient à la fois d'une *réduction des coûts fixes* d'organisation et de gestion d'une opération, de maintien d'une base de données et d'une meilleure coordination des décisions promotionnelles et du *partage des coûts* entre les différents acteurs.

L'inconvénient est la *dilution de l'effet attendu de la communication promotionnelle* sur l'image de la marque ou de l'enseigne : quand la promotion est signée de plusieurs émetteurs, comment va se faire l'attribution par le consommateur ?

5.1 Les partenariats internes : les méga-promotions

Le partenariat simple correspond, par exemple, à l'utilisation d'un produit pour diffuser un coupon à valoir sur un autre produit ou un échantillon. Ce point a été abordé plus haut.

La première étape consiste, pour un producteur disposant d'un portefeuille de marques comme Nestlé ou Danone, à mettre en place des méga-promotions qui regroupent les différentes marques du groupe : « Nestlé fête le roi Lion », « Nestlé fête le petit-déjeuner » etc.

Les méga-promotions sont à base d'accumulation de preuves d'achat multimarques, soit pour une offre de remboursement différée, soit pour une prime différée. Un collecteur permet au participant de connaître les règles, parfois complexes, d'équivalence des preuves d'achat et de les stocker.

L'effet *valeur consommateur* est important par l'annonce du montant maximum (« Recevez jusqu'à 75 € »). L'avantage en terme d'image est évident car il permet de bénéficier d'économies d'échelle par le regroupement de budgets éparpillés tout en permettant à la marque de revendiquer un territoire sur un usage et une présence globale dans une catégorie de produits. L'inconvénient est la *perte d'autonomie du chef de produit* dans l'animation de sa marque et le passage à un objectif majeur de communication pour la promotion.

Les méga-promotions ont aussi été directement reliées à la phase de constitution des bases de données clients et permettent maintenant une communication personnalisée à la fois en émission et en réception : le magazine Danoë contient du rédactionnel sur les produits (limitation de la dégradation de l'image due à l'utilisation de coupons) et des coupons personnalisés nominatifs munis d'un code barre qui permettent d'en suivre l'usage.

5.2 Les partenariats producteur-distributeur

Le partenariat producteur-distributeur est le plus répandu. Il consiste pour le producteur à faire figurer ses produits dans les documents promotionnels du distributeur, à utiliser ses bornes ou son système de couponnage en caisse. Au-delà de la simple utilisation de l'espace (prospectus) pour amplifier l'effet d'une réduction de prix, les demandes du distributeur vont vers des opérations spécifiques, voire exclusives, à la fois dans le calendrier et dans la forme. Il s'agit là d'une dimension vitale de différenciation de l'offre de chaque enseigne.

5.3 Les partenariats producteur-média

Pour bénéficier d'espaces de communication privilégiés, un fabricant peut s'associer avec un média (radio, TV...) qui, en échange de la dotation va communiquer le nom de la marque. Le support gagne ainsi en image vis-à-vis de son audience en organisant des jeux-concours (premier appel, énième appel, question sur l'artiste ou le produit...).

5.4 Les partenariats avec les services

Les sociétés de service dont l'activité constitue une dotation attractive (voyage, vacances, parc d'attraction...) et qui ont besoin d'une communication pour influencer la fréquentation ont un intérêt évident à s'associer avec des fabricants ou des distributeurs. Ces derniers communiqueront sur la dotation.

5.5 Les programmes de fidélisation multi-enseignes

Le coût élevé d'un programme de fidélisation, son manque d'attractivité pour le client qui ne peut accumuler suffisamment rapidement les points nécessaires (faible fréquence de visites ou d'achat), le désintérêt de celui-ci pour une dotation produit trop peu hédonique, conduit des enseignes de distribution et de service à s'associer pour proposer une carte multi-enseignes souvent gérée et pilotée par un organisme financier.

Exemple

> Le programme Points Ciel regroupe des grands magasins (BHV, Galeries Lafayette), des magasins de détail généralistes (Monoprix, Inno, Casino) et spécialisés (Télémarket, taxis bleus, Phox, Atlas...), des services automobiles (Total, Avis, Speedy...) des loisirs voyages et restauration (Air France, Go Sport, Bistro Romain...) et des services financiers (Cofinoga, BNP).

Si l'avantage de réduction des coûts est évident, les inconvénients ne doivent pas être sous-estimés (peu d'effet sur l'image, peu d'effet sur les ventes) même si ce partenariat permet, par le croisement des clientèles, de développer le nombre de clients.

Section 2 LA MISE EN ŒUVRE

1 Les intervenants d'une opération

La mise en œuvre consiste à effectuer, en temps et en heure, toutes les tâches nécessaires au bon déroulement de la promotion. Cette étape d'exécution nécessite une certaine expertise technique et fait donc appel à des corps de métier spécifiques (figure 9.3).

Elle est composée d'une multitude de communications, de demandes de précisions, de confirmations, de vérifications. Elle peut être sous-traitée à des agences conseil en promotion, contre une rémunération fixe (honoraires et tiers à l'euro près) ou variable (marge sur tiers). Le choix du recours à cette expertise externe va être discuté dans la section suivante.

Exemple : Opération Halloween, un bêtisier

> Opération en îlot central, jupe-palette avec 5 lots de produits, avec un tirage au sort (urne) pour gagner un costume de sorcière, annoncée par affichette en magasin et encart dans le prospectus. Bonne création de l'agence pour les affiches visibles de loin, clarté et sympathie, mais problème de fixation (pas de perforation) et affiches en recto seul (à agrafer à la main). L'agence avait prévu de sortir le costume de la boîte pour rendre l'opération plus attrayante, de le monter sur un cintre et de le suspendre au-dessus de l'îlot. Irréalisable sur place par manque de temps des chefs de secteur (CS), le costume est monté à l'avance, il reste à le suspendre mais il faut cinq points d'attache au plafond. Les magasins refusent de les installer. Pour éviter la perte, les kits PLV sont envoyés directement chez les CS. En déplacement, ils ne sont pas chez eux et doivent reprendre rendez-vous le week-end. Le livreur sous-traite à d'autres livreurs, plusieurs kits sont perdus. La fixation nécessite des barres d'environ deux mètres qui ne rentrent pas dans les voitures, cela n'avait pu être vérifié car tout n'était pas prêt le jour du

contrôle. L'opération est mal acceptée par la force de vente, une visite en magasin montre qu'aucune PLV n'est installée, qu'au mieux il y a une TG mais que les lots se retrouvent aussi en rayon.

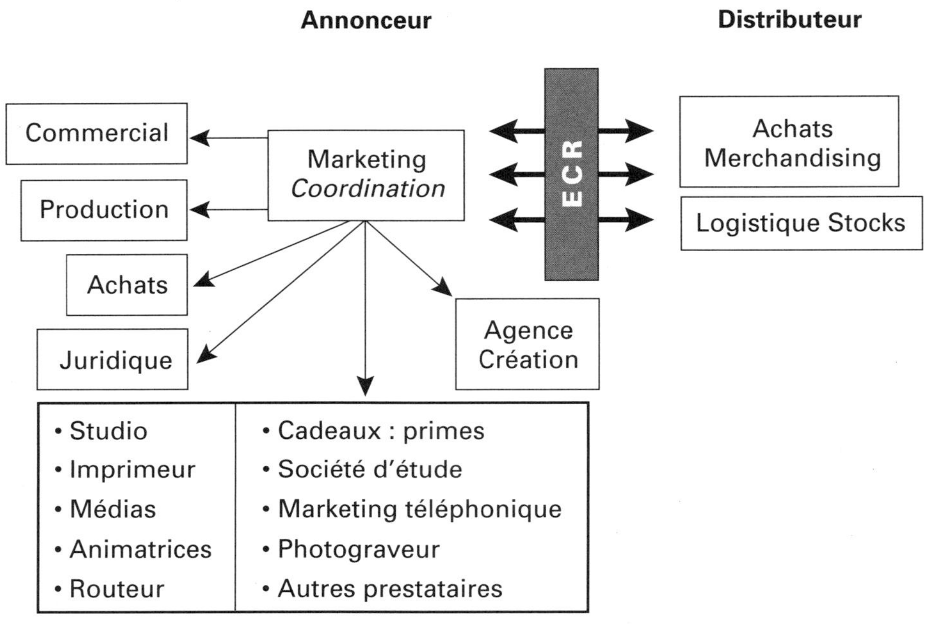

Figure 9.3 – *Intervenants potentiels dans une opération promotionnelle*

2 La mise en œuvre interne ou externe

2.1 La gestion-coordination par une agence spécialisée

➤ *Les avantages*

En externe, c'est-à-dire avec une sous-traitance complète de l'opération, les avantages sont nombreux. Les prestataires sont *spécialisés* sur ces opérations et sont donc capables d'obtenir des économies d'échelle qui doivent se concrétiser sur le plan du coût de l'opération. Cette spécialisation permet aussi d'obtenir une meilleure qualité d'exécution, pour le délai de mise en place, qu'en terme de capacité de mobilisation d'une équipe qualifiée déjà constituée.

La relation ponctuelle autorise aussi un *dimensionnement adéquat* des prestations : les prestataires peuvent proposer des équipes capables de travailler en continu, même en période d'affluence ou pendant des périodes particulières (jours fériés…). Enfin la diversité des opérations permet au prestataire d'offrir un *capital d'expérience* évitant des erreurs liées à l'apprentissage.

➤ ***Les inconvénients***

Ils concernent principalement la *perte de contrôle* par l'entreprise. Si les coûts d'exécution sont normalement plus faibles pour un spécialiste, ceci peut ne pas se traduire dans les *prix* demandés. D'une part, les coûts fixes de maintien d'un portefeuille de spécialistes sont élevés et, d'autre part, chaque intermédiaire prend sa marge au passage. Le choix d'un prestataire n'est pas non plus sans *risque.* Outre le risque de faillite, le chef de produit doit être à même de choisir ce prestataire sur des critères pour lesquels il ne possède pas d'information objective : qualité, rapidité et fiabilité. Enfin, le prestataire est souvent incapable de traiter au mieux des *remontées particulières* de l'opération (réclamations…). De plus, le *processus de sélection de l'agence* est aussi impliquant et la mise en concurrence nécessite un investissement en temps dans le respect des intérêts des deux parties.

2.2 La gestion en interne

La gestion de l'opération au sein de l'entreprise permet à celle-ci de garder un contrôle complet. Par une implication plus forte des employés, il est possible d'obtenir une bonne qualité d'exécution. Ce contrôle permet aussi une accumulation d'expériences au sein même de l'entreprise.

Mais, compte tenu du nombre plus faible et de la moins grande diversité des opérations menées, la progression de la *courbe d'apprentissage est plus lente.* Le problème le plus délicat est celui du dimensionnement des services en interne. Les problèmes de gestion du personnel (intérim, temps partiel…) sont spécifiques et certains coûts (recrutement, formation…) très élevés. Enfin, ce choix n'a pas la même dimension temporelle : le traitement en interne suppose des investissements importants à réaliser tant sur le plan humain (expertise) que sur le plan matériel, investissements qui ne sont rentables que pour un niveau d'activité important. L'analyse économique de l'opération en est profondément modifiée.

L'essentiel

La promotion conduit l'annonceur à gérer les médias en émission et en réception. Il y a donc de nombreux points de détail à régler de manière d'autant plus précise et impérative que les conséquences des moindres erreurs sont amplifiées par le grand nombre de réponses attendues.

La promotion fait intervenir de nombreux acteurs, internes et externes à l'entreprise, et plusieurs services de l'entreprise sont plus ou moins directement concernés (achat, commercial, marketing, finance...). Si l'expertise permet d'atteindre des objectifs ambitieux, elle conduit à un morcellement des tâches et, donc, au risque d'erreur dans la réalisation. Un soin particulier est à apporter à l'information (*briefing*) et au contrôle de chaque composante de l'opération.

La coordination de l'opération est la phase majeure de la réalisation. Elle peut être confiée à une agence qui apporte son capital humain, son expérience et son expertise et qui permet à l'entreprise de ne pas se doter d'une structure fixe, lourde et pourtant incapable de s'adapter aux pointes d'activité. Néanmoins, l'implication peut ne pas être aussi forte que celle des équipes internes qui peuvent aussi accumuler progressivement de l'expérience spécifique.

De plus, l'équilibre des pouvoirs entre les partenaires, déjà fonction de leurs tailles respectives, a tendance à évoluer au cours de la relation ce qui entraîne la remise en cause régulière du budget par des appels d'offres, coûteux pour les partenaires, mais qui permettent à intervalles réguliers d'obtenir le meilleur des prestataires à un juste prix.

La recherche d'une baisse des coûts et d'un accroissement de la puissance conduisent à rechercher des partenaires pour une opération conjointe. Ces partenariats regroupent des marques d'un même groupe, des fabricants, des distributeurs, des médias chacun apportant sa spécificité (budget, dotation, médias d'amplification). L'analyse de l'intérêt de ces opérations dépend des retombées commerciales en termes de CA et d'image de marque.

Pour en savoir plus

Contenu d'un brief type selon l'AACC

I. Informations sur l'entreprise

L'annonceur informera l'agence sur :

- sa politique générale ;
- sa politique produits ;
- l'état des recherches techniques ;
- son image de firme et sa notoriété ;
- son potentiel humain, technique et économique ;
- le contexte socio-politique ;
- les entreprises concurrentes.

II. Informations sur le produit (ou le service)

Définition technique :

nature, forme, composants ;

conditionnement, présentation ;

points forts/ points faibles ;

contraintes (techniques/juridiques, etc.).

Prix de vente.

Positionnement : produits concurrents, clientèles.

Politique de marque.

Stratégie publicitaire.

Image.

Évolution qualitative/quantitative.

(*Il s'agira notamment de préciser la politique commerciale et les objectifs commerciaux du produit sous tous ses aspects.*)

III. Informations sur le marché

Consommation/Utilisation : nature du marché, localisation (régional, national, international), importance, évolution.

Concurrence : quantité, part du marché, prix, image, positionnement, publicité.

Distribution, réseau commercial (implantation).

Environnement économique direct et indirect.

Contexte socio-politique : législation, pressions sociologiques, consumérisme, etc.

Source : http://www.aacc.fr/consultations2.html#brief.

LES PRINCIPALES TECHNIQUES

13 à la douzaine	unité identique offerte lors d'un achat groupé.
Animation	événement ludique organisé sur le point de vente ou ailleurs.
Bon d'achat	titre offert par le distributeur donnant droit à une réduction de prix dans le magasin, éventuellement limitée à certains produits.
Bon de réduction immédiate (BRI)	titre porté par le produit donnant droit à une réduction de prix lors de l'achat.
Bon de réduction	titre donnant droit à une réduction de prix lors d'un achat.
Boutique	offre autopayante d'un assortiment de produits.
Cadeau de bienvenue (welcome pack)	cadeau offert lors de la première relation commerciale.
Cadeau de parrainage	cadeau offert à un client à l'origine de l'achat d'un nouveau client.
Cadeau	produit-service offert sans contrepartie.
Charity promotion	offre d'un versement financier à une association de bienfaisance par le vendeur pour chaque achat.
Club	offre d'informations et de produit (autopayante) après adhésion volontaire, éventuellement payante.
Coffrets	variante d'un lot mixte présentant le lot dans un emballage spécial avec éventuellement un cadeau.

Concours	attribution d'une dotation à la meilleure prestation d'un participant volontaire.
Coupon	titre donnant droit à une réduction de prix lors d'un achat.
Coupon à valoir	titre porté par le produit donnant droit à une réduction de prix lors de l'achat suivant.
Coupon croisé	titre porté par un produit donnant droit à une réduction de prix pour l'achat d'un autre produit.
Coupon électronique	coupon émis en caisse en fonction des achats effectués.
Coupon Internet	coupon obtenu sur Internet et utilisable soit directement soit après impression local.
Coupon personnalisé	coupon nominatif donnant droit à une réduction.
Crédit gratuit	offre d'un paiement différé sans intérêt sur une courte durée.
Crédit promotionnel	offre d'un crédit à un taux minoré du fait de la prise en charge partielle par le vendeur.
Dégustation	offre gratuite d'un produit sans emballage à consommer sur place.
Démonstration	mise en œuvre publique du produit pour en expliquer les conditions d'utilisation et de fonctionnement.
Dose d'essai	offre gratuite d'un produit nécessaire à une utilisation (conditionnement différent du conditionnement habituel).
Échantillon	offre gratuite d'un conditionnement réduit du produit identique au produit standard.
Édition limitée	(voir « série spéciale »).
Engagement de reprise produit	offre faite lors de la vente d'un produit de racheter celui-ci dans des conditions déterminées.
Escompte de caisse	remboursement effectué par le distributeur.
Essai gratuit	mise à disposition gratuite et momentanée d'un produit.
Garantie de remboursement de la différence	offre de remboursement de la différence de prix constatée par le client avec un autre point de vente ou dans le temps.
Garantie satisfait ou remboursé	offre de remboursement intégral en cas d'insatisfaction de l'acheteur.
Instant win	jeu de hasard gratuit à révélation immédiate (gagné/perdu).

Jeu concours	loterie impliquant la réponse à des questions simples pour la participation au tirage au sort.
Jeu de trafic	jeu de hasard dont les tickets de participation sont diffusés à l'avance pour une révélation en magasin.
Jeu des mariages	jeu de hasard dont la révélation est effectuée par le regroupement d'une combinaison gagnante.
Jeu gratuit	jeu sans obligation d'achat faisant intervenir le hasard.
Jeu par téléphone	jeu de hasard à révélation immédiate utilisant le téléphone pour la participation.
Liquidations	ventes exceptionnelles pour cessation d'activité.
Lot hétérogène	offre groupée de produits différents (variétés ou conditionnements).
Lot homogène	regroupement de conditionnements standards dans une unité de vente physique.
Lot mixte	offre groupée de produits différents (aussi vendus à l'unité).
Lot prime	lot physique portant une prime (permet d'augmenter la valeur de celle-ci).
Lot virtuel	réduction de prix offerte lors de l'achat simultané de produits (identiques ou différents).
Loterie	attribution d'une dotation par tirage au sort unique dans un ensemble de bulletins rassemblés dans une urne.
Offre auto-payante	offre de vente d'un produit à un prix réduit en contrepartie de preuves d'achat.
Offre de gratuit	réduction de prix exprimée en valeur produit.
Offre de remboursement (ODR)	offre de remboursement (total ou partiel) d'un achat déjà réalisé.
Offre de remboursement associée	ODR associée fabricant-distributeur conditionnelle à un montant d'achat chez le distributeur et à l'achat de produits du fabricant.
Offre de remboursement par accumulation	offre de remboursement (total ou partiel) contre plusieurs preuves d'achat.
Offre spéciale	offre générique indiquant l'existence d'une réduction de prix non précisée.
Parking gratuit	offre de gratuité du parking ou de remboursement des frais de parking.

Parrainage audio-visuel	offre de produits gratuits en échange d'une annonce des marques en cours d'émission (jeux).
Port gratuit	offre de livraison gratuite des achats.
Prime à collectionner	offre d'un ensemble de primes différentes, portées par le produit, centrées autour d'un même thème.
Prime contenant réutilisable	offre d'un conditionnement spécial réutilisable.
Prime différée	prime obtenue en échange d'une preuve d'achat.
Prime différée par accumulation	prime obtenue en échange de plusieurs preuves d'achat.
Prime échantillon	échantillon porté par un produit.
Prime plate ou imprimée	document imprimé, *in-pack* ou *on-pack* (adhésif).
Prix barré	réduction de prix exprimée par rapport à un ancien prix pratiqué (référence).
Prix d'essai	offre générique indiquant une réduction de prix pour l'essai d'un produit.
Prix de lancement	offre générique indiquant une réduction de prix pour le lancement d'un produit.
Produit en plus (girafe)	modification du conditionnement standard offrant un supplément de produit gratuit.
Produit gagnant	jeu de hasard pour lequel les combinaisons sont diffusées sur le produit.
Produit gratuit	voir produit en plus.
Reprise produit	réduction de prix lors d'un achat en contrepartie de la reprise d'un ancien produit identique.
Série spéciale	produit spécifique dans sa nature ou dans son conditionnement dont la production est limitée en volume ou dans le temps.
Soldes	réduction de prix sur des articles neufs pour liquider des stocks excédentaires.
Sweepstake	loterie en deux étapes, annoncée aux gagnants qui doivent participer volontairement au tirage final de l'attribution des lots à chacun.
Vente au déballage	ventes réalisées en dehors des locaux commerciaux.
Visiteur mystère	jeu de révélation immédiate par un animateur.
Winner per store	loterie avec un tirage par magasin organisée par un fournisseur.

GLOSSAIRE

Français

Animation	création d'un événement (sur le point de vente...).
Asile colis	utilisation d'un colis ou d'un message (chéquier...) comme support pour véhiculer un message (encart).
Attrition	mortalité commerciale et naturelle d'une population dans le temps par rapport à la date de recrutement.
Coupon	bon permettant d'obtenir une réduction de prix lors d'un achat.
Démonstration	utilisation publique d'un produit ou d'un appareil pour en montrer le fonctionnement ou l'usage.
Dégustation	offre gratuite d'un produit alimentaire à consommer immédiatement.
Échantillon	ensemble d'unités statistiques (personnes, magasins...) issues d'une population.
Échantillonnage	remise de modèles non destinés à la vente, de tailles réduites, ou d'extraits permettant une utilisation du produit.
Îlot de masse	ensemble de produits mis en forme et situé dans une allée d'un point de vente en libre-service.

Médias moyen de communication (médias).

Mise en avant (MEA) utilisation d'emplacements préférentiels en magasin pour accroître l'exposition du produit.

Mur promotionnel ensemble de produits disposés comme un mur et constituant un écran visuel.

Panel échantillon semi-permanent à qui l'on pose régulièrement les mêmes questions.

Pige relevé systématique des messages transitant sur un ou plusieurs supports.

Prospectus document commercial présentant les promotions en cours sur un point de vente.

Rotation ratio du flux (volume des ventes) sur le stock.

Stimulation ensemble de techniques permettant d'accroître momentanément la performance d'une force de vente.

Stop-rayon élément de PLV, associé au linéaire, qui doit attirer l'attention du client potentiel.

Support véhicule de communication spécifique appartenant à un médiatitres de presse, chaîne de TV…

Tête de gondole extrémité visible des meubles de présentation, située dans les allées principales d'un point de vente en libre-service.

Testimonial témoignage d'un client ou d'un gagnant utilisé dans une communication publicitaire.

Anglais

Below the line terme désignant les actions de communication non publicitaires.

Bartering troc, terme utilisé dans les co-promotions, pour signifier un échange (dotation cadeau contre espace, par exemple).

Brand equity capital (notoriété, image) associé à une marque. Permet aussi de déterminer la valeur « marchande » de la marque.

Briefing — réunion de mise au courant des partenaires et/ou intermédiaires.

Cash refund — remboursement en espèces d'une partie ou de la totalité de l'achat déjà effectué (offre de remboursement).

Charity Promotion — promotion dont le mécanisme prévoit une aide (don en nature ou en argent) pour une œuvre caritative.

Cross-couponing — opération promotionnelle utilisant un support produit autre que celui qui bénéficie de la promotion.

Cross-sampling — opération promotionnelle utilisant un support produit pour diffuser des échantillons.

Desk research — recherche documentaire.

Display — toute forme de mise en avant de produit en magasin, en dehors des linéaires.

Facing — unité de mesure de la présence en linéaire du produit : correspond à une face visible.

Feature — prospectus.

Folder — prospectus.

Game — opération promotionnelle de la catégorie des jeux.

Incentive — stimulation.

In-pack — élément promotionnel véhiculé à l'intérieur de l'emballage du produit.

In-store — opération promotionnelle qui se déroule à l'intérieur d'un point de vente.

Item — article.

Leaflet — petit prospectus.

Mailing — publipostage.

Mis-redemption — remboursement d'un coupon non associé à l'achat du produit correspondant.

Off-pack — élément promotionnel non associé au produit et distribué au point de vente (*near pack*).

One-shot — opération unique, sans suite. Se dit d'une opération de vente à distance concernant un produit particulier et effectuée par un seul message.

On-pack	élément promotionnel véhiculé sur l'emballage du produit, visible de l'extérieur.
Pay-out	point mort, niveau des ventes qui assure la couverture des coûts engagés.
Packaging	emballage du produit.
Phoning	opération marketing direct utilisant le téléphone comme medium.
Piggy-back	« portage » d'un élément promotionnel dans un colis (asile-colis).
Pull	démarche qui consiste à faire demander le produit par le client final.
Push	démarche qui consiste à renforcer le rôle des éléments liés au contexte d'achat (vendeur, distributeur…).
Redemption	remise d'un élément promotionnel (coupon) pour bénéficier d'une offre promotionnelle.
Sampling	échantillonnage.
Sell-in	démarche qui consiste à accroître les stocks (charger) des distributeurs.
Sell-out	démarche qui consiste à permettre au distributeur de résorber ses stocks.
Sleever	drapeau appliqué sur l'emballage d'un produit.
Special pack	conditionnement spécial en fond de rayon.
***Special pack* seul/fin**	conditionnement spécial uniquement en fond de rayon/queue de promotion venant d'une MEA ou d'un prospectus.
Split-run	méthode de test qui consiste à envoyer deux messages sur chaque moitié d'un ensemble séparé de manière aléatoire.
Sponsoring	utilisation d'événements (sportifs, culturels…) pour faire passer une communication publicitaire, essentiellement de notoriété et bénéficier du capital image de la manifestation.
Sweepstake	loterie avec pré-tirage.
Winner per store	opération promotionnelle consistant à organiser une loterie par point de vente.

BIBLIOGRAPHIE

BENOUN M., HÉLIES-HASSID M.L., *Distribution, Acteurs et Stratégies*, Paris, Économica, 1995.

BERNADET J.-P., *Comment développer la promotion des ventes ?*, Paris, Nathan, 1993.

BLATTBERG R., NESLIN S., *Sales Promotion : Concepts, Methods and Strategies*, New York, Prentice Hall, 1990.

CHATELIER (du) D., NOGRET-CARREGA A., *Le Guide juridique du marketing direct*, Paris, Éditions d'Organisation, 1999.

CLIQUET G., FADY A., BASSET G., Management de la distribution, Paris, Dunod, 2002.

DESMET P., *Marketing Direct*, Paris, Dunod, 2001.

DESMET P., ZOLLINGER M., *Le Prix*, Paris, Économica, 1997.

FILSER M., DES GARETS V., PACHÉ G., *La Distribution : organisation et stratégie*, Colombelles, EMS, 2001.

JALLAIS J., ORSONI J., FADY A., *Le Marketing dans le commerce de détail*, Paris, Vuibert, 1994.

LEHU J.-M., *La Fidélisation client*, Paris, Éditions d'Organisation, 1999.

LILIEN G., KOTLER P., MOORTHY K.S., *Marketing Models*, New York, Prentice Hall, 1992.

MACÉ S., *La Politique marketing du point de vente*, Paris, Vuibert, 2001.

VANHEEMS R., *Guide du marketing direct non adressé : imprimés publicitaires, publicités en boîte à lettres, géomarketing, consumer magazine*, Paris, Éditions d'Organisation, 2001.

VOLLE P., *Promotion et choix du point de vente*, Paris, Vuibert, 1999.

VOLLE P. éd., *Études et recherches sur la distribution*, Paris, Économica, 2000.

ZEYL A., ZEYL A., *Le Trade Marketing*, Paris, Vuibert, 1996.

INDEX DES NOTIONS

A

ACNielsen
  HomeScan 234
  Scantrack 230
acti-rayon 113
affichage parking 115
affichariot 114
AIDA 91
animations virtuelles 112
asile-colis 117
assurance (des remontées) 351
Audiotel 125
auto-assurance 351
auto-coupon 113

B

bannière 127
base de données clients 122
base line 196, 239
BAT 349
BehaviorScan 237
  E-Mailing 235
BIPP 17
bon d'achat 327
borne à commande vocale (BCV) 112
bornes 112
budget ouvert/fermé 350
bump-trought 196
bundling 146
burn 298
bus mailing presse 120
bus mailing spécialisé 120

C

caisse (média) 111
calendrier promotionnel 278
canal gratuit 79
capital client 273
carte accès illimité 299
carte rechargeable 51
Catalina 51
catalogue cadeau 328
category management 288, 323
CGV 266
challenge commercial 326

chèque cadeau 327
Claritas 122
CM 279
CNIL 122
Consodata 122
ConsoScan 233
consumer magazine 124
coopération commerciale 267, 322
coupons
  chéquier 122
  magazine 122
courriel
  voir courrier électronique
courrier électronique 125
CPC 103
création
  mécanisme 98
  nature de la dotation 97
  pyramide des dotations 96
  techniques économiques 93
  thème 95
CRM 302
CRM entrant 302
CRM sortant 303
cycle de vente 322

D

deal prone 181
délottage 200
diamant (marché en) 287
Dirichlet (modèle) 249
dissonance cognitive 163
distribution géociblée 123
DN/DV ruptures 230
DN/DV vendant 229
dogit 253
doigt dans l'engrenage 165
double jeopardy 250
double jeopardy effect 301
droit de référencement 322
DV-promo 199

E

early-bird 199
earn 298
Ecobon 51
ECR 322
EDLP 280
effet d'aubaine 202
effet de manque 180
effet de pipe-line 227
email 125
étude avant-après 236
étude avant-pendant-après 232
évaluation média
  affinité 106
  audience 106
  couverture 106
  durée de vie 108
  économie 106
  fréquentation 107
  puissance 106
  répétition 108
Experian 106

F

fichiers d'adresses 122
foires et salons 116
format spécial 111
framing
  voir théorie cadrage
France Pub 23
FSI 118

G

Galland (loi) 282
géomarketing 109
GESC 122
girafe (produit) 61

H

Hi-Lo 280
HomeScan 234
honoraires et tiers à l'euro près 355

I

I-base 122
IIA 252
illusion monétaire 168
ILV 112
IM 114
IMC Scan 238
in store 113
indice de développement de la catégorie 289
InfoScan 230
insularité 253
Iri-Secodip
  InfoScan 230
ISA 115

K

kakémonos 73
kalman (filtre) 244
Kiosque Eco 124

L

life time value 274
liquidations 57
Logit (modèle) 251
loi des 20/80 293

M

magazine de consommateurs 124
mailing
  voir publipostage
mal-rédemption 50
marge arrière 266
marge avant 266
marge sur tiers 355
marketing communication 29
marketing d'entrée 270
marketing de sortie 272
marketing direct 120
marketing opérationnel 29
marketing services 29
marketing viral 69
MarketingScan
  BehaviorScan 237
  PromoTrak 237
mark-up 279
MDD 286
MEA 114
mégabases 122
méga-promotions 353
merchandising 67
Minitel 127
mise en avant en rayon 113
mise en avant hors rayon 114
mis-rédemption 50
MMS 125
MN 286
MNL (Logit) 252
modèle binomial 248
modèle d'apprentissage 249
modèle de Markov 248
multi-enseigne 327

N

NBD (modèle) 250
nouvelles régulations économiques (loi NRE) 283
numéros spéciaux
  azur 125
  indigo 125
  vert 125

O

Objectif CRM® 260
ODR 53
offre de bienvenue 68

P

PA 104
parrainage 138
partenariat 353
PE 286
piges 227
plan quasi expérimental 236
PLV 113

PNA 115
posto-types 123
PP 286
PQR 117
presse magazine 118
prix d'achat effectif 266
produit d'appel 271
produit d'impulsion 272
produit de destination 271
produits longue portée 271
programme de fidélisation 290
programme de fidélisation multi-enseignes 354
Prométhée 235
PromoCast 244
Promoter 242
promotion d'attaque 309
promotion de défense 309
PromotionScan 243
PromoTrak 237
prospectus 115
publipostage 123
pull 307
push 307
PVC 266
pyramide (marché en) 287

R

radio 119
radio en magasin 114
réactions concurrentielles 201
réduction sur les achats 321
règlement 100
réglementation européenne (projet) 337
remise sur les ventes en promotion 321
remise sur objectif 321
remise volume 321
renforçateur 161
reprise produit (distributeur) 321
retour au marché 197
rétro-planning 348
RFA 266
RNP 244
road show 117
rupture 230

S

sablier (marché en) 287
Scan*Pro 246
Scannel 236
Scantrack 230
  market 229
secteurs Delta diffusion 123
sensibilité à la promotion 181
shelf talker 113
site web 126
slippage 50
smart shopper 191
SMS 125
soldes 56
special pack 111
SRP 267
sticker shock 212
stimulation 323
stop-rayon 113
street marketing 116
SVI 53
SYSMIC 107

T

taux de marque 280
taux de transformation 195
techniques jeux-concours
  concours 84
  instant win 83
  jeu de trafic 80
  jeu des mariages 84
  jeu gratuit 80
  jeu par téléphone 83
  loterie 80
  produit gagnant 83
  sweepstake 81
  winner per store 80

techniques prix
- bon d'achat 51
- bon de réduction immédiate BRI 51
- charity promotion 55
- coupon à valoir 51
- coupon croisé 51
- coupon électronique 51
- coupon internet 52
- coupon personnalisé 51
- crédit gratuit 54
- crédit promotionnel 54
- engagement de reprise produit 54
- escompte de caisse 49
- offre de gratuit 49
- offre de remboursement 53
- offre de remboursement associée 53
- offre spéciale 48
- parking gratuit 54
- port gratuit 55
- prix barré 49
- prix d'essai 48
- prix de lancement 49
- reprise produit 53

techniques produit
- 13 à la douzaine 61
- boutique 66
- cadeau 67
- club 67
- coffret 63
- conditionnements différents 61
- lot homogène 62
- lot mixte-hétérogène 62
- lot prime 63
- lot virtuel 63
- offre auto-payante 66
- offre de parrainage 68
- parrainage audio-visuel 69
- prime à collectionner 64
- prime contenant 64
- prime différée 66
- prime directe 64
- prime échantillon 65
- prime imprimée 64
- produit en plus 61
- série spéciale 61

techniques risque
- dégustation 72
- démonstration 72
- dose d'essai 72
- échantillon 71
- essai gratuit 71
- garantie de remboursement 74
- garantie remboursement de la différence 73
- garantie satisfait ou remboursé 73

téléphone 124

télévision 119

testimonial 104

TG 114

théorie
- ancrage-ajustement 172
- attribution 162
- cadrage 175
- choc de l'étiquette 173
- conditionnement 157
- consommateur producteur 150
- gestion des stocks 148
- micro-économie 145
- niveau d'adaptation 171
- offres groupées 146
- perception des prix 166
- prix de référence 169
- prix juste (fair price) 174
- prix ronds 167
- remboursement de la différence 154
- théorie de l'information 153

TNS-Secodip
- ConsoScan 233
- Prométhée 235
- Scannel 236

tracabilité 227

tracking 233

tract 115

U

UC 228
uplift 195

V

VAN 274
ventes au déballage 57
visiteur mystère 83
VMH 229
volume de base 195
volume incrémental 195, 239
volume promotionnel 195
VQ 229
VV 229

W

web call center 124
Weber-Fechner (loi de) 166
welcome pack 68

INDEX DES AUTEURS

A

Abraham 217, 243
Adams 147
Adda 19
Addona 246
Ailawadi 255, 288, 316
Ansari 272
Anselmi 315

B

Balasubramanian 312
Baltas 251
Baron 244
Bartlett 328
Barwise 301
Bauvois 165
Bayus 314
Bearden 164
Becker 150
Beem 163
Belk 140
Bell 206, 207, 256, 280, 321
Bemmaor 255
Ben Miled 142
Benavent 300
Bernadet 19, 20, 108
Bettman 182
Betts 277
Biswas 162
Blackwell 134
Blattberg 10, 152, 183, 201, 207, 247, 345
Bloom 322
Boatwright 222
Bowman 213
Bradlow 256
Brée 144
Briesch 207
Bronnenberg 218, 310
Bucklin 207, 247, 316
Buesing 152
Burton 116, 162, 182, 187
Buttle 138
Buzzel 328, 329

C

Cacioppo 181
Campbell 180

Cannon 322
Carlsmith 212
Carmon 95
Chandon 19, 190, 209, 218
Chandrasekharan 249
Chatterjee 288
Chen 93
Cheong 204
Chiang 206
Chintagunta 256
Cole 286
Collard 52
Compeau 94
Cooper 244, 293
Crié 300
Currim 187

D

Deighton 170, 238
Dekimpe 209
Delabrière 144
Denison 293
Derbaix 141
Desmet 19, 108, 246, 254
Dhar 202, 222, 288, 289, 346
Diamond 20, 180
Dick 285
Dickson 164, 166, 271
Dietsch 217
Dodson 160, 165
Doob 212
Dorfman 280
Doyle 206, 251
Drèze 321
Dunn 330

E

Ehrenberg 250, 301
Engel 134
Eppen 148
Erickson 155
Etgar 153

F

Fargette 19
Festinger 163
Fox 207
Foxman 334
Fraccastoro 162
Franses 255
Freedman 212
Froloff 182, 188

G

Gaeth 288
Gaidis 160, 161
Gedenk 203, 288
Gerstner 32
Gogos 244
Gollety 144
Goodhardt 301
Gourville 179
Grewal 94, 173
Grover 206
Guadagni 210
Guilbert 19, 23
Guiltinan 146
Gundlach 322
Gupta 206, 207, 214, 247, 256, 272, 315

H

Hammond 250
Hanson 146
Hanssens 209
Hawkes 246
Heath 288
Heider 162
Helson 171
Henderson 238
Herrmann 148
Hess 32
Higie Coulter 148
Hoch 147, 170, 288, 289, 310
Huber 148, 153
Hulland 204

I

Indgehagopian 243
Inman 169, 180
Iyer 181

J

Jain 285
Jaurent 19
Jedidi 213, 214, 315
Johansson 155
Johnson 20
Jolibert 162
Joule 165

K

Kalra 327
Kamen 174
Kannan 249, 253
Kapferer 142
Kapil 152
Kashani 330
Kaul 256
Keeling 277
Kelley 162
Kent 147
Kim 291
Kippers 255
Kitagawa 244
Kivetz 138
Knox 293
Kondo 244
Kopalle 213
Kotler 249
Krémer 217
Krishna 202, 346
Krishnan 173
Kumar 268, 289, 312

L

Lam 204
Landauer 212
Lattin 256, 280
Laurent 142, 190, 218
Le Roy 246
Leclerc 143
Lee 167
Leeflang 201, 206
Lehman 214
Lehmann 316
Levy 244
Libermann 148
Lichstenstein 182, 187
Lichtenstein 116, 162, 164
Lilien 249
Little 143, 210
Lodish 217, 243
Lou 93
Low 311

M

Macé 221, 243, 244, 281, 305
Malhotra 153
Manchanda 272
Marsch 213
Martin 146
McAlister 169, 218
McCann 153
McCarthy 249, 288
McGoldrick 277
Mela 213, 214, 315
Messinger 151
Meyers-Waarden 299
Mhajan 310
Milberg 288
Miniard 134
Mohr 311
Monroe 93, 167, 173
Montgomery 256
Moorthy 249
Morrison 293, 316, 346
Mothersbaugh 288
Muratore 144
Myers 96

N

Naipaul 167
Narasimhan 151
Nelson 154
Neslin 10, 183, 199, 201, 203, 207, 238, 255, 288, 316, 345
Netemeyer 116, 182
Netemeyr 187
Nijs 209
Nord 157

O

O'Curry 95
Ong 11
Oustland 19

P

Padmanabhan 206
Park 181
Parsa 167
Pavlov 158
Peacock 152
Pearce 204
Peter 157, 180
Peterson 162
Petty 181
Porter 246
Puto 180
Putsay 52
Putsis 314

Q

Quelch 328, 330

R

Ragubir 180
Raju 346
Rao 196
Ratchford 151
Reinartz 268
Richardson 285
Roedder 144
Roquilly 52
Roselius 141
Rossi 222
Rotschild 160
Ryu 288

S

Sanjay 155
Saunders 206
Sawyer 164, 166, 271
Schmittlein 293
Schneider 187
Schneider-Stone 207
Schuman 181
Scott 160
Sen 152
Sethuraman 286
Sharp 250, 300
Shi 327
Shoemaker 152
Shugan 179
Silva-Risso 316
Simonson 95
Sivakuvar 74
Skinner 157
Smith 181
Soman 179
Srinivasan 206, 291
Srivastava 155
Steenkamp 209
Steiner 280
Sternthal 160
Stigler 153
Strahilevitz 96
Sujan 182
Swisher 244

T

Tansuhaj 334
Thaler 175, 180
Thomas 196
Tom 212
Toman 174

Toporkoff 19
Tothschild 161
Tourtoulou 217, 290
Tybout 160

U

Uncles 250
Urbany 271

V

Van Heerde 206
Vandenbosch 204
Vanhonacker 310
Volle 19, 140, 182, 203, 271

W

Walker 149
Wansink 147, 190, 209, 218
Weigand 74
Wilcox 291
Wisnievsky 247
Wittink 201, 206, 246, 256
Wong 334
Wright 249

X

Xie 179

Y

Yellen 147
Yim 253

Z

Zardkoohi 52
Zenor 218
Zhang 202, 346
Zollinger 212, 278

046423-(I)-(2)-OSB 80°-STYL-MMC

STEDI, 1, boulevard Ney, 75018 Paris
Dépôt légal, Imprimeur, n° 7490
Dépôt légal : juillet 2002
Imprimé en France
Dépôt légal 1re édition : 1er trimestre 1992